JN447898

재난과 위험으로부터 국민의 안전 보호

이부하

publishing and culture
피앤씨미디어

Protecting the Safety of citizens from Disasters and Dangers

Prof. Dr. Boo-Ha Lee

2024
KOREA

머 리 말

「재난과 위험으로부터 국민의 안전 보호」라는 전문 학술서를 저술하게 되었습니다. 학문적 스승들과 동료 학자들이 발표한 이 분야의 수많은 논문들과 저서들이 발표되어 있기에 본 저서가 완성될 수 있었습니다. 감사의 말씀을 드립니다.

전문적인 내용이 다수이어서 저자가 그 내용을 그릇되게 전달하지는 않을까 하는 걱정도 있습니다. 본 저서를 준비하면서 나름대로 연구하였지만, 부족한 부분도 많이 있을 것입니다. 이러한 부분은 미완성과 개방으로 남겨두고 추후 계속하여 연구하여 점진적으로 보완해 나가도록 하겠습니다.

대한민국 헌법은 개인의 자유를 중요하게 보장하고 있으며, 인간의 존엄과 고유한 가치를 인정하고 있습니다. 이를 위해 국가는 국가의 침해 또는 외부나 제3자의 가해 또는 공격으로부터 국민의 안전을 보호해야 하는 '기본권보호의무'를 충실히 이행해야 합니다. 국민 안전에 대한 요구가 증가함에 따라 위험(danger) 방지 위주의 국가작용에서 리스크(risk) 예방의 국가작용으로 국가작용의 중심이 변화하고 있습니다.

개인적으로는 절차탁마(切磋琢磨)의 정신으로 학문을 배우고 닦음으로서 법학 발전과 국민의 기본권 보장에 미미하나마 도움이 되었으면 하는 바람입니다. 저에게 노력하는 자세를 견지하도록 채찍과 격려의 말씀을 해 주신 여러 학문적 스승들과 이 책의 출판을 위해 도와주신 피앤씨미디어 출판사에 감사의 말씀을 드립니다.

2024. 9.

우거(寓居)에서 저자 씀

차 례

제1장 서 론

제2장 안전의 의미와 국민의 안전권 보장

제 4장 보장국가에서 국민의 안전권 보호

제 5 장 미국의 재난법 제도와 독일의 재난법 제도

제 1 장 서 론

1. 위험(danger)과 리스크(risk)의 상시화와 빈번함

2001년 미국 뉴욕의 9.11 테러, 2009년 인도의 뭄바이 테러, 2010년 알카에다의 미국 여행기 테러, 2010년 아이티에서 발생한 강진, 2011년 후쿠시마 원전 사고, 2017년 제천 스포츠센터 화재, 2017년 밀양 세종병원 화재, 2020년 이후의 코로나19, 2022년 이태원 참사 등 세계 곳곳에서 발생하는 위험(danger)이나 리스크(risk)로 인해 사람들은 시시때때로 공포와 불안에 휩싸여 있다. 오늘날 현대국가는 과학기술의 급속한 발전을 이룩하고 있지만, 이로 인한 새로운 위험(danger)이나 리스크(risk)에 직면하기 때문에, 필연적으로 '위험국가화' 되고 있다. 위험 내지 리스크가 만연하는 때에 가장 중요한 이슈는 '국가과제'이며 인간 생존을 위한 필수적 전제조건은 국민의 '안전'(安全)이다. 그러나 국민의 안전권에 관한 실정 헌법(實定 憲法)상 명문 규정은 존재하지 않는다.

2. 국민의 안전권에 대한 요구

우리나라도 국내적·국외적으로 국민의 안전에 대한 여러 가지 위험요소가 산재해 있고 발생가능성이 있기 때문에, 안전에 관한 법적·제도적 개선이 현실적으로 절실한 상황이다. 국민 안전을 위해 법제도와 안전 보장을 위한 입법으로 인한 기본권 제한의 정당화는 사회공동체의 합의가 필요하다. 안전에 대한 체계적이고 법학적인 논거와 법이론이 부족한 상황에서 이에 대한 법이론적 토대를 구축하는 연구가 절실해 보인다.

3. 안전권의 헌법 명문화 여부

만약 자연인 갑(甲)이 자신의 '안전권'이 침해되었다고 주장하며 헌법소원 심판 청구를 한다면, 갑(甲)은 권리구제를 받을 수 있을까? 우리나라 헌법재판 실무에 따르면, "권리구제를 받을 수 없다."가 답이 될 것이다. 이러한 결과가 도출되는 이유는 우리나라 헌법재판소가 '안전권'을 헌법상 '기본권'으로 인정하지 않고 있기 때문이다.[1] 즉, 우리나라 헌법에는 '안전에 관한 기본권'을 명문으로 규정하고 있지 않다. 우리나라 헌법 제34조 제6항에서는 "국가는 재해를 예방하고 그 위험으로부터 국민을 보호하기 위하여 노력하여야 한다."고 규정하고 있다. 이 헌법 조항은 제9차 개정헌법(1987년)에 새롭게 신설된 조항이다. 헌법 제34조 제6항은 국가의 재해 예방 및 재해 방지 노력을 규정하고 있는 조항이다.[2] 따라서 우리나라 현행 헌법에는 기본권으로서 '안전권'(安全權)이라는 명문 규정이 존재하지 않는다.

안전권과 관련하여, 헌법에 안전권 신설이 필요하다는 입장에서는 안전권은 인간의 존엄과 가치, 생명권 등을 뒷받침하는 핵심적·기초적인 기본권이며, 자연재난과 사회·경제적 위험인 사회재난으로부터 생명, 자유, 재산 등을 보호하기 위한 국가의 역할에 대한 요청이 높아지고 있으므로 안전권을 신설할 필요가 있다고 한다.[3] 반면, 안전권의 신설에 유보적인 입장에서는 안전권을 헌법에 규정할 경우에 국민의 안전 확보·유지·강화를 위하여 국가가 국민의 일상생활에 보다 적극적으로 개입함으로써 국민의 자유가 침해될 가능성이 높으므로 새로운 기본권 조항을 신설함에 있어서 신중을 기해야 한다는 것이다. 이와 관련하여, 2018년 국회 개헌특위 자문위는 "모든 사람은 위험으로부터 안전할 권리를 가진다."라는 헌법개정안을 제안한 바 있다.

---

1) 헌법재판소 결정에 의하면, '평화적 생존권'은 헌법상 보장되는 기본권으로 인정하지 않고 있다(헌재 2009. 5. 28. 2007헌마369, 판례집 21-1하, 769, 775-777; 헌재 2010. 11. 25. 2009헌마146, 공보 제170호, 2122, 2128).

2) 재난안전관리체계 개선에 관하여는 이상명, "재난안전관리체계의 개선에 관한 법적 고찰", 한양법학 제25권 제4호, 2014. 11, 397면 이하.

3) 전광석, "국민의 안전권과 국가의 보호의무", 법과인권교육연구 제8권 제3호, 2015. 12, 145면; 이한태·전우석, "한국 헌법상 기본권으로서의 안전권에 관한 연구", 홍익법학 제16권 제4호, 2015. 12, 136면; 허종렬·엄주희·박진완, "헌법상 기본권 개정안 논의 동향과 성과 검토 – 2018 한국헌법학회 헌법개정연구위원회 기본권분과위원회의 활동을 중심으로 –", 법학논고 제63집, 2018. 10, 118-119면.

4. 국민의 안전권에 대한 법이론적 토대 마련과 안전법제 개선 필요

국민의 안전을 국가가 어느 정도 보호할 것인가와 안전을 위해 국민의 기본권을 어느 정도 제한할 것인가에 대해서는 사회공동체의 합의가 필요하다. 이러한 국민의 안전권에 대한 체계적이고 논리적인 법학적인 논거 제시와 법이론적 토대가 마련되어야 한다. 헌법 차원에서는 비례성 원칙, 과소보호금지 원칙 등에 대한 연구가 필요하다. 또한 법률 차원에서는 기본법으로서 「재난 및 안전관리 기본법」의 개정과 재난 관련 개별법들의 개정이 필요하다.

제 2 장 안전의 의미와 국민의 안전권 보장

제1절 안전 사상의 역사적 전개와 법적 성격

1. 안전의 의미에 대한 사상사적 개관

안전에 대한 헌법적 성격과 관련하여, 안전에 대한 책무는 국가의 절체절명(絕體絕命)의 사명이고 국가 존립을 정당화하는 것임에는 이론(異論)이 없다. 국가의 본질적인 정당화 근거로서 안전보장을 위해 국가에게 권력을 부여한 것은 사상사(思想史)적 개관을 해 보더라도 오랜 전통을 가진 것임을 알 수 있다.[1)]

(1) 홉스(Th. Hobbes)의 안전에 대한 사상

개인의 안전 문제를 국가와 관련시켜 이론적으로 발전시킨 최초의 연구자는 토마스 홉스(Thomas Hobbes)라 할 수 있다. 16, 17세기 유럽에서는 중세 봉건사회가 해체되고, 종교의 자유가 확장되면서 수많은 전쟁에 휩싸이게 되었다. 이 때 홉스(Hobbes)의 주장은 인간은 태어나면서부터 평등하지만, 권력과 부에 대한 끊임없는 추구로 인해 인간 사이에 이른바 '만인(萬人)에 대한 만인(萬人)의 투쟁' 상태인 '자연상태'(Naturzustand)에 있게 된다고 한다.[2)] 자연상태는 어느 누구의 권리도 보호되지 않는 무정부 상태, 즉, '무질서 상태'인 것이다. 이러한 무질서의 자연상태에 대한 공포를 해결하는 주체가 초(超)권력체인 리바이어던(Leviathan)인 '국가'이다. 홉스(Hobbes)는 투쟁적이고 폭력적인 자연

1) Vgl. V. Götz, in: J. Isensee/P. Kirchhof (Hrsg.), HdbStR Ⅳ, 3. Aufl. 2006, § 85 Rn. 18 ff.
2) T. Hobbes, Leviathan, S. 98 f.

상태의 재검토를 통해 국가의 근본적인 존재근거로서 '안전'(安全)이라는 정치적 사상에 기초하여 국가의 임무를 평화유지로 격상시켰다.[3] 국가(國家)가 집단이나 국가 간 전쟁을 통제하고, 개인이 죽음과 무질서의 공포로부터 벗어날 수 있도록 안전을 보장하는 실체가 된다는 것이다. 홉스(Hobbes)에게 있어서 안전(安全)은 무정부와 무질서 속에서 위협받고 있는 개인의 안전을 보장하기 위해 근대국가의 성립을 정당화해 주는 중요한 국가권력의 근거였다.

홉스(Hobbes)는 무질서의 자연상태에 대항하여 '사회적인 자연법'으로서 '이성(理性)의 법칙'을 창안해 냈다. 이는 초법적인 권력에 의해 그 준수가 관철되어지는 '사회계약'을 필요로 했다. 홉스(Hobbes)는 이러한 역할을 '국가'에게 부여하였다. "국가가 존재하지 않는 곳에는 불법(不法)도 존재하지 않는다. 정의(正義)는 효과적인 계약의 기초 하에 존재한다. 그리고 계약은 그 계약의 준수를 사람들에게 강제할 수 있는 힘이 충분히 발휘되는 공권력이 존재할 때에만 그 효력을 발휘할 수 있다."[4] 국가가 시민에 대한 자신의 강제력을 악용한다면, 계약에 기초한 구상은 불가능한 것이 된다. 주권의 모든 행위와 명령이 각각 개인의 것으로 간주되며 개개인에게 기속될 때, 국가의 목적이 달성될 수 있다. 통치자가 평화를 보장하고 자신의 피치자의 생명을 보호하지 못한다면, 피치자의 복종의무는 면제된다.[5]

홉스(Hobbes)의 견해에 의하면, 개인들은 자연적 무정부 상태로부터의 해방과 자연권(自然權)의 안전한 보장을 받기 위해 계약을 체결하여 통치단체를 조직하게 된다는 것이다. 이 계약을 통해 자신의 안전을 보장받기 위해 개인의 결합 이상의 권력, 즉 '국가'가 존재하게 된다. 통치단체인 국가의 공권력에 의하여 비로소 단체구성원인 개인의 생명·자유·재산권 등 자연권이 보장된다. 그러나 통치단체(국가) 그 자체는 추상적인 것이므로, 주권의 현실적인 행사는 구체적인 특정 자연인이 행사할 수밖에 없다는 것이다. 이 때 '군주'(君主)가 주권을 현실에서 행사하는 것이 가장 자연적이며 윤리적이라고 주장하였다. 홉스(Hobbes)는 사람의 안전에 대한 갈망은 안전이 인간의 생존과 밀접한 관련이

---

3) U. Di Fabio, Jura 1996, S. 566 (567).
4) T. Hobbes, Leviathan, S. 114.
5) T. Hobbes, Leviathan, S. 141.

있기 때문이고, 사람이 국가에 복종(服從)하는 유일한 근거가 된다는 것이다.[6] 홉스(Hobbes)의 주장에 의하면, 인간 생존의 보호는 기본적인 생활상 법익 침해에 대한 단순한 보장이 아니라, 자신의 근면을 통해 땅의 과실을 먹고 만족하게 살 수 있도록 안전한 상태의 '좋은 삶'의 보장을 의미한다.[7]

(2) 로크(J. Locke)의 안전에 대한 사상

존 로크(John Locke)는 자유롭고 평등한 자연상태에서 인간의 생명, 자유, 재산은 위태롭게 된다고 주장했다. 평화롭게 자유를 신장할 수 있기 위해서는 신법(神法)과 자연법(自然法)에 의해 형성된 자연상태에 재산이 개입됨으로써 다시금 보장된다. 예측가능한 경제적 자급자족의 충족은 화폐경제 하에서 증가하는 물욕과 범죄적인 과(過)소유의 경향을 완화시키게 된다.[8] 로크(Locke)에 의하면, 국가는 개인의 법익보호에 대한 전(前)법적인 책임 내지 초(超)법적인 책임을 지는 것이 아니라, 법익 보호에 대한 법적인 책임을 지는 것이라고 한다.[9] 국가권력의 독점 가능성에 관해서 로크(Locke)는 '국가권력의 한계 명제'를 제시한다.[10] 인간은 자유, 생명, 신체적 완전성 및 재산 등 자신의 법익 보호라는 목적을 위해 공권력(국가)에 복종하고 자신의 안전 보장을 위해 국가의 강제적 집행에 순종하게 된다. 시민의 측면에서 법익에 대한 국가의 침해에 대해 폭력적인 저항권 행사는 책무이고, 시민의 저항권 행사는 국가권력의 독점과 호응하게 된다. 로크(Locke)는 시민의 안전 보장과 시민의 재산을 보호하기 위한 과제를 국가에게 부과하였다. 그러면서도 언제나 권력을 장악하려는 인간 본성의 문제를 경고하고 있다. 이러한 문제 발생을 방지하기 위해 로크(Locke)는 '권력분립'을 주장하였다. "입법에 책임이 있는 자는 동시에 그 법률의 집행권을 지녀서는 안 된다."[11]

로크(Locke)는 '안전'이라는 국가과제의 양면성(兩面性)을 명확히 부각시켰

---

6) T. Hobbes, Vom Bürger (1658), in: ders., Vom Menschen/Vom Bürger, 1959, S. 125 (133).
7) T. Hobbes, Leviathan oder Stoff, Form und Gewalt eines bürgerlichen und kirchlichen Staates, 1651, Kap. 17, 134.
8) J. Locke, Zwei Abhandlungen über die Regierung, 1690, 2. Abhandlung, §§ 37, 111.
9) J. Locke, Zwei Abhandlungen über die Regierung, § 131.
10) J. Dietlein, Die Lehre von den grundrechtlichen Schutzpflichten, 2. Aufl. 2005, S. 22 f.
11) J. Locke, Zwei Abhandlungen über die Regierung, S. 267, 291.

다. 국가 공권력은 다른 위협으로부터 시민의 안전을 보호하는 책무를 지나, 국가 공권력 스스로가 시민 안전에 대한 위협 대상이 될 수도 있다. 국민의 안전은 국가에 의해 달성될 수 있으나, 국민의 안전은 국가에 대한 보호로도 존재한다.[12] 이러한 의미에서 프랑스 혁명에서 '안전' 개념은 국가에 대한 보호로 이해되고 있다.[13]

(3) 홉스와 로크의 안전 개념의 차이

홉스(Hobbes)는 개인의 생명과 신체를 안전 대상으로 중요시 여겼던 것에 반하여, 로크(Locke)는 개인의 재산을 특히 보호할만한 가치가 있는 이익으로 여겼으며, 칸트(Kant)는 개인의 자율성에 근거한 자유를 안전의 대상으로 생각했다. 로크(Locke)에게 있어서 안전은 홉스가 주장하는 '국가에 의한 안전'이 아니라, '국가로부터의 안전'이었다. 국가 공권력에 의한 침해를 예정한 로크(Locke)는 이를 방지하기 위해 국가권력을 구분하고 별도로 정하고(권력분립), 국민의 대표를 선출하여 국가기관을 구성하였다(대의제). 또한 독재자에 대해서는 자연권으로서 저항권을 국민에게 인정하였고, 생명과 신체의 보호를 위해 자유와 재산이 안전하게 보호되는 것이 중요하다고 생각했다. 로크(Locke)는 홉스(Hobbes)의 생각처럼 개인의 신체와 생명의 안전을 보호하는 주체는 국가(國家)임에 동의하지만, 국가는 법에 구속되고 권력이 제한되고 평화를 보장할 때에만 개인의 신체와 생명의 안전이 보장된다고 이해했다. 즉, 국가가 개인의 자유를 보장할 때 개인의 안전이 보장되는 것이며, 이 경우 자유와 안전은 모순 관계에 있는 것이 아니라 상호 의존적 관계로서 함께 보장되는 것으로 생각했다.[14]

(4) 루소(J.-J. Rousseaus)의 안전에 대한 사상

문명 충돌은 루소(J.-J. Rousseaus)의 사회계약론의 출발점이 된다. 루소(Rousseau)에 있어서 국가는 '사회계약'에 기초를 두고 있다. 이에 의해 국가권

---

12) Hans-Detlef Horn, in: FS für Schmitt Glaeser, S. 438.
13) Vgl. Erhard Denninger, KritV 2003, S. 317.
14) J. Isensee, Das Grundrecht auf Sicherheit, 1983, S. 5 ff.

력은 인민의 '일반의사'(general will)에 따라 행사되고 개인은 이러한 일반의사에 복종하여야 한다. 그런데 루소(Rousseaus)의 사회계약은 구체적인 통치권자의 지배 하에 복종하는 것이 아니라, 자유와 안전의 보장을 위해 신체나 재산 등 법익 보호를 위해, 그리고 복지의 증대를 위해 국가의 개입을 의무지우는 주권(主權)이라는 의미에서 인민의 모든 자연적 권리를 '공동의사'에 위탁하는 것이다.[15] 루소(Rousseau)에 있어서 개인의 권리는 모두 사회에 양도했기 때문에 자유란 '국가에의 참여에 의한 자유' 즉, 국가에서의 자유(freedom in state)를 의미한다.

(5) 칸트(I. Kant)의 안전에 대한 사상

임마누엘 칸트(Immanuel Kant)는 실재하는 정치적 질서를 정당화하려고 시도했다. 칸트에 의해 구상된 가정적인 자연상태에서도 '법적인 자신과 타인의 법적인 명확성과 관철성'과 관련하여, 불안(위험)은 존재한다.[16] 이는 분쟁의 위험, 폭력, 무질서를 내포하고 있다.[17] 이성(理性)적 이유에서 공법에 의한 생명, 자유, 재산의 보장과 더불어 시민의 법적 상태로 이행된다. 권력 독점을 지닌 국가는 강제수단을 사용해야 하고, 시민은 폭력불행사와 평화의무를 준수해야 한다.[18] 칸트(Kant)에게 있어서 국가는 각각의 인간에게 현존하는 자유를 부여할 의무가 있다.[19]

칸트(Kant)는 영속적인 평화를 유지하기 위해 국가들 간에 연맹을 통해 평화를 유지하고, 궁극적으로는 세계국가로 통일되어야 한다고 주장한다.[20] 그러면서 한 국가가 다른 국가를 정복하거나 예속시켜서는 안된다고 주장한다. 국가를 사적(私的)인 실체가 아니라 도덕적인 인격체(人格體)로 보기 때문이다. 또한 영구적인 평화를 위해 국가 체제는 공화국(共和國)이어야 한다는 것이다.

15) W. Brugger, VVDStRL Bd. 63 (2004), S. 101 (118).
16) W. Brugger, VVDStRL Bd. 63 (2004), S. 101 (118).
17) I. Kant, Über den Gemeinspruch: Das mag in der Theorie richtig sein, taugt aber nicht für die Praxis, 1793, Akademieausgabe Bd. VI, 1968, S. 273 ff.
18) W. Brugger, VVDStRL Bd. 63 (2004), S. 101 (119).
19) I. Kant, Metaphysik der Sitten, 1797, Akademieausgabe Bd. VI, 1968, S. 237.
20) 정태일, "칸트 영구평화론의 국제정치적 함의", 국제정치연구 제10집 제1호, 2007, 184면.

(6) 갈퉁(J. Galtung)의 평화와 폭력 사상

1969년 갈퉁(Johan Galtung)은 '구조적 폭력'과 '적극적 평화' 개념을 제안한다. 갈퉁에 있어서 '평화'는 폭력의 부재(不在)를 의미한다.

갈퉁은 평화를 '소극적 평화'와 '적극적 평화'로 구분한다. 갈퉁의 '폭력의 삼각형', 즉, 직접적 폭력 – 구조적 폭력 – 문화적 폭력은 개념적으로 긴밀하게 연결되어 있다.[21] '직접적 폭력'은 가장 일차적인 형태의 신체적 폭력은 물론이고 언어 등을 통해 상대방에게 피해를 입히는 언어적 폭력 등이 포함된다. 이에 반해 '간접적 폭력'은 폭력을 수행한 가해자가 분명하지 않은 폭력을 의미한다. 간접적 폭력에는 구조적 폭력과 문화적 폭력이 있다. '구조적 폭력'은 사회의 구조에 의해서 생겨나는 폭력으로 인해 사람, 지역, 집단 등이 분리되는 구조가 특정한 사람이나 집단 등에게 폭력의 결과를 낳게 하는 것이다. 구조적 폭력은 사회적 강자가 사회적 약자를 착취하고 억압하게 만듦으로써 약자를 폭력의 피해자로 만든다.[22]

폭력은 해를 끼치고자 하는 개인적 의도에 의한 직접적·물리적 행위만이 아니라 "잠재적인 것과 실제적인 것, 가능성 있는 것과 개연성 있는 것의 차이"[23]를 유발하여 인간의 실현을 저지시키는 비의도적이고 간접적인 동기 즉, 구조적 폭력도 포함한다. 의도적이고 가시적이며 즉각적으로 나타나는 직접적 폭력과 달리, 구조적 폭력은 비의도적이고 간접적이며 제도화된 폭력을 의미한다.[24]

2. 안전의 법적 성격

실질적 법치국가에서 안전에 대한 이해는 자유주의 국가관에서 생각하는 국가로부터의 침해로부터의 안전뿐만 아니라, 사회주의 국가관에서 생각하는 국가에 대한 안전 요구권, 즉 사회적 급부청구권을 보장하는 것도 포함된다.

---

21) J. Galtung, "Violence, Peace and Peace Research", Journal of Peace Research 6(3), 1969, pp. 167~191.
22) 김병곤, "평화의 의미와 이를 둘러싼 논의들", 「평화적 관점의 통일교육 방향 연구」, 13면.
23) J. Galtung, "Violence, Peace and Peace Research", p. 168.
24) J. Galtung, "Violence, Peace and Peace Research", p. 171; 이문영, "폭력 개념에 대한 고찰", 역사비평 2014. 2, 329면.

(1) 공익으로서의 안전

안전은 공익(公益)으로서 특별한 의미를 지닌다. 사회적·정치적 현실에서 안전은 중요한 공적 법익으로 이해되고 있다. 안전은 현대사회의 중심적인 화두(話頭)이고 우리 시대의 핵심 개념이다.[25] 안전은 고유한 근본가치이고 공익의 본질적인 요소로 명약관화한 것으로 통용된다.[26] 안전은 자유나 정의 등과는 달리 장래를 위하여 공익적 가치를 달성하기 위해 보장되어야 한다. 또한 안전은 인간의 생활수준의 악화를 방지하여 경제적인 현재 상태를 유지하도록 지원해 준다.

자유와 안전 간 관계를 고찰함에 있어서 '공익적 가치를 지닌 안전'[27]의 광범위한 효력은 중요한 의미를 가진다. 자유와 안전 간 관계를 살핌에 있어서 먼저 인간의 자유 영역이 명백하고 명확하게 확정되어야 한다.[28] 안전에 대한 최소한의 요구는 사회적 공동생활의 필수불가결한 전제조건이다. 이러한 안전의 역할은 법치국가원리의 표상으로서 헌법적으로 보장되고 명령된 '법적 안정성'과 부분적으로 일치한다. '평화'라는 법익은 독자적인 공익적 가치를 지니는 것으로 인정될 수 있다. 이는 '신체적 평화'라는 의미에서 어떠한 유형의 폭력행사의 금지를 의미한다.[29] 이러한 전통적인 평화에 대한 이해에 덧붙여서 '평화'라는 법익에는 '사회적 평화'가 고려될 수 있다. 사회적 평화는 개인과 다양한 집단 사이의 긴장과 갈등을 사회질서와 사회제도 및 조치로서 최선의 예방을 함으로써 달성될 수 있다.[30]

실질적 법치국가원리는 안전, 자유, 사회적 조정의 보장이라는 국가과제의 내용과 방향에 지침을 주는 인간의 존엄성과 여러 기본권에 근거하고 있다.[31] 법치국가원리는 내적 및 외적 평화의 달성을 통한 안전 보장이라는 국가의무

---

25) A. Anter, in: M. H. W. Möllers/R. C. v. Ooyen (Hrsg.), Jahrbuch Öffentliche Sicherheit 2008/2009, S. 15.
26) H. H. von Arnim, Gemeinwohl und Gruppeninteressen, 1977, S. 28 f.
27) Chr. Gusy, VVDStRL Bd. 63 (2004), S. 151 (162).
28) H. H. von Arnim, Gemeinwohl und Gruppeninteressen, S. 28.
29) H. H. von Arnim, Gemeinwohl und Gruppeninteressen, S. 29 f.
30) H. H. von Arnim, Gemeinwohl und Gruppeninteressen, S. 29.
31) E. Benda, Der soziale Rechtsstaat, in: E. Benda/W. Maihofer/H.-J. Vogel (Hrsg.), Handbuch des Verfassungsrechts der Bundesrepublik Deutschland, 1983, S. 481.

를 포함하고 있다. 그런데 법치국가원리는 국가 행위의 '자제'와 '활동'이라는 이중적 과제를 요구하고 있다.[32] 즉, 법치국가는 국가 공권력에 대해서뿐만 아니라, 사인 상호간의 관계에 있어서도 안전이라는 과제를 부여하고 있다. 법치국가원리는 국가에 대한 침해로부터의 방어라는 국가과제뿐만 아니라, 동일한 정도로 국가 공권력의 '한계'와 '보장'이라는 이중적 과제를 부여하고 있다.[33]

(2) 국가과제로서의 안전

국민의 안전보장은 최우선적이고 가장 중요한 국가의 목적이고 국가과제이다.[34] 안전이라는 국가목적과 국가과제에 관해 크게 2가지 견해가 주장되고 있다.[35] 하나는 현대 국가는 민주적이라고 규정하고 있고, 민주적 기초에는 국가와 사회의 구분 및 국가과제의 기본원칙이 문제된다. 주권자인 국민이 사회에 존재하는 곳에는 사회의 기초로서 국가과제의 사전(事前) 확정은 이루어질 수 없다. 따라서 국민과 사회가 국가과제와 국가의무를 확정해야 한다는 견해이다.[36]

다른 하나는 현대국가는 헌법국가라는 견해다. 즉, 현대국가는 국민에 대한 자신의 권한과 의무를 실정법적으로 규정하였다. 따라서 국가 및 국가행위의 정당성의 근거는 더 이상 필요하지 않다. 헌법은 국가목적의 결과를 확인하고 규정한다.[37] 중요한 것은 헌법상 기본권, 원칙규정들, 그 밖의 국가과제를 부여하는 권한규범들로부터 국가목적을 도출할 수 있다.[38] 국가과제로서의 안전보장의 헌법적 근거는 기본권조항들과 객관법적 차원의 기본권보호의무에서

32) E. Schmidt-Aßmann, Der Rechtsstaat, in: J. Isensee/P. Kirchhof (Hrsg.), HdbStR II, 3.Aufl., 2004, § 26 Rn. 31 f.

33) E. Schmidt-Aßmann, Der Rechtsstaat, § 26 Rn. 1.

34) U. Di Fabio, Risikoentscheidungen im Rechtsstaat, 1994, S. 35 ff.; C. Link, Staatszwecke im Verfassungsstaat, VVDStRL 48, 1990, S. 10 (27 ff.).

35) E.-W. Böckenförde, Grundrechte als Grundsatznormen, in: Staat, Verfassung, Demokratie, 1991, S. 159 (187).

36) E.-W. Böckenförde, Die Bedeutung der Untersuchung von Staat und Gesellschaft im demokratischen Sozialstaat der Gegenwart, in: Recht, Staat, Freiheit, 1991, Fn. 51.

37) G. Ress, VVDStRL 48 (1990), S. 57 (74); J. Isensee, Das Grundrecht als Abwehrrecht und als staatliche Schutzpflicht, in: ders./P. Kirchhof (Hrsg.), HdbStR V, 2000, § 111 Rn. 25 ff.

38) H. Hoffmann, Die Aufgaben des modernen Staates und der Umweltschutz, in: M. Kloepfer (Hrsg.), Umweltstaat, 1989, S. 15 참조.

도출된다는 입장이다.[39]

또한 안전의 개념을 '공포로부터의 자유'로 인식하기도 한다.[40] 국가는 개인의 생명·건강 등 보호법익에 대해 침해를 발생시키는 행위나 상태의 위험을 야기하는 것을 방지할 의무가 있다. 개인의 생명·건강 등 기본권적 법익에 대한 보호는 국가의 보호의무이자 국가의 과제다.[41] 국가과제는 한편으로는 기본권주체의 주관적인 보호요구를 충족시켜주고, 다른 한편으로는 기본권의 객관적인 보호요구를 충족시켜주면서, 국가공동체의 존속을 위해 안전을 수호하는데 있다.[42] 국가과제로서의 '안전'이란 공포라는 객관적인 원인으로부터 자유(탈피)를 말한다.[43] 안전이란 기본권 보호법익을 다른 시민과의 관계에서 침해받지 않는 상태이며, 이를 방어권으로 유추하여 해석하면, 기본권주체가 다른 사람의 가해(加害)로부터 자유로운 상태이다.[44] 그런데 안전이란 헌법적으로 실정화될 필요는 없으며, 실질적 헌법의 본질적인 구성요소라 할 수 있다.[45]

우리 헌법 전문(前文)에 "우리들과 우리들의 자손의 안전과 자유와 행복을 영원히 확보할 것을 다짐하면서"라는 문장에 '안전'이라는 용어가 발견된다. 또한 헌법 제5조 제2항에는 "국군은 국가의 안전보장과 국토방위의 신성한 의무를 수행함을 사명으로 하며"라고 하여 국군의 사명으로서 국가의 안전보장을 규정하고 있다. 헌법 제76조 제1항에서는 "대통령은 내우·외환·천재·지변 또는 중대한 재정·경제상의 위기에 있어서 국가의 안전보장 또는 공공의 안녕질서를 유지하기 위하여 긴급한 조치가 필요하고 국회의 집회를 기다릴 여유가 없을 때에 한하여 최소한으로 필요한 재정·경제상의 처분을 하거나 이에 관하여 법률의 효력을 가지는 명령을 발할 수 있다."고 규정하고 있다.

대부분의 주요국 헌법이 명문으로 국가과제로서의 안전에 대해 규정하고 있지 않지만,[46] 현대국가의 근본적이고 본질적인 과제로 인정되고 있다.[47] 경

---

39) 이에 대해 K. Stern, Das Staatsrecht, Bd. III/1, 1988, § 69, S. 897 ff.
40) Kaufmann, Sicherheit, S. 10; Aulehner, Informationsvorsorge, S. 289.
41) Möstl, Die staatliche Garantie für die öffentliche Sicherheit und Ordnung, S. 28.
42) J. Isensee, Das Grundrecht als Abwehrrecht und als staatliche Schutzpflicht, 2000, § 111 Rn. 137.
43) J. Isensee, 2000, § 111 Rn. 147.
44) J. Isensee, 2000, § 111 Rn. 84.
45) J. Isensee, 2000, § 111 Rn. 83.
46) W. Brugger, VVDStRL Bd. 63 (2004), S. 101 (129 f.).
47) A. Anter, in: M. H. W. Möllers/R. C. v. Ooyen (Hrsg.), Jahrbuch Öffentliche Sicherheit 2008/2009, 2009,

우에 따라서는 '국가목표'로서의 안전으로 인정되고 있다.[48] 헌법은 침묵하고 있지만, 국민의 안전을 보호해야 하는 국가의 의무는 법치국가원리와 생명권 내지 신체의 자유에 앞서 헌법의 전체적인 의미에서 도출될 수도 있다.[49] '국가목표'로서의 안전은 국민의 안전을 보호해야 하는 국가의 의무로부터 도출한다.[50] 독일 연방헌법재판소도 "헌법상 평화권과 질서권이자 자신의 국민의 안전을 보장해야 하는 권력인 국가의 안전은 포기할 수 없는 헌법적 가치이다. 국가는 안전을 위한 고유하고 최종적인 정당성을 부여받고 있다."[51]고 판시하였다. 따라서 안전은 실존적 원리이고 국가의 정당화 근거일 뿐만 아니라, 헌법적 지위로 격상되었다.[52]

(3) 기본권으로서의 안전권

국가의 기본권 침해에 대하여 국민의 안전 보장을 위한 주관적 권리로서 안전권을 이해하는 입장은 '기본권으로서의 안전권'[53]이라 생각한다. 기본권으로서의 안전권과 관련하여, 이슨제(J. Isensee) 교수는 기본권으로서 안전권의 기본권 구성요건을 법규범적으로 발전시켰다. 기본권으로서 안전권을 이해하는 이유 중 하나는 불안, 개인적 및 사회적 폭력성, 공권력 상실이 심하게 나타나고 만연하기 때문이다. 법질서는 이러한 위험에 대비하여 국가에게 기본권 보호의무를 강하게 요구하고 있다. 경우에 따라서는 주관적 권리로서 잠재적인 폭력가능성에 대응하도록 요구한다. 법해석학적으로 명문의 규정이 없는 기본권으로서의 안전권은 헌법상 신뢰보호원칙 내지 주관화된 객관적 헌법원칙들[54] 사이에 둘러싸인 다양한 헌법규정의 개관을 통해 도출된다.[55]

S. 15 (19); Chr. Gusy, DÖV 1996, S. 573 ff.; M. Möstl, Die staatliche Garantie für die öffentliche Sicherheit und Ordnung, Tübingen 2002, S. 44 ff.; W. Schwetzel, Freiheit, Sicherheit, Terror, 2007, S. 74.

48) M. Kutscha, Innere Sicherheit und Verfassung, in: F. Roggan/M. Kutscha (Hrsg.), Handbuch zum Recht der Inneren Sicherheit, 2006, S. 24 (32).

49) J. Limbach, AnwBl. 2002, S. 454.

50) J. Limbach, AnwBl. 2002, S. 454 (455).

51) BVerfGE 49, 24 (56 f.); BVerfGE 115, 320 (346); BVerfGE 120, 274 (319).

52) A. Anter, in: M. H. W. Möllers/R. C. v. Ooyen (Hrsg.), Jahrbuch Öffentliche Sicherheit 2008/2009, S. 15 (24).

53) J. Isensee, Das Grundrecht auf Sicherheit, 1983, S. 3 ff.

54) G. Robbers, Sicherheit als Menschenrecht, 1987, S. 190 ff.

55) J. Isensee, Das Grundrecht auf Sicherheit, S. 33 ff.; K.–P. Sommermann, Staatsziele und Staatszielbestimmungen, 1997, S. 204; M. Möstl, Die staatliche Garantie für die öffentliche Sicherheit und Ordnung, 2002, S. 84 ff.

이에 반해 기본권으로서의 안전권을 부정하는 입장[56]에서는 안전을 주관적 권리에 상응하는 기본권적 지위로 이해하는 것은 사적(私的) 권리를 기본권(基本權)으로 착각한 것이고 안전이 자유에 비해 우위에 선다는 주장이라고 한다. 국가는 더 이상 자유의 침해를 정당화해서는 안되고, 국민의 자유 행사를 정당화해야 한다고 주장한다.[57]

슈테른(Klaus Stern) 교수는 기본권의 사회적, 생태학적, 안전법적 요소가 시스템 유지의 요소로서 헌법학계에서 인정될 수 있는지 여부를 기본권으로서의 안전권과 관련한 문제로 제기했다.[58] 기본권의 사회적, 생태학적, 안전법적 요소들은 지금까지 사회적 법치국가에 포함되는 것으로 이해되었다. 안전에 대한 특별한 의미 때문에 이러한 방향으로의 기본권적 해석은 타당할 수 있지만, 기본권적 해석에 있어서 원칙적으로 객관법적 이해가 더 타당하다.[59]

안전이란 상대적이고,[60] 완전하고 절대적인 안전은 달성될 수 없다. 안전은 본질적으로 무제한적이고 무한계적이며, 결코 실현될 수 없는 이상(理想)이다.[61] 기본권으로서의 안전권은 직접적인 대사인효가 인정되지는 않지만,[62] 법률매개적으로 효력이 발생한다.[63] 안전권은 적극적인 사회적 급부청구권으로도 이해된다.[64] 국가의 입장에서 기본권보호의무로 설명되지만, 국민에게는 안전권이라는 기본권으로 인정된다.[65]

우리 헌법재판소는 안전권에 대용어로서 '평화적 생존권'을 기본권으로서 인식하고 있으나, 아직 기본권으로 받아들이고 있지 않다. 헌법재판소는 2005헌마268 결정에서는 "오늘날 전쟁과 테러 혹은 무력행위로부터 자유로워야 하

---

56) E. Denninger, Der gebändigte Leviathan, 1990, S. 33, 47, 377; W. Hassermer, Zum Spannungsverhältnis von Freiheit und Sicherheit: Drei Thesen, Vorgänge 2002, S. 10 f.
57) W. Brugger, Gewährleistung von Freiheit und Sicherheit im Lichte unterschiedlicher Staats- und Verfassungsverständnisse, VVDStRL Bd. 63 (2004), S. 101 (132).
58) K. Stern, Staatsrecht, Bd. Ⅲ/2, § 96 Ⅲ 2, S. 1776.
59) K. Stern, Staatsrecht, Bd. Ⅲ/2, § 96 Ⅲ 2, S. 1777.
60) Chr. Gusy, Gewährleistung von Freiheit und Sicherheit im Lichte unterschiedlicher Staats- und Verfassungsverständnisse, VVDStRL Bd. 63 (2004), S. 151 (169).
61) E. Denninger, in: S. Huster/K. Rudolph (Hrsg.), Vom Rechtsstaat zum Präventionsstaat, 2008, S. 85 (92).
62) J. Isensee, Das Grundrecht auf Sicherheit, S. 35 f.
63) J. Isensee, Das Grundrecht auf Sicherheit, S. 44.
64) J. Isensee, Das Grundrecht auf Sicherheit, S. 33.
65) J. Isensee, Das Grundrecht auf Sicherheit, S. 34.

는 것은 인간의 존엄과 가치를 실현하고 행복을 추구하기 위한 기본 전제가 되는 것이므로, 달리 이를 보호하는 명시적 기본권이 없다면 헌법 제10조와 제37조 제1항으로부터 평화적 생존권이라는 이름으로 이를 보호하는 것이 필요하다. 그 기본 내용은 침략전쟁에 강제되지 않고 평화적 생존을 할 수 있도록 국가에 요청할 수 있는 권리라고 볼 수 있을 것이다."라고 판시하였다.[66] 그러나 헌법재판소는 2007헌마369 결정에서 입장을 변경하여 "평화적 생존권은 헌법에 열거되지 아니한 기본권으로서 그것을 특별히 새롭게 인정할 필요성이 있다거나 그 권리 내용이 명확하여 구체적 권리로서의 실질에 부합한다고 보기는 어려우므로 헌법상 보장되는 기본권이라 할 수 없다."고 판시하였다.[67]

인간이 존엄과 가치를 인정받으려면 생명과 신체의 안전을 위협받지 않고 평화롭게 생존할 수 있어야 한다. 이러한 평화적 생존권은 인간의 존엄과 가치를 인정받고 향유하기 위한 필요불가결한 기본조건이기 때문에, 다른 기본권보다 우선적으로 보장되어야 한다. 우리 헌법에 평화적 생존권을 보장하는 직접적인 명문규정은 없지만, 평화적 생존권은 우리 헌법상 인간의 존엄과 가치를 보장하는 제10조와 열거되지 아니한 기본권도 존중하라는 제37조 제1항에 의하여 보장되는 기본권이라고 보아야 한다.[68]

제2절 국민의 안전, 위험, 리스크

1. 서 론

최근 우리 국민은 안전에 대해 특별히 민감해 하고 있다. 이는 우리 사회에 불시에 또는 상시적으로 위험이 반복하여 노출되고 발생하고 있기 때문이

66) 헌재 2006. 2. 23. 2005헌마268, 판례집 18-1상, 298, 304.

67) 헌재 2009. 5. 28. 2007헌마369, 판례집 21-1하, 769, 775-777; 헌재 2010. 11. 25. 2009헌마146, 공보 제170호, 2122, 2128.

68) 같은 의견: 헌재 2009. 5. 28. 2007헌마369, 판례집 21-1하, 769, 782 (재판관 조대현의 별개의견에 대한 보충의견).

다. 울리히 벡(Ulrich Beck)은 2014년 7월 서울에서 “한국, 빠른 근대화로 위험요소가 커졌다”[69]고 말한 바 있다. 그도 그럴 것이 2014년 2월 경주 마우나리조트 체육관 붕괴사고, 2014년 4월 세월호 침몰사고, 2014년 5월 고양터미널 화재, 2014년 5월 장성요양병원 화재, 2014년 10월 성남 판교테크노밸리 환풍기 추락사고, 2017년 제천 스포츠센터 화재, 2019년 강원도 고성군 화재, 2020년 코로나19 감염병, 2020년 이천 물류창고 화재 등 큰 사고가 다수 발생하였다. “사고 공화국”이라 해도 과언이 아니다.

물론 다발적 사고의 원인이 법제도에서만 비롯되었다고 보기 어렵다. 우리나라에 산재해 있는 위험의 대다수는 복합적이고 구조적인 요소와 관련되어 있으며, 총체적인 문제라 볼 수 있다. 그러나 법제도적 측면에서 위험 요소를 제거하고 안전 시스템을 충실히 갖춘다면 이러한 사고 발생이 감소될 수 있을 것이다.

여기서는 먼저 안전의 개념과 안전의 헌법적 근거를 고찰해 본다. 위험의 개념과 그 종류들을 구체적으로 설명해 본다. 법학에서 위험과 리스크 간에 구별을 어떻게 바라보아야 하는가를 모색해 본다. 위험과 리스크는 하나의 기준으로 그 정도에 따라 분류하는 것이 옳은가 아니면 양자는 상이한 기준으로 분류하는 것이 타당한가를 살펴본다. 국민 안전에 대한 주관적 보호청구권을 인정할 것인지를 논증해 본다. 또한 안전의 개념과 안전과 관련되어 논의되는 법이론을 고찰해 본다. 자유와 안전의 관계에서 양자는 항상 상충하며 하나의 보장은 다른 하나의 희생을 통해서만 달성되는지 여부를 법이론적으로 살펴본다. 안전과 관련하여, 헌법이론은 어떻게 구축되고 설명될 수 있는가를 연구해 본다.

2. 안전의 개념 및 안전과 리스크

(1) 안전의 개념

안전의 사전적(辭典的) 의미를 보면, ‘아무 탈이 없고 위험이 없는 것’(연세 한국어 전자사전), ‘위험이 없음 또는 그러한 상태’(동아 새국어사전), ‘사람이나 사물에

---

69) http://www.edaily.co.kr/news/NewsRead.edy?SCD=JG31&newsid=01531766606153864&DCD=A00703&OutLnkChk=Y

게 위험이 없는 상태'(Langenscheidt 독일어 사전), '수인할 수 있는 침해의 위협으로부터 자유롭거나 위험이 없다고 볼 수 있는 상태'(Wikipedia) 등으로 설명되어 있다. 영어에서 안전(Safety)이란 '물리적·사회적·정신적·재정적·정치적·감정적·직업적·심리적·교육적 등 모든 형태의 실패·상처·실수·사고·손해 그 밖에 바람직하지 않은 모든 유형과 그 결과로부터 보호되는 상태'를 의미하고, Security는 '위험이나 공격으로부터 보호되는 상태'(Blacks Law dictionary) 혹은 '위험이나 상실로부터 보호되는 상태'(Wikipedia)를 말한다. Safety가 더 넓은 범위의 보호를 의미하고, Security는 외부로부터 야기된 위험으로부터 보호에 초점을 두고 있다. 이러한 사전적 의미에서 도출해 낼 수 있는 바는, '안전'은 '위험'이라는 상대개념과 함께 이해할 때 더 명확한 개념을 파악할 수 있다.

'안전'은 중요한 가치이지만, 이질적인 개념들이 내포되어 있다. 현대 산업사회에서 '안전'은 전통적으로 '신체적' 안전뿐만 아니라, '생태계적' 안전 및 '사회적' 안전 개념을 포함하고 있다.[70] 안전(Sicherheit) 이라는 용어는 라틴어의 securitas에서 근원한다.[71] 이 개념은 '국내(내부)', '근심없음', '보호됨의 감정'과 관련이 있으나, 시간이 지남에 따라 그 의미가 확장되었다. 즉, 외부적 위험이나 위협으로부터 야기된 '외부적' 위험에 대한 평화를 뜻하게 되었다.[72] 그 후 안전이라는 개념은 '확신'(certitudo; Gewissheit)이라는 인식론적 요소가 추가되어 계승·발전되었다. 후에 라틴어의 securitas는 certitudo와 동의어로 사용되었다.[73]

안전의 헌법적 기능과 관련하여, 견해가 일치되지 못하는 것은 '안전'이라는 어의(語義)적 불명확성에 기인한 것으로 보인다.[74] 이미 훔볼트(Wilhelm von Humbolt)는 안전 개념의 다의성(多義性)을 언급하였다. "정확한 논의를 하기에 무용할 정도로 안전이라는 개념은 너무 광대하고 광범위하다."[75] 지금까지 안전이라는 개념의 의미가 명확히 규명되지 못하고 있다. 일부 견해에 의하면,

---

70) K.-P. Sommermann, Staatsziele und Staatszielbestimmungen, 1997, S. 205; J. Isensee, Das Grundrecht auf Sicherheit, Berlin 1983, S. 3 ff.

71) J. Grimm/W. Grimm, Deutsches Wörterbuch, Bd. 16, Sp. 717.

72) F.-X. Kaufmann, Sicherheit als soziologisches und soziolpolitisches Problem: Untersuchungen zu einer Weridee hochdifferenzierter Gesellschaften, 2. Aufl., 1973, S. 50 f., 52 ff.

73) A. Schrimm-Heins, Gewißheit und Sicherheit, 1990, S. 23 ff.

74) W. Schwetzel, Freiheit, Sicherheit, Terror, 2007, S. 5 ff.

75) W. von Humbolt, Ideen zu einem Versuch die Grenzen der Wirksamkeit des Staates zu bestimmen, 1792, IX.

"위험, 리스크, 위협, 불안 등으로부터의 자유 내지 온전한 법익"이라고 안전을 설명하고 있다.[76)]

이러한 '안전'에 대한 개념 정의를 내리는데 더욱 어렵고 복잡한 일은 '자유' 개념과 비교하여 설명하기 때문이다. '안전'이라는 개념은 다차원적이고 복합적이다. '안전'이란 생명·건강·신체·재산 등 개인적 법익을 침해하는 위협 내지 위험으로부터의 자유로 이해할 수 있다. 이러한 위협과 위험은 여러 측면에서 발생할 수 있다.

예를 들면, 국가는 원자력발전소에서 방사능 유출이 된 경우 이로부터 국민을 보호해야 한다. 또한 국가는 특별한 이유 없이 일반 시민을 살해하는 이른바 '묻지마 살인범'으로부터 국민을 보호해야 한다. 사인(私人)이 다른 사인(私人)을 살해하려는 경우 그 피해자인 사인을 국가는 보호해야 한다. 이러한 사례들은 위험 방지기관인 경찰 등 국가기관이 구체적인 위험으로부터 국민을 보호해야 할 의무와 관련이 있다. 이러한 기본권보호의무는 기본권보호뿐만 아니라 공적 안전을 위한, 구체적으로 지칭되는 법익들을 위한 또는 공공질서를 위한 위험의 현존과 관련되어 있다. 그럼에도 불구하고 이전까지의 논의는 안전이라는 의미를 규명함에 있어서 단순히 '법익 보호'라는 한정된 기능에 초점을 맞추고 있다.[77)]

안전은 개인적인 측면 이외에 안전의 집단적인 측면도 고찰해야 한다. 안전의 집단적인 측면에는 '국가의 안전'이 있다. 특정 국가 공동체가 내적 또는 외적인 중대한 위협에 처해졌을 때, 국가의 안전이 침해받게 된다. 집단적인 안전 보장의 관념은 수십 년 동안 수많은 테러 공격하에서 점차적으로 중요한 의미를 지니게 되었다. 집단적 안전에 해당되는 '국가의 안전'은 '개인의 안전'과 불가분의 관계에 있다.[78)] 그러나 국가의 안전과 국민의 안전은 구별되어야 한다. 국가의 안전은 기본권 제한사유로 기능하지만, 국민의 안전권은 기본권

---

76) A. Anter, in: M. H. W. Möllers/R. C. v. Ooyen (Hrsg.), Jahrbuch Öffentliche Sicherheit 2008/2009, 2009, S. 15 (16).

77) S. D. Kugelmann, Polizei- und Ordnungsrecht, 2006, 1. Kap. Rn. 155.

78) 허완중, "국가의 목적이면서 과제이고 의무인 안전보장", 「강원법학」 제45권, 2015. 6, 72면(국가는 국민의 기본권 보장을 위한 수단이라는 점에서 국가의 안전보다 국민 안전이 우선된다. 그러나 실제로는 국민 안전과 국가 안전을 구별하기 어렵다.).

으로서 최대한 보장되어야 하기 때문이다. 국가의 안전과 국민의 안전권은 종종 상충(相衝)관계에 있을 수 있다.

안전이라는 개념은 예를 들어 시간적 차원에서 파악될 수 있고, '장래의 안전'이라는 의미에서 정의되어질 수 있다. 또한 안전이란 보호가치있는 개인적 법익 내지 집단적 법익에 대한 현재의 위협과 위해뿐만 아니라, 충분한 개연성을 지닌 장래의 위험에 방치되지 않도록 하는 것도 포함해서 고려되어야 한다. 현재의 위협과 위해들에 대한 보호로서 안전 개념을 국한하는 것은 위험이 고조되고 있는 상황에서 안전보장 문제와는 상당한 거리를 두게 된다.[79] 법학계에서는 오랫동안 현존(現存)하는 법익 보호에 중점을 두고 있는데, 이제는 장래 권리의 계속성 보장에도 관심을 두어야 한다.[80] 이러한 장래 권리의 계속성 보장의 필요성은 '지속성'(Nachhaltigkeit)과 '세대간 공평'의 보장을 위해 입법자의 끊임없는 노력을 요구하고 있다.

시간적 차원에서 안전 개념을 파악하다 보면, 그 근저에 '사회적 안전'의 관점을 인식하게 된다.[81] 국민은 자신의 능력으로 자신과 자신의 가족을 위해 생계를 유지하거나 2차적 책임자로서 국가의 지원을 받아 자신의 자유권을 향유하기 위한 실질적 기초를 지녀야 한다. 이를 위해 국가는 국민의 인간다운 생활을 보장하기 위한[82] '최소한의 보장을 유지'[83]해야 한다. 헌법상 사회국가원리에 의해 국가에게 '사회적 안전' 보장을 의무지울 수 있는지 여부 및 그것이 국가의무로 인정될 경우 어느 정도까지 국가가 사회적 안전보장을 책임져야 하는지가 문제된다. 독일 연방헌법재판소는 사회적 안전 보장을 사회국가원리로부터 도출하고 있다. 사회국가원리는 사회적 영역에서 "상충하는 법익간 수인가능한 조화"를 위해 그리고 "모든 사람을 위한 수인가능한 삶의 조건들을 제공"하기 위해 노력 의무가 지워진 입법자에게 입법형성의 임무를 부여하고 있다.[84] 그 밖에 사회적 정의와 사회적 안전의 의미에서 입법자에게는 생

79) Chr. Gusy, VVDStRL Bd. 63 (2004), S. 151 (157).
80) Chr. Gusy, VVDStRL Bd. 63 (2004), S. 151 (157).
81) B. Pieroth/B. Schlink/M. Kniesel, Polizei– und Ordnungsrecht mit Versammlungsrecht, 6. Aufl. 2010, § 2 Rn. 3 ff.
82) H. F. Zacher, Diskussionsbeitrag, VVDStRL Bd. 63 (2004), S. 200.
83) Vgl. BVerfGE 82, 60 (80); 45, 187 (228).
84) BVerfGE 1, 97 (105).

활관계의 입법형성 임무가 존재한다.[85] 입법자는 생활관계의 형성 임무를 수행함에 있어서 광범위한 형성여지를 지니고 있다.

(2) 위험과 리스크의 구별

안전이라는 개념과 상반되는 개념으로 '위험'(Gefahr: danger)과 '리스크'(Risiko: risk)를 생각할 수 있다. '안전'이란 '위험' 내지 '리스크'라는 상대개념과 함께 이해할 때, 그 개념이 명확해지고 윤곽이 확정될 수 있다. 공법학에서 '위험'이란 "법익침해자에게 귀속시킬 수 있는 법익 침해의 충분한 개연성이 있는 경우"[86] 내지 "어떤 사건이 방해받지 않고 진행될 경우 공공의 안전 또는 공공질서에 손해를 가져올 충분한 개연성이 있는 상태의 경우"[87]라고 정의되고 있다.[88] 안전의 반대개념인 위험과 리스크의 개념을 살펴보고, 양자의 구분에 관한 3단계 모델과 2단계 모델을 살펴본다.

1) 3단계 모델

전통적인 법학 체계론에서는 위험, 리스크, 잔여(殘餘)리스크 등 3단계로 구분한다(3단계 모델). '위험'(Gefahr)이란 사건의 경과가 방해받지 않을 경우 어떠한 행위나 상태가 손해를 초래하게 될 충분한 개연성을 가진 상황이다. 반면 '리스크'(Risiko)는 경미한 사건의 발생개연성으로 이해하고 있다. '사건의 발생개연성'이란 장래 일정한 시·공간에서 사건 발생에 대한 통계학적 기대치 내지 평가된 개연성을 말한다.[89] 위험 단계에서 국가의 위험 방지의무가 발생하려면, 현재의 상황과 장래의 손해발생 간에 인과관계가 존재해야 한다. 그러나 엄격한 인과관계를 요구하게 되면, 손해의 발생과 인과관계의 존재 여부를 판단한 후에 국가의 위험 방지행위가 투입되기 때문에 손해방지와 기본권보호가

---

85) H. P. Bull, Die Staatsaufgaben nach dem Grundgesetz, 2. Aufl. 1977, S. 84 f.

86) O. Lepsius, Risikosteuerung durch Verwaltungsrecht: Ermöglichung oder Begrenzung von Innovationen?, VVDStRL 63 (2004), S. 267; D. Kugelmann, Polizei- und Ordnungsrecht, 2. Aufl., 2011, S. 95 f.

87) Laubinger (김현준 역), "임미씨온방지법에서의 위험, 불이익, 부담, 리스크", 「토지공법연구」 제32집, 2006, 105면 이하.

88) 위험에 관한 경찰법상 개념에 관해서는 김성태, "위험방지조치와 구체적 위험", 「법학연구」 제5권, 홍익대 법학연구소, 2003, 69면 이하. 이러한 위험은 '구체적 위험', '추상적 위험', '잠재적 위험' 등으로 구분되고 있다.

89) 문병효, "독일의 원자력에너지 리스크관리법제", 「행정법연구」 제30호, 2011. 8, 3면 참조.

지연될 수 있다.

3단계 모델에 의하면, 위험과 리스크 간을 구분하는 기준은 발생 개연성(蓋然性)의 정도이다.[90] 위험은 상당히 높은 개연성을 필요로 하는 반면, 리스크는 비교적 낮은 개연성을 지니게 된다. 위험과 리스크, 리스크와 잔여리스크 간의 경계는 유동적이다. '잔여 리스크'는 법적으로 중요하게 여기지 않는 경미(輕微)한 리스크이며, 일반적인 생활 리스크(Lebensrisiko)로서 통상적으로 감수해야 하는 리스크를 말한다.[91] 잔여 리스크는 불확실한 가능성을 지녀 발생 개연성이 거의 없기 때문에 법적 규율대상이 되지 않는 리스크(risk) 이다.[92] 결과적으로 3단계 모델에 의하면, 발생 개연성의 '정도'를 기준으로 위험(danger), 리스크(risk), 잔여 리스크(restrisk)로 구분한다.[93]

3단계 모델에서는 구성요건에 기초하여 구분하는 것이 아니라, 법적 효과에 근거하여 3단계로 구분하고 있다. 즉, 개연성 정도의 판단으로는 법규범적 한계를 설정할 수 없기 때문에, 법적 효과가 구성요건을 형성하고 있다. 또한 리스크는 위험 방지를 위한 조치를 발동시키는 것이 아니라, 예방적인 최소화 조치를 발동시킨다.[94] 그러나 3단계 모델에서는 개연성의 정도를 기준으로 3단계로 명확히 구분하는데 상당한 어려움을 겪고 있다. 더군다나 개연성과 가능성의 구분도 명확하지 않으며, 이러한 불명확성을 전제로 하여 '위험 방지'와 '리스크 관리'의 구분은 법적 규율을 더욱 곤란하게 한다.

2) 2단계 모델

2단계 모델에서는 3단계 모델의 3단계를 2단계로 변환시킨다. 2단계 모델

---

90) A. Reich, Gefahr - Risiko - Restrisiko, 1989, S. 75 ff.

91) Lars Krause, Das Risiko und Restrisiko im Gefahrstoffrecht, NVwZ 2009, S. 497.

92) Udo Di Fabio, Risikoentscheidungen im Rechtsstaat, 1994, S. 72 Rn. 31, S. 105.

93) D. Rauschning, Staatsaufgabe Umweltschutz, VVDStRL 38 (1980), S. 167 (192 f.); R. Wolf, Der Stand der Technik, 1986, S. 290 ff.; F. Ossenbühl, Vorsorge als Rechtsprinzip im Gesundheits-, Arbeits- und Umweltschutz, NVwZ 1986, S. 161 (162 f.); M. Ronellenfitsch, Die Bewältigung der wissenschaftlichen und technischen Entwicklungen durch das Verwaltungsrecht, DVBl. 1989, S. 851 (859); J. Ipsen, Die Bewältigung der wissenschaftlichen und technischen Entwicklungen durch das Verwaltungsrecht, VVDStRL 48 (1990), S. 177 (186 f.); R. Wahl/I. Appel, Prävention und Vorsorge, in: R. Wahl (Hrsg.), Prävention und Vorsorge, 1995, S. 1 (84 ff.); R. Steinberg, Der ökologische Verfassungsstaat, 1998, S. 102-104; W. Köck, Rationale Risikosteuerung als Aufgabe des Rechts, in: E. Gawel (Hrsg.), Effizienz im Umweltrecht, 2001, S. 271 (280-283).

94) R. Wahl, Risikobewertung und Risikobewältigung im Lebensmittelrecht, ZLR 1998, S. 275 (282).

에서는 '손해 발생 가능성'이라는 새로운 구분기준을 도입한다. 이에 의하면 '위험'(Gefahr)은 발생 '개연성'으로 국한한 반면, '리스크'(Risiko)는 발생 '가능성'과 관련시킨다.[95] 위험과 리스크는 각자의 영역이 형성되지만, 잔여 리스크는 미해결인 채로 남게 된다. 따라서 잔여 리스크는 리스크에 포함되어 더 이상 독자적인 영역으로 기능하지 않게 된다. 결국, 발생 가능성 기준에 의해 '리스크' 개념은 '위험' 개념으로부터 독립되고, 독자적인 특성을 지니게 된다.[96] 즉, 리스크 개념은 손해 발생 개연성이 아닌, '발생 가능성'과 관련된 개념이다.[97]

3) 소결

독일 법학에서 전통적으로 위험(Gefahr) 개념은 리스크(Risiko) 개념과 구별하지 않고 동일하게 여겨 논의되어져 왔다.[98] 독일 연방헌법재판소는 칼카(Kalkar) 판결에서 "최선의 위험 방지와 리스크 관리"[99] 원칙이라고 판시하였다. 즉, 위험과 리스크 간에 명확한 구분을 하지 않고 동일한 개념으로 판단하여 왔다.

그러나 리스크(Risiko)와 위험(Gefahr)은 법적 개념상 차이가 있으며 구별되어야 한다. 위험(danger)은 발생 개연성이 중요한 징표인 반면, 리스크(risk)는 발생 확률이라는 그 가능성이 중요한 징표가 된다. 위험(danger)은 충분한 개연성을 지닌 것으로 상황이 방해받지 않고 진행될 경우 손해 발생이 예견될 수 있는 것을 말한다.[100] 즉, 위험은 손해가 발생해야만 한다. 반면, 리스크는 위험에 비하여 손해 발생의 개연성 요건이 중요하지 않다.[101] 리스크(Risk)는 손해에 의존하지 않고, 발생 개연성이 제로(O)가 되거나 현재 과학기술의 수준으로는 발생 개연성이 없다고 하더라도 '발생 가능성'에 의해 고려해야 하는 것이다.[102] 리스크(Risk)는 본질적으로 '경험적인 불확실성'을 내포하고 있으

95) M. Kloepfer/E. Rehbinder/E. Schmidt−Aßmann/P. Kunig, Umweltgesetzbuch -Allgemeiner Teil, 1990, § 2 Abs. 6; D. Murswiek, Die staatliche Verantwortung für die Risiken der Technik, 1985, S. 85.

96) O. Lepsius, Risikosteuerung durch Verwaltungsrecht: Ermöglichung oder Begrenzung von Innovationen?, VVDStRL 63 (2004), S. 269 f.

97) K.−H. Ladeur, Das Umweltrecht der Wissensgesellschaft, 1995, S. 72 f., 76 ff.

98) Udo Di Fabio, Risikoentscheidungen im Rechtsstaat, 1994, S. 70 f.

99) BVerfGE 49, 89 (139).

100) BVerwG DÖV 2003, S. 81 (82); BVerwG 45, 51 (57); Volkmar Götz, Allgemeines Polizeirecht, Rn. 140 m. w. N.

101) BVerwG DÖV 2003, S. 81 (83).

며,[103] 발생이 현실화될 가능성은 희박하지만 발생이 현실화될 수 있는 확률이 있는 경우를 말한다. 리스크가 있는지를 해명하기 위해서는 '예측'(Prognose)이 필요하다. '리스크의 크기'와 '발생 가능성 정도'를 판단하여 리스크에 대한 법적 규제 여부를 결정할 수 있다. 궁극적으로 리스크 관리는 발생 가능성을 제로(O)로 만들기 보다는 그 허용범위를 어디까지 할지를 결정하는 문제로 귀결된다.[104]

3. 국민 안전의 헌법적 근거·법적 성격

국민의 안전 보장이라는 국가의 보호과제이자 국가의 목적을 실현하기 위해 현대국가는 권력의 독점을 불가피하게 필요로 하게 되었다. 따라서 국가의 국민 안전보호의무는 일반적으로 국민의 안전을 보장하기 위한 수단이자 국가의 권력 독점을 정당화하기 위한 대응물로 설명되어진다. 이를 학설(學說)에서는 국민의 '평화의무'라고 말하기도 한다.[105] 평화의무는 국가의 권력 독점에 의해 이행될 수 있다. 이를 뒷받침하듯 독일 연방헌법재판소는 "헌법상 평화권, 질서권, 국민의 안전 보장은 국가권력이 포기해서는 안되는 헌법적 가치이다. 국가는 국민의 안전을 위해 실제적이고 최종적인 정당성을 부여받고 있다"[106]고 판시하고 있다.

(1) 국가목표규정설

국민의 안전이라는 요청이 헌법상 국가목표(國家目標)라고 생각하는 견해이다.[107] '국가목표규정'이란 헌법에서 기본권적 특성을 지니지 않고, 국가기관

---

102) Pieroth/Schlink/Kniesel, Polizei- und Ordnungsrecht, §4 Rn. 6.

103) Arno Scherzberg, Risiko als Rechtsproblem, VerwArch 84 (1993), S. 485 (498); R. Wahl, in: Landmann/Rohmer, Umweltrecht, §6 GenTG Rn. 15; H.-H. Trute, in: Risikomanagement im öffentlichen Recht, S. 55.

104) 이부하, "보장국가에서 국민의 안전보호와 관련한 헌법이론", 「헌법학연구」 제22권 제1호, 2016. 3, 222-223면.

105) J. Isensee, Das Grundrecht auf Sicherheit, 1983, S. 23 f.

106) BVerfGE 49, 24 (56 f.).

107) Martin Kutscha, Innere Sicherheit und Verfassung, F. Roggan/M. Kutscha (Hrsg.), Handbuch zum Recht der Inneren Sicherheit, 2006, S. 24 (32).

이 특정한 목표를 수행하도록 법적 구속력을 가지고 의무를 부여하는 헌법 규범을 말한다.[108] 국가는 목표 달성을 위해 최대한 노력해야 하고, 국가목표규정은 국가행위를 목표에 맞추도록 의무를 부과한다.[109]

국가목표규정은 국가기관에게 국가정책의 방향을 제시하거나, 국가의 미래에 대한 방향을 제시한다. 사회 영역에서 정치적·문화적 공감대를 반영하며, 국가행위에 대한 명령과 지침으로 기능하며 국가에게 실질적 과제를 부여한다. 좀머만(K. P. Sommermann) 교수는 국가목표규정의 특징을 다음과 같이 6가지로 설명한다. 국가목표규정은 ① 헌법규범의 실질적 구성요소에 속한다. ② 국가권력인 입법권·행정권·사법권을 법적으로 기속한다. ③ 국가행위의 한계를 획정하는 것이 아니라, 국가행위의 동인(動因)을 부여한다. ④ 일반적으로 국가프로그램을 포함하고 있다. ⑤ 일반적으로 종료되지 않은 목표를 정하고 있다. ⑥ 그 법적 성격은 알렉시(R. Alexy) 이론의 원칙(Prinzip) 규범이라 할 수 있다.[110]

국가목표규정의 제1수신자는 입법자이다. 국가목표규정의 내용은 입법자에 의하여 국가목표가 구체화된다. 국가목표규정에 의해 입법조치가 필요함에도 입법부작위(不作爲)의 경우 위헌성이 문제되며, 입법자가 제정한 입법 내용이 국가목표에 소극적으로 저촉되는 경우에도 위헌성이 문제될 수 있다.[111]

(2) 국가과제설

국가과제설은 크게 2가지 견해가 주장되고 있다.[112] 하나의 견해는, 현대국가는 민주적이라고 규정하고 있고 민주적 기초에는 국가와 사회의 구분 및 국가과제의 기본원칙이 문제된다는 것이다. 주권자인 국민이 존재하는 사회에서는 국가과제의 사전(事前) 확정은 이루어질 수 없다. 따라서 국민과 사회가

---

108) 정극원, “국가목적규정에 관한 일고찰”, 「공법학연구」 제4권 제2호, 2003. 4, 220면; 명재진, “국가목표규정에 관한 비교법적 연구”, 「세계헌법연구」 제17권 제2호, 2011, 31면; 명재진, “독자적 헌법조문으로서의 국가목표규정”, 「유럽헌법연구」 제2호, 2007. 12, 164면.

109) 명재진, “국가목표규정에 관한 비교법적 연구”, 「세계헌법연구」 제17권 제2호, 48면.

110) K. P. Sommermann, Staatsziele und Staatszielbestimmungen, 1997, S. 210, 326, 356, 359, 374, 377, 380; 명재진, “독자적 헌법조문으로서의 국가목표규정”, 「유럽헌법연구」 제2호, 2007, 167면.

111) 명재진, “독자적 헌법조문으로서의 국가목표규정”, 「유럽헌법연구」 제2호, 2007, 178면.

112) E.-W. Böckenförde, Grundrechte als Grundsatznormen, in: Staat, Verfassung, Demokratie, 1991, S. 159 (187).

국가과제와 국가의무를 확정해야 한다는 견해이다.[113] 다른 하나의 견해는, 현대국가는 헌법국가라는 것이다. 현대국가는 국민에 대한 자신의 권한과 의무를 실정법적으로 규정하였다. 따라서 국가 및 국가행위의 정당성 근거는 더 이상 필요하지 않다는 것이다. 헌법은 국가목적의 결과를 확인하고 규정한다는 것이다.[114] 중요한 것은 헌법상 기본권, 원칙규정들 그 밖의 국가과제를 부여하는 권한규범들로부터 국가목적을 도출할 수 있다고 한다.[115] 국가과제로서의 안전보장의 헌법적 근거는 기본권조항들과 객관법적 차원의 기본권보호의무에서 도출된다는 입장이다.[116]

개인의 생명·건강 등 기본권적 법익에 대한 보호는 국가의 보호의무이자 국가의 과제이다.[117] 국가과제는 한편으로는 기본권 주체의 주관적인 보호요구를 충족시켜주고, 다른 한편으로는 기본권의 객관적인 보호요구를 충족시켜 줌과 동시에, 국가공동체의 존속을 위해 국민 안전(安全)을 수호하는데 있다.[118] 국가과제로서의 '안전'이란 공포라는 객관적인 원인으로부터의 자유(탈피)를 말한다.[119] 안전은 기본권적 보호법익을 다른 시민과의 관계에서 침해받지 않는 상태이며, 이를 방어권으로 유추해석하면, 기본권주체가 다른 사람의 침해로부터 자유인 상태이다.[120] 이러한 안전은 헌법상 실정화될 필요는 없으며, 실질적 헌법의 본질적 구성요소라고 한다.[121]

(3) 기본권설

국민의 안전을 주관적 공권인 '기본권으로서의 안전권'[122]으로 이해하는

113) E.-W. Böckenförde, Die Bedeutung der Untersuchung von Staat und Gesellschaft im demokratischen Sozialstaat der Gegenwart, in: Recht, Staat, Freiheit, 1991, Fn. 51.
114) G. Ress, VVDStRL 48 (1990), S. 57 (74); J. Isensee, Das Grundrecht als Abwehrrecht und als staatliche Schutzpflicht, in: ders./P. Kirchhof (Hrsg.), HdbStR V, 2000, § 111 Rn. 25 ff.
115) H. Hoffmann, Die Aufgaben des modernen Staates und der Umweltschutz, in: M. Kloepfer (Hrsg.), Umweltstaat, 1989, S. 15 참조.
116) 이에 대해 자세한 것은 K. Stern, Das Staatsrecht, Bd. III/1, 1988, § 69, S. 897 ff.
117) Möstl, Die staatliche Garantie für die öffentliche Sicherheit und Ordnung, S. 28.
118) J. Isensee, Das Grundrecht als Abwehrrecht und als staatliche Schutzpflicht, in: ders./P. Kirchhof (Hrsg.), HdbStR V, 2000, § 111 Rn. 137.
119) J. Isensee, HdbStR V, 2000, § 111 Rn. 147.
120) J. Isensee, HdbStR V, 2000, § 111 Rn. 84.
121) J. Isensee, HdbStR V, 2000, § 111 Rn. 83.
122) J. Isensee, Das Grundrecht auf Sicherheit, 1983, S. 3 ff.

견해이다. 기본권으로서의 안전권 인정은 국가·사회 공동체 생활에 있어서 불안, 개인적 및 사회적 폭력성, 공권력 상실이 심하게 나타나고 만연하는 상황에서 절실히 필요한 일이다. 국가 법질서는 이러한 위험에 대비하여 국가에게 기본권보호의무를 강하게 요구하고 있다. 어떠한 경우에는 주관적 권리로서 잠재적인 위험가능성에 대응하도록 한다. 법해석학적으로 명문에 규정이 없는 기본권으로서 안전권은 헌법상 신뢰보호원칙 내지 주관화된 객관적 헌법원칙들[123] 사이에 둘러싸인 다양한 헌법규정의 개관을 통해 도출된다.[124] 국가는 국민의 안전권 보장을 간과해서는 안되고, 국민의 안전권을 보장해야 할 의무가 있다.[125]

(4) 소결

우리나라 헌법재판소는 '안전권'의 대용어로서 '평화적 생존권'을 사용하고 있으나, 아직 기본권으로 받아들이고 있지는 않다. 헌법재판소는 2005헌마268 결정에서 "오늘날 전쟁과 테러 혹은 무력행위로부터 자유로워야 하는 것은 인간의 존엄과 가치를 실현하고 행복을 추구하기 위한 기본 전제가 되는 것이므로, 달리 이를 보호하는 명시적 기본권이 없다면 헌법 제10조와 제37조 제1항으로부터 평화적 생존권이라는 이름으로 이를 보호하는 것이 필요하다. 그 기본 내용은 침략전쟁에 강제되지 않고 평화적 생존을 할 수 있도록 국가에 요청할 수 있는 권리라고 볼 수 있을 것이다."라고 판시하였다.[126] 그러나 헌법재판소는 2007헌마369 결정에서 기존의 입장을 변경하여 "평화적 생존권은 헌법에 열거되지 아니한 기본권으로서 그것을 특별히 새롭게 인정할 필요성이 있다거나 그 권리 내용이 명확하여 구체적 권리로서의 실질에 부합한다고 보기는 어려우므로 헌법상 보장되는 기본권이라 할 수 없다."고 판시하고 있다.[127]

---

123) G. Robbers, Sicherheit als Menschenrecht, 1987, S. 190 ff.

124) J. Isensee, Das Grundrecht auf Sicherheit, S. 33 ff.; K.-P. Sommermann, Staatsziele und Staatszielbestimmungen, 1997, S. 204; M. Möstl, Die staatliche Garantie für die öffentliche Sicherheit und Ordnung, 2002, S. 84 ff.

125) W. Brugger, VVDStRL Bd. 63 (2004), S. 101 (132).

126) 헌재 2006. 2. 23. 2005헌마268, 판례집 18-1상, 298, 304.

127) 헌재 2009. 5. 28. 2007헌마369, 판례집 21-1하, 769, 775-777; 헌재 2010. 11. 25. 2009헌마146, 공보 제170호, 2122, 2128.

국민의 안전권은 안전하게 생존할 수 있는 기본권이라 할 수 있다. 인간이 존엄과 가치를 인정받으려면 생명과 신체의 안전을 위협받지 않고 평화롭게 생존할 수 있어야 한다. 이러한 '안전권' 내지 '평화적 생존권'은 인간의 존엄과 가치를 인정받고 향유하기 위한 필수불가결한 기본조건이며, 다른 기본권보다 우선적으로 보장되어야 한다. 대한민국 헌법에서는 안전권 내지 평화적 생존권을 보장하는 직접적인 명문규정이 없지만, 우리 헌법상 인간의 존엄과 가치를 보장하는 제10조와 열거되지 아니한 기본권도 존중하라는 제37조 제1항에 의해 보장되는 기본권이라 할 수 있다.[128)]

안전권의 보호법익은 '생명'과 '신체'에 대한 가해에 한정함이 타당해 보인다. 그 근거로는 첫째, 안전권에서 의미하는 기본권 침해 내지 가해는 현재의 가해 내지 급박한 가해 상황이다. 자유권적 기본권 중 대부분은 기존의 권리구제절차를 거쳐서 구제받을 수 있는 경우이므로 굳이 안전권을 원용할 필요가 없지만, 생명·신체의 안전권의 경우에는 현재의 가해 내지 급박한 가해 상황이 발생하므로, 특별히 보호이익이 존재한다. 급박한 위험 상황이고 현재의 심각한 가해를 유발하고 있는 생명이나 신체의 안전권으로 한정해야 국가의 효율적인 보호조치가 가능하다. 둘째, 국가의 개입보다 사회적 자기규율이 원칙적으로 우선되어야 하므로,[129)] 생명이나 신체라는 중요한 자유권적 기본권에 대해서 국가는 안전을 위한 보호조치를 취해야 한다. 국민의 생명이나 신체에 대한 위법한 가해·침해에 대해서 국가는 신속하게 기본권보호의무를 발동할 필요가 있다. 셋째, 국가는 적절하고 효율적인 보호조치를 모든 안전권에 대해 취할 수 없다. 따라서 일반적 안전권의 보장을 헌법에 규정하기 보다는 중요한 법익인 생명 및 신체의 안전권에 국한하여 규정함이 적절해 보인다.[130)]

4. 국민 안전에 대한 주관적 보호청구권 인정 여부

국민의 안전이 국가과제라는 것에는 이론(異論)이 없다 하더라도, 헌법적

128) 같은 의견: 헌재 2009. 5. 28. 2007헌마369, 판례집 21-1하, 769, 782 (재판관 조대현의 별개의견에 대한 보충의견).

129) C.-W. Canaris, Grundrechte und Privatrecht, de Gruyter, Berlin und New York, 1999, S. 47.

130) 이부하, "기본권보호의무의 헌법적 쟁점", 법조 제68권 제2호, 2019. 4, 46면.

으로 국민 안전에 대한 보호를 요구할 주관적 권리가 보장되는지 내지 개개 국민이 객관적인 헌법의무의 대상으로서 안전의 보호객체가 되는지 여부가 문제된다.[131] 안전 이익의 주관화는 세 개의 논증 연결고리와 관련되어 있다. 첫째, 법치국가원리와 연결되고, 둘째, 기본권보호의무로 이어지고, 셋째 국민 안전이라는 기본권으로의 주관화로 연결된다.[132] 우리나라 헌법 제10조의 인간의 존엄과 가치를 국가가 보장할 의무를 지는 규정으로부터 국가의 객관적 보호과제의 주관화를 통해 국민의 안전보호에 대한 주관적 권리가 인정될 수 있다. 그러나 헌법 제10조의 해석·적용은 국가 공권력이 인간의 존엄을 침해했을 경우 이에 대해 인간 존엄의 보호를 요구하는 주관적 권리에 관한 것이다.[133]

국민 안전에 대한 주관적 권리는 기본권의 객관적 성격에 기인하는 것으로 볼 수 있다. 여기서 문제가 되는 것은 국가가 자신의 보호의무를 전혀 이행하지 아니하거나 충분히 효과적으로 이행하지 아니하는 경우에 위험으로부터 피해를 입은 피해자인 국민의 주관적 보호청구권이 인정될 수 있는가 여부이다. 즉, 국가가 국민의 안전에 관한 법률을 제정하지 않은 경우, 헌법에 안전권(기본권)을 근거로 직접 안전보호 청구권을 행사할 수 있는가 여부이다. 디트라인(Dietlein) 교수는 국민 안전에 관한 권리는 독일 기본법 제1조 제2항의 인간의 존엄권에 속하기 때문에 주관적 보호청구권이 인정될 수 있다고 한다.[134] 또한 헤르메스(Hermes) 교수도 헌법상 생명권과 신체불훼손권으로부터 국가의 객관적 보호의무만 도출하는 것은 타당하지 않고 주관적 보호청구권도 도출된다고 한다.[135]

주관적 보호청구권의 인정 여부는 이를 사법적(司法的) 판단에 의해 해결하는 것이 타당한가 여부와 민주적 정당성을 가진 입법권에 대한 헌법재판소의 과도한 통제인지 여부가 문제된다. 그러나 헌법이 국가의 기본권보호의무를 요구하는 것은 국민의 기본권적 법익을 효과적으로 보호하라는 명령이므로 주관적 보호청구권을 인정하는 것이 타당할 것이다. 더욱이 국민의 안전에 관

131) J. Dietlein, Die Lehre von den grundrechtlichen Schutzpflichten, 2. Aufl. 2005, S. 133.
132) W. Brugger, VVDStRL Bd. 63 (2004), S. 101 (130).
133) J. Dietlein, Die Lehre von den grundrechtlichen Schutzpflichten, S. 146.
134) J. Dietlein, Die Lehre von den grundrechtlichen Schutzpflichten, S. 149 ff.
135) G. Hermes, Das Grundrecht auf Schutz von Leben und Gesundheit, S. 208 ff.

한 법률이 부재(不在)할 경우, 국민의 주관적 보호청구권을 불인정하게 되면, 헌법의 법률종속화 내지 헌법과 법률의 순환이론에 빠지게 된다. 따라서 국가의 보호의무를 이행하도록 헌법이 요청하고 있고, 국가의 작위나 부작위가 개인의 기본권을 침해하게 되는 경우에는 국민의 주관적 보호청구권이 인정될 수 있다.[136] 국가의 기본권보호의무가 존재함에도 불구하고 국가가 기본권보호의무를 해태(懈怠)한 경우에 비록 주관적 권리성이 인정되더라도 예외적으로 특정의 수단만이 보호의 필요성을 충족할 수 있는 경우에만 입법자는 일정한 행위의무를 지게 된다.[137] 이 경우에 국가의 기본권보호의무를 이행함에 있어서 입법자는 여러 가지 법적인 규율 가능성 중에서 가장 합목적적이라고 판단되는 입법적 수단을 선택할 재량이 있기 때문에 '입법자의 입법형성의 자유'[138]가 인정된다.

국민 안전의 보호수준은 상대적이라 할 수 있고,[139] 완전하고 절대적인 안전은 달성될 수 없다. 안전은 본질적으로 무제한적이고 무한계적이며, 결코 실현될 수 없는 이상(理想)이다.[140] 기본권으로서의 안전권은 직접적인 대사인효(對私人效)가 인정되지는 않지만,[141] 법률매개적으로 효력이 발생한다.[142] 국가의 기본권보호의무가 재(再)주관화를 거쳐 개별 국민은 주관적 보호청구권[143]을 가지게 된다. 결국 국민은 '안전권'이라는 기본권을 인정받게 된다.[144]

---

136) 정태호, "기본권보호의무", 인권과 정의 제252호, 1997, 102면.
137) 정태호, "기본권보호의무", 102면.
138) 이에 관하여는 이부하, "입법자의 입법형성권의 내용과 한계", 법과정책연구 제13집 제1호, 2013. 3, 91면 이하 참조.
139) Chr. Gusy, VVDStRL Bd. 63 (2004), S. 151 (169).
140) E. Denninger, in: S. Huster/K. Rudolph (Hrsg.), Vom Rechtsstaat zum Präventionsstaat, 2008, S. 85 (92).
141) J. Isensee, Das Grundrecht auf Sicherheit, 1983, S. 35 f.
142) J. Isensee, Das Grundrecht auf Sicherheit, S. 44.
143) 기본권보호청구권에 관해서는 표명환, "기본권보호청구권의 구조와 체계에 관한 고찰", 「법학연구」 제45집, 2012. 2, 23면 이하 참조.
144) 송석윤, "기본권으로서의 안전권에 관한 시론적 연구", 이화여대 「법학논집」 제8권 제1호, 2004, 24면; 이부하, "헌법상 가치로서의 안전과 안전보장", 「홍익법학」 제14권 제2호, 2013. 6, 234면.

5. 안전 보장에 관한 헌법이론

(1) '안전'과 '자유' 간의 관계

헌법상 법치국가원리는 국가 공권력의 한계만을 설정하는 것이 아니라, 국가 공권력이 국민의 자유와 권리를 보호하도록 이중적(二重的) 과제를 부여하고 있다.[145] 이러한 법치국가원리의 이중적 과제는 한편으로는 국가에게 행위의무로서 법치국가적 '보호'를 요구하고, 다른 한편으로는 국가행위의 한계로서 법치국가적 '자유'를 요구하기 때문에, 딜레마 상태에 있다.[146] 자유와 안전 간에는 서로 중첩되는 영역이 존재한다. 독일의 빌헬름 훔볼트(Wilhelm v. Humboldt)가 "안전 없이는 자유 없다."[147]고 한 것은 이러한 취지와 일맥상통하는 것이다. 그에 반해 안전에 대한 입법이나 정책은 안전과 기본권적 자유간의 갈등을 유발한다.[148] 국민 안전이라는 국가과제는 법치국가원리와 긴장관계에 있기도 하고, 다른 한편으로는 국민의 안전과 보호라는 측면에서 안전과 법치국가는 일치하는 공통의 교집합이 존재한다. 이러한 점에서 법치국가는 '야누스의 머리'(Janus-Kopf)라고 이해되기도 한다.[149]

안전 없이는 자유의 향유가 불가능하고,[150] 법치국가에 있어서 법을 통해 달성되는 안전은 국가에 '대한' 안전뿐만 아니라, 국가에 '의한' 안전을 포함해야 한다.[151] 더 견실한 안전은 기본권적 자유를 제한함으로써만 달성될 수 있다는 주장은 타당하지 않다. 자유와 안전 간의 관계에 관하여, "안전의 확보는 항상 자유의 대가를 치르고서야 가능하고 역으로 자유권의 보장은 효과적인 안전 정책을 제거함으로써 달성될 수 있다"는 '제로(0)섬 게임'과 같이 설명은

145) Schmidt-Aßmann, in: Isensee/Kirchhof, HdbStR Ⅰ, § 24 Rn. 31 f.
146) Chr. Calliess, DVBl. 2003, S. 1101.
147) Vgl. W. v. Humboldt, Ideen zu einem Versuch, die Grenzen der Wirksamkeit des Staates zu bestimmen (1792), Stuttgart 1967, S. 58.
148) Vgl. Limbach, AnwBl. 2002, S. 454; Hassemer, Vorgänge 2002, S. 10; Hoffmann-Riem, ZRP 2002, S. 497; Schulze-Fielitz, in: FS für Schmitt Glaeser, S. 407.
149) Bettermann, Der totale Rechtsstaat – Zwei kritische Vorträge, 1986, S. 5 ff.; Kunig, Das Rechtsstaatsprinzip, 1986, S. 278 ff.
150) W. von Humboldt, Ideen zu einem Versuch, die Gränzen der Wirksamkeit des Staats zu bestimmen (1792), in: A. Flitner/K. Giel (Hrsg.), Bd. I: Schriften zur Anthropologie und Geschichte, 2. Aufl., 1969, S. 95.
151) Chr. Calliess, DVBl. 2003, S. 1101; Chr. Gusy, VVDStRL 63 (2004), S. 162 ff.

타당하지 않다.152) 왜냐하면, 자유를 대가로 하여 안전을 달성할 수 있다는 생각은 결과적으로 국가 공권력의 국민의 자유 제한을 당연시함으로써 국가 공권력의 불예측성에 의한 불안전성을 유발할 가능성이 높기 때문이다.153) 인간은 안전을 추구하며 안전한 생활을 영유하기 원한다. 안전에 대한 적(敵)으로부터 방어를 해야 한다는 명목으로 국가는 제도적·법적으로 자유를 제한하는 조치를 행하려는 경향을 띤다. 이는 국민의 안전과는 별개로, 기본권 보장 사상을 해치고 헌법상 법치국가원리에 반한다.

안전과 자유 간의 관계를 법해석학적으로 이해하기 위해서는 양자의 교집합이 중요한 의미를 가진다. 양자의 교집합에 있어서는 안전의 관점이 더욱 커질수록 법치국가적 관점에서 그 만큼 정당성이 커진다. 교집합에 있어서 안전의 영역에서 가까울수록 자유의 영역도 가까워진다. 그러나 다른 한편 안전과 자유 간에는 헌법적으로 긴장관계가 필연적으로 발생한다. 독일 연방헌법재판소는 자유와 안전 간의 관계를 다음과 같이 판시하고 있다.

> *"헌법은 입법자에게 자유와 안전 간에 적절한 균형을 이루라고 요청하고 있다. 자유의 박탈이라는 대가를 치르더라도 결코 달성될 수 없는 절대적 안전이라는 목적 추구는 불가능하다. 헌법은 사실상 주어진 상황에서 최대한의 안전을 조성하고, 방어권으로서의 기본권에 대한 부당한 제한을 금지하는 법치국가적 기속하에서 안전이라는 목적을 추구한다."154)*

결국 안전과 자유 간에 형량이 이루어져야 한다.155) 구체적인 사건에서 국가기관은 어느 정도의 안전 보호가 충분한지 또는 특정한 상황에서 어떻게 기본권보호의무를 수행해야 하는지를 형량할 경우에 실질적인 근거를 요구한다. 자유와 안전 간 상충이 발생하는 경우, 헌법 규정에 의하여 저절로 해결되지 않기 때문에 '형량의 미해결' 상태에 빠진다.156) 이러한 경우 형량 여지는 상충하는 이익 간 미해결 상태에서 제한과 보호의 정도를 선택하는 것을 뜻한다.157)

---

152) Bielefeldt, Freiheit, S. 21; Frankenberg, KJ 2005, S. 375 f.
153) Hohmann-Dennhardt, in: Adolf-Arndt-Kreis, Sicherheit, S. 109.
154) BVerfGE 115, 320 (358).
155) Chr. Calliess, Rechtsstaat und Umweltstaat, 2001, S. 566 ff.
156) R. Alexy, Verfassungsrecht und einfaches Recht - Verfassungsgerichtsbarkeit und Fachgerichtsbarkeit, in: VVDStRL 61 (2002), LS 11.

국민의 안전 실현이 안전과 자유 간 교집합에서 이탈하는 경우와 이러한 경우에 법치국가적으로 사법상(司法上) 구체적인 판단기준이 정립될 필요가 있다. 첫째, 국민의 신체적인 안전에 대하여 국가행위가 내용적인 관련이 깊으면 깊을수록 법치국가적 자유의 관점에서 정당성의 요구가 완화된다. 예를 들면, 환경오염과 관련하여 생명과 건강 등의 보호를 포함한 생태학적 안전은 신체적 안전에 상대적으로 근접해 있기에 국가행위의 정당성 요구가 완화된다.[158] 반면, 사회적 내지 경제적인 안전의 측면에서는 국가행위에 있어서 고도의 정당성이 요청된다. 다만, 인격적인 재산권의 보호 등과 같이 극단적인 경우나 엄격한 평등권 관련 사항일 경우는 신체적 안전과 관련될 경우가 많으므로 국가행위의 정당성 요청이 완화될 수 있다.

둘째, 국가행위가 국민의 신체적인 안전 보호에 직접적으로 기여하는지 아니면 단지 간접적으로 기여하는지 여부를 심사해야 한다. 국가행위가 국민의 신체적인 안전과 간접적으로 관련이 있으면 있을수록 더욱 고도의 정당성이 요구된다. 예를 들면, 인적 증명을 할 수 있는 생물적 특징은 간접적으로 국민의 신체적 안전 보호에 기여하기 때문에, 정보의 자기결정권의 제한은 높은 가치에 대한 제한으로 평가된다. 따라서 이 경우 입법자는 고도의 정당성 요청을 받는다. 반대로 위험성이 높은 장소에 CCTV나 비디오 감시의 경우에는 폭력행위가 쉽게 발생할 수 있다. 따라서 이러한 위험성이 높은 장소에 기본권제한적 국가행위는 국민의 신체적 안전을 보호하기 위해 직접적으로 기여하기 때문에, 이러한 국가의 보호행위는 최소한의 완화된 법적 정당성을 요구한다.[159]

(2) 국민 안전과 관련한 헌법이론 체계화

국민의 안전에 대한 위협은 한편으로는 국가 공권력에 의해 국민의 기본권이 침해되기도 하고, 다른 한편으로는 다른 사인(가해자)에 의해 국민인 사인(피해자)의 기본권이 가해받기도 한다.

---

157) R. Alexy, Verfassungsrecht und einfaches Recht – Verfassungsgerichtsbarkeit und Fachgerichtsbarkeit, S. 25.
158) Chr. Calliess, Rechtsstaat und Umweltstaat, S. 96 ff.
159) Chr. Calliess, Sicherheit im freiheitlichen Rechtsstaat, ZRP 2002, S. 7.

[그림] 국민의 안전권과 관련된 헌법이론[160]

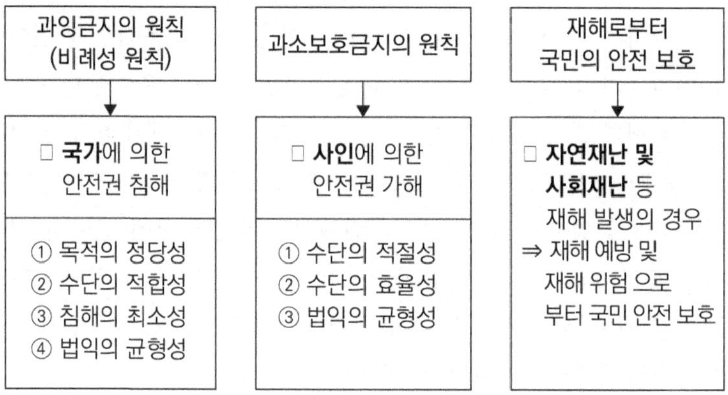

국가 공권력에 의해 국민의 기본권이 제한(Eingriff)된 경우, 헌법재판소는 국가의 기본권보장의무와 관련하여 국가 공권력 행위가 과잉금지원칙(Übermaßverbot), 즉, 비례성 원칙(Verhältnismäßigkeit)을 위반했는지 여부를 심사하게 된다. 반면, 제3자인 사인이 다른 사인의 기본권에 가해(加害)를 가한 경우, 우리나라 헌법재판소는 국가의 기본권보호의무와 관련하여 그 가해 행위와 관련된 공권력 행사 또는 불행사가 '과소보호금지원칙'(Untermaßverbot)을 위반했는지 여부를 심사하게 된다.[161] 반면, 재난으로 인한 인명피해나 손해 발생은 국가 공권력에 의한 침입이나 사인의 기본권 가해가 아니기 때문에 기본권보장의무나 기본권보호의무와는 관련이 없고, 재해 예방에 대한 국가 의무인 국가의 보호의무와 관련되게 된다.

6. 결 어

(1) 인권(人權)의 대표적인 특성으로 인권의 '보편성'이 있다. 인권의 '보편성'이란 인권은 초국가적, 초인종적, 초시간적으로 동일한 내용을 담고 있다는

---

160) 이부하, "위험사회에서 국민의 안전보호의무를 지는 보장국가의 역할", 「서울대학교 법학」 제56권 제1호, 2015. 3, 148면.

161) 기본권보호의무와 과소보호금지원칙에 관하여는 이부하, "비례성원칙과 과소보호금지원칙", 「헌법학연구」 제13권 제2호, 2007. 6, 275면 이하; 이부하, "국가의 기본권보호의무와 과소보호금지원칙", 인하대 「법학연구」 제17집 제2호, 2014. 6, 39면 이하.

의미이다. 이러한 보편성을 지닌 인권 중 국가법 질서에 구체적·현실적으로 편입되어 국민의 권리로서 보장되는 기본적 권리를 '기본권'이라 한다. 기본권은 인권의 '최소한'이라 명명되어진다. 이는 보편성을 갖는 인권이 최대한 보장될 수 없지만, 인권 중에 핵심적이고 필요최소한의 수준은 국가가 '기본권'으로서 보장해야 한다는 의미이다. 그러나 문제는 보편성을 갖는 인권의 범위가 불명확하다는 데 있다. 또한, 일반적으로 인정하는 인권의 범위를 넘어서서 기본권으로 보장하는 헌법도 있고, 그 반대로 최소한의 인권조차도 실정 헌법상 기본권으로 보장하지 않는 국가도 있다. 그러나 인권과 기본권은 인권의 실현이라는 공통목적을 지니며 상호영향을 주며 발전하고 있다. 인권적 성격을 지니면서 헌법 해석상 보편성을 지닌 불문의 기본권들이 있다. 그 중 하나가 '안전권'이다. 따라서 원칙적으로 불문의 기본권인 '안전권'은 헌법에 명문으로 규정하지 않더라도 기본권으로 보장될 수 있다. 만약 헌법상 명문으로 안전권을 규정하려면, 포괄적인 '안전권'을 헌법에 신설하기 보다는, '생명·신체의 안전권'으로 국한하여 규정하는 것이 적절할 것이다.[162)]

(2) 국민 안전 보장이 국가 존립의 정당화 근거라는 생각하에서 저명한 사상가들은 국가이론을 발전시켜왔다. 국가의 국민 안전 보장은 국가 공권력에게 독점권을 부여하는 중요한 법이론적 근거가 된다. 국가로부터의 국민의 안전뿐만 아니라, 국가에 의한 국민의 안전 모두 추구해야 하는 것이 헌법의 과제이다. 국민의 안전 보장은 국민의 기본권을 보호하기 위한 국가의 과제이자 의무이다. 안전에 대한 주관적 보호청구권은 법률의 부재시 그 진가가 발휘될 수 있다. 기본권으로서 안전권은 헌법상 명문규정이 없더라도, 생명과 신체의 안전을 위협받지 않고 평화롭게 생존할 권리로서 그리고 다른 기본권의 전제조건으로서 우리 헌법상 인정된다고 보아야 한다. 안전과 자유는 긴장관계도 있지만, 상호간의 교차관계도 존재한다. 양자의 갈등관계시 형량이 필요하다. 사인인 국민의 기본권이 제3자인 사인에 의해 가해받을 경우, 사인의 안전보장을 위해 국가는 기본권보호의무를 수행해야 한다. 이와 관련하여 국가가 기본권보호의무를 적절하고 효율적으로 수행하였는지 여부는 헌법상 '과소보호금

162) 같은 의견: 황동혁, "위험에 대비하는 사전적 국가작용", 부산대학교 법학연구 제65권 제1호, 2024. 2, 61면.

지원칙'에 의해 심사하게 된다.

(3) 안전권과 관련하여 기본권 이론 체계화가 필요하다. 국가에 의한 국민의 안전권 침해에 대해서는 '비례성 원칙'(과잉침해금지원칙)에 의해 심사하면 되고, 사인에 의한 생명·신체의 안전권 가해의 경우에는 '과소보호금지원칙'에 의해 국가의 기본권보호의무 위반 여부를 심사하면 된다. 그리고 재난이나 재해의 위험으로부터 국민 안전 보호는 헌법 제34조 제6항에 의한 '국가의 재해예방 의무'를 통해 보호하는 시스템을 취하고 있다.

제3절 안전권에 관한 헌법적 고찰

1. 서 론

우리나라 헌법 전문(前文)에서는 "우리들과 우리들의 자손의 안전과 자유와 행복을 영원히 확보할 것을 다짐"한다고 규정되어 있다. 그렇다면 우리 헌법전(憲法典)에서는 안전이 자유보다 우선하는가? 아니면 자유가 안전보다 우선하는가? 물론 안전이 확보되지 않는 상태에서 자유가 존재하기 어려울 수 있다. 그 반대의 상황인 안전을 보장받기 위해 자유 보장이 필수적인가? 헌법에서는 자유와 안전의 관계를 어떻게 이해하고 있는가? 그리고 자유와 안전 보장 측면에서 국민과 국가의 관계를 어떻게 이해해야 하는가? 자유와 안전 간의 관계에서 한 쪽에 더 비중을 둘 수 있는가? 그렇다면 어느 정도 한쪽으로 치우칠 수 있는가? 등 다양한 질문들이 나올 수 있다.

헌법에는 자유와 안전의 관계(關係)[163]에 관한 명시적인 조항을 찾을 수 없다. 헌법 제10조의 "모든 국민은 인간으로서의 존엄과 가치를 가지며, 행복을 추구할 권리를 가진다."는 조항은 자유와 안전의 관계에 대한 근거조항이나 암시조항으로 보기 어렵다. "인간으로서의 존엄과 가치를 가진다."라는 조항을

163) 자유와 안전의 관계에 관하여는 이상해, "자유와 안전간의 조화와 긴장관계", 토지공법연구 제42집, 2008. 11, 651면 이하.

통해 우리 헌법이 개인의 자유를 보장하고 있으며, 개인의 고유한 가치를 인정하고 있음을 명시적으로 알 수 있다.[164] 헌법상 인간 존엄성 조항에 함축되어 있는 인간의 존엄을 '존중'하고 '보호'해야 함은 헌법이 한편으로 모든 형태의 개인의 기본권(자유)을 침해해서는 안된다는 국가 공권력의 침해 금지의무를 명하고 있고, 다른 한편으로 국가는 모든 국민의 기본권(자유)을 보호해야 하기 때문에 사인(私人)인 제3자(범죄자 또는 테러리스트)의 가해 또는 공격으로부터 국민의 안전을 보호해야 하는 국가의 '기본권보호의무'를 지고 있다는 것이다. 그러나 현재까지 우리나라 헌법재판소는 기본권(基本權)으로서의 '안전권'을 인정하고 있지 않다.

국가에 의해 국민의 자유와 안전을 보장하는 것은 헌법국가(憲法國家)의 가장 중요한 과제임은 분명하다. 전통적으로 안전 보장을 전제로 하여 자유가 보장될 수 있다는 사고(思考)에서 보면, 자유와 안전은 어느 한쪽이 우월적 지위를 점하고 있지 않다. 법치국가의 근간을 이루는 것은 바로 국민의 안전 보장과 자유 보장이다. 또한 법치국가원리로부터 도출되는 '법적 안정성'이 자유와 안전 보장을 위한 토대가 될 때 자유와 안전 간 균형을 이룰 수 있다. 이러한 취지에서, 법률에 실질적이고 내용적인 사항을 규정함으로써 법의 예견가능성을 부여하고 법적 안정성을 확보함으로써 국민은 안전한 상태에서 자유를 보장받을 수 있다. 최근 수십년 동안 국민 안전에 대한 요구가 증가함에 따라 위험(danger) 방지 중심의 국가작용에서 리스크(risk) 예방의 국가작용으로 국가작용의 범위가 확대되고 있다. 즉, 국가가 법률을 통해 위험을 제거하는 것뿐만 아니라 리스크를 예방하는 것을 목표로 하는 경우, 국민의 안전 보장과 자유 보호라는 목적을 효과적으로 달성될 수 있다는 의미로 이해된다. 다만, 안전 관련 법률 제정의 증가와 예방국가로의 전환은 불확실하고 예측할 수 없는 위험 상황에 직면하면서, "안전 없이는 자유도 있을 수 없다."는 관념을 고수하게 만든다.

불확실성 시대에 역동적인 기술적·과학적 발전의 측면을 볼 때, 안전에 관한 입법 강화를 통해 안전이 보장될 수 있는지 여부와 이를 통해 어느 정도

164) 헌법 제10조의 의미에 대해서는 허완중, "기본적 인권을 확인하고 보장할 국가의 의무", 저스티스 통권 제115호, 2010. 2, 68면 이하 참조.

의 안전이 보장될 수 있는지 여부에 대해 의문이 제기된다. 명확하게 규정된 법률을 통해 안전 보장이 가능하지 않다면, 법치국가의 법질서에 의한 자유와 안전은 위험한 상황에 처하게 될 것이다. 특히 과학기술법, 전기통신법, 환경법 등 불확실성 하에서 안전이 어떻게 확보될 것인지에 대한 끊임없는 논쟁이 존재한다. 이러한 상황에서, 한편으로는 규제 대상의 불명확성을 고려하여 개방적이고 모호한 법적 개념(불확정적 개념)이 자주 사용되기도 하지만, 다른 한편으로는 모호한 법적 개념은 내용적인 측면에서 불충분하기 때문에 구체화가 필요하게 된다. 안전과 자유라는 법개념에 근거한 최근 논의의 흐름은 국가가 자유와 안전 중 한 쪽으로 힘을 가하여 안전에 중점을 두게 만든다.

2001년 9·11 테러 이후 유럽 국가들은 테러와의 전쟁이라는 대의(大意) 하에 대부분 시민의 자유를 희생시키면서 수백 개의 안전에 관한 새로운 법률을 제정하고 기존 안전 관련 법률을 개정하였다. 독일, 프랑스, 오스트리아, 덴마크, 스웨덴, 영국 등의 테러방지법 제정이 이에 해당한다. 일반적으로 '집단적 안전'과 '개인의 자유' 간 대립관계가 형성되어 있다. 집단적 안전 없이는 개인의 자유도 없지만, 개인의 자유 없이는 집단적 안전 보장도 불가능하다. 대부분의 국가는 집단적 안전과 개인의 자유 간 균형관계에서 개인의 자유를 심각하게 제한하여 집단적 안전을 확보하려는 방향으로 이동하고 있다.

2. 안전에 관한 기본권에 대한 헌법적 고찰

(1) 연혁적으로 살펴본 안전권

안전에 관한 기본권의 발전은 역사적으로 1789년 프랑스 인권선언(인간과 시민의 권리 선언)과 19세기의 초기 유럽 국가의 헌법에서 파생되었다.[165] 대부분의 법학 문헌에서는 안전을 독자적인 기본권으로 의미 부여하지 않고 있다. 독일 연방법률이 직접 원용하고 있는 유럽인권조약(Europäischen Menschenrechtskonvention) 제5조에서는 '자유와 안전에 대한 권리'가 규정되어 있다.[166] 안전은 자유 개념

165) Isensee, Das Grundrecht auf Sicherheit, S. 12 f. 프랑스 인권선언(인간 및 시민의 권리선언) 제2조에서는 자유·재산·안전 및 압제에 대한 저항권을 자연권으로서 선언하고, 이는 천부불가양으로서 모든 정치적 결합에 선행하는 권리라고 규정하고 있다.

166) https://www.echr.coe.int/documents/d/echr/convention_deu

과 연관해서만 이해될 수 있으며, 개인의 자유권에 대한 국가 공권력의 자의적 침해 방지를 겨냥한 것이라고 한다.[167] 유럽인권조약 제5조에서는 국가 전체의 내적 안전을 규정한 것이 아니라 오히려 계몽주의에서 이해해왔던 안전 개념, 즉 국가의 침해에 대한 개인의 안전을 규정한 것이다.[168] 유럽인권조약 제5조를 모델로 하여 유럽연합 기본권헌장 제6조에서도 동일하게 규정하고 있다.[169] 국제연합(UN)과 국제인권위원회에서는 인권의 '존중, 보호, 이행'이라는 3가지 의무를 인권과 관련하여 국가과제로 확립하였다. 여기에 포함되어 있는 '기본권보호의무'는 인권 존중의무와 보호의무와 관련이 있다.[170]

(2) 안전에 대한 독일 기본권 이론

독일 연방헌법재판소 판례에 의하면, 기본권은 우선적으로 국가 공권력의 침해로부터 개인의 자유를 보장하고, 이와 관련하여 사회공동체에서 개인의 자유롭고 적극적인 참여와 형성의 조건을 보장한다.[171] 이러한 기본권의 방어권은 계몽주의와 자유주의 사상에서 발전한 이론이다.[172] 특히 독일은 인권을 말살하는 국가사회주의(나치: Nazi)의 경험으로 인해 1949년 독일 기본법에 기본권(基本權)을 방어권(防禦權)으로 이해했다. 따라서 기본권은 국가 공권력의 침해로부터 개인의 자유를 보장하기 위한 것이었다. 기본권은 국가에 대한 침해로부터의 방어인 국민의 방어권 보장이 핵심이었다.[173] 이러한 국가에 대한 방어권 이외에도 기본권으로부터 보호청구권 또는 급부청구권이 인정되는지, 국민의 보호청구권이 국가에 대한 방어권과 어떤 관계에 있는지에 대해 논의가 되어 왔다.

'안전에 관한 기본권' 이론은 1982년 11월 24일 베를린 공법학자대회에서

---

167) Frowein/Peukert, Kommentierung zu Art. 5 EMRK, Rn. 4; Meyer‒ Ladewig/Nettesheim/von Raumer (Hrsg.), EMRK Europäische Menschenrechtskonvention, 5. Auflage. 2023, Rn. 1; Kutscha, Innere Sicherheit und Verfassung, 2006, S. 27 f.

168) Peter‒Alexis Albrecht, Kriminologie, Eine Grundlegung zum Strafrecht, 3. Auflage, München 2005, S. 102 f.

169) Kutscha, Innere Sicherheit und Verfassung, 2006, S. 27.

170) Bielefeldt, Freiheit und Sicherheit im demokratischen Rechtsstaat, 2004, S. 11.

171) BVerfGE 21, 362 (369) ‒ Sozialversicherungsträger.

172) J. Isensee, Das Grundrecht als Abwehrrecht und als staatliche Schutzpflicht, HStR Band V, 2. Auflage, Heidelberg 2000, Rn. 22.

173) BVerfGE 7, 198 (204) ‒ Lüth.

이슨제(Josef Isensee) 교수가 한 강연으로 거슬러 올라간다.[174] 이는 새로운 헌법이론을 착안해낸 것이 아니라 오랫동안 인정되어 온 것을 헌법이론으로 재발견한 것이다. 자유주의적 국가론에서는 자유와 안전 간의 대립을 조성하고 기본권의 방어권과 기본권보호의무 간을 대립시켰다.[175] 이를 통해 이슨제(J. Isensee) 교수는 '안전에 관한 기본권'을 재발견했다.[176]

자유와 안전 간 대립과 국가에 의한 국민의 안전 보장 의무를 지우는 자유주의적 국가론에서 '방어권'에 대해, 이슨제(J. Isensee) 교수는 기본권을 축소시키고 위협하는 법이론으로서 자유에 대한 진정한 위협으로 보았다.[177] 기본권을 국가에 대한 '방어권'으로만 이해하게 되면, 기본권(자유)은 국가질서의 토대가 될 수 없고, 오히려 '무정부상태의 침투로'가 될 수 있다는 것이다.[178] 이슨제(Isensee) 교수는 3단계 모델을 제시했다. 첫째, 평화적 통일체와 보호권력으로서 현대국가는 자신의 토대를 형성한다. 둘째, 민주적 법치국가, 자유, 평등, 사회복지국가 형성이다.[179] 이러한 상황에서 안전은 자유보다 우선하게 된다. 아우레너(Josef Aulehner) 교수는 '안전에 관한 기본권'을 국가에게 개인의 안전을 보장하도록 요구할 수 있는 헌법상 기본권으로 이해하였다.[180] 셋째, 안전에 관한 기본권 인정과 더불어, 평화와 질서를 유지하기 위해 국가의 개인의 안전 보장은 기본권적 보호법익이며 다른 헌법적 가치와 동등하고 필수적인 헌법적 가치이다.[181] 안전에 관한 기본권 인정은 안전권과 상충되는 기본권을 제한하기 위해 국가기관의 권한과 의무를 정당화할 수 있다.[182]

'안전에 관한 기본권'은 법에 직접적인 명문 조항을 두고 있지 않지만, 간접적으로 독일 기본법에 존재하며, 버지니아 권리장전부터 다양한 헌법전(憲法

174) J. Isensee, Das Grundrecht auf Sicherheit, Berlin 1983.
175) Gerhard Robbers, Sicherheit als Menschenrecht, 1. Aufl., 1987, S. 121; Isensee, Das Grundrecht als Abwehrrecht und als staatliche Schutzpflicht, Rn. 145 f.
176) Markus Möstl, Die staatliche Garantie für die öffentliche Sicherheit und Ordnung, 2002, S. 25.
177) Isensee, Das Grundrecht auf Sicherheit, 1983, S. 32.
178) Isensee, Das Grundrecht auf Sicherheit, 1983, S. 32.
179) Isensee, Das Grundrecht als Abwehrrecht und als staatliche Schutzpflicht, 2000, Rn. 35.
180) J. Aulehner, Polizeiliche Gefahren- und Informationsvorsorge, 1998, S. 428.
181) Rupert Scholz/Rainer Pitschas, Informationelle Selbstbestimmung und staatliche Informationsverantwortung, 1984, S. 110.
182) Scholz/Pitschas, Informationelle Selbstbestimmung, S. 110.

典)을 거쳐 유럽인권협약 까지 이어져 왔다는 것을 헌법 역사를 통해 알 수 있다.[183] 야콥스(Günther Jakobs) 교수는 민주적 기본질서를 위협하는 테러리스트에게는 인격권이 존재하지 않고 따라서 테러리스트의 인권 침해도 발생하지 않는다는 '적형법'(Feindstrafrecht) 이론을 제시했다.[184] 적(敵)형법 이론에 따르면, 국가는 특정한 가해자를 인간으로 취급하지 않을 수도 있다. 따라서 국가의 안전이 테러리스트 개인의 자유보다 우선시될 수 있게 된다.[185]

2001년 9.11 테러 이후, 독일에서는 당시 오토 쉴리(Otto Schily) 전(前) 연방내무부장관이 연방의회에서 소위 3개의 '보안 패키지'를 담은 법률안을 제안했다. 쉴리(Schily) 전 연방내무부장관은 안전에 관한 기본권을 통해 "테러와 범죄의 위협을 받는 사람은 누구나 자유롭게 살 수 없기 때문에"[186] 자유보다 사실적인 안전과 규범적인 안전에 더 많은 비중을 부여하고자 했다.[187] 연방내무부장관의 이름을 차용하여 '오토 카탈로그' 라고 명명된 이 법률안에는 여권과 신분증에 생체정보를 포함하는 사항부터 결사법, 망명법, 이민법에 대한 규제를 강화하고 기밀 국가기관, 연방범죄부, 연방경찰청에 대한 권한을 확대하는 내용까지 포함되어 있었다. 이 법률안은 테러 공격은 물론 일반 범죄를 예방하기 위한 것이지만, 동시에 모든 국민 개인의 자유를 제한하는 것이기도 했다. 후임 연방내무부장관 쇼이블레(Wolfgang Schäuble)도 동일하게 국가가 보장하는 안전은 기본권 행사와 자기결정의 삶을 영위하기 위한 기본적인 전제조건이며, 따라서 개념적으로나 법규범적으로 안전이 자유보다 우선시된다고 말했다.[188]

유명 언론인인 헤리베어트 프란틀(Heribert Prantl)은 법치국가에서 예방국가로 이전하는 법의 강화를 목도하고 있다고 평가했다.[189] 토마스 쾨니히(Thomas König) 교수는 독일 방송 인터뷰에서, "영국 등 유럽 국가들의 입법자

---

183) Deutscher Bundestag, Plenarprotokoll 13/247 vom 03.09.1998, S. 23105.

184) Günther Jakobs, Bürgerstrafrecht und Feindstrafrecht, in: HRRS 2004 (Heft 3), S. 88.

185) Jakobs, Bürgerstrafrecht und Feindstrafrecht, S. 93.

186) Otto Schily, in: Süddeutsche Zeitung vom 29.10.2001.

187) Dieter Rulff, Vom Rechtsstaat zur Sicherheitsgesellschaft, in: vorgänge, Zeitschrift für Bürgerrechte und Gesellschaftspolitik, Nr. 178 (2/2007), S. 24.

188) Schäuble, Wolfgang, Zur Balance zwischen Sicherheit und Freiheit, Rede beim Europäischen Datenschutztag am 29. Januar 2007 in Berlin, http://www.bmi.bund.de/nn_1043178/Internet/Content/Nachrichten/Reden/2007/05/ Europ_C3_A4ische__Datenschutztag,templateId=renderPrint.html

189) Gert-Joachim Glaeßner, Sicherheit in Freiheit, Springer 2003, S. 45 ff.

들은 안전 확보와 관련하여 법의 강화라는 접근방식을 취하고 있다. 대부분의 국가에서 국민의 자유에 대한 제한 논거로 '안전'이라는 용어를 사용하고 있다. 테러 공격에 대한 안전은 물론 조직 범죄, 사기적 망명, 불법 이민으로부터의 안전도 이러한 안전 개념에 포함시키고 있다. 자유와 안전은 서로 반대되는 두 양극이지만, 양자의 균형을 모색하는 것이 올바른 국가과제라 할 수 있다."[190] 고 말했다.

(3) 독일 기본법에서 안전권의 헌법적 근거

'안전에 관한 기본권'은 독일 기본법에 명시적으로 규정되어 있지 않으며, 국가의 내적 안전을 국가과제나 국가목표로 규정하지도 않고 있다. 따라서 독일 기본법에 명문으로 규정되지 않은 불문(不文)의 기본권 발견(Entdeckung)이 필요했다. 1954년에 독일 연방대법원(BGH)은 독일 기본법 제2조 제1항과 제1조 제1항의 결합에서 불문의 기본권인 '일반적 인격권'을 도출해냈다. 이슨제(J. Isensee) 교수가 '안전에 관한 기본권'을 주장함과 동시에, 독일 연방헌법재판소는 인구조사 판결[191]에서 '정보에 대한 자기결정권'을 불문의 기본권으로 창설해냈다. 독일 연방헌법재판소는 '정보기술 시스템의 기밀성과 무결성을 보장하는 기본권'인 이른바 '컴퓨터 기본권'(IT 기본권)을 개발해냈다.[192] 따라서 독일 기본법에 명시적으로 규정되어 있지 않다는 이유로 '안전에 관한 기본권'을 부정할 수 없는 것이다.

'안전에 관한 기본권' 도출은 개인의 '기본권 보장' 내지 '기본권보호의무'의 총체적 관점에서 논의해야 한다.[193] 뫼스틀(Markus Möstl) 교수에 따르면, 독일 연방헌법재판소에 의해 개발된 '국가의 기본권보호의무'와 '국가와 헌법질서를 보호하기 위한 헌법적 과제'는 개인의 법익과 공익을 보호할 포괄적인 헌법적 과제이다.[194] 독일 기본법은 국가 내적 안전 보장에 헌법상 지위를 부여하고 있는데, 이러한 헌법상 지위는 어떠한 경우에도 사회적 및 생태적인 '안전'이라는 국가목적을 달성하지 못한다.[195] 기본권 보호 측면에서 개인의 안전

190) https://www.deutschlandfunk.de/freiheit-oder-sicherheit-102.html
191) BVerfGE 65, 1.
192) BVerfG, NJW 2008, S. 822-838.
193) Isensee, Das Grundrecht auf Sicherheit, S. 33 f.
194) Möstl, Die staatliche Garantie für die öffentliche Sicherheit und Ordnung, S. 28.
195) Möstl, Die staatliche Garantie, 2002, S. 28.

을 자유 민주주의 국가에서 '기본권'(基本權)으로 보장해야 이러한 국가목적을 달성할 수 있다.[196)]

(4) 독일 연방헌법재판소 판례 고찰

독일 연방헌법재판소 판례에 의하면, '안전에 관한 기본권'은 이슨제(J. Isensee) 교수의 '안전에 관한 기본권' 이론에 기반하고 있다. 이슨제(J. Isensee) 교수는 1975년 독일 연방헌법재판소의 '낙태 판결'[197)]을 획기적 사건(sensation)이라 묘사하고 있다. 낙태 판결에서는 기본권을 소극적 '존중'에 그쳐서는 안 되고 기본권을 적극적으로 '보호'해야 함을 각성시킨 판결이다. 이러한 이론적 전개는 독일 기본법 제1조 제1항 2문의 "존중하고 보호한다."는 법문에서 비롯된 것이다.[198)] '존중'과 '보호' 양자는 기본권의 2가지 의무적 측면이며, 존중과 보호는 동등한 헌법적 지위를 갖는다.[199)] 낙태 판결에 의하면, 기본권 제한은 기본권의 상충 상황에서 그 제한을 정당화할 뿐만 아니라 기본권 보호 차원에서도 정당화될 수 있다.[200)] 결과적으로 개인의 방어권으로 이해되는 기본권은 '객관적 법질서'에 의해 보완되어 기본권 보호의 집단적 이행의무를 발생시키게 된다.[201)] 그 이후 슐라이어(Schleyer) 판결에서 독일 연방헌법재판소는 국가가 독일 기본법 제2조 제2항에 근거하여 모든 인간의 생명을 보호하고 존중하며, 무엇보다도 제3자의 불법적인 행위로부터 생명을 보호할 포괄적인 의무가 있다고 판시했다.[202)]

독일 국가민주당(Nationaldemokratische Partei Deutschlands; NPD)이 청구한 시위 금지에 대한 헌법소원심판에서 독일 연방헌법재판소는 '방어적 민주주의'의 기초가 되는 독일 기본법상 개인의 보호규범은 최종적이며, 자유민주적 기본질서를 수호하기 위한 헌법적 조치를 정당화하기 위해 기본권 제한에 대한 헌

---

196) Scholz/Pitschas, Informationelle Selbstbestimmung, S. 110.

197) BVerfGE 39, 1.

198) Isensee, Das Grundrecht auf Sicherheit, S. 33; Scholz/Pitschas, Informationelle Selbstbestimmung, S. 110.

199) Isensee, Das Grundrecht auf Sicherheit, S. 33 f.

200) Oliver Lepsius, Das Verhältnis von Sicherheit und Freiheitsrechten in der Bundesrepublik Deutschland nach dem 11. September 2001, http://www.aicgs.org/documents/lepsius.pdf, zuletzt aufgerufen am 28.05. 2008, S. 17.

201) Lepsius, Das Verhältnis von Sicherheit und Freiheitsrechten, S. 18.

202) BVerfGE 46, 160 (164).

법소원심판 청구는 기각한다고 판시했다.[203] 주관적 방어권과 객관적 기본권 보호의무 간의 차이에 대해 독일 연방헌법재판소는 국가 침해에 대한 주관적 방어권은 기본권에 기인하고, 기본권보호의무는 객관적 법질서에 기인한다고 판시했다. 또한 주관적 방어권은 그 목적과 내용 면에서 국가 행위의 부작위를 요구하는 반면, 기본권보호의무는 아직 그 내용이 구체적으로 확정되어 있지 않다.[204] 독일 연방헌법재판소는 공동결정 판결[205]과 컴퓨터 범죄 수사 판결[206]에서 기본권의 방어권과 기본권보호의무 간의 관계를 정의하기도 했다.

3. 기본권의 탈(脫) 개인화와 기본권의 뒷면인 안전

첫째, 국민의 안전 보장은 국가가 책임져야 할 중요한 법익이다. 둘째, 기본권은 고전적인 방어권 이외에도 객관적인 가치질서의 성격이 있고, 기본권으로서의 안전권은 헌법기관에 의해 아직 기본권으로 인정받지 못하고 있다. 그러나 기본권으로 인정되는 대신, 제3자의 위법한 가해행위에 의해 발생하는 구체적 위험 상황시 기본권 보호청구권[207]과 제3자에 의한 가해행위로 인해 기본권 피해를 입었을 경우 국가의 기본권보호의무 위반으로 헌법재판을 받을 권리가 보장된다.[208]

(1) 기본권의 탈(脫) 개인화와 집단적 안전

안전에 관한 기본권 보장을 전제로 한 개인의 자유 보장은 개인의 기본권 보장뿐만 아니라 개인의 기본권 보장의 흠결 영역에 대한 사회공동체에 의한 자유 보장도 포함하게 된다. 원래 집단적으로 보호되어 온 안전에 관한 기본권 이론에 따르면, 개인이 사회공동체에서의 자유 보장이라는 목적에 부합하면

203) BVerfGE 111, 147 (158) – NPD–Demonstrationsverbot.
204) BVerfGE 96, 56 (64) – Vaterschaftsauskunft.
205) BVerfGE 50, 290 (337) – Mitbestimmung
206) BVerfGE 115, 320 – Rasterfahndung.
207) 기본권보호청구권에 관하여는 조홍석, “국가의 기본권 보호의무와 개인의 보호청구권”, 법과 정책연구 제11집 제3호, 2011. 9, 1097면 이하; 표명환, “기본권보호청구권의 구조와 체계에 관한 고찰”, 법학연구 제45집, 2012. 2, 23면 이하.
208) Hans Lisken, Verdachts– und ereignisunabhängige Personenkontrollen zur Bekämpfung der grenzüberschreitenden Kriminalität, in: NVwZ 1998, S. 23.

개인 자유에 대한 제한을 감수해야 한다. 이러한 방식으로 개인 자유의 탈(脫)개인화가 발생한다.[209] 위험한 상황에서 개인은 더 이상 법적으로 보호되는 자기책임적인 행위를 할 수 있는 자율적인 개인으로 간주되지 않고, 익명화된 사회공동체의 일부로서 여겨지며, 자유의 전제조건인 집단적인 안전을 향유하게 된다.[210]

(2) 기본권의 뒷면인 안전

안전에 관한 기본권(안전권)을 기본권의 뒷면으로 보는 입장도 있다. 독립적인 기본권으로서 안전에 관한 기본권이 인정된다면, 국가는 안전권을 더 이상 '정치적'인 의무로 여길 수 없고, 국민 안전에 대한 위협으로부터 국가가 국민의 안전을 보호해야 할 '헌법상' 보호의무를 지게 된다. 안전을 보장하기 위해 국가는 헌법상 기본권 보장을 통해 국민의 자유를 제한할 수 있는 권한을 부여받게 된다. 안전이 위협당하는 상황에서 헌법에 명시된 실정권으로서 기본권은 더 이상 실정권으로만 이해할 수 없고 형량에 있어서 우위에 있는 '안전에 관한 기본권'(안전권)에 종속될 가능성이 높다.[211] 이러한 안전에 관한 기본권은 국민이 합법적으로 행위해야 할 지침을 제공한다는 국가 주장을 뒷받침하게 된다.[212]

4. 자유와 안전의 관계

2001년 9월 11일 미국 뉴욕시 세계무역센터에서의 9.11 테러와 여러 도시(마드리드, 런던, 파리, 이스탄불, 니스, 베를린 등)에 이슬람 테러 공격 이후, 자유와 안전 간 관계 설정을 재조정해야 한다는 주장이 자주 나왔다. 독일 연방헌법재판소도 새로운 위험 상황과 위협적인 상황 발생에 대비하여 각 사건마다 경찰법의 전통적인 헌법적 의무를 수행할 수 있도록 입법자의 권한을 인정하기 시작했다. 입법자는 자유와 안전 간 균형의 재조정을 할 수 있지만, 근본적으로 양자

---

209) Lepsius, Das Verhältnis von Sicherheit und Freiheitsrechten, S. 17.
210) Lepsius, Das Verhältnis von Sicherheit und Freiheitsrechten, S. 17.
211) Sabine Leutheusser-Schnarrenberger, Auf dem Weg in den autoritären Staat, 2008, S. 62.
212) Albrecht, Kriminologie, 2005, S. 102.

간의 균형을 임의대로 변경해서는 안 된다. 안전과 자유 중 하나만을 보장하기 위해 선택할 수는 없다. 안전 확보를 위해 자유를 포기하거나 자유 보장을 위해 안전을 포기하는 것은 국가와 사회공동체의 존립을 위협하는 일이다.

그렇다면 자유와 안전 간 균형의 변동은 언제 발생하는가? 이에 대한 법학적 논쟁은 불가피하다. 독일 연방헌법재판소는 몇 가지 단서를 제공했다. 즉, 생명과 인간의 존엄성을 보호받을 권리, 개인의 기본권 보장, 비례성 원칙이다. 이른바 비례성 원칙(과잉금지원칙)에 의하면, 기본권에 대해 가능한 한 기본권에 적합하고, 필수불가결한 수단만을 사용하도록 요구하고 있다. 그러나 테러 위협에 대한 안전 보장에 있어서 비례성 원칙은 그 기능적 한계에 도달하게 된다. 하스(Haas) 독일 연방헌법재판소 재판관은 별개의견에서 자유와 안전 간의 '분리할 수 없는 사실적인 의미 관련성'을 주장하였고, 이를 통해 안전 확보를 통한 모든 이익은 결국 '자유의 증가'를 가져온다는 결론을 내렸다.[213)]

유럽연합(EU)의 목표 중 하나는 유럽연합 시민들에게 '자유, 안전, 권리의 영역'을 제공하는 것이다. 하지만 자유와 안전 간에는 확고한 기준점도 경계도 없다. '자유'나 '사회 정의(正義)'와 유사하게 '안전'은 기본적인 인간 욕구로 지칭되지만, 명확한 개념이 규정되어 있거나 정의되어 있지 않다. 오히려 안전 보장은 통제되지 않고 기속되지 않는 국가 공권력의 정당성 부여를 위해 국가 공권력이 사용되거나 심지어 남용됨으로써 달성될 수 없는 헌법적 이상(理想)이라 할 수 있다. 안전은 본질적으로 측량할 수 없고 그 한계도 없다. 안전 여부에 대한 어떠한 기준도 없다. 예를 들면, 미국 대통령이 '국가 안보'를 이유로 일시적으로 7개 무슬림 국가로부터의 획일적이고 무차별적인 미국으로의 입국 금지 조치를 단행한 일이 있다. 또는 국가 안보를 이유로 입국 전면 금지 조치를 단행할 수도 있다.

'자유'는 신체적·심리적 강압이 없는 상태라고 정의할 수 있고, '안전'은 위험과 리스크(risk)가 없는 상태라고 정의할 수 있다. 위험과 리스크(risk)는 강제로 개인의 자유 제한을 초래할 수 있다. 이러한 점에서, 개인의 안전 보장이 자유를 가능하게 하는 전제조건이라 할 수 있다. 그렇다면 안전 보장을 위한

213) Beschluss vom 04. April 2006 1 BvR 518/02.

전제조건으로서 자유의 실현은 가능한가? 전통적 헌법이론에 따르면, 법치국가는 자유 보장의 과제뿐만 아니라 현재 상태를 유지하거나 기존의 법적 상태를 보호하는 역할로서 자유 보장의 과제도 담당하고 있다. 안전 없는 자유가 존재할 수 없다는 전통적인 법관념은 법치국가적 자유가 법적으로 질서있는 자유를 의미하며, 따라서 실질적·내용적으로 사전에 정해진 법질서를 유지하는 것을 목표로 하여 국민 안전 보장을 전제로 한다.[214] 이에 따르면, 자유 보장을 위한 안전이란 법치국가가 위험이 없는 상태를 유지하는 것이다. 이러한 점에서 '안전' 보장을 위한 국가과제는 법치국가의 '자유' 보장과 상충하지 않는다.

안전을 담보로 한 전통적인 자유 개념은 헌법 질서에서 과거부터 확립되어 있었다. 안전과 관련하여 기본권보호의무론이 구축되었고,[215] 이로 인해 위험(danger)과 리스크(risk)에 대한 포괄적인 국가 예방조치가 국가의 보호 과제로 확장되었다. 기본권과 기본권보호의무는 국가에게 다양한 보호조치를 취하도록 의무화하고, 기본권은 국가로부터의 자유로 이해하기보다는 국가에 의한 자유 보장으로 이해하게 되었다. 여기서 초점을 두고 있는 것은 기존 법적 상태의 보호를 기반으로 한 안전 개념이다. 이러한 관점에서, 기본권보호의무론은 원칙적으로 안전을 전제로 한 자유 보장을 법치국가의 과제로 확립하려는 것으로 보인다. 위험을 제거하거나 안전을 최대한 보장하는 것이 포괄적인 자유 보장에 기여하게 된다는 사고(思考)는 전통적인 질서행정법뿐만 아니라 규제행정법, 급부행정법에서도 반영되어 있다. 법치국가의 목표가 사회공동체의 현상 유지(status quo)를 넘어서서, 국가의 위험 예방조치를 통해 위험 예방으로 포함함으로써 국가과제로 증가되고 있다. 이상적인 미래 삶의 조건 확보 내지 사회적 안전 보장뿐만 아니라 미래의 안전 보장 등 증가하는 국민의 요구는 위험 관리에 있어서 안전을 통한 자유 보장의 필요성을 강조하고 있다. 자유주의 입헌국가로부터 사회적 법치국가로의 전환에도 불구하고, 현대국가에서 자유

---

214) Josef Isensee, Gemeinwohl im Verfassungsstaat, J. Isensee/P. Kirchhof (Hrsg.), HStR Bd. IV, 3. Aufl., 2003, § 71, Rn. 76 ff.; Chr. Gusy, Gewährleistung von Freiheit und Sicherheit im Lichte unterschiedlicher Staats- und Verfassungsverständnisse, 2004, S. 151 (157).

215) 표명환, "기본권보호의무의 이론적 기초", 헌법학연구 제8권 제1호, 2002. 3, 132면 이하; 이부하, "생명에 대한 기본권보호의무와 과소보호금지원칙", 동아법학 제62호, 2014. 2, 1면 이하; 김현철, "기본권보호의무론에 관한 몇 가지 쟁점", 세계헌법연구 제26권 제1호, 2020. 4, 31면 이하; 이부하, "비례성원칙과 과소보호금지원칙", 헌법학연구 제13권 제2호, 2007. 6, 275면 이하.

와 안전의 보장은 위험과 리스크(risk)를 최대한 제거하는 데 기반을 두고 있으며, '예방 지향적 국가'로 특징지어진다. 결국 국민의 자유와 안전 간 균형은 국가의 포괄적이고 사전 예방적인 조치를 통해 가능하다.

5. 법적 안정성을 통한 안전

헌법의 틀 내에서 법치국가의 과제는 절대적인 자유의 보호 내지 무제한적인 안전 보장일 수는 없다. 중요한 것은 '자유'와 '안전' 간 헌법적 균형을 이루는 것이다. 법치국가에서 자유 보호와 안전 보장에 대한 책임은 우선적으로 입법자가 지며, 입법자는 일반적이고 추상적인 법률 제정을 통해 그 내용을 결정하고, 법률의 실효성을 통해 정치적·사회적 생활의 역동성과 관련하여 국민이 안전한 삶을 영위하도록 법적 상태를 보호해야 할 의무가 있다.

자유와 안전은 입법자가 가능한 한 명확하게 법률 내용을 규율할 경우에만 그리고 각각의 사전 구조화된 국가 법질서의 규정에 따라 법적 안정성을 보장할 때에만 양립 가능하다. 이러한 관점에서 볼 때, 법치국가원리에 있어서 명확성 원칙은 수범자가 예견가능성을 지닌 실질적·내용적 명확성을 지닐 때 법적 안정성을 보장하고 이에 따른 자유 보장의 기능을 제대로 수행할 수 있다.[216] 이러할 경우 자유와 안전 간 헌법적 균형을 달성할 수 있다.

예측할 수 없는 리스크(risk)가 증가함에 따라 법적 안정성을 유지하기 위해 명확성 원칙 요청은 강화되고, 이에 의거하여 자유와 안전 간 균형을 이루게 된다. 확산되는 리스크를 고려하여 안전에 대한 필요성이 증가함에 따라 법은 한편으로는 기존의 법적 상태를 보장해야 하며, 다른 한편으로는 잠재적인 리스크를 예방해야 한다. 자유와 안전이라는 양자를 보장해야 하는 법적 안정성 관련한 국가과제는 국가의 예방조치가 언제, 어떻게 취해져야 하는지에 대해 국민이 예측할 수 있도록 법률의 실질적·내용적 명확성을 전제로 한다.

2001년 9월 11일 이슬람 테러단체의 테러 공격에 대한 대응으로 독일 입법자의 새로운 안전 관련 법률 제정에 대해 독일 연방헌법재판소는 혹평을 하였다.[217] 데닝어(E. Denninger) 교수는 예방국가에서 국가 조치의 불명확성에

216) 이에 관해서는 이부하, "법적 안정성의 의미에서 명확성의 원칙", 세계헌법연구 제20권 제1호, 2014. 4, 6면.

대해 "예방하려는 리스크(risk)에 대한 국가 조치는 모호하고 예측할 수 없다."고 비판했다.[218] 볼프강 호프만-림(Wolfgang Hoffmann-Riem) 교수는 경찰법상 예방조치로의 지향에 대해 다음과 같이 지적했다. "수색을 의심의 전(前) 단계로 전환하고 위험의 전(前) 단계로 전환하는 것은 전통적으로 경찰법에서 사용되고 있고, 과잉금지원칙이라는 법치국가적 윤곽에서 안전과 자유 간 균형을 벗어난 것이다."고 말했다.[219] 이러한 비판적 발언은 모든 위험과 리스크를 제거하기 위해 자유를 포기하려는 안전 관련 법률을 거부하지만, 원칙적으로 안전을 통해 자유가 보장될 수 있다는 점은 분명히 하고 있다. 이는 안전을 한편으로는 존속 보호 측면과 다른 한편으로는 예측가능성 보장을 의미하는 법치국가원리의 '법적 안정성'으로 정의함으로써 안전과 안전에 관한 법률을 구별하려고 한다.[220] 이러한 입장에서는 자유와 안전 보장을 위한 전제조건으로서 법률의 내용적인 명확성을 강조하고 있다. 비례성 원칙은 또한 법치국가의 실질적이고 내용적 요건에 해당한다. 의미론적 명확성 이외에도, 법률은 자유와 안전 간의 헌법적 균형을 이루기 위해 비례성 원칙을 준수해야 한다.[221] 통설에 따르면, 자유와 안전 간 균형은 주로 실질적인 헌법원칙, 즉 입법자가 실질적·내용적 측면에서 최대한 완전한 법조항 규정을 전제로 하는 법률의 명확성 원칙과 비례성원칙 준수 여부에 달려있다.

렙시우스(Oliver Lepsius) 교수는 다음과 같이 비판한다. "현대 안전 관련 법률의 정당성은 대부분 불확실한 사실적 기반, 불확실성, 가정(假定), 새로운 공격에 대한 공포(Angst)에 기초하고 있다. 예방적 사고는 실제 사실(事實)과는 다르다. 예방적 사고는 애초에 특정 사실이 발생하지 않기를 원함에서 유발된 것이다. 예방조치를 취하려면 아직 위험이 없는 곳에서 위험을 감지해야 하며, 예방조치를 정당화하려면 현실에서 타협이 이루어질 수 있도록 해야 한다.[222]

217) BVerfGE 110, 33 (53 ff.); 113, 348 (376 ff.).

218) Erhard Denninger, Freiheit durch Sicherheit? Wie viel Schutz der inneren Sicherheit verlangt und verträgt das deutsche Grundgesetz?, Kritische Justiz 2002, S. 467 (471).

219) Wolfgang Hoffmann-Riem, Freiheit und Sicherheit im Angesicht terroristischer Anschläge, in: Zeitschrift für Rechtspolitik 2002, S. 497 (500).

220) Hans-Detlef Horn, Sicherheit und Freiheit durch vorbeugende Verbrechensbekämpfung - Der Rechtsstaat auf der Suche nach dem rechtem Maß, in: Hans-Detlef Horn (Hrsg.), Recht im Pluralismus. Festschrift für Walter Schmitt Glaeser zum 70. Geburtstag, 2003, S. 442 f., 453 f.

221) O. Lepsius, Sicherheit und Freiheit, 2010, S. 39 ff.

이러한 상황에서 비례성 원칙에 의한 심사는 효과가 없을 것이다. 입법목적과 관련하여 구체적으로 명시되지 않은 목적이거나 모호한 목적을 설정하기 때문에 입법자가 일반조항(Generalklausel)에 의한 수단을 사용하는 경우, 목적과 수단 간의 통제방법은 부분적 또는 전적으로 효과가 나타나지 않게 된다. 예방법률은 현재 존재하는 사실이 부족하기 때문에 필연적으로 개방된 사실의 구조에서 제정되기 때문에 특권적 지위를 차지하게 된다."[223] 위험 예방 차원에서 의미론적으로 개방적이거나 불명확한 법적 용어의 사용 증가는 자유와 안전을 조화시키는 법적 안정성 기능이 실질적·내용적 측면에서 충분한 명확성을 갖추어야 함을 부정하지 않는다.[224]

6. 불확실성 하에서 안전에 대한 법적 규율

국민의 안전과 관련하여, 현재 직면하고 있고 해결하기 어려운 문제가 존재하며 불확실성 시대에 위험과 리스크를 피할 수 없는 상황에서 피해의 정도나 피해의 원인을 파악하기 곤란한 경우가 많다. 법률의 실질적·내용적 사전 구조화는 규제 상황에 대한 완전한 이해를 필요로 하는데, 입법자는 사전에 미래의 전개 상황에 대한 불확실성으로 인해 의미론적으로 사실관계와 법적 효과에 걸맞는 명확성을 지닌 법률 제정을 하기 어렵다.[225] 이러한 관점에서, 과학, 기술,

---

222) Oliver Lepsius, Sicherheit und Freiheit – ein zunehmend asymmetrisches Verhältnis, in: Gunnar Folke Schuppert/Wolfgang Merkel/Georg Nolte/Michael Zirn (Hrsg.), Der Rechtsstaat unter Bewährungsdruck, 2010, S. 23 (47).

223) Oliver Lepsius, Sicherheit und Freiheit, 2010, S. 33.

224) E. Schmidt–Aßmann, Das allgemeine Verwaltungsrecht als Ordnungsidee: Grundlagen und Aufgaben der verwaltungsrechtlichen Systembildung, 2. Aufl., 2006, S. 81 (192 ff.); Franz Reimer, Das Parlamentsgesetz als Steuerungsmittel und Kontrollmaßstab, in: Wolfgang Hoffmann–Riem/Eberhard Schmidt–Aßmann/Andreas Voßkuhle (Hrsg.), Grundlagen des Verwaltungsrechts, Bd. I: Methoden, Maßstäbe, Aufgaben, Organisation, § 9, Rn. 61 ff., 84 ff.

225) Jörn Ipsen, Die Bewältigung der wissenschaftlichen und technischen Entwicklungen durch das Verwaltungsrecht, in: Veröffentlichungen der Vereinigung der Deutschen Staatsrechtslehrer 48 (1990), S. 177 (189); Hans–Heinrich Trute, Wissenschaft und Technik, in: Josef Isensee/Paul Kirchhof (Hrsg.), Handbuch des Staatsrechts der Bundesrepublik Deutschland, Bd. IV, 3. Aufl., § 88, Rn. 2 ff.; Jürgen Salzwedel, Schutz natüirlicher Lebensgrundlagen, in: Josef Isensee/Paul Kirchhof (Hrsg.), Handbuch des Staatsrechts der Bundesrepublik Deutschland, Bd. IV, 3. Aufl., § 97, Rn. 5, 10 ff.; Niklas Luhmann, Grenzwerte der ökolo–gischen Politik. Eine Form von Risikomanagement, in: Petra Hiller/Georg Kricken (Hrsg.), Risiko und Regulierung: Soziologische Beiträge zur Technikkontrolle und präventiven Umweltpolitik, 1997, S. 195 ff., 200 ff.

통신 등 기술적·과학적 발전에 크게 의존하는 분야에서 개방적이고 모호한 법적 개념을 자주 사용하는 것은 새로운 사실이 아니다. 불확실성은 과학 및 기술 관련 법률의 주요 핵심어이며, 불확실성으로 인해 더 이상 실질적·내용적으로 규정한 법규범들을 통해 현상 유지(status quo)의 안전을 보장할 수 없게 되었다. 이러한 경우 국민은 변화 상황에서 자유를 온전히 보호받을 수 없게 된다.

과학, 기술, 통신 등 법률의 향후 개정은 당면 문제의 역동성과 불확실성 때문에 거의 예측할 수 없다는 점에 비추어 볼 때, 이러한 불확정적 법용어 사용의 증가에 따른 실질적·내용적인 법률조항은 위험과 리스크를 감소시키는데 기여하지 않으며, 안전을 위협하는 위험이나 리스크가 존재하는지 여부 그리고 어느 정도 존재하는지 여부 등을 판단하기 어렵게 만든다. 전반적으로 과학기술법 및 통신법 분야 등 전통적인 내용적인 법규범으로부터 벗어난 영역은 더 이상 내용에 고착된 법개념이 아니라, 미래 발전의 역동성과 불확실성을 고려하여 국민의 안전 보장을 위해 변화 지향적인 사고(思考)에 기초해야 한다.[226)]

과학기술법, 통신법 등에서 안전이 확보되는 전제 하에 자유가 보장된다고 생각하는 경향이 있다. 즉, 사전 구조화된 실질적·내용적인 법률을 통해 위험과 리스크를 예방하고 현재의 법상태를 보호하려고 한다. 이러한 맥락에서 효과적인 사전배려원칙이 중요해지고, 가능한 한 포괄적인 실질적·내용적인 법률 제정이 필요하게 된다.[227)] 과학기술법, 통신법 등에서의 법규범은 지속적으로 발전하는 현실 상황에 부합하지 않을 수 있고, 법치국가적 관점에서 기존 법률에서 정의되지 않는 법적 개념과 법용어가 사용됨으로써 법적 규율의 통제력을 잃게 될 수 있다. 실질적·내용적인 법률의 불명확성은 법적 기준의 부재를 야기하고, 법적 기속력을 약화시키며, 불가피하게 법률 존속의 불확실성을 발생시킨다.[228)]

---

226) Wolfgang Hoffmann−Riem, Regulierte Selbstregulierung als Steuerungskonzept des Gewährleistungsstaates, Die Verwaltung Beiheft 4, 2001, S. 17 ff., 34.

227) Uwe Volkmann, Sicherheit und Risiko als Probleme des Rechtsstaats, in: Juristenzeitung 2004, S. 702.

228) Reiner Schmidt, Der Staat der Umweltvorsorge, in: Die öffentliche Verwaltung 1994, S. 750 f.; Claudio Franzius, Modalitäten und Wirkungsfaktoren der Steuerung durch Recht, in: Wolfgang Hoffmann−Riem/Eberhard Schmidt−Aßmann/Andreas Voßkuhle (Hrsg.), Grundlagen des Verwaltungsrechts, Bd. I: Methoden, Maßstäbe, Aufgaben, Organisation, 2006, § 4, Rn. 2.

불확실성 하에서 불명확한 실질적·내용적인 법률은 국민의 안전을 약화시키고, 행정에게 보다 구체성을 요구함으로써 이러한 취약한 안전을 보완하려고 한다. 이러한 생각은 불확실한 상황에서 자유는 더 이상 안전에 의해 보장될 수 없는 결과로 이어진다. 왜냐하면, 내용 관련적 법률에 의한 안전 보장은 언제나 한계에 부딪히기 때문이다. 불확실성 하에서 안전은 실체 중심적인 법적 안정성을 벗어나, 자유와 안전은 실질적·내용적인 법률조항을 통해 조화를 이룰 수 없게 된다. 예를 들어, 환경법에서 지속 가능한 개발, 효과적인 경쟁 등 규제 목적이 설정되더라도 불확실성에 직면하면 이러한 규제 목적은 어떠한 조건에서 어떠한 방법으로 달성될 수 있을지 예측하기 어렵게 된다.[229] 실질적·내용적인 법률에 의해 안전 보장이 가능하다는 생각은 안전을 전제로 한 자유 개념에 기초하고 있고, 자유 보호가 기존 법적 상황뿐만 아니라 미래의 법적 상황도 고려해야 함을 간과하고 있다.[230] 즉, 자유와 안전의 실체 중심적 균형은 불확실성 하에서 더 이상 실질적·내용적 법률로서 자유를 보장할 수 없다. 이러한 맥락에서 자유 보장은 미래 관련된 법적 결정과 관련되어 있다. 자유 보장을 위한 불확실성 문제와 관련하여 다양한 관점을 반영하고 미래지향적인 자유 보장이 가능하도록 법규범을 제정해야 한다. 오히려 불확실성 하에서는 자유가 안전의 토대가 된다고 할 수 있다. 자유는 안전의 의미와 불확실성 하에서 해야 할 것과 하지 말아야 할 것을 결정하고 변경한다.[231] 내용개방적이고 변화 지향적인 법질서에 의하면, 불확정 법률 개념과 광범위한 재량은 관련 이해관계에 대해 판단을 할 수 있는 기회를 제공하고 이를 통해 되도록 많은 사람들의 자유를 보장하는데 기여하게 된다.[232] 이러한 관점에서,

---

229) Hans–Heinrich Trute, Wissenschaft und Technik, in: Josef Isensee/Paul Kirchhof (Hrsg.), Handbuch des Staatsrechts der Bundesrepublik Deutschland, Bd. IV, 3. Aufl., 2006, § 88, Rn. 39; Oliver Lepsius, Ziele der Regulierung, in: Michael Fehling/Matthias Ruffert (Hrsg.), Regulierungsrecht, 2010, § 19, Rn. 56.

230) Oliver Lepsius, Verfassungsrechtlicher Rahmen der Regulierung, in: Michael Fehling/Matthias Ruffert (Hrsg.), Regulierungsrecht, 2010, § 4, Rn. 87.

231) Th. Vesting, Subjektive Freiheitsrechte als Elemente von Selbstorganisations– und Selbstregulierungsprozessen in der liberalen Gesellschaft, in: Wilfried Berg/Stefan Fisch/Walter Schmitt Glaeser/Friedrich Schoch/ Helmuth Schulze–Fielitz (Hrsg.), Regulierte Selbstregulierung als Steuerungskonzept des Gewährleistungsstaates. 60. Geburtstag von Wolfgang Hoffmann–Riem, Die Verwaltung Beiheft 4, 2001, S. 38.

232) Shu–Perng Hwang, Grundrechtsoptimierung durch (Kelsensche) Rahmenordnung: Zugleich ein Beitrag zur grundrechtsoptimierenden Funktion der unbestimmten Rechtsbegriffe am Beispiel Stand von Wissenschaft und Technik, in: Der Staat 49 (2010), S. 456 ff., 472 ff.

실질적·내용적 법으로의 이해는 안전 개념에 대한 오해를 불러일으킬 수 있고, 자유 보장 영역을 축소시킬 수 있다.

7. 결론

안전에 관한 기본권은 개인이 국가에게 안전을 보장하도록 요구할 수 있는 헌법상 기본권이라 할 수 있다. 안전에 관한 기본권은 헌법에 명문으로 규정하지 않더라도 불문(不文)의 기본권이라 할 수 있다. 독일 연방헌법재판소 판례에 따르면, 국가 제한에 대한 주관적 방어권은 기본권에 기인한다고 하고, 기본권보호의무는 객관적 법질서에 기인한다고 한다.

국민 안전은 국가가 보호해야 할 중요한 공익이자 법익이라 할 수 있다. 안전에 관한 법적 성격에 관해 '공익'(公益)으로 보는 견해와 '국가과제'(國家課題)로 보는 견해가 있다. 기본권은 고전적인 방어권 이외에도 객관적인 법질서의 성격이 있으나, 기본권으로서의 안전권은 아직 확립되지 못했다. 제3자의 위법한 가해행위에 의해 발생하는 구체적 위험 상황시에 기본권 보호청구권이 인정되고, 제3자에 의한 가해행위로 인해 기본권의 피해를 입었을 경우 국가의 기본권보호의무 위반으로 헌법재판을 받을 권리가 보장된다. 안전이 위협당하는 상황에서 헌법에 명시된 실정권인 기본권은 더 이상 실정권으로 간주되지 않고 추상적이며 언제나 형량에 있어서 우위에 있는 '안전에 관한 기본권'(안전권)에 종속될 가능성이 있다.

기술적·과학적 변화의 불확실성을 고려할 때 환경법, 과학기술법, 전기통신법 등 기존 법질서의 틀 안에서 안전과 자유 보장은 확보될 수 없다. 실질적·내용적인 법률조항은 서로 다른 이해당사자의 권리와 의사결정권 간의 분쟁에 기초하고 있다. 그러나 환경법, 과학기술법, 전기통신법 등 기술적·과학적 변화의 불확실성 영역에서는 실질적·내용적 법률의 불완전성으로 인해 법내용의 흠결이 발생하고 법규범의 규율 능력이 약해진다. 왜냐하면, 현실적 변화로 인해 계속적인 법 개정 요구로 법적 안정성이 보장되지 못하기 때문이다. 실질적·내용적인 법률은 안전에 관한 결정에 있어서 다양한 이해당사자들의 권리와 의사결정권을 보장할 수 없다.

제 3 장 국민 안전권에 적용할 헌법원칙

제1절 비례성 원칙

1. 문제 제기

일반적으로 학계와 판례에서 '과잉금지원칙'을 가지고 모든 공권력 작용에 대한 헌법적 심사기준으로 사용하여 왔다.[1] 일반적으로 '과잉금지원칙'은 '비례성 원칙'으로 지칭하고 있으나, 소수의 의견이기는 하지만 이 양자를 다른 개념으로 보아 구별의 필요성을 주장하는 입장도 있으므로, 이에 대한 이론적 정리가 필요하리라 본다. 또한 비례성 원칙의 요소로 열거되는 '목적의 정당성'이 과연 필수불가결한 요소인지에 대해 논의가 필요하다. 특히 의미있는 것으로, 자유권 등의 경우에는 기본권 제한입법을 통제하는 의미에서 과잉(침해)금지원칙으로, 사회적 기본권 및 절차적 기본권에서는 과소보호금지원칙으로 양분하여 설명하는 입장도 있는데, 이러한 양분론은 그 구분에 문제가 있다. 이러한 논증과 더불어 '비례성 원칙'과 '과소보호금지원칙'이 구별되는 차이점이 있음을 서술하고, 그 독자성을 인정하려는 취지에서 과소보호금지원칙의 내용적 논의를 활성화하고자 한다.

1) 예를 들면 김철수, 「헌법학개론」, 박영사, 2007, 435－438면; 권영성, 「헌법학원론」, 2007, 352면; 헌재 1989. 12. 22, 88헌가13; 헌재 1990. 9. 3. 89헌가95, 245 (260면); 헌재 1992. 12. 24, 92헌가8; 헌재 2006. 1. 26, 2003헌가21; 헌재 2006. 7. 27, 2005헌가4; 2006. 12. 28. 2005헌바87 등등.

2. 구별개념

(1) 과잉금지원칙과 비례성 원칙

과잉금지원칙은 비례성 원칙을 소극적으로 파악한 것이라는 견해가 있다.[2] 비례성 원칙이 소극적으로 이해된다면 이 경우 비교형량은 목적과 수단이 이성적 관계에 있어야 한다는 적극적 요청을 담을 수 없다고 한다. 즉, 비례성 원칙의 적극적 이해는 국가 침해의 장·단점 그리고 개별 사안의 마지막 부분까지 수단과 결과를 섬세하게 비교형량할 것을 적극적으로 요청하는 내용으로 구성된다. 그러나 소극적 이해는 현저하거나 극단적인 반(反)비례 관계의 확인만으로 만족하게 된다. 이 경우 소극적으로 이해할 경우 비례성 원칙을 적용할 때 허용되는 수단과 허용되지 않는 수단의 경계가 적극적 이해의 경우보다 훨씬 넓게 나타난다고 한다.[3]

그러나 과잉금지원칙을 금지나 명령의 소극적 의미로만 보았던 것은 연혁적인 의미를 지니고 있으나, 이제는 소극적인 의미나 적극적인 의미로 양분하여 이해되지 않고 있다. 왜냐하면 각각의 심사단계에서 심사강도가 상이하기 때문이다. 비례성 원칙을 협의의 비례성 원칙과 광의의 비례성 원칙 양자로 나누어 생각할 때, 여기서 논의되는 과잉금지의 원칙은 광의의 비례성 원칙(적합성원칙, 필요성원칙, 협의의 비례성 원칙)과 동의어라 할 수 있다. 소극적이냐 적극적이냐의 수단의 허용성 여부는 적합성원칙을 통해 허용되었던 수단이더라도 필요성원칙을 통하여 각각 달리 판단되어 여과되기에, 소극적인 비례의 관계 확인만으로는 더 이상 비례성 원칙이라 설명하기 어렵다. 결국 이제는 광의의 비례성 원칙을 '과잉금지의 원칙'과 동일하게 이해되며, 협의의 비례성 원칙은 '균형성', '상당성' 내지 '기대가능성'으로 이해한다.

(2) 비례성 심사 對 합리성 심사, 중간적 심사 및 엄격심사

비례성 심사기준과 구별해야 할 것으로, 미국 헌법상 연방대법원 판례로 정립된 심사기준으로서 합리성심사, 중간적 심사 및 엄격심사라는 기준들은

2) 배종대, 「보안처분과 비례성원칙」, 법치국가와 형법, 세창출판사, 1998. 2, 53면.
3) 배종대, 「보안처분과 비례성원칙」, 53–54면.

특별히 '평등권'(미국헌법상 '평등보호')과 관련된 기준임을 인식해야 한다.

먼저 합리성 심사기준에서 수정헌법 제14조의 평등보호조항은 州가 법률을 시행하는 데 있어서 대상의 분류에 대하여 광범위한 재량을 가지는 것으로 해석되어 왔다. 합리적 기준이 있고 필요한 정부이익과 합리적으로 연관되어 있는 한, 법률상의 차별이 불평등한 결과를 가져온다고 해도 반드시 헌법상 평등보호조항에 위배되는 것은 아니다.[4] 합리성 심사기준은 1920년의 Royster Guano Co. v. Virginia 사건[5]의 판결에서 구체적으로 확립되었다. 이 사건에서 미국 연방대법원은 "차별은 자의적인 것이 아니라 합리적이어야 하며, 그 차별은 동일한 여건아래 있는 모든 사람들이 똑같이 처우될 수 있도록, 입법목적에 대하여 정당하고 실질적인 관련이 있는 차별에 어느 정도 근거가 있어야 한다."고 판시하였다. 여기서 연방대법원은 첫째로 차별이 자의적인 것이 아니라 합리적인 근거가 있어야 한다고 하고, 둘째로 그 차별은 '입법목적'이 정당하고 수단이 목적과 '실질적인' 관련이 있는 차별에 근거를 두고 있어야 한다고 강조하였으며, 셋째로 입법목적과 구체적 차별수단 사이에는 엄격한 관계를 요구하지 않고, 다만 '상당한 정도의 합리적 근거'만을 요구하고 있다.

결국, 합리성 심사기준이라 함은 연방의회가 제정한 법률이 추구하는 목적과 수단에 합리적인 연관성만 존재하면, 당해 법률의 합헌성이 인정된다는 원칙을 말한다.[6] 미국 연방대법원은 법률이 자의적(arbitrary)이거나 일관성이 결여(capricious)되지 아니한 경우에는 이러한 합리성 기준을 대부분 충족시키고 있는 것으로 보고 있다.[7] 결국, 합리적 차별 여부에 대한 판단은 「① 차별의 근거, ② 그 차별에 의하여 침해받는 권리의 본질, ③ 그 차별에 관하여 정부(국가)가 갖고 있는 이익」에 의하여 좌우된다고 한다.[8]

또한 중간적 심사기준(Intermediate Test)은 차별이 합리성을 지니기 위해서는 '중요한 정부목적'의 실현에 기여해야 하고, 그러한 목적을 실현하는데 실질적으로 관련이 있어야 한다. 즉, 중간적 심사기준은 입법목적의 중요성과 그

---

4) Jerome A. Barron & C. Thomas Dienes, Constitutional Law, 7th ed, (West Group), 2003, p. 214.
5) Royster Guano Co. v. Virginia, 253 U.S. 412 (1920).
6) John E. Nowak/Ronald D. Rotunda, "Constitutional Law", 7th ed., 2004, p. 687.
7) 이상윤, 「영미법」, 박영사, 1997, 191면.
8) Jerome A. Barron & C. Thomas Dienes, "Constitutional Law", p. 214.

목적과 차별수단과의 실질적 적합성을 특징으로 한다.[9)]

반면 엄격심사기준(Strict Scrutiny Test)은 입법목적과 차별하는 수단간 합리적인 관련성이 있으면 합헌성이 인정되는 것이 아니라, 그 차별수단이 '절박한 공익'(compelling public interests)을 달성하기 위한 목적에 반드시 필요한 경우이어야 합헌으로 되는 것이다. 엄격심사는 '위헌에 의심이 가는 차별'(suspect classification)에 해당하는 사항과 '기본적 권익'(fundamental right)에 해당하는 사항에 대하여 적용된다.

이상의 설명과 같이, 미국의 합리성 심사기준, 중간적 심사기준 및 엄격심사기준은 '평등권'과 관련한 심사기준이고, 목적과 수단간의 관계가 합리적이냐 아니면 반드시 절실히 필요한 관계이냐 에만 중점을 두고 있지, 피해의 최소성이라든가 법익의 균형성은 전혀 다루지 않고 있다. 따라서 미국의 이러한 심사기준은 원칙적으로 평등권에만 국한하여 적용되며 목적과 수단의 관계만을 다루기 때문에, 우리 헌법상 일컫는 비례성 원칙의 내용과 범주에 포함되기에는 어려움이 있다.

3. 비례성 원칙에 의한 심사기준

(1) 비례성 원칙에 대한 우리 헌법재판소의 입장

우리나라 헌법재판소는 "국가작용, 특히 입법작용에 있어서의 과잉입법금지의 원칙이라 함은 국가가 국민의 기본권을 제한하는 내용의 입법활동을 함에 있어서 준수해야 할 기본원칙 내지 입법활동의 한계를 의미하는 것으로써, 국민의 기본권을 제한하려는 입법의 목적이 헌법 및 법률의 체계상 그 정당성이 인정되어야 하고(목적의 정당성), 그 목적의 달성을 위하여 그 방법이 효과적이고 적절하여야 하며(방법의 적절성), 입법권자가 선택한 기본권 제한의 조치가 입법목적 달성을 위하여 설사 적절하다 할지라도 가능한 한 보다 완화된 형태나 방법을 모색함으로써 기본권의 제한은 필요최소한도에 그치도록 하여야 하며(피해의 최소성), 그 입법에 의하여 보호하려는 공익과 침해되는 사익을 비

9) Lockhart · Kamisar · Choper · Shiffscin, "Constitutional Law", 6th ed., 1986, pp. 1290–1292.

교교량할 때 보호되는 공익이 더 커야한다(법익의 균형성)는 법치국가의 원리에서 당연히 파생되는 헌법상의 기본원리의 하나인 비례의 원칙을 말하는 것이고, 우리헌법은 제37조 제2항에서 입법권의 한계로서 과잉입법금지의 원칙을 명문으로 인정하고 있다"[10]고 판시하고 있다.

또한 피해의 최소성과 관련하여, "입법자는 공익실현을 위하여 기본권을 제한하는 경우에도 입법목적을 실현하기에 적합한 여러 수단 중에서 되도록 국민의 기본권을 가장 존중하고 기본권을 최소로 침해하는 수단을 선택해야 한다. 기본권을 제한하는 규정은 기본권행사의 '방법'에 관한 규정과 기본권행사의 '여부'에 관한 규정으로 구분할 수 있다. 침해의 최소성의 관점에서, 입법자는 그가 의도하는 공익을 달성하기 위하여 우선 기본권을 보다 적게 제한하는 단계인 기본권행사의 '방법'에 관한 규제로써 공익을 실현할 수 있는가를 시도하고 이러한 방법으로는 공익 달성이 어렵다고 판단되는 경우에 비로소 그 다음 단계인 기본권행사의 '여부'에 관한 규제를 선택해야 한다"[11]고 판시하고 있다.

(2) 비례성 심사기준의 구체적 평가

우리나라 헌법재판소의 결정에서 언급되고 있는 비례성 원칙의 4단계인 목적의 정당성, 방법의 적절성, 피해의 최소성, 법익의 균형성을 구체적으로 평가해 본다.

1) 목적의 정당성 심사기준의 필요성 여부

헌법 제37조 제2항은 기본권 제한에 관한 일반적 법률유보조항에 해당된다. 이는 모든 기본권에 일반적으로 적용될 수 있도록 법률유보를 규정한 것이다. 헌법 제37조 제2항은 일반적 법률유보를 위한 목적상 한계로서 국가안전보장[12], 질서유지[13], 공공복리[14]를 규정하고 있다. 이 조항의 의미는 기본권을

10) 헌재 1992. 12. 24, 92헌가8.
11) 헌재 1998. 5. 28, 96헌가5. Vgl. Pieroth/Schlink, Grundrechte Staatsrecht II, 20. Aufl., 2004, Rn. 297.
12) '국가안전보장'은 1972년 유신헌법에 처음으로 규정되어 현행 헌법에 까지 이르고 있다. 헌법재판소는 '국가의 안전보장'은 "국가의 존립과 영토의 보존, 국민의 생명·안전의 수호를 위한 불가결한 전제조건이자 모든 국민이 자유를 행사하기 위한 기본적 전제조건으로서 헌법이 이를 명문으로 규정하는가와 관계없이 헌법상 인정되는 중대한 법익"이라고 설명하고 있다(헌재 2004. 8. 26. 2002헌가1). '국가안전보장'에 관하여는 국가의 존립과 안전(한태연, 『헌법학』, 906면), 외부로부터 국가의 존립과 안전 그리고 이와 관

제한하는 목적으로서 그 목적을 한정적으로 열거한 것이다. 따라서 이러한 목적 이외의 다른 목적으로 기본권을 제한할 수 없다는 것을 천명한 것이다. 그런데 우리 헌법재판소 결정에 의하면, 일반적으로 비례성 심사 또는 과잉금지원칙심사에 있어서 목적의 정당성, 수단의 적정성, 피해의 최소성, 법익의 균형성을 들고 있는데, 비례성 심사에 있어서 그 법률의 목적을 신중하고 엄격하게 다투어 '목적의 정당성'을 부정하기는 실제상 곤란하다. 기본권을 제한하는 목적으로 헌법상 국가안전보장, 질서유지, 공공복리만으로 한정하였음에도 헌법재판소가 입법부의 입법을 의심하여 목적의 정당성을 심사하는 것은 이 3가지 목적 이외에 다른 목적으로 입법한 경우를 심사하려는 것인지에 대한 의문을 갖게 한다. 그리고 실제로 다수의 헌법재판소 결정들에서는 입법목적의 정당성을 논할 때, 국가안전보장, 질서유지, 공공복리라는 목적에 부합한다는 취지보다는 그 법률 자체의 목적이 정당성을 지니는지 여부에 초점을 두고 있다.[15)]

련되는 내부적 안전과 존립의 보장(계희열, 『헌법학(중)』, 120면; 홍성방, 『헌법학』, 332면; 장영수, 『헌법학』, 518면), 외국의 침범을 방지하고 이에 대비하며, 대내적으로는 자유민주적 기본질서의 보장(문홍주, 『한국헌법』, 334면), 국가의 존립과 헌법의 기본질서유지(김철수, 『헌법학개론』, 430면), 국가의 독립과 영토의 보전, 헌법과 법률의 규범력, 헌법기관의 유지 등 국가적 안전의 확보(권영성, 『헌법학원론』, 349면; 성낙인, 『헌법학』, 281면; 정종섭, 『헌법학원론』, 280면) 등으로 설명한다.

13) '질서유지'에 관해서는 공공의 안녕질서(한태연, 『헌법학』, 906면), 국가라는 단체생활을 원활히 하기 위하여 최소한도로 필요한 질서를 유지함(문홍주, 『한국헌법』, 334면), 공공의 안녕질서를 의미하며, 헌법의 기본질서 이외의 타인의 권리유지, 도덕질서유지, 사회의 공공질서유지 등(김철수, 『헌법학개론』, 432면), 자유민주적 기본질서를 포함하는 헌법적 질서는 물론이고 그 밖의 사회적 안녕질서(권영성, 『헌법학원론』, 349면), 내부에 있어서의 국가의 존립과 안전의 보장 및 경찰법적 의미의 공공질서를 포함(계희열, 『헌법학(중)』, 120면; 장영수, 『헌법학』, 518면; 홍성방, 『헌법학』, 332면), 사회공공의 안녕질서의 유지(성낙인, 『헌법학』, 281면), 공동체가 존속하고 유지하며, 그 공동체 속에서 구성원들이 평화롭고 안전하게 살 수 있도록 하는 질서를 유지함(정종섭, 『헌법학원론』, 281면) 등으로 설명한다.

14) '공공복리'에 관해서는 일반적 복리 또는 공공의 이익(한태연, 『헌법학』, 907면), 소극적인 질서유지를 넘어서 국가 구성원의 공공의 행복과 이익(문홍주, 『한국헌법』, 335면), 현대적 복지국가의 이념을 구현하는 적극적인 의미를 갖는 것으로, 인권 상호간의 충돌을 조정하고 각인의 인권의 최대한의 보장을 꾀하는 사회정의의 원리(김철수, 『헌법학개론』, 434면), 공동으로 사회생활을 영위하는 사회구성원 전체를 위한 공공적 이익, 즉 국민공동의 이익(권영성, 『헌법학원론』, 350면), 사회생활을 하는 만인공통의 공존공영의 이익(구병삭, 『신헌법원론』, 321면), 기본적으로 개인의 이익을 인정하지만, 공동체 전체의 입장에서 이를 사회정의에 맞게 조정한 국민 공동의 이익(계희열, 『헌법학(중)』, 121면; 장영수, 『헌법학』, 519면), 현대 복지국가의 헌법이념을 적극적으로 구현하기 위하여 사회구성원 전체를 위한 공공의 이익(성낙인, 『헌법학』, 282면), 개개 국민의 다수의 실질적 이익(홍성방, 『헌법학』, 333면), 개인의 수준을 넘어 공동체 내의 구성원 전체의 삶을 위한 이익(정종섭, 『헌법학원론』, 281면) 등으로 설명한다. "공공복리"개념에 관한 연구로는 조한상, "헌법 제37조 제2항 '공공복리'개념에 관한 고찰", 헌법학연구 제12권 제5호, 2006. 12, 83면 이하 참조.

15) 예를 들면, "가산점제도의 주된 목적은 군복무 중에는 취업할 기회와 취업을 준비하는 기회를 상실하게 되므로 이러한 불이익을 보전해 줌으로써 제대군인이 군복무를 마친 후 빠른 기간내에 일반사회로 복귀할 수 있도록 해 주는 데에 있다. 인생의 황금기에 해당하는 20대 초·중반의 소중한 시간을 사회와 격

그러나, 헌법상 기본권제한을 위한 입법목적의 정당성은 입법목적이 헌법상 정당성을 지니는지를 의미하는 것이지, 법률 자체의 목적의 정당성을 의미하는 것이 아니다.[16] 법률 자체의 목적의 정당성 판단은 헌법적합적인 입법목적인지를 판단하는 것이 아닌, 법률 자체의 정당성을 추구하는 유권해석이기에 당해 법률의 목적을 설명할 필요성이 적어진다. 당해 법률의 목적은 개별 법률의 제1조에 구체적으로 적시되어 있으므로, 만일 헌법재판소가 법률의 목적심사로서 입법목적의 내용적 정당성을 판단하는 것이라면, 이는 헌법재판소 스스로 목적심사에 관한 아무런 기준을 제시하지 못하는 상황에서 헌법상 요청되는 법률의 합헌성 추정 원칙을 위배하는 것이 된다.[17] 법률의 목적심사가 가능하려면 법률의 목적이 구체적으로 특정화되어야만 하는데, 실제상 법률의 목적은 대부분 추상적이고 불확정적인 개념들로 규정되어 있기에 목적심사의 전제조건을 충족하지 못하고 있다.

일반적으로 법률의 합헌성 추정과 합헌적 법률해석의 결과 심사대상인 법률의 목적은 원칙적으로 합헌성이 있다고 보아야 한다. 목적의 정당성 문제에서 헌법상 열거된 목적에 적합한지 여부만을 심사하는 것은 가능하더라도, 그 내용적 심사까지 하는 것은 비례성 원칙의 본질을 잘못 이해한 것이다.[18] 왜냐하면 비례성 원칙은 목적을 심사하기 위한 것이 아니라, 목적에 적합한 '수단'인지를 심사하기 위한 것이다.[19] 즉, 목적의 정당성은 목적에 대한 수단이 적합성이 있는지를 심사하는 전제이며, 수단의 통제에 중점이 있다고 보아야지 입법의 목적을 다투기 위한 것이 아니다.[20]

리된 채 통제된 환경에서 자기개발의 여지없이 군복무 수행에 바침으로써 국가·사회에 기여하였고, 그 결과 공무원채용시험 응시 등 취업준비에 있어 제대군인이 아닌 사람에 비하여 상대적으로 불리한 처지에 놓이게 된 제대군인의 사회복귀를 지원한다는 것은 입법정책적으로 얼마든지 가능하고 또 매우 필요하다고 할 수 있으므로 이 입법목적은 정당하다."고 판시하고 있다(헌재 1999. 12. 23, 98헌마363, 788면).

16) 같은 의견: 이기철, "헌법재판소는 비례의 원칙에 목적의 정당성을 포함시켜도 좋은가?", 공법연구 제35집 제1호, 385면.

17) 매우 희소하겠지만 만약 헌법재판소가 입법목적의 정당성이 헌법에 위반된다고 판단하여 그 위헌성을 주장한다면, 이는 또 다른 입법자로서 역할을 하는 것이 된다. 이는 헌법재판소가 헌법해석에 의한 권한 확장의 의도를 지니고 있다고 할 수 있다.

18) 이와 동일한 견해로는 이준일, 헌법학강의, 홍문사, 2005, 350면("관계의 개념을 처음부터 배제하고 있는 목적의 정당성은 비례성 원칙의 부분원칙에 포함되지 않는 것으로 보아야 한다. 목적의 설정은 정책수립의 문제로서 입법자의 고유한 권한영역에 속해서 헌법재판소가 통제할 수 없는 영역으로 보아야 하기 때문에 목적의 정당성에 대한 심사는 비례성심사의 대상이 될 수 없다").

19) 같은 의견: 황치연, "우리 헌법재판소 판례에 있어서의 과잉금지원칙의 문제점", 고시연구 97. 3, 180면.

따라서 우리 헌법재판소처럼 비례성 심사를 할 경우, 목적의 정당성, 수단의 적정성, 피해의 최소성, 법익의 균형성으로 판단할 것이 아니라, 예외적인 경우를 제외하고는 적합성, 필요성, 협의의 비례성(법익의 균형성)으로 3분하여 판단하는 것이 합리적이라 생각한다.

2) 적합성 원칙

적합성(Geeignetheit) 원칙이란 특정한 입법목적을 실현하기 위하여 채택된 수단은 그 목적실현에 적합하여야 한다는 원칙을 말한다. 이때 적합성의 의미는 그 채택된 수단의 도움으로 의욕하는 결과의 발생을 촉진시킨다거나,[21] 조금이라도 그 결과발생에 원인이 된다는 것을 말한다. 사용하기로 채택된 수단이 결과발생에 전혀 영향을 주지 않거나 의도한 결과발생을 어렵게 만드는 경우에는 적합성이 존재하지 아니한다고 말할 수 있다.[22] 한편, 적합성의 정도는 완전히 부적합한 수단이 아닌 한, 부분적인 적합성이 있으면 되지, 완전한 적합성을 요구하지 않는다. 그러나 공권력에게 특정한 목표달성을 의무지우는 일정한 행위위임이 부여되어 있을 때에는 오히려 채택된 수단의 단순한 부분적인 적합성만으로는 그 자체가 적합성 원칙의 위반으로 평가될 수도 있을 것이다.[23]

3) 필요성 원칙

필요성(Erforderlichkeit) 원칙이란 입법목적을 달성하기 위해 필요한 수단이어야지, 필요한 정도를 넘어서 국민의 기본권을 침해하는 정도의 수단은 허용될 수 없다는 원칙이다. 달리 표현하면, 목적을 실현하기 위해 조금이라도 필요한 한도를 넘어서는 수단의 사용 내지 목적의 달성을 위해 다른 수단이 있는 경우는 이 원칙을 위반하는 것이 된다. 이를 엄격히 해석하면 입법목적을 위한 여러 가지 수단이 존재할 때 그 수단 중에서 가능한 한 '기본권 침해가 적은 수

20) 이와 다른 견해로는 김대환, "우리나라 헌법상 과잉금지원칙", 공법학연구 제6권 제3호, 2005. 12, 199-200면.

21) 예를 들면, 적합성 원칙의 관점하에서, 삼림의 고사현상을 방지 또는 둔화시키기 위한 목적으로 자동차 속도제한은 공해물질배출의 감축(기본권제한을 통해 형성된 상태)과 삼림의 구조개선(목적이 실현된 것으로 관찰될 수 있는 상태) 사이에 관련성이 있는 경우에만 비례성이 있다(Pieroth/Schlink, Grundrechte Staatsrecht II, 20. Aufl., 2004, Rn. 284).

22) 황치연, "과잉금지원칙의 내용", 공법연구, 제24집 제3호, 1996.7, 280면.

23) M. C. Jakobs, Der Grundsatz der Verhältnismäßigkeit mit einer exemplarischen Darstellung seiner Geltung im Atomrecht, 1985, S. 62; 황치연, "과잉금지원칙의 내용", 280면 이하.

단'을 선택하라는 요청이다. 이를 일반적으로 '피해의 최소성'이라고 부른다.

'피해의 최소성'은 기본권의 유형에 따라 기본권 제한에 있어서 입법자의 입법형성의 자유에 차이를 나타낸다. 예를 들면, 정신적 자유권과는 달리, 재산권에 관한 입법의 경우 재산권의 내용과 한계를 형성할 입법자의 입법재량을 헌법이 상대적으로 넓게 허용하기 때문에, 재산권에 관한 입법에 있어서 입법자는 '기본권 침해가 가장 적은 수단인 유일한 최소침해의 수단'을 선택하거나, '자유와 공익을 위한 최적화적 수단'을 선택한 입법을 할 것을 헌법이 요구하는 것은 아니다.

그런데 어떠한 수단이 기본권 침해가 적은 수단이냐는 여러 수단사이에 비교를 통해 달성되기에 입법자가 상정하는 여러 수단이 반드시 가장 최소 침해의 유일한 수단이라는 보장은 없다. 다만, 입법자에게 최소침해성을 위한 노력과 의무는 헌법상 요청된다. 그러므로 필요성의 원칙은 기본권 침해를 최소화하는 단 하나의 수단만을 선택해야 하는 이상적이나 불가능한 최소침해성 원칙은 아니고,[24] 목적을 실현하는 여러 수단 가운데 되도록 덜 기본권을 침해하는 수단을 채택하라는 최소침해성 요청인 것이다.

현재 발생하는 문제를 해결하기 위해 입법수단이 투입된 경우와 그렇지 않은 경우간의 비교 및 관련성을 검증하여 침해의 최소성을 판단하는 것은 상당히 난해한 일이다. 따라서 최소침해성이 의심스러울 경우에는 입법자에게 이익이 되는 방향으로 인정해 줌으로서 입법자의 평가적 우월권 내지 예측 여지를 허용해 주어야 한다.[25]

---

24) 이러한 의미에서 우리 헌법재판소도 다음과 같은 취지의 결정을 하고 있다("국가작용에 있어서 취해진 어떠한 조치나 선택된 수단은 그것이 달성하려는 사안의 목적에 적합하여야 함은 당연하지만 그 조치나 수단이 목적달성을 위하여 유일무이한 것일 필요는 없는 것이다. 국가가 어떠한 목적을 달성함에 있어서는 어떠한 조치나 수단 하나만으로서 가능하다고 판단할 경우도 있고 다른 여러가지의 조치나 수단을 병과하여야 가능하다고 판단하는 경우도 있을 수 있으므로 과잉금지의 원칙이라는 것이 목적달성에 필요한 유일의 수단선택을 요건으로 하는 것이라고 할 수는 없는 것이다 – 헌재 1989. 12. 22. 88헌가13, 378면).

25) F. Ossenbühl, in: Die Kontrolle von Tatsachenfeststellungen und Prognoseentscheidungen durch das Bundesverfassungsgericht, in: BVerfG und GG I, 1976, S. 489 ff.; M. Raabe, Grundrechte und Erkenntnis – Der Einschätzungsspielraum des Gesetzgebers, Baden–Baden, 1998.

4) 협의의 비례성 원칙

특정한 입법목적을 달성하기 위하여 적합하고 필요한 수단이 있다고 하여도 기본권제한 입법에 의하여 침해 또는 제한되는 사익과 이를 제한함으로써 보호되는 공익을 비교형량할 때, 공익이 더 크거나 적어도 양자의 균형이 유지되어야 한다는 것이 협의의 비례성 원칙이다. 이를 균형성(Proportionalität), 상당성(Angemessenheit) 내지 기대가능성(Zumutbarkeit)이라고도 부른다.

협의의 비례성을 충족하기 위해서는 양자의 이익간 형량(Abwägung)이 필요하다. 형량이란 서로 충돌하는 법익 및 가치 간의 중요성 및 비중의 평가작업이다.[26] 이러한 평가는 주장되는 논증의 우위에 의해 결정되므로 절대적으로 결정될 수 있는 것이 아니라, 구체적인 상황에서 상대적인 중요성에 의해 결정된다.[27]

비교형량에 있어서 '양 법익의 균형'을 어느 정도로 엄격하게 인정할 것인가 여부에 따라 심사강도는 달라질 수 있지만, 원칙적으로 입법자의 입법형성의 자유를 전제로 하여, 입법자의 법익형량이 자의적이거나 일관성이 결여되거나 균형이 파괴된 것이 명확한 경우라서 기본권주체에 대한 과도한 부담이 되는 경우, 비례성을 위반한 것으로 인정할 수 있다.

협의의 비례성 원칙을 '상당성'원칙 또는 '균형성'원칙이라고도 하는데, 개별 사건의 경우에 무엇이 상당한가 또는 균형적인가를 판단해야 한다. 그러나 협의의 비례성 원칙은 형량해야 할 이익간의 문제[28]로 귀결되고 형량에 사용할 합리적이고 구속력있는 구체적인 기준이 부재하다는 문제점을 지니고 있다.[29] 협의의 비례성 원칙은 구체적으로 판단할 때 이렇게 명확한 기준이 결핍

---

26) H. Schneider, Die Güterabwägung des Bundesverfassungsgerichts bei Grundrechtskonflikten, Baden-Baden, 1979, S. 178; 황치연, 「헌법과 과잉금지」, 헌법학도의 길, 한국학술정보 2005, 119면(법익형량이란 상충하는 법익간의 순위비교 또는 양자의 법익간에 관련되어 문제되는 내용의 우열을 비교하는 작업이다.)

27) R. Alexy, Theorie der Grundrechte, 1996, S. 146.

28) 슈테른(Stern) 교수는 법익형량이란 두 개의 상충하는 법익간의 중요도를 평가하는 것을 목표로 불가피하게 충돌하는 법익의 서열을 비교하는 것이라고 정의한다. 구체적으로 (1) 헌법적 지위를 가지는가 단순한 법률상의 지위를 가지는가, (2) 헌법상 법익간 상위의 가치 확정가능성, (3) 고유한 평가범주의 필요, (4) 기본권 법익의 경합, (5) 특정한 기본권이 다른 기본권을 전제로 하는 것, (6) 주변영역이 침해될 뿐이 기본권, (7) 연방헌법재판소에 의한 추상적·구체적 우월성의 언명, (8) 법익형량과 비례의 원칙 등의 원칙을 제시하고 있다(K. Stern, Das Staatsrecht für die Bundesrepublik Deutschland, Bd. III/2, 1994, § 84).

29) B. Schlink, in: Festschrift für 50 Jahre BVerfG, 2001, Bd. II, S. 445, 460 ff.

되어 있기에 판단주체인 법원이나 헌법재판소의 주관적인 판단과 선입견이 개입할 가능성이 높다.

협의의 비례성 원칙을 '최적화명령'이라고 동일시하는 견해가 있다. 일반적으로 알려진 협의의 비례성 원칙(법익의 균형성)은 입법수단으로써 보호하려는 공익과 침해되는 기본권 사이에 균형이 이루어져 있는지의 여부에 대하여 형량하는 작업이다. 이러한 법익의 균형성을 판단함에 있어서는 그 당해 법률규정의 특성, 사실관계 및 그 실태, 입법규제의 필요성, 현제도의 실질적인 운용현황 등을 종합적으로 고려하여야 한다.[30] 그러므로 협의의 비례성 원칙(법익의 균형성)은 입법수단으로서 얻는 공익과 침해되는 사익(기본권)을 비교형량하는 반면, 최적화명령은 두 개의 목적 상호간의 관계에서 최적의 상태를 실현하도록 요청하는 명령[31]이라고 할 수 있다. 그런데 최적화명령을 따를 경우에는 입법자의 형성의 자유가 제로(0)가 되기에 입법자의 형성의 자유를 박탈하는 문제가 발생한다. 또한 최적화명령에 의하면 법률 제정시에 선택할 수 있는 입법수단은 특정한 입법목적의 실현을 위한 하나의 최적화된 수단이기에 일반적인 비례성 원칙보다 더욱 더 엄격한 기준으로 사법심사시 합헌적 법률해석의 가능성을 배제시킬 가능성이 높다.

(3) 비례성 원칙의 구체적 심사과정

비례성 원칙(과잉금지원칙)은 오늘날 일반적으로 비례성 원칙과 동일한 의미로 사용되고 있으며, 각각의 심사기준에서 그 심사강도가 달리 작용하고 있으므로, 이를 연혁적 의의에서 소극적으로만 이해해서는 안된다. 또한 비례성 원칙은 미국 헌법상 사용되는 합리성 심사기준, 중간적 심사기준 및 엄격심사기준과는 그 내용상 다른 원칙이라 할 수 있다. 헌법상 비례성 원칙은 목적을 심사하기 위한 것이 아니라, 목적에 적합한 '수단'인지를 심사하기 위한 것이기 때문이다.

---

30) 헌재 1998. 4. 30. 95헌가16, 327(346-347).
31) 이준일, "비례성원칙의 개념과 구조 및 구체화", 고시연구 2005/3, 27면.

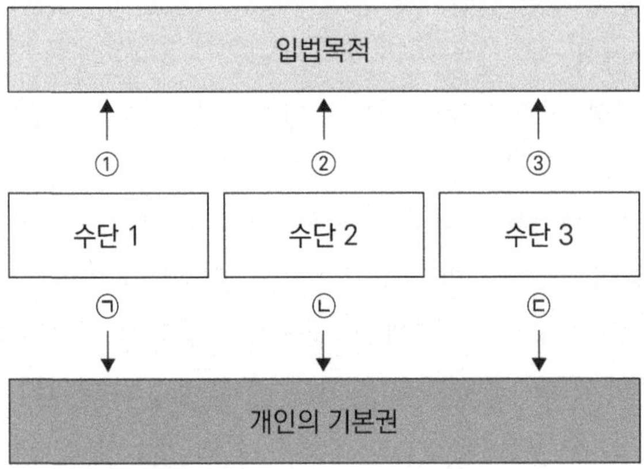

수단의 적합성을 충족했는지 여부의 판단에서 '수단의 적합성'이란 특정한 입법목적을 실현하기 위하여 투입된 수단이 그 목적 실현에 조금이라도 기여하면 충족된다. [수단 1]은 표에서 ① 만큼의 입법목적에 기여했다. [수단 2]와 [수단 3]은 ②와 ③ 만큼 입법목적을 증진시켰다. 여기서 수단의 적합성은 [수단 1], [수단 2], [수단 3] 모두 충족한다.

침해의 최소성 원칙에 의한 심사에서 [수단 1]은 ㉠ 만큼 기본권 제한을 가하고 있고, [수단 2]는 ㉡ 만큼 기본권 제한을 가하고 있다. [수단 3]은 가장 강한 정도로 ㉢ 만큼 기본권 제한을 가하고 있다. 그러나 비례성 원칙에서 침해의 최소성을 판단함에 있어서 수단의 적합성에서 동일한 정도의 입법목적을 달성하는 비교대상만을 고려한다. 즉, ②와 ③은 입법목적을 달성하는 정도가 동일하다. 이러한 [수단 2]와 [수단 3] 중 기본권 제한이 덜 한 것은 [수단 2]이다.

법익의 균형성은 [수단 2]에서 ②의 입법목적을 달성하는 공익의 크기와 ㉡ 만큼 기본권에 가해지는 불이익 간을 측정한다. [수단 2]에서 ②가 ㉡ 보다 크기 때문에 법익의 균형성을 갖춘 것이다.

(4) 사회적 기본권 관련 비례성 원칙의 적용

1) 사회적 기본권 관련 심사기준의 부재

헌법재판소는 사회적 기본권 관련 심사에서 다음과 같이 설시하고 있다. "국가가 인간다운 생활을 보장하기 위한 헌법적 의무를 다하였는지의 여부가 사법적 심사의 대상이 된 경우에는, 국가가 최저생활보장에 관한 입법을 전혀 하지 아니하였다든가 그 내용이 현저히 불합리하여 헌법상 용인될 수 있는 재량의 범위를 명백히 일탈함으로써 사회적 기본권을 보장하여야 할 국가의 최소한 보장의무의 불이행으로 볼 수 있는 경우에 한하여 헌법에 위반된다고 할 수 있다."[32)]

헌법재판소는 사회적 기본권과 관련하여, '국가의 최소한 보장의무의 불이행'이라는 심사척도를 제시하고 있다. 그러나 '최소한 보장'이라는 것이 무엇을 의미하며, 어떠한 내용을 지닌 심사기준인지를 이해하기 어렵다. 주목할 것은 여기서 말하는 사회적 기본권과 관련된 '국가의 최소한 보장의무'는 자유권적 기본권에 국한되어 적용되는 '국가의 기본권보호의무'[33)] 내지 '과소보호금지원칙'과는 전혀 다른 개념이다.

헌법재판소는 대표적으로 사회적 기본권 관련 심사기준의 내용으로 "입법을 전혀 하지 아니하였다든가 그 내용이 현저히 불합리하여 헌법상 용인될 수 있는 재량의 범위를 명백히 일탈한 경우에 한하여 헌법에 위반된다."고 설시하고 있다. 이는 '명백성 통제' 기준을 의미하는 듯하다. 명백성 통제는 사회적 기본권에 특유한 심사기준이 아니라, 헌법재판소가 비례성 원칙 심사에서 입법자의 예측판단을 심사하는 통제 기준이다.

비례성 원칙에 의한 심사에 있어서 수단의 적합성 심사 단계에서 독일 연방헌법재판소는 입법자의 예측 판단을 심사한다. 이 경우 독일 연방헌법재판소는 입법자의 미래에 대한 상황발전에 대한 예측 판단을 규율영역의 특성, 확실한 판단을 내릴 수 있는 현실적 가능성의 정도 및 침해된 법익에 따라 통제

---

32) 헌재 1997. 5. 29. 94헌마33, 판례집 9-1, 543, 555; 헌재 2003. 5. 15. 2002헌마90, 판례집 15-1, 581, 601; 헌재 2004. 10. 28. 2002헌마328, 판례집 16-2하, 195, 204-205; 헌재 2008. 10. 30. 2005헌마1156, 판례집 20-2상, 1007, 1019; 헌재 2011. 3. 31. 2009헌마617 등, 판례집 23-1상, 416, 423.

33) 기본권보호의무에 관하여는 표명환, "국가의 기본권보호의무와 행정법상의 개인적 공권이론", 「헌법학연구」 제10권 제1호, 2004, 277면 이하; 표명환, "입법자의 기본권보호의무와 헌법적 통제", 「헌법학연구」 제11권 제2호, 2005. 6, 212면 이하; 표명환, "기본권보호청구권의 구조와 체계에 관한 고찰", 「법학연구」 제45집, 2012. 2, 23면 이하; 허완중, "기본권보호의무에서 과소보호금지원칙과 과잉금지원칙의 관계", 「공법연구」 제37집 제1-2호, 한국공법학회, 2008. 10, 201면 이하; 이부하, "국가의 기본권보호의무와 과소보호금지원칙", 「법학연구」 제17집 제2호, 2014. 6, 39면 이하; 이부하, "생명에 대한 기본권보호의무와 과소보호금지원칙", 「동아법학」 제62호, 2014. 2, 1면 이하; 이부하, "비례성원칙과 과소보호금지원칙", 「헌법학연구」 제13권 제2호, 2007. 6, 275면 이하; 이부하, "헌법영역에서의 기본권보호의무", 「공법학연구」 제8권 제3호, 2007. 8, 123면 이하.

강도를 다르게 사용한다. 독일 연방헌법재판소는 입법자의 예측판단을 3가지 통제강도로 구분한다. 명백성 통제(Evidenzkontrolle), 설득력 통제(주장가능성 통제; Vertretbarkeitskontrolle), 내용 통제(Inhaltskontrolle)를 사용한다.[34)]

'명백성 통제' 기준에 의하면, 헌법재판소가 입법자의 재량 한계를 명백히 일탈했는지 여부만을 심사하게 된다. 이 통제 기준에 의하면, 입법자의 예측판단권이 광범위하게 인정되고, 헌법재판소는 법률상 입법목적 실현이 명백하게 부적합한 수단인지 여부만을 심사한다.[35)] 이에 반해, '설득력 통제'(주장가능성 통제) 기준에 의하면, 헌법재판소가 입법자의 예측 판단을 심사함에 있어서 입법자가 가용한 모든 판단자료를 활용하여, 장래에 발생할 법률의 효과를 납득할만하게 지니도록 노력했는가를 심사한다.[36)] '내용통제' 기준을 사용하는 경우, 헌법재판소는 입법자의 예측 판단이 내용적·실체적으로 타당한가 여부를 심사하게 된다.[37)] 내용통제 기준은 침해되는 법익이 생명권이나 신체의 자유, 의식주 등 인간의 기본적 욕구, 직업의 자유 등 가장 기본적이고 개인적인 자유가 관련되는 영역에 적용한다.[38)] 이러한 내용통제 기준의 사용은 입법자의 예측 판단을 헌법재판소의 예측 판단으로 대체하게 된다.[39)]

입법자의 예측 판단에 대한 헌법재판소의 통제강도 3단계화는 입법자와 국민 간의 실체법적인 입증책임을 분배하는데 초점이 있다.[40)] 독일 연방헌법재판소에 의하여 형성된 3단계의 통제 기준은 입증책임 분배의 구분이다.[41)] 법률이 개인의 핵심적 자유영역(생명권, 신체의 자유 등)을 침해하는 경우, 입증책임을 입법자에게 부담시킴으로써 기본권 보장을 강화하려는 것이다. 이에

---

34) BVerfGE 50, 290 (332); Schneider, NJW 1980, S. 2105 f.; Ossenbühl, Die Kontrolle von Tatsachenfeststellung und Prognoseentscheidungen durch das BVerfG, in: BVerfG und GG I, S. 484 ff. 한수웅, "헌법재판의 한계 및 심사기준 – 헌법재판소와 입법자의 관계를 중심으로 –", 「헌법논총」 제8집, 1997, 217면 이하와 233면; 방승주, "독일 연방헌법재판소의 입법자에 대한 통제의 범위와 강도", 「헌법논총」 제7집, 1996, 308면 이하 ("입법자의 선택 수단에 대한 헌법재판소의 통제 강도는 관련된 기본권적 법익의 중대성, 그 가해의 심각성, 그 가해의 빈도 등에 따라서 달라지게 된다.").

35) BVerfGE 36, 1 (17); 37, 1 (20); 196, 223. 방승주, "헌법재판소의 입법자에 대한 통제의 범위와 강도", 「공법연구」 제37집 제2호, 2008. 12, 151면.

36) BVerfGE 25, 1 (12 f., 17); 30, 250 (263); 39, 210 (225 f.). 방승주, 상게논문, 152면.

37) BVerfGE 7, 377 (415); 11, 30 (45); 17, 269 (276 ff.); 39, 1 (46, 51 ff.); 45, 187 (238).

38) BVerfGE 50, 290 (333); H.–P. Schneider, NJW 1980, S. 2105.

39) 이부하, "입법자의 입법형성권의 내용과 한계", 「법과 정책연구」 제13집 제1호, 2013. 3, 108면.

40) M. Kriele, Grundrechte und demokratischer Gestaltungsspielraum, Rn. 44 ff.

41) BVerfGE 50, 290 (331, 333, 340 ff.).

반해, 경제적 활동을 규율하는 법률에 대해서는 입법자가 보다 광범위한 입법형성권을 지닌다. 이 경우 헌법재판소는 명백성 통제에 의해 심사한다.[42]

헌법재판소는 사회적 기본권과 관련하여, "입법자는 … 광범위한 입법재량권을 행사할 수 있다. … 인간다운 생활을 할 권리로부터는 … 직접 그 이상의 급부를 내용으로 하는 구체적인 권리를 발생케 한다고는 볼 수 없다."고 판시하고 있다. 헌법재판소는 인간다운 생활을 할 권리를 사회적 기본권으로 인정하면서도, 그 법적 성격을 '추상적 권리'로 보고 있다.

또한 헌법재판소는 사회적 기본권 관련 심사기준으로서 종종 "국가가 실현해야 할 사회적 기본권의 최소한 내용 보장"을 이행했는지 여부에 중요한 기준을 둔다. '최소한 내용 보장'[43]이 무엇을 의미하는지 불투명하고, 이는 입법자가 사회적 기본권의 보장 의무를 면할 수 있는 구실로서 작용할 수 있다.[44]

2) 사회적 기본권에 적용할 심사기준 제시

헌법재판소는 종종 사회적 기본권 침해 여부로 직접 판단하지 않고, 평등원칙 위반 여부로 우회적인 방법을 사용하기도 한다. 이러한 이유 중 하나는 사회적 기본권에 대한 구체적인 심사기준이 존재하지 않기 때문이다. 이에 헌법재판에서 사회적 기본권에 적용할 구체적인 심사기준을 제시하는 견해들이 있다.[45] 이러한 견해들을 참조하여 다음과 같은 심사기준을 제시해 본다.

---

42) 한수웅, "헌법재판의 한계 및 심사기준 – 헌법재판소와 입법자의 관계를 중심으로 –", 233–237면; 이부하, "입법자의 입법형성권의 내용과 한계", 「법과 정책연구」 제13집 제1호, 2013. 3, 108–109면.

43) 이와 관련하여 '최소핵심의무'를 설명하는 논문으로는 정영훈, "남아프리카공화국 헌법상 사회적 기본권 침해 여부의 심사기준에 관한 연구", 「법과 정책연구」 제16집 제1호, 2016. 3, 483면.

44) 정태호, "원리모델에 의한 사회적 기본권 침해여부의 판단기준 및 심사구조", 「헌법학연구」 제13권 제3호, 2007. 9, 553면("입법자는 언제나 '최소한 조치'만을 취하기만 하면 항상 그 위헌판단을 면할 수 있다는 것이라면 이에는 동의할 수 없다.").

45) 정태호, "원리모델에 의한 사회적 기본권 침해여부의 판단기준 및 심사구조", 558–559면: 1) 청구인이 주장하는 급부의 제공을 내용으로 하는 일응 사회적 기본권의 헌법적 근거가 존재하는가?, 2) 청구인이 주장하는 급부의 일부 또는 전부가 적극적·소극적인 방식으로 공권력에 의해 거부되고 있는가?, 3) 공권력에 의한 급부거부가 헌법적으로 정당화되는가?). 김해원, "급부권적 기본권의 심사구조 - 국회입법부작위를 중심으로 –", 「공법학연구」 제13권 제2호, 2012. 5, 265–285면(1) 잠정적 보호영역을 확인하는 단계, 2) 국가 공권력의 부작위의 정당성을 심사하는 단계(진정입법부작위와 부진정입법부작위로 구분)). 정극원, "헌법재판에서의 사회적 기본권의 심사기준과 그 적용", 「세계헌법연구」 제17권 제2호, 2011, 157–181면(원리모델에 따른 주관적 공권성의 도출, 국가의 기본권보호의무, 평등원칙).

가) 국가 공권력의 행위의무 내지 보호의무 유무 확인

우리나라 헌법재판소는 "입법부작위에 대한 헌법소원은 헌법에서 기본권 보장을 위해 법률에 명시적으로 입법위임을 하였음에도 불구하고 입법자가 이를 이행하지 않고 있는 경우, 또는 헌법해석상 특정인에게 구체적인 기본권이 생겨 이를 보장하기 위한 국가의 행위의무 내지 보호의무가 발생하였음이 명백함에도 불구하고 입법자가 아무런 입법조치를 취하지 아니한 경우에 한하여만 허용된다."[46]고 판시하고 있다.

"'공권력의 주체에게 헌법에서 유래하는 작위의무가 특별히 구체적으로 규정되어'가 의미하는 바는, 첫째, 헌법상 명문으로 공권력 주체의 작위의무가 규정되어 있는 경우, 둘째, 헌법의 해석상 공권력 주체의 작위의무가 도출되는 경우, 셋째, 공권력 주체의 작위의무가 법령에 구체적으로 규정되어 있는 경우 등을 포괄하고 있는 것으로 볼 수 있다."[47]

사회적 기본권의 경우 헌법해석에 의해 국가의 행위의무나 보호의무가 있는지 여부를 확인하는 작업이 필요하다. 헌법재판소 판시이유에서도 설시하고 있듯이, 국가의 행위의무 내지 보호의무가 발생하는 경우는 청구인에게 '헌법해석상 구체적인 기본권이 보장'되는 경우이거나 헌법에서 기본권 보장을 위해 '법률에 명시적으로 입법위임'을 하고 있는 경우이다.

나) 국가 공권력의 행위의무 불이행 여부

국가 공권력이 행위의무를 이행하지 않고 있음을 확인하기는 쉽지 않다. 국가 공권력의 행위의무 불이행 여부는 방어권처럼 국가 공권력에 의한 특정한 기본권 침해행위 자체를 확인하는 것이 아니라, 간접적으로 작위의무의 불이행 상태를 확인해야 한다.[48] 사회적 기본권에 있어서 국가가 부진정입법부

---

46) 헌재 1989. 3. 17. 88헌마1, 판례집 1, 9, 17; 1989. 9. 29. 89헌마13, 판례집 1, 294, 296; 헌재 1994. 12. 29. 89헌마2, 판례집 6-2, 395, 405-406; 1998. 7. 16. 96헌마246, 판례집 10-2, 283, 299; 헌재 2003. 5. 15. 2000헌마192등, 판례집 15-1, 551, 558; 헌재 2003. 6. 26. 2002헌마624; 헌재 2012. 4. 3. 2012헌마223, 1, 2; 헌재 2014. 12. 24. 2014헌마1069, 1, 2; 헌재 2016. 4. 28. 2015헌마1177 등, 판례집 28-1하, 141, 151; 헌재 2016. 7. 26. 2016헌마590, 1, 2.

47) 헌재 2004. 10. 28. 2003헌마898, 판례집 16-2하, 212, 219; 헌재 2011. 8. 30. 2008헌마648, 판례집 23-2상, 417, 433; 헌재 2011. 12. 29. 2009헌마621, 판례집 23-2하, 853, 858.

48) 김해원, "급부권적 기본권의 심사구조 - 국회입법부작위를 중심으로 -", 268면.

작위[49]를 하는 경우가 많은데, 이 경우 입법부작위라는 헌법소원을 제기할 수 없고, 헌법위반이라는 적극적인 헌법소원을 청구할 수 있다.[50]

국가 공권력의 행위의무 불이행의 확인은 사회적 기본권을 보장하는 헌법 규정에 의하여 입법의무가 발생한 지 '상당기간이 경과'하였음에도 입법부작위 상황에 있는 경우 인정될 수 있다.[51]

다) 국가 공권력의 부작위의 정당성 여부

사회적 기본권을 실현해야 할 국가 의무가 존재한다. 헌법해석상 국가의 행위의무 내지 보호의무가 있음에도 불구하고 국가 공권력이 부작위하는 경우, 이러한 부작위가 정당화되는지 여부에 대해 헌법재판적 심사가 이루어진다. 사회적 기본권 관련 심사에서도 자유권적 기본권 심사와 유사하게 '헌법원칙'에 의한 심사가 이루어진다. 사회적 기본권 관련 헌법재판에서 법률유보원칙, 포괄위임입법금지원칙 등 '형식적 헌법심사원칙'[52]과 명확성 원칙,[53] 신뢰보호원칙,[54] 과소보호금지원칙 등 '실질적 헌법심사원칙'을 사용해야 한다. 다만, 사회적 기본권 관련 심사에서는 공권력에 의한 제한 문제가 아니므로, 비례성 원칙(과잉금지원칙)이 사용될 여지는 적다.

---

49) "넓은 의미의 입법부작위에는 입법자가 헌법상 입법의무가 있는 어떤 사항에 관하여 전혀 입법을 하지 아니함으로써 입법행위의 흠결이 있는 경우와 입법자가 어떤 사항에 관하여 입법은 하였으나 그 입법의 내용·범위·절차 등이 당해 사항을 불완전, 불충분 또는 불공정하게 규율함으로써 입법행위에 결함이 있는 경우가 있는데, 일반적으로 전자를 '진정입법부작위', 후자를 '부진정입법부작위'라고 부르고 있다."(헌재 1996. 10. 31. 94헌마204, 공보 18, 648, 651; 헌재 2001. 6. 28. 2000헌마735, 판례집 13-1, 1431, 1437; 헌재 2007. 7. 26. 2006헌마1164, 판례집 19-2, 194, 201; 헌재 2009. 7. 14. 2009헌마349, 공보 제154호, 1524, 1525; 헌재 2012. 2. 23. 2010헌마300, 공보 제185호, 492, 494).

50) "부진정입법부작위의 경우에는 그 불완전한 법규정 자체를 대상으로 하여 그것이 헌법위반이라는 적극적인 헌법소원을 청구할 수 있을 뿐 이를 입법부작위라 하여 헌법소원을 제기할 수 없다."(헌재 1993. 3. 11. 89헌마79, 판례집 5-1, 92, 102; 1996. 6. 13. 93헌마276, 판례집 8-1, 493, 496; 헌재 2003. 5. 15. 2000헌마192 등, 판례집 15-1, 551, 558).

51) 정태호, "원리모델에 의한 사회적 기본권 침해여부의 판단기준 및 심사구조", 560면.

52) 김해원, "수권법률에 대한 수권방식통제로서 포괄위임금지원칙 – 기본권심사를 중심으로 –", 헌법학연구 제21권 제2호, 2015, 167면(형식적 헌법심사의 내용으로는 ① 수권법률(법률정립권자)이 '누구'에게 '어떤 법률하위규범'의 정립을 수권하고 있으며(피수권기관 · 피수권규범 특정에 관한 헌법적 통제), ② 이러한 수권은 '어떤 사항'에 대하여(수권내용에 관한 헌법적 통제), ③ '어떤 방식'으로(수권방식에 관한 헌법적 통제) 행해지는가? 이다).

53) 이부하, "법적 안정성의 의미에서 명확성의 원칙", 「세계헌법연구」 제20권 제1호, 2014. 4, 1면 이하.

54) 이부하, "헌법상 신뢰보호원칙에 대한 고찰", 「한양법학」 제21권 제4집, 2010. 11, 147면 이하; 이부하, "헌법재판소의 신뢰보호원칙 심사기준에 대한 평가", 「법학논고」 제48집, 2014. 11, 145면 이하.

제2절 국가의 기본권보호의무와 과소보호금지원칙

1. 국가의 기본권보호의무

(1) 기본권보호의무의 등장 배경

기본권보호의무론은 독일 연방헌법재판소 판례에 의해 처음으로 이론구성되었다. 기본권보호의무론은 기본권 영역 전반에 중요한 지위를 차지하고 있다.[55] 기본권보호의무란 헌법상 보호되는 기본권적 법익을 제3자인 사인에 의한 위법한 가해나 가해의 위험으로부터 국가가 보호해야 하는 의무를 말한다.[56] 기본권보호의무는 국가와 가해자 및 피해자라는 3각 관계를 중심으로 논의되는 특성을 지니고 있다. 독일 연방헌법재판소 판례에 의하면, 기본권보호의무는 단순히 국가의 지침이나 원칙이 아니라, 국가의 의무라고 한다.[57]

현대 사회에서는 국가에 의한 기본권 침해뿐만 아니라, 사인(私人)에 의한 기본권 가해(加害)가 많아졌다. 가장 빈번하게 발생하는 사건 중 하나는 '낙태'이다. 자기낙태는 임부의 자기결정권과 태아의 생명권이 충돌하는 상황이다. 이러한 사건과 관련하여 형법은 임부의 낙태의 자유를 제한하고 있으며,[58] 만약 낙태를 자유롭게 허용할 경우 태아의 생명권은 침해받게 된다. 이러한 기본권충돌[59]에 있어서 특이한 점은 국가가 기본권을 침해하는 것이 아니라, 임부의 낙태로 태아의 생명권이 침해받은 경우라는 것이다. 이는 전통적인 기본권(방어권) 이론으로 설명하기 어렵다. 과거에 기본권은 국가 공권력의 침해로부

---

55) J. Isensee, Das Grundrecht als Abwehrrecht und als staatliche Schutzpflicht, in: ders./P. Kirchhof (Hrsg.), HdbStR V, 2000, § 111 Rn. 77 ff.; K. Hesse, Grundzüge des Verfassungsrechts der Bundesrepublik Deutschland, 20. Aufl., 1995, Rn. 350; Pieroth/Schlnik, Grundrechte Staatsrecht Ⅱ, 24. Aufl., 2008, Rn. 94 ff.

56) J. Isensee, Das Grundrecht als Abwehrrecht und als staatliche Schutzpflicht, in: ders./P. Kirchhof (Hrsg.), HdbStR V, 2000, § 111 Rn. 151.

57) BVerfGE 39, 1 (42); 46, 160 (164); 49, 89 (140 f.); 53, 30 (57); 56, 54 (73); 77, 170 (214); 79, 174 (201 f.); 88, 203 (251).

58) 헌법재판소는 형법 제269조 제1항 등 위헌소원에서 헌법불합치 결정을 내렸다(헌재 2019. 4. 11. 2017헌바127).

59) 기본권충돌과 기본권보호의무에 관하여는 허완중, "기본권의 대사인적 효력과 기본권보호의무 그리고 기본권충돌의 관계", 헌법논총 제25집, 2014. 11, 1면 이하 참조.

터 국민의 기본권 보장을 위한 국가에 대한 '방어권'으로 이해되었다.[60] 낙태사건처럼 임부(가해자)가 태아(피해자)의 생명에 대해 가해(加害)를 가하는 경우, 태아의 생명권 보호를 위해 국가는 '기본권보호의무'를 지게 된다. 기본권보호의무 발생 상황에서 국가는 기본권 '침해자'로서가 아닌, 기본권 '보호자'로서 기능하게 된다.[61]

먼저 기본권보호의무론이 처음으로 개발된 독일 연방헌법재판소 판례를 살펴본다. 다음으로 기본권보호의무의 헌법적 근거를 고찰해 본다. 또한 기본권의 제3자효와 기본권보호의무와의 관계가 불분명한 상황인데 이를 규명해 보도록 한다. 그 다음으로 기본권보호의무의 구성요건을 상세히 살펴본다. 기본권보호의무의 심사기준으로서 과소보호금지원칙이 어떠한 내용을 담고 있는지 구체적으로 살펴본다.

(2) 독일 연방헌법재판소 판례

1) 제1차 낙태판결

독일 연방헌법재판소는 기본권으로부터 도출되는 국가의 기본권보호의무를 1975년 '낙태 판결'[62]에서 처음으로 인정하였다. 이 판결은 낙태에 대한 처벌 규정에 관한 개정 형법조항 사건이었다. 독일 연방헌법재판소는 구 독일 형법 제218조의 낙태죄 규정(임신기간이나 낙태사유를 불문하고 낙태를 처벌)의 처벌을 완화하여 수정 후 12주 이내에 의사가 임산부의 동의를 받은 경우 낙태를 가능하도록 하는 개정 형법 제218a조(1974년 제5차 개정형법)에 대한 사건에서 모체 내에서 성장하는 태아의 독자적인 기본권을 인정하면서 위헌 결정을 내렸다. 독일 연방헌법재판소는 태아의 생명을 위한 국가의 기본권보호의무를 인간의 존엄 보장(기본법 제1조 제1항)과 관련된 생명권(기본법 제2조 제2항 1문)의 객관법적 내용으로부터 도출해 냈다.[63]

60) BVerfGE 7, 198 (204); 50, 290 (337); 68, 193 (205); Dieter Fabisch, Die unmittelbare Drittwirkung der Grundrechte im Arbeitsrecht, 2010, S. 57; Anette Guckelberger, Die Drittwirkung der Grundrechte, JuS 2003, S. 1151 (1152).

61) 표명환, "기본권보호의무의 이론적 기초", 헌법학연구 제8권 제1호, 2002. 4, 138면 이하; 이부하, "기본권의 사법(私法)에의 효력", 법학논총 제38권 제1호, 2018. 2, 67면.

62) BVerfGE 39, 1 ff.

63) BVerfGE 39, 1 (41); 46, 160 (164).

국가의 기본권보호의무와 관련하여, 독일 기본법 제2조 제2항과 기본법 제1조 제1항은 국가에게 형성 중인 생명을 보호하고 유지하며, 특히 제3자인 사인에 의한 생명권 침해로부터 방어할 것을 요구하고 있다. 형성중인 생명도 독일 기본법 제1조 제2항에서 규정하고 있는 인간 존엄의 보호를 받는다. 모든 인간의 생명은 존엄하며, 어느 정도의 범위까지 국가가 헌법상 생명보호의무를 지는가는 기본권의 객관법적 내용으로부터 도출된다. 이러한 국가의 생명보호의무는 어머니에 의한 침해로부터의 보호도 포함한다.[64]

국가의 기본권보호의무는 국가에 의한 침해뿐만 아니라, 다른 사인에 의한 위법적인 가해로부터의 사인의 기본권 보호도 포함한다. 국가는 어머니를 포함한 다른 사인의 위법적인 가해로부터 이미 기본권 주체인 '태아'(Nasciturus)를 보호해야 한다.[65] 임신 중절과 관련하여, 태아의 생명 침해행위인 낙태가 원칙적으로 위법하다는 결과로 이어진다.[66] 그러나 어머니의 관련 기본권과의 형량에 있어서 어머니의 수인 한계를 고려해야 한다. 이러한 수인 한계는 어머니에게 부담시킬 수 없을 정도로 자신의 삶의 가치에 대한 고귀한 희생을 강요할 경우에 다다른다.[67] 이 경우 어머니에게는 태아의 생명을 구해야 할 법적 의무가 부과되지 않는다. 따라서 독일 연방헌법재판소는 입법자에게 낙태에 대한 처벌에 관한 새로운 형법 개정시에 이러한 관점을 충분히 고려하도록 주의를 환기시켰다.

2) 슐라이어(Schleyer) 납치 판결

테러로부터의 안전보호에 관한 문제이다. 전경련 회장인 슐라이어를 납치한 테러리스트들(납치범들)은 연방정부와 주정부를 상대로 동료들인 기결수와 미결수를 석방하지 않으면 슐라이어를 살해하겠다고 협박하였다. 슐라이어 변호사들은 기결수와 미결수를 석방할 것을 요구하는 가처분을 구하는 헌법재판을 청구하였다.[68]

인질의 생명을 위한 국가의 기본권보호의무를 인정하였음에도 불구하고,

---

64) BVerfGE 39, 1 (42 f.).
65) vgl. BVerfGE 39, 1 (41); 88, 203 (251 ff.).
66) BVerfGE 39, 1 (44); 88, 203 (255).
67) BVerfGE 88, 203 (256 f.).
68) BVerfGE 46, 160 f.–Schleyer

국가기관이 생명의 효과적 보호를 위한 의무를 어떻게 수행할 것인가는 국가기관 고유의 책임으로 다양한 형성의 여지를 열어놓은 것이라고 판시하였다.[69] 즉, 실효적인 생명보호를 위해 어떠한 보호조치가 목적에 적합하고 요구되는가는 국가기관이 결정할 문제라고 하였다. 생명을 위협하는 테러리스트의 협박으로부터 보호를 위해 요구되는 조치가 그러한 특정한 상황에 적합하여야 한다.[70] 이는 일반적으로 미리 규범화되어 있지 않으면 개별규범으로부터 도출하는 것은 불가능하다. 헌법상 관점에서 볼 때, 권한있는 국가기관에 대해 특정한 수단을 선택하라는 요구는 불가능하다고 하여 청구를 기각하였다.

3) 원자력발전소 판결

1978년 8월 8일 Kalkar I 판결[71]과 Mülheim－Kärlich 판결[72]에서 원자력 이용과 관련한 원자력발전소의 안전성에 관한 국가의 기본권보호의무가 논의되었다. Kalkar I 판결에서는 고속증식로형 원자력발전소의 건설인가와 관련한 '핵에너지의 평화적 이용 및 위험방지에 관한 법률'(약칭 '원자력법') 제7조에 정한 인가기준이 보호의무를 충족하는가가 문제되었다.

또한 Mülheim－Kärlich 판결에서는 원자력발전소 건설인가의 실체적 요건은 물론 절차적 요건도 기본권보호의무의 구체화의 전제조건으로서 건설인가가 원자력법에 정한 절차에 위반한 것으로서 그 위반이 헌법상 기본권보호의무를 침해할 정도로 중대한 것인가 여부였다.

Mülheim－Kärlich 판결에서는 기본권보호의무의 헌법적 근거를 기본법 제2조 제2항 1문(생명권)의 '객관법적 내용'으로 본 판례이다.[73] 기본법 제1조 제2항에 근거하여 국가는 법적 규율을 통해 기본권에 대한 침해를 방지할 의무를 지고 있는데, 헌법상 기본권보호의무가 있는지 여부, 언제 발생하는지 여부, 어떠한 내용인지 여부는 발생가능한 위험의 종류, 근접성, 범위 및 헌법적으로 보호되는 법익의 태양과 범위에 달려있다고 한다.[74]

---

69) BVerfGE 46, 160(164 f.).
70) BVerfGE 46, 160(164 f.).
71) BVerfGE 49, 89 ff.－Kalkar I
72) BVerfGE 53, 30 ff.－Mülheim－Kärlich
73) BVerfGE 53, 30(57).
74) BVerfGE 49, 89(142).

4) 항공기소음 판결

1981년 1월 14일 항공기소음 판결[75]에서 헌법해석 과정에서 기본권에 구체화된 근본결단으로부터 추론되는 적극적인 국가의 보호의무와 행위의무가 입법자의 입법조치에 의하여 어느 정도 구체화되어야 하는가는 어려운 문제이며, 이 경우 헌법재판소는 제한적이지만 심사할 수 있으며, 입법자가 기본권보호의무를 위반했느냐 여부가 중요한 것이 아니라, 입법개선의무를 게을리 했는지 여부가 중요하다고 한다.[76] 또한 기본권보호의무와 관련한 입법자의 구체화에 대한 판단은 입법자의 판단을 최대한 존중하여 '명백성 통제' 심사기준을 적용하여야 한다고 한다.[77]

5) 대리상 판결(Handelsvertreter)

포도주와 샴페인을 판매하는 소송상 원고의 대리상으로 근무하면서 대리상 계약에 의거하여 업무상 비밀준수의무와 경업금지의무를 지고 있었으나, 다른 회사로 전직하려다가 원고 회사에 재직하면서 다른 회사를 위해서 활동하던 사실이 원고에게 발각되어 기간의 통지없이 해고당하였다. 이에 관해 연방헌법재판소는 국가는 사적 자치의 범위내에서 이루어지는 계약들을 원칙적으로 존중하여야 한다고 판시하였다.[78] 기본법은 기본권장에서 민법을 포함한 법의 모든 영역에 적용되는 객관적인 근본결단을 내렸다. 어떠한 민법 조항도 기본권에 표현되어 있는 이 원리들을 위반하여서는 아니된다. 이는 사적 자치의 한계를 설정하는 사법상(私法上)의 강행규정에도 적용된다.[79] 입법자가 이러한 강행규정을 제정하지 아니한 경우에는 법관이 기본권보호의무를 진다고 하였다.[80]

---

75) BVerfGE 56, 54(73). – Flughafen Düsseldorf – Lohausen
76) BVerfGE 56, 54(81).
77) BVerfGE 56, 54(81).
78) BVerfGE 81, 242(254).
79) BVerfGE 81, 242(254).
80) BVerfGE 81, 242(256).

(3) 기본권보호의무의 헌법적 근거

1) 주관적 공권으로서의 방어권설

국민은 국가권력이 기본권을 침해하는 경우 국가에 대하여 방어권을 가진다. 동일하게 헌법상 보장된 기본권적 법익이 제3자인 사인에 의해 가해가 발생하여 보호되지 않고 있는 경우, 국민은 기본권에 의하여 국가에 대해 효과적으로 보호해 줄 것을 요청할 수 있다.[81] 독일 연방헌법재판소는 사인에 의해 운영되는 위험원에 의해 다른 국민에게 위해가 발생하는 경우 국가에게 공동책임을 인정하고, 위험원의 허가 처분에 대한 법적 전제조건을 기본권의 방어권에 의한 기준으로 심사하기도 하였다.[82]

2) 객관법적 내용설

국가의 기본권보호의무는 기본권의 '객관적 가치질서'로부터 도출된다는 입장이다. 독일 연방헌법재판소는 제1차 낙태판결[83]에서 태아의 생명보호를 위한 기본권보호의무를 헌법상 생명권(기본법 제2조 제2항 제1문)에서 도출하고, 나아가 "인간의 존엄을 존중하고 보호하는 것은 모든 국가권력의 의무이다."라고 규정한 기본법 제1조 제1항 제2문을 원용하였다. 또한 1993년 5월 28일의 제2차 낙태판결[84]에서도 태아의 생명보호의무를 기본법 제1조 제1항에서 직접 도출하고 있다. 이러한 헌법규정은 기본권보호의무의 헌법상 명문 근거가 되지만, 기본권보호의무는 원칙적으로 기본권의 객관적 가치질서의 결과라고 보고 있다.[85]

독일 연방헌법재판소는 기본권보호의무의 헌법적 근거가 기본권의 '객관적 가치질서'에 있다고 본다. 즉, 기본권보호의무는 기본권의 주관적 성격의 뒷면에 있는 객관법적 내용에서 도출되는 것으로 이해한다.[86] 기본권의 주관적

---

81) J. Schwabe, Probleme der Grundrechtsdogmatik, 2. Aufl. Hamburg, 1997, S. 213.

82) BVerfGE 53, 30 (58).

83) BVerfGE 39, 1 (41).

84) BVerfGE 88, 203 (251).

85) J. Isensee, Das Grundrecht als Abwehrrecht und als staatliche Schutzpflicht, in: ders./P. Kirchhof (Hrsg.), HdbStR V, 2000, § 111 Rn. 77 ff.; Johannes Dietlein, Die Lehre von den grundrechtlichen Schutzpflichten, 1992, S. 51 ff.; C.-W. Canaris, Grundrechte und Privatrecht, 1999; K. Stern, Idee und Elemente eines Systems der Grundrecht, in: J. Isensee/P. Kirchhof (Hrsg.), HdbStR V, 2000, § 109, Rn. 59.

86) BVerfGE 7, 198 ff.; BVerfGE 49, 89 (141 f.). vgl. Wahl, Die objektivrechtliche Dimension der

성격뿐만 아니라, 객관적 성격으로 인해 개별 기본권 주체는 인격적 요소로서 인간의 존엄, 생명, 건강 등의 개인적 법익의 충분한 보호를 요구할 수 있게 되었다.[87]

3) 국가과제로서의 안전(Sicherheit)설

국가의 과제는 한편에서는 기본권 주체의 주관적인 보호요구를 충족시켜주고, 다른 한편에서는 기본권의 객관적인 보호요구를 충족시킴과 동시에 국가공동체의 존속으로서의 안전(安全)을 수호하는데 있다.[88] 국가과제로서의 '안전'이란 공포라는 객관적인 원인으로부터의 자유(탈피)를 말한다.[89] 안전이란 기본권적 보호법익을 다른 시민과의 관계에서 침해받지 않는 상태이며, 이를 방어권으로 유추해석하면, 기본권주체가 다른 사람의 침해로부터 자유인 상태이다.[90] 이러한 안전은 헌법상 실정화될 필요는 없으며, 실질적 헌법의 본질적 구성요소라고 한다.[91]

4) 인간의 존엄에 대한 존중과 보호설

기본권보호의무는 헌법상 명문으로 규정되어 있다는 입장이다. 우리 헌법 제10조 제2문에는 "국가는 개인이 가지는 불가침의 기본적 인권을 확인하고 이를 보장할 의무를 진다."고 규정하고 있다. 헌법에 규정된 '보장할 의무'란 국가에 의한 인간의 존엄 등 기본권 침해에 대한 보장뿐만 아니라, 사인인 제3자에 의한 기본권적 법익에 대한 가해를 국가가 보호하라는 헌법적 명령이라는 것이다.[92] 논란이 되는 것은 헌법 제10조는 인간의 존엄과 가치에 관련된 조항이므로, 인간의 존엄과 관련하여서만 국가의 기본권보호의무가 부과되는지 여부이다.[93] 이에 관해 기본권의 객관법적 내용에 근거를 둔 기본권보호의

Grundrechte im internationalen Vergleich, in: HdbGR I § 19 Rn. 2 ff., 5 f.

87) E. Klein, Grundrechtliche Schutzpflichten des Staates, NJW 1989, S. 1633 (1636).

88) J. Isensee, Das Grundrecht als Abwehrrecht und als staatliche Schutzpflicht, in: ders./P. Kirchhof (Hrsg.), HdbStR V, 2000, § 111 Rn. 137.

89) J. Isensee, HdbStR V, 2000, § 111 Rn. 147.

90) J. Isensee, HdbStR V, 2000, § 111 Rn. 84.

91) J. Isensee, HdbStR V, 2000, § 111 Rn. 83.

92) Bleckmann, Staatsrecht Ⅱ, § 11 Rn. 2.

93) J. Dietlein, Die Lehre von den grundrechtlichen Schutzpflichten, 1992, S. 66 f.; J. Isensee, HdbStR V, 2000, § 111 Rn. 80.

무는 인간의 존엄뿐만 아니라, 개별적 기본권에도 동일한 논거로 국가에게 기본권보호의무가 부과된다는 것이다.

5) 평가

객관법적 내용설을 비판하는 로버스(Robbers) 교수는 객관법의 과제는 개인의 자유영역과 권리를 부여하는 데 그 중점이 있는 것이 아니라, 오히려 개인의 자유영역을 타인의 자유영역에 귀속시키는 데 있다고 한다.[94] 결국 객관법이 주관적 권리를 형성하는 것이 아니라, 반대로 주관적 권리가 객관법을 형성한다는 것이다.[95] 로버스(Robbers) 교수에 의하면, 주관적 권리에 대한 객관법의 우위이론은 외형적인 약점을 지니고 있다고 한다. 왜냐하면, 개인의 자유영역과 관련하여 주관적 권리가 객관법에 의해 부여된다고 주장하는 한, 결국에는 주관적 권리가 개인의 자유영역을 비로소 형성한다는 것에 귀결된다. 따라서 개인의 자유영역이 객관법에 의해 우선적으로 확정되어야 한다는 법규정은 없고, 객관법의 '비지위'(Nicht-Status)는 입법자의 입법영역을 벗어난 것이라고 한다.

그에 반해 객관법설에서는 주관적 권리설이 주장하는 제3자인 사인에 의한 기본권적 보호이익의 가해는 금지되지 않은 것이므로, 국가가 금지되지 않은 사인의 가해행위를 법적으로 허용하는 결과가 된다고 비판한다. 즉, 국가가 제3자인 사인의 기본권적 보호법익에 대한 가해를 인정하는 결과가 되고, 기본권적 보호법익의 피해자에게는 가해행위에 대한 수인의무를 부과하는 결과가 된다.[96] 또한 기본권의 내용으로서 '방어권'은 국가의 침해로부터 기본권규정을 통해 보호되는 주관적인 법적 지위로서 국가에게 '부작위'를 요구하는 '기본권적 불가침의무'인 반면, 기본권보호의무는 국가의 적극적인 '작위'를 요구하는 '국가의 보호의무'로서 양자가 구별됨을 간과하고 있다고 한다.[97]

안전에서 기본권보호의무의 헌법적 근거를 구하는 견해가 있다(J. Isensee). 국가에게 일반적인 평화와 안전을 보장할 의무가 부여되는 것과 특별히 사인

94) Robbers, Sicherheit als Menschenrecht, S. 148.
95) Robbers, Sicherheit als Menschenrecht, S. 153.
96) J. Schwabe, Probleme der Grundrechtsdogmatik, S. 214.
97) G. Hermes, Das Grundrecht auf Schutz von Leben und Gesundheit, S. 208 ff.

인 제3자에 의해 기본권적 가해를 받은 사인에 대해 국가의 기본권보호의무가 발동되고 사인은 국가에 대해 보호청구권을 주장할 수 있다는 것과는 거리가 있다. 안전권이 헌법상 기본권으로 인정될 수 있는지 여부는 신중히 고려되어야 할 문제이지만, 기본권보호의무의 헌법적 근거를 '안전'이라는 불문(不文)의 개념에서 구하는 것은 위험성이 크다는 것이다.

우리나라 헌법 제10조 제2문의 "국가는 개인이 가지는 불가침의 기본적 인권을 확인하고 이를 보장할 의무를 진다."는 규정에서 기본권보호의무의 헌법적 근거를 구하는 입장이 있다. 그러나 헌법 제10조 제2문은 기본권 '보장'의 헌법적 근거는 되지만, 기본권보호의무의 헌법적 근거 조항은 되지 않는다.[98] 국가가 기본권을 보장할 의무와 기본권보호의무는 기본권 침해(가해) 주체가 다를 뿐만 아니라, 그 헌법적 구조도 상이하다. 따라서 기본권보호의무의 헌법적 근거는 기본권의 객관법적 내용에서 도출하는 것이 타당하다.

(4) 기본권의 제3자효와 기본권보호의무와의 관계

1) 기본권의 제3자효와 기본권보호의무와의 공통점과 차이점

기본권보호의무는 가해자와 피해자 및 국가라는 3각 관계를 중심으로 논의되는 특성을 지닌다.[99] 이에 반해 기본권의 제3자효는 기본권이 사인 상호간의 관계에 작용하는 효력을 말한다. 또한 기본권의 제3자효는 사법(私法) 분야에서 주로 발생하지만, 기본권보호의무는 자유권적 기본권적 보호법익과 관련하여 모든 법률에 있어서 입법자에게 요구되는 것이다. 그리고 기본권의 제3자효는 사법부(司法府)에 있어서 중요한 책임을 부과하지만, 기본권보호의무는 일차적으로 입법자에게 의무를 부과하고 있다.

그러나 양자는 사인이 다른 사인의 기본권을 가해하는 문제로서 발생하고, 기본권의 객관법적 내용으로부터 도출된다는 공통점이 있다. 기본권의 제3자효는 사인 대(對) 사인의 관계에서 기본권의 효력을 다투는 문제이며, 기본권보호의무는 기본권가해자가 기본권피해자의 기본권적 법익을 가해한다는 면

---

98) 서경석, "국가의 기본권보호의무 비판", 「헌법학연구」 제9권 제3호, 한국헌법학회, 2003, 394~395면.

99) J. Isensee, Das Grundrecht als Abwehrrecht und als staatliche Schutzpflicht, in: ders./P. Kirchhof (Hrsg.), HdbStR V, 2000, § 111 Rn. 151. 또한 이에 관한 논문으로는 이부하, "헌법영역에서 기본권보호의무", 「공법학연구」 제8권 제3호, 한국비교공법학회, 2007. 8, 121면 이하.

에서 사인과 사인의 문제로 이해된다. 따라서 양자는 표면적으로는 국가 대 사인의 관계이지만, 실제로는 사인 대(對) 사인의 문제라는 점에서 공통점이 있다.[100)]

2) 기본권의 제3자효와 기본권보호의무의 상관관계

기본권보호의무와 기본권의 제3자효 간의 밀접한 관계로 인해 양자의 관계를 긍정하는 견해와 양자의 관계를 부정하는 견해가 존재한다.[101)]

① 상관관계 부정설

사법(司法)절차를 통하여 사인 간의 법률관계가 사인과 법관 간의 법률관계로 전환되므로, 기본권보호의무는 기본권의 제3자효와 구별된다고 한다.[102)] 기본권의 제3자효와 관련하여 법관이 사인들간의 법률관계에 대한 재판을 할 때, 기본권을 고려해야 하는지 또한 고려해야 하는 경우 어느 범위까지 고려해야 하는지가 실질적으로 문제된다. 국가의 기본권보호의무의 내용은 사인 간의 관계에 기본권을 적용함으로써 확정되고, 이러한 범위에서 사인 간의 법률관계와 법관과 사인 간의 법률관계는 엄격하게 구별된다.

기본권의 제3자효는 사법관계 내부에서 기본권의 효력 문제이지만, 기본권보호의무는 기본권가해자와 기본권피해자 사인들 각각의 대국가적 효력 문제이므로 구별할 수 있다고 한다.[103)] 기본권보호의무와 관련된 기본권보호(保護)관계나 기본권가해(加害)관계는 기본권의 제3자효 이론과 전혀 다르다. 기본권의 제3자효 문제는 직접적이건 간접적이건 간에 사인 간의 기본권효력에 관한 문제라는 점이다. 즉, 기본권의 제3자효 문제는 사인 상호 간의 관계에서도 기본권의 효력이 미칠 수 있는지 그리고 있다면 어떻게 효력을 미치는지에 관한 문제이다. 이에 반해 기본권보호의무나 그에 상응하는 권리로서 나타나는 보호청구권은 국가를 수신인으로 하는 국가와 국민간의 관계에서의 권리를 말한다.[104)]

---

100) J. Isensee, Das Grundrecht als Abwehrrecht und als staatliche Schutzpflicht, § 111 Rn. 134 f.

101) 이에 관한 선행연구로는 장영철, “기본권의 제3자적 효력과 기본권보호의무”, 「공법연구」 제29집 제2호, 한국비교공법학회, 2001. 2, 164면 이하 참조.

102) A. Bleckmann, Neue Aspekte der Drittwirkung der Grundrechte, DVBl. 1988, S. 939 f.

103) J. Isensee, Das Grundrecht als Abwehrrecht und als staatliche Schutzpflicht, in: ders./P. Kirchhof (Hrsg.), HdbStR V, 2000, § 135.

기본권의 제3자효와 관련된 판례에서 기본권보호의무는 중요한 역할을 담당하지 못하고 있다. 실제 사건에서 기본권보호의무와 간접적인 기본권의 제3자효 양자가 서로 경합하는 경우는 발생하지 않는다. 기본권보호의무는 간접적인 기본권의 제3자효의 메카니즘, 즉 사법(私法)상 일반조항의 구체화 및 적용시 사법(私法)의 기본권 기속성과 관련이 있다. 그러나 기본권보호의무는 간접적인 기본권 기속을 대체하거나 간접적인 기본권 기속의 지위를 설명하는 근거로서 활용될 수 없다. 오히려 기본권보호의무는 간접적인 기본권 기속을 통해 그 지위가 박탈될 수도 있다.[105] 기본권보호의무는 국가에게 의무를 부과하는 것이다.[106] 기본권보호의무는 기본권주체가 기본권규범에 기속된다는 의미에서 기본권의 제3자효와 동일하지 않다. 기본권보호의무는 사인에게 다른 사인의 기본권을 보호하라고 요구하지 않는다. 오히려 국가는 민사법원을 통해 사회적 권력에게 다른 사인을 보호하도록 한다. 기본권보호의무는 기본권의 제3자효의 특징을 지니고 있지 않으며, 기본권과 사법(私法)의 관계라는 특징을 지니고 있지도 않다. 기본권의 제3자효와는 달리, 기본권보호의무는 집행권자뿐만 아니라 특히 입법자와 밀접한 관련이 있다. 기본권의 제3자효를 적용하는 경우, 기본권의 제3자효는 기본권보호의무를 전제로 하는 것이 아니라, 양자는 조화로운 공존상태에 있다고 할 수 있다.[107]

② 상관관계 긍정설

기본권보호의무는 기본권의 제3자효의 법해석적 논거에 있어서 흠결을 보충해주고 '법해석적 근거'[108] 내지 '안전장치'[109]를 제공한다. 기본권의 제3자효에 의하면, 국가의 침해에 대한 방어권으로는 사인의 기본권 가해 문제를 해결할 수 없게 된다. 따라서 기본권의 '방사효'(放射效)로서 이 문제를 해결하려는 것이다. 그런데 이러한 경우 기본권보호의무에 의하면 사인에 의한 기본권

104) 이승우, "국가의 기본권보호의무", 「현대공법과 개인의 권익보호」, 균재 양승두교수 화갑기념논문집 [I], 홍문사, 1994, 1164~1166면.
105) R. Poscher, Grundrechte als Abwehrrechte, S. 267.
106) H. H. Klein, Die grundrechtliche Schutzpflicht, DVBl. 1994, S. 490 f.
107) R. Poscher, Grundrechte als Abwehrrechte, S. 267 f.
108) C.-W. Canaris, Grundrechte und Privatrecht, AcP 184, S. 201 (225).
109) M. Ruffert, Vorrang der Verfassung und Eigenständigkeit des Privatrechts, Tübingen 2001, S. 252.

적 법익의 침해에 대해서 기본권의 방어권으로서 주장할 필요없이 기본권보호의무로서 당연히 기본권의 보호를 받을 수 있게 된다. 즉, 기본권피해자인 사인(私人)은 국가에 대하여 자신의 기본권적 법익에 대한 가해에 대해 보호청구권을 행사할 수 있다. 특히 입법자는 기본권보호입법을 효과적으로 제정함으로써 사적 자치에서 발생하는 기본권적 법익에 대한 위험에 대처해야 할 의무가 있다.[110] 카나리스(Canaris)는 기본권보호의무를 "사법(私法) 주체의 활동에 대한 기본권의 간접적 영향을 해명하고 방사효라는 불확실한 개념보다는 확고한 이론적 토대를 제공하는 잃어버렸던 연결고리"라고 하였다.[111]

또한 사인간의 사법(私法)관계에서 기본권의 가해가 발생하면, 기본권보호의무는 기본권의 제3자효로 나타난다고 한다. 기본권보호의무는 기본권주체의 지위를 제3자인 사인이 가해시에도 국가가 보호해야 하는 의무로 이해하고, 기본권보호의무는 모든 법영역에서 실현되므로 당연히 사적 주체 상호간에도 적용되어야 한다고 한다. 즉, 기본권보호의무를 지는 법관이 사법의 일반조항 내지 불확정개념을 통해 기본권을 적용하므로, 기본권이 사인 상호간에도 간접적으로 효력이 미친다고 한다.[112]

사법관계에서 일차적으로 기본권보호의무를 이행하여야 하는 주체는 입법자이고, 법원은 사법(私法)을 해석하고 적용할 때에 사법관계에 미치는 기본권의 영향을 반영함으로써 보호의무를 이행하여야 한다. 기본권의 제3자효 문제는 사법(私法)을 해석·적용하는 법관의 보호의무 준수 문제이다. 입법자가 사법(私法)상 일반조항이나 불확정개념을 사용한 경우에는 법원은 구체적인 사법(司法)적 분쟁의 해결과정에서 이 사법(私法) 조항의 해석과 적용을 통해, 또한 보호입법이 불완전하게 제정된 경우에는 그 법률을 헌법재판소에 헌법소원심판을 통해 그 성질상 법률유보원칙을 적용할 수 없거나 보호규정이 전혀 없는 경우에는 직접 기본권에 의거하여 기본권의 의미를 반영함으로써 관련 기본권적 법익의 보호를 해야 한다.[113] 이 경우 기본권은 원칙적으로 입법자가

110) C.-W. Canaris, Grundrechte und Privatrecht, AcP 184, S. 201 (227).

111) C.-W. Canaris, Grundrechtswirkungen und Verhältnismäßigkeitsprinzip in der richterlichen Anwendung und Fortbildung des Privatrechts, JuS 1989, S. 161 (163).

112) K. Stern, Das Staatsrecht, Bd. Ⅲ/1, 1988, S. 1572.

113) 정태호, "기본권보호의무", 「인권과 정의」 제252호, 대한변호사협회, 1997. 8, 108면.

제정한 사법(私法)을 매개로 하여 기본권보호의무의 형태로 사인 상호 간의 관계에 영향을 미치므로, 기본권이 사인들의 사법관계에 제3자적 효력을 미치는 것으로 볼 수 있다.[114]

구체적 헌법규범과 구체적 생활상황에 따라 개별적으로 특정되는 개인간의 기본권의 효력방식과 별개로 기본권의 제3자효는 기본권 내용의 일부와 관련되므로, 기본권의 제3자효는 국가에게 기본권이 규정된 절차법과 조직법을 포함한 의무상황을 불완전하게 지시할 수 있다고 한다. 제한적이지만 기본권의 제3자적 효력은 기본권적 법익의 불가침을 존중하여야 하는 의무와 관련이 있고, 기본권의 제3자효는 다른 기본권주체의 기본권적 법익과 비례하여 존재하므로 기본권적 법익의 형량과 귀속이 필요하다. 이러한 귀속은 국가에 대한 관계뿐만 아니라 사인간의 관계에서도 발생하며, 입법자의 형성 여부와 관계없이 법적으로 체계화되므로 이미 기본권은 사인간에도 효력을 미친다. 법관을 비롯한 국가기관이 사인의 법관계를 적용하면 이는 기본권보호의무와 관련이 있게 된다. 사인이 국가에 대해 기본권보호를 청구하는 보호청구권이 있다는 것은 기본권의 제3자적 효력을 부정할 수 없는 간접적 증거이다.[115]

③ 소결

기본권의 제3자효와 기본권보호의무와의 관계에 대해 긍정하는 입장과 부정하는 입장이 있다.[116] 기본권보호의무는 기본권의 제3자효와 구별된다고 볼 수 있다. 기본권의 제3자효는 사인 간의 사법(私法) 관계에 기본권의 효력이 미치는지의 문제인 대사인적 효력의 문제인 반면, 기본권보호의무는 기본권가해자와 기본권피해자 간 법적 문제에서 대국가적 효력의 문제이다.[117] 기본권의 제3자효 문제는 법원이 사인 간의 법률관계에 관한 재판에 있어서 기본권을 고려해야 한다는 것이다. 그러나 기본권보호의무는 사인 간의 법률관계와 관련되지만, 민사법 관계에 국한되지 않는다. 즉, 기본권의 제3자효는 법관이 사

114) 정태호, 위의 논문, 108면.

115) G. Robbers, Sicherheit als Menschenrecht, 1987, S. 201 ff.

116) 이에 관해서는 장영철, "기본권의 제3자적 효력과 기본권보호의무", 「공법연구」 제29집 제2호, 2001, 164면 이하; 허완중, "기본권의 대사인적 효력과 기본권보호의무 그리고 기본권충돌의 관계", 「헌법논총」 제25집, 2014, 5면 이하.

117) Isensee, (Fn. 4), § 191.

인 간의 법률관계 해석·적용시 기본권을 고려해야 하는 문제임에 반해, 기본권보호의무는 우선적으로 사인과 사인 간의 기본권 가해시 입법자의 기본권보호 문제이다.

기본권의 제3자효는 기본권의 '방사효'와 관련하여 기본권의 효력이 국민 대 국가의 관계뿐만 아니라, 국민(사인) 대 국민(사인)의 관계에도 미치게 하려는 것이다. 그러나 기본권의 제3자효의 인정은 사법(私法)의 대원칙인 '사적 자치'와 종종 충돌한다. 이러한 충돌 문제를 해결하기 위해 통설은 기본권의 간접적인 제3자효가 주장되는 것이다. 이에 반해 기본권보호의무는 사적 자치와 무관하며 기본권의 효력을 사인에게 미치려는 것에 중점이 있는 것이 아니라, 기본권 가해를 받는 국민의 '기본권 보호'에 중점이 있다. 따라서 기본권보호의무에서는 적절하고 효율적인 기본권 보호 입법이 중요하다. 또한 기본권의 제3자효의 적용영역은 재산권 분야가 많음에 반해, 기본권보호의무의 적용영역은 생명이나 신체 등의 중요한 기본권적 법익이 많다.

기본권의 제3자효는 사인 간 힘의 불평등 관계에서 법원이 기본권의 효력을 사인 간에도 미치게 할 것인지의 문제인 반면, 기본권보호의무는 사인인 기본권가해자의 피해자의 기본권에 대한 위법한 가해나 가해의 위험을 국가가 보호해야 하는 의무를 지는 것이다.[118] 즉, 기본권보호의무에서 도출되는 보호청구권은 국가가 보호자의 지위에서 국가와 국민 간의 관계에서 기본권이다.[119] 기본권의 제3자효는 우선적으로 '법원'에게 사법(私法)상 일반조항의 해석과 적용시 기본권을 고려하라는 명령임에 반해, 기본권보호의무는 우선적으로 '입법자'[120]에게 기본권가해자에 의한 기본권피해자의 기본권 가해시 최소수준 이상의 과소보호에 합당한 '적절하고 효율적'인 보호조치를 취하라고 의무지우는 것이다.[121]

---

118) 이부하, "국가의 기본권보호의무와 과소보호금지원칙", 「법학연구」 제17집 제2호, 2014, 47면.
119) 이승우, "국가의 기본권보호의무", 「현대공법과 개인의 권익보호」, 균재 양승두교수 화갑기념논문집 [I], 홍문사, 1994, 1164~1166면.
120) R. Poscher, (Fn. 52), S. 267 f.
121) 이부하, "생명에 대한 기본권보호의무와 과소보호금지원칙", 「동아법학」 제62호, 2014, 12면.

(5) 주관적 보호청구권 인정 여부

기본권보호의무와 관련하여, 국민의 주관적 보호청구권이 인정될 수 있는지가 논의되고 있다. 일부 견해에 의하면, 기본권보호의무의 수행은 1차적으로 입법자의 정치적 책임하에 있기 때문에 헌법적인 주관적 보호청구권은 인정될 수 없다고 한다.[122] 이에 반해, 국가기관은 기본권보호의무를 수행함에 있어서 국가의 보호조치에 대한 광범위한 재량을 가지고 있지만, 입법권, 행정권, 사법권은 기본권에 기속되기 때문에 주관적 보호청구권은 인정된다는 것이 통설이다.[123] 주관화를 통해 기본권보호의무가 실현될 수 있다고 판단하여, 주관적 청구권을 입증하기 위해 헌법상 개인의 자율성과 자기책임의 원칙을 논하기도 한다.[124] 그런데 국가적 침해뿐만 아니라 비국가적(사인의) 가해에 대해서도 효율적으로 기본권을 보호해야 하는 기본권보호의무의 취지를 감안할 때, 기본권 보호기능이 아니라 기본권의 방어권적 성격을 부각시키는 것은 설득력이 떨어진다.[125]

이슨제(J. Isensee) 교수의 견해에 의하면, 기본권보호의무는 객관적인 국가과제에 해당된다. 이러한 국가과제의 대상은 개인적 법익이므로, 객관적인 국가과제로부터 구체적인 위험에 처한 기본권 주체의 주관적인 보호청구권을 인정할 수 있다는 것이다.[126]

생각건대, 헌법상 국가의 기본권보호의무가 인정되면 그로부터 주관적 보호청구권은 인정될 수 있다. 기본권보호의무의 수행은 '법률'에 의해 구체화되지만, 주관적 보호청구권은 '헌법'에 의해 직접 인정되게 된다.[127] 국가의 기본권보호의무의 헌법상 인정은 그에 상응하는 국민의 주관적 보호청구권[128]을 도출시킨다.[129] 주관적 보호청구권의 인정 여부는, 구체적인 위험상황에서 국

---

122) H. H. Klein, Die grundrechtliche Schutzpflicht, DVBl. 1994, S. 489 (494 f.); K. Stern, Die Schutzpflichtenfunktion der Grundrechte: Eine juristische Entdeckung, DÖV 2010, S. 241 (247).

123) J. Isensee, Das Grundrecht als Abwehrrecht und als staatliche Schutzpflicht, in: ders./P. Kirchhof (Hrsg.), HStR V, 2000, § 111, Rn. 184 f.

124) A. Pietrzak, Die Schutzpflicht im verfassungsrechtlichen Kontext - Überblick und neue Aspekte, JuS 1994, S. 748 (752); Brüning/Helios, Die verfassungsprozessuale Durchsetzung grundrechtlicher Schutzpflichten am Beispiel des Internets, Jura 2001, S. 155 (160).

125) C. Calliess, Die grundrechtliche Schutzpflicht im mehrpoligen Verfassungs rechtsverhältnis, JZ 2006, S. 321 (328).

126) J. Isensee, Das Grundrecht als Abwehrrecht und als staatliche Schutzpflicht, § 111, Rn. 84.

127) 표명환, "기본권보호청구권의 구조와 체계에 관한 고찰", 법학연구 제45집, 2012. 2, 35면.

128) 주관적 '보호청구권'에 관하여는 김명재, "독일헌법상의 보호청구권", 법률행정논총 제19집, 1999, 87면 이하.

가의 부작위가 개인의 기본권적 지위를 침해하여 특별한 보호필요성이 있는가의 문제로 귀결된다. 기본권보호의무를 지닌 국가기관은 현재의 판단상황에서 결정재량의 범위와 정도를 넘어서서 기본권 가해가 심각하여 피해자의 수인가능성을 넘어서는 경우, 국민의 주관적 보호청구권은 인정된다.

(6) 기본권보호의무의 구성요건

'기본권보호의무'란 헌법에 의하여 보호되는 기본권적 법익에 대해 사인인 제3자에 의한 위법한 가해나 가해의 위험으로부터 보호해야 하는 국가의 의무를 말한다. 따라서 기본권보호의무가 발생하기 위해서는 ① 헌법에 의해 보호되는 기본권적 법익에 대해 ② 사인인 제3자가 ③ 위법한 가해나 가해의 위험[130]을 주는 경우여야 한다.

1) 기본권보호의무의 보호법익

독일 헌법학계의 통설에 의하면, 기본권보호의무는 모든 영역에 발생하는 것이 아니다. 특히 '외교적 보호'(diplomatic protection)의 경우는 제외된다.[131] 자연재해의 경우에는 국가의 기본권보호의무가 발생하는지 여부에 대해 찬반이 나뉘어 있다. 자연재해의 경우에도 국가는 기본권보호의무를 진다는 견해가 있다.[132] 그 이유는 경찰법에서와 같이 제3자인 사인이 유발하지 않은 위험에 대해서도 기본권보호의무의 범위를 확대해야 한다는 것이다.[133] 이에 반해 자연재해에 대해서는 국가의 기본권보호의무가 발생하지 않는다는 견해가 있다.[134] 그 이유는 기본권보호의무에서의 사인의 가해는 국가의 기본권 제한(침

129) 송석윤, "기본권으로서의 안전권에 관한 시론적 연구", 이화여대 법학논집 제8권 제1호, 2004, 24면; 이부하, "보장국가에서 국민의 안전보호와 관련한 헌법이론", 헌법학연구 제22권 제1호, 2016. 3, 228면.

130) 위험(Gefahr)는 사태의 진행을 저지하지 아니하면 법익에 대한 손상이 발생한 충분한 개연성이 있는, 법적으로 허용되지 않는 상태를 말하고, 위해(Risiko)는 개연성의 고저나 불법성을 막론하고 법익 손상의 대한 모든 가능성을 뜻한다.

131) J. Isensee, Das Grundrecht als Abwehrrecht und als staatliche Schutzpflicht, in: ders./P. Kirchhof (Hrsg.), HStR V, 2000, § 111, Rn. 79, 89, 120 ff.; H. H. Klein, Die grundrechtliche Schutzpflicht, DVBl. 1994, S. 489 (490); G. Hermes, Das Grundrecht auf Schutz von Leben und Gesundheit, 1987, S. 74, 231.

132) J. Dietlein, Die Lehre von den grundrechtlichen Schutzpflichten, 2005, S. 103; P. Unruh, Zur Dogmatik der grundrechtlichen Schutzpflichten, 1996, S. 76; 정혜영, "방어권과 기본권보호의무", 아주법학 제7권 제4호, 2014. 2, 142면.

133) H.-J. Koch, Die Verwaltung 30 (1997), S. 1 (13); B. Holznagel, DVBl. 1997, S. 393 (396); J. Dietlein, Die Lehre von den grundrechtlichen Schutzpflichten, S. 103.

134) J. Isensee, Das Grundrecht als Abwehrrecht und als staatliche Schutzpflicht, in: ders./P. Kirchhof (Hrsg.),

입)에 상응하는 것이어야 한다는 것이다.[135] 자연재해의 경우에는 위험 원인이 기본권 주체의 책임 영역과 관련이 없다는 것이다.[136]

독일 연방헌법재판소 판결에 의하면, 기본권보호의무의 보호법익은 생명,[137] 건강,[138] 인간의 존엄,[139] 신체의 자유,[140] 재산권,[141] 직업의 자유,[142] 단체행동권[143] 등 자유권적 기본권의 법익들이다. 기본권보호의무는 사인의 가해 또는 가해의 위험으로부터 기존의 법익을 보호하려는 것이기 때문에, 사회적 기본권의 법익은 그 대상에서 제외된다. 사회적 기본권은 생존에 필요한 재화의 정의로운 분배를 통한 자유의 보장을 목표로 하기 때문이다.[144] 또한 사회적 기본권의 구조와 목적을 고려할 때, 사회적 기본권에는 기본권보호의무가 발생하기에 부적합하다. 기본권보호의무는 가해자(사인)－국가－피해자(사인)이라는 3각 관계를 전제로 함에 반하여, 사회적 기본권은 사인과 국가라는 양면관계의 구조를 지니고 있다.[145] 우리나라 헌법재판소는 기본권보호의무 관련 사건에서 '생명',[146] '생명·신체'[147]를 기본권보호의무의 보호법익으로 한정하고 있다. 반면, 헌법재판소는 '재산권'은 기본권보호의무와 관련이 없는

HStR V, 2000, § 111, Rn. 112; G. Hermes, Das Grundrecht auf Schutz von Leben und Gesundheit, 1987, S. 231; Th. Langner, Die Problematik der Geltung der Grundrechte zwischen Privaten, 1998, S. 111.

135) G. Hermes, Das Grundrecht auf Schutz von Leben und Gesundheit, S. 232.

136) J. Isensee, Das Grundrecht als Abwehrrecht und als staatliche Schutzpflicht, Rn. 112.

137) BVerfGE 39, 1 (42 ff.); 88, 203 ff.

138) BVerfGE 56, 54 (73); 79, 174 (201 f.); 85, 191 (212).

139) BVerfGE 64, 261 (275).

140) BVerfGE 49, 304 (319 f.).

141) BVerfGE 49, 89 (143); BVerfG, 1 BvR 80/95 vom 26. 7. 2005.

142) BVerfGE 81, 242 (243).

143) BVerfGE 84, 212 (226 f.).

144) 허완중, "기본적 인권을 확인하고 보장할 국가의 의무", 저스티스 통권 제115호, 2010. 2, 88면.

145) 정태호, "기본권보호의무", 인권과 정의 제252호, 1997. 8, 87면; 이부하, "생명에 대한 기본권보호의무와 과소보호금지원칙", 동아법학 제62호, 2014. 2, 4면.

146) 헌재 2008. 7. 31. 2004헌바81, 판례집 20－2상, 91, 104 ("국가가 생명을 보호하는 입법적 조치를 취함에 있어")

147) 헌재 2016. 10. 27. 2012헌마121, 판례집 28－2상, 654, 666("국민의 생명·신체의 안전을 보호할 의무를 진다"); 헌재 2016. 10. 27. 2015헌바358, 판례집 28－2상, 609, 622("국민의 생명·신체의 안전을 보호하기 위하여 필요한 최소한의 보호조치를 취하지 아니한 것이라고 보기는 어렵다."); 헌재 2015. 10. 21. 2012헌마89 등, 판례집 27－2하, 84, 95("일반 국민의 생명·신체의 안전을 보호하기 위한 위험방지 조치로서 이에 대하여는 국가가 기본권보호의무를 위반한 것인지가 문제"); 헌재 2011. 2. 24. 2008헌바40, 판례집 23－1상, 1, 6("개인의 생명이나 신체의 훼손에서 문제"); 헌재 2008. 7. 31. 2006헌마711, 판례집 20－2상, 345, 359("청구인의 생명·신체의 기본권적 법익 침해").

것으로 판단하고 있다.[148]

사견(私見)으로 기본권보호의무의 보호법익은 생명권 및 신체의 자유 등에 한정해야 한다고 생각한다. 그 근거로는 첫째, 기본권보호의무에서 말하는 사인의 위법한 가해는 현재의 가해 내지 급박한 가해를 의미한다. 자유권적 기본권 중 급박하고 현재의 가해를 유발하는 생명이나 신체의 자유로 한정함이 타당해 보인다. 둘째, 국가의 개입 보다 사회적 자기규율이 원칙적으로 우선해야 하므로,[149] 극히 제한된 기본권 보호법익에 대해, 국가가 기본권보호의무를 부담하게 해야 한다. 다른 기본권들은 기존의 권리구제절차를 밟을 기대가능성이 존재하지만, 사인에 의한 국민의 생명권이나 신체의 자유에 대한 위법한 가해에 있어서는 기본권보호의무를 발동할 필요가 있다. 셋째, 국가의 적절하고 효율적인 보호조치를 요구하는 기본권보호의무는 광범위하게 인정하기 보다는 제한된 법익으로 인정함이 타당해 보인다. 이에는 생명권 및 신체의 자유 등이 적절하다.[150]

2) 사인인 제3자의 가해

가해자(사인인 제3자)가 피해자인 다른 사인의 기본권적 법익에 가해를 주거나 가해할 위험이 있는 경우 국가의 기본권보호의무가 발동하게 된다.[151] 사인인 가해자, 사인인 피해자 및 기본권보호의무를 부담하는 국가라는 기본권보호의무의 3각 관계가 형성된다.[152] 이 상황에서 국가는 한편으로는 가해자의 가해로부터 피해자의 자유 영역을 보호해 주어야 하고, 다른 한편으로는 국가의 보호행위로 인해 가해자의 자유 영역을 과도하지 않게 제한해야 한다.[153]

사인에 의한 가해가 아닌 자연재해, 외교적 보호, 국가나 외국의 공권력에 의한 침해 등은 기본권보호의무에서 말하는 가해자의 가해가 될 수 없다.[154]

---

148) "청구인은 국가의 기본권 보호의무에 관한 과소보호금지원칙 위반도 주장하고 있으나, 이는 재산권의 주체가 사회적 약자인 경우 과잉금지원칙 중 피해의 최소성 문제에 포섭된다고 할 것이다."(헌재 2011. 11. 24. 2009헌바320, 판례집 23-2하, 246, 252).

149) C.-W. Canaris, Grundrechte und Privatrecht, de Gruyter, Berlin und New York, 1999, S. 47.

150) 이부하, "국가의 기본권보호의무와 과소보호금지원칙", 법학연구 제17집 제2호, 2014. 6, 51면.

151) P. Unruh, Zur Dogmatik der grundrechtlichen Schutzpflichten, Berlin 1996, S. 25 f.; J. Isensee, HdbStR V, 2000, § 111 Rn. 62.

152) J. Isensee, HdbStR V, 2000, § 111 Rn. 112.

153) 이부하, "생명에 대한 기본권보호의무와 과소보호금지원칙", 4면.

154) J. Isensee, HdbStR V, 2000, § 111 Rn. 79, 89, 120 ff. (가해의 대상(객체)은 자유권적 기본권의 모든 보호법

이는 기본권 주체인 사인의 법적 책임과는 상관없는 피해가 발생했기 때문이다. 또한 국가가 자연재해에 대하여 방제책을 마련하여야 하는 의무는 우리 헌법 제34조 제6항의 재해예방의무에 해당하지, 기본권보호의무는 아니기 때문이다. 외국의 공권력의 의한 침해는 기본권보호의무와 관련이 없으며 우리 헌법이 보장하는 영역에 해당할 수 없다.

논의의 대상으로는, 자살이나 고도의 위험이 내재된 스포츠로 인한 위험 등 사인 스스로 자초(自招)한 가해는 국가－행위자라는 2각 관계를 구성하기에 기본권보호의무의 구성요건에서 제외된다는 견해가 있다.[155] 그러나 개인이 자기 스스로 독자적인 결정을 할 수 없는 상황에서 불가피하게 자살을 택한 경우, 이러한 기본권보호 밖에 처한 국민의 기본권을 보호하지 않는 국가는 보호의무 위반을 하게 되는 것이다. 따라서 이러한 경우에도 기본권보호의무가 발동되어야 한다.[156] 경우에 따라서는 자기 스스로 유발한 가해에 대해서도 기본권보호의무가 발동되어야 할 것이다.[157]

3) 위법한 가해나 가해의 위험

기본권보호의무가 발생하려면 기본권적 법익이 위법한 '가해'[158]를 받았거나 가해될 위험이 존재해야 한다.

① 위법한 가해

기본권보호의무에서 '가해'는 기본권적 법익에 대한 위법적 제약을 말하고, 이 경우 '제약'은 기본권적 보호법익에 대한 불리한 작용을 의미한다.[159] 사인인 사인이 다른 사인에 대해 위법한 가해를 가한 경우 국가는 기본권보호

익이다. 예를 들면, 생명, 재산, 개인의 자유 등이다. 또한 천재지변과 기본권주체의 법적 책임영역밖에 있는 불가피한 사건들은 기본권보호의무와 관계없다); H. H. Klein, DVBl. 1994, S. 489, 490; Hermes, Das Grundrecht auf Schutz von Leben und Gesundheit, S. 74, 231; Merten, in: GS Burmeister, Fn. 15 und 65.

155) J. Isensee, HdbStR V, 2000, § 111 Rn. 89.

156) 서경석, 앞의 논문, 408면.

157) Di Fabio, in: Maunz/Dürig, GG, Art. 2 II, Rn. 48; G. Robbers, Sicherheit als Menschenrecht, 1987, S. 220 ff.; 이부하, "헌법영역에서 기본권보호의무", 133면; 이부하, "생명에 대한 기본권보호의무와 과소보호금지원칙", 5면.

158) 기본권의 '침해'(Eingriff)는 국가가 국민의 기본권을 정당하지 아니한 제약을 가하는 것으로 사용된다. 기본권보호의무에서 논의하는 사인이 타인의 기본권을 위법하게 가해하는 것이므로, 기본권의 '침해' 개념과 구별하여 '가해'(Beeinträchtigung)로 사용하기로 한다.

159) 정태호, 앞의 논문, 85면.

의무를 부담한다.[160] 이 경우의 가해는 현재의 가해 또는 급박한 가해를 말한다. 기본권적 법익에 대한 가해가 있다고 하여 바로 기본권보호의무가 발생하는 것은 아니고 이러한 가해가 위법한 경우여야 한다. 가해행위의 위법성에 대한 판단기준은 법률이 아니라, '헌법의 우위'에 따라 '헌법'을 기준으로 하여야 한다.[161] 기본권보호의무가 발생하려면 사인에 의한 타인의 기본권적 법익에 대한 위법한 가해가 있어야 한다. 따라서 정당행위인 경우에는 기본권보호의무가 문제되지 않는다. 또한 원인제공자만이 가해의 직접적인 당사자가 되지 않는 경우도 있다. 예를 들면 복수의 원인제공자의 공동행위로 인하여 시간적, 공간적으로 거리가 있는 가해의 경우에도 국가에게는 기본권보호의무가 있는 것이다.

여기서 말하는 가해는 기본권 주체(피해자)의 의사에 반하여 기본권 보호법익에 대한 상당한 가해이다. 가해자의 책임과 그 밖의 주관적인 요소는 불문한다. 그러나 단순히 경미한 가해는 이에 포함되지 않는다.[162]

기본권보호의무의 발동은 가해자 행위의 목적성에 의존하지 않는다. 목적을 가진 가해뿐만 아니라, 비고의적이거나 가해자에 의해 예견되지 않은 (잠재적인) 피해에 대해서도 기본권보호의무는 발동된다.[163] 왜냐하면, 기본권보호의무는 국가에 의한 가해자의 처벌에 중점이 있는 것이 아니라, 피해자의 자유 영역을 보호하는데 중점이 있기 때문이다. 사인의 고의나 과실이 없는 경우에도 사인의 피해가 존재하거나 피해의 위험이 있다면 기본권보호의무는 발동되어야 한다. 즉, 가해자인 사인이 목적하지 않는 가해가 발생한 경우에도 그 가해로 인해 피해자의 피해가 존재한다면 국가의 기본권보호의무는 발생한다.[164]

② 가해의 위험

국가의 기본권보호의무는 현재의 가해만이 아니라, 장래의 가해위험에 대한 방지도 지향하고 있다. 보호의무의 수범자(국가)와 원인제공자(제3자)가 동일하지 않기 때문에 효과적인 보호를 위해서는 사전적 조치가 필요하다. 따라

160) BVerfGE 39, 1 (42); 46, 160 (164); 49, 24 (53); 53, 30 (57); 56, 54 (73).

161) J. Isensee, HdbStR V, 2000, § 111 Rn. 99 ff.

162) J. Isensee, HdbStR V, 2000, § 111 Rn. 89.

163) D. Murswiek, Zur Bedeutung der grundrechtlichen Schutzpflichten für den Umweltschutz, WiVerw 1986, S. 179 (186).

164) 허완중, 앞의 논문, 88면; 이부하, "생명에 대한 기본권보호의무와 과소보호금지원칙", 6면.

서 국가의 기본권보호의무를 발생시키는 가해는 현재의 가해뿐만 아니라 가해의 위험을 포함하는 예방적 개념이다.[165] 기본권보호의무는 가해가 실제로 발생하는 경우뿐만 아니라 가해가 합리적으로 예상될 경우(즉, 가해의 객관적 위험이 존재할 경우)에도 발생할 수 있다. 따라서 국가는 기본권을 효과적으로 보호하기 위하여 위험에 대한 예방적 조치를 취할 필요가 있다.

가해나 가해의 위험이 존재하는 경우에, 위험원인 사인이 가해를 의도하였는지 또는 주관적으로 인식하였는지는 중요하지 않다. 그러나 기본권적 법익에 대한 가해나 가해의 위험이 위험원인 사인에게 귀속될 수 있어야 한다.[166] 즉, 위험의 원인이 사인의 행위에 기인한 것이어야 한다. 위험의 정도 문제를 구성요건의 단계에서 검토한다면, 구성요건 단계에서 충돌하는 법익들 상호간 이익형량의 과정을 거치게 된다. 이는 기본권보호의무의 범위와 한계에 관한 문제를 구성요건의 단계에서 판단함으로써 기본권보호의무의 적용범위를 축소시킬 가능성이 있다.[167]

(7) 국가의 기본권보호의무의 내용

사인에 의한 생명·신체의 가해 위험의 증가, 국가의 산업발전과 기술개발로 유발된 새로운 리스크의 발생과 더불어, 국민의 안전보장을 위해 국가는 위험과 리스크를 예방하고 관리해야 한다. 국가는 더욱 국민의 안전보호의무가 가중되었다. 이러한 국가에 의한 국민의 안전보장을 위한 법적 근거가 요구되고 있다. 기본권은 국가에게 국민의 안전을 보장하라고 명령하고 있다. 국가는 안전이라는 과제를 수행할 경우, 한편으로 제한된 수단만을 사용하여 국민의 기본권 침해를 자제해야 함과 동시에, 다른 한편으로 개개 국민의 기본권이 위험시 불가피하게 적극적인 개입을 하여야 한다. 이 양자 사이에서 국가의 재량권이 부여된다.

사인에 의한 사인의 기본권에 대한 가해(加害)의 경우, 국민의 안전권은 국가의 기본권보호의무에서 근거를 찾을 수 있다.[168] 기본권보호의무는 헌법

165) G. Hermes, Das Grundrecht auf Schutz von Leben und Gesundheit, 1987, S. 226 f.; 이부하, “헌법영역에서 기본권보호의무”, 134면.
166) 허완중, 앞의 논문, 88면.
167) 정태호, 앞의 논문, 86면; 이부하, “생명에 대한 기본권보호의무와 과소보호금지원칙”, 7면.

상 보호되는 기본권을 제3자인 사인에 의한 위법한 가해나 가해의 위험으로부터 국가가 보호해야 하는 의무를 말한다.[169] 기본권보호의무의 구성요건적 행위는 원칙적으로 현재의 가해 또는 급박한 가해이다. 이는 기본권 주체의 의사에 반하는 기본권 보호법익에 대한 상당한 가해이다. 그리고 이러한 가해는 위법하여야 한다. 가해의 법적인 위법성 판단은 '헌법'(憲法)을 기준으로 판단한다. 가해자의 책임과 그 밖의 주관적인 요소는 불문한다. 그러나 단순히 경미한 가해는 이에 포함되지 않는다.[170] 또한 위법성 판단의 기준은 법률이 아니라 '헌법'이기 때문에, 다른 사람의 가해가 위헌인지 판단여부는 기본권적 법익(예를 들면 생명, 건강)과 이에 상충하는 법익 간의 관계에서 심사되는 것이므로, 이는 구성요건적 문제가 아니라 보호의무의 범위와 한계에 관한 문제가 된다.

침입(제한: Eingriff)이라는 개념은 국가가 기본권 제한의 원인자로서 국민의 기본권을 제약하는 경우에 사용되므로, 사인인 제3자의 기본권 보호법익에 대한 제약의 경우에는 '가해'라는 개념을 구별하여 사용하는 것이 타당하다. 가해의 직접적인 당사자는 원인제공자만이 아닌 경우가 있다. 예를 들면, 복수의 원인제공자의 공동행위로 인하여 시간적·공간적으로 거리가 있는 가해의 경우도 국가는 그 가해를 방지할 의무가 있다.[171] 국가의 기본권보호의무는 현재의 가해만이 아니라, 장래의 가해 위험에 대한 방지를 지향하고 있다. 보호의무의 수범자(국가)와 원인제공자(제3자)가 동일하지 않기에 효과적인 보호를 위해서는 사전적 조치가 필요하다. 따라서 국가의 보호의무를 야기하는 가해는 현재의 가해(Verletzung)와 가해의 위험(Gefährdung)을 포함한다. 법학적 의미에서 위험 개념은 임박한 현재의 손해에 국한하지 않고, 위험의 개연성이 있는 손해에까지 그 범위가 확대되어야 한다.[172]

기본권보호의무의 내용으로는 해당 자유권적 기본권에 현존하는 가해를 제거하고, 가해의 위험을 방어하고, 장래의 가해를 예방하는 것이다.[173] 국가

---

168) Vgl. BVerfGE 39, 1 (42).

169) J. Isensee, Das Grundrecht als Abwehrrecht und als staatliche Schutzpflicht, in: ders./P. Kirchhof (Hrsg.), HdbStR V, 2000, § 111 Rn. 151; 이부하, "국가의 기본권보호의무와 과소보호금지원칙", 인하대 「법학연구」 제17집 제2호, 2014. 6, 50면.

170) J. Isensee, 2000, § 111 Rn. 89.

171) 이부하, "생명에 대한 기본권보호의무와 과소보호금지원칙", 「동아법학」 제62호, 2014. 2, 7면.

172) 이부하, "생명에 대한 기본권보호의무와 과소보호금지원칙", 「동아법학」 제62호, 2014. 2, 7면.

는 이러한 자유권적 기본권의 효율적인 보호를 위한 조치를 취해야 한다.[174] 기본권보호의무를 이행하기 위해서 국가는 사인 간에 기본적인 법익의 완전성을 보호하고, 사인에 대한 법익 가해를 방지하기 위해 '적절'하고 '효율'적인 보호조치를 취해야 한다.[175] 국가는 사인의 가해를 방지함에 있어서 사실적·법적 집행의 어려움과 가해 방지의 불확실성에도 불구하고, 국가는 기본권보호의무를 위한 단순한 노력과 이행만으로는 부족하며, 기본권보호의무의 효과를 발생시켜야 하는 헌법상 의무를 지고 있다.[176]

기본권보호의무의 수범자는 기본권에 기속되는 모든 국가기관이다.[177] 입법부, 집행부, 사법부 등 국가기관은 기본권보호의무 이행에 있어서 자신의 권한 내에서 해당 기본권보호 상황에 상당히 의존하게 된다.[178] 다수의 사건에서 최우선적으로 '입법자'에게 기본권보호의무 이행이 요구된다.[179] 국가는 기본권보호의무를 이행하기 위해 다양한 조치를 취하게 된다. 「국가」－「가해자」－「피해자」라는 '3각 관계'[180]에서 기본권보호의무 이행을 위한 국가 행위는 '법률유보원칙'을 준수해야 하므로[181], 헌법에 의해 직접 기본권보호의무의 효력이 발휘되는 것이 아니라, 우선적으로 입법이 필요하다.[182] 이러한 기본권보호의무 이행에 있어서 입법자는 광범위한 입법형성권[183]을 지니고 있다.[184] 그러

173) J. Isensee, HdbStR Ⅸ, § 191 Rn. 219.

174) BVerfGE 39, 1 (47); BVerfGE 46, 160 (164); BVerfGE 88, 203 (254); BVerfGE 125, 39 (78); J. Isensee, HdbStR Ⅸ, § 191 Rn. 219, 306.

175) BVerfGE 39, 1 (47); BVerfGE 46, 160 (164); BVerfGE 79, 174 (202); BVerfGE 88, 203 (254); BVerfGE 92, 26 (46); BVerfGE 125, 39 (78); J. Isensee, HdbStR Ⅸ, § 191 Rn. 219, 306.

176) J. Isensee, HdbStR Ⅸ, § 191 Rn. 299, 306; G. Hermes, Das Grundrecht auf Schutz von Leben und Gesundheit, 1987, S. 261, 263; 이부하, "방사선환경영향평가서 작성 고시에 관한 헌법재판소 결정에 대한 평가", 「헌법학연구」 제23권 제1호, 2017. 3, 99면.

177) BVerfGE 39, 1 (41, 51); BVerfGE 49, 89 (142); E. Klein, Grundrechtliche Schutzpflicht des Staates, NJW 1989, S. 1633; L. Jaeckel, Schutzpflichten im deutschen und europäischen Recht, 2001, S. 88.

178) L. Jaeckel, Schutzpflichten im deutschen und europäischen Recht, 2001, S. 88; J. Isensee, HdbStR Ⅸ, § 191 Rn. 219.

179) BVerfGE 39, 1 (44); J. Dietlein, Die Lehre von den grundrechtlichen Schutzpflichten, 2. Aufl., 2005, S. 128.

180) 장영철, "과소보호금지원칙에 관한 연구", 「헌법학연구」 제14권 제1호, 2008. 3, 111면; 표명환, "국가의 기본권보호의무와 행정법상의 개인적 공권이론", 「헌법학연구」 제10권 제1호, 2004. 3, 282면.

181) J. Isensee, Das Grundrecht auf Sicherheit, 1983, S. 43; J. Dietlein, Die Lehre von den grundrechtlichen Schutzpflichten, S. 67 ff.

182) C.－W. Canaris, Grundrechte und Privatrecht, S. 43; H. D. Jarass, AöR 110 (1985), S. 363 (384).

183) 이에 관해서는 이부하, "입법자의 입법형성권의 내용과 한계", 「법과 정책연구」 제13집 제1호, 2013. 3, 91면 이하.

184) BVerfGE 55, 349 (367 f.); BVerfGE 56, 53 (78); BVerfGE 73, 40 (91 ff.); BVerfGE 76, 1 (50 f.); BVerfGE 77,

나 입법자의 입법형성권은 무제한적이지 않다. 과잉금지원칙은 입법자의 입법형성권의 윤곽을 설정해 주고, 과소보호금지원칙은 입법자의 입법형성권의 하한선을 설정해 준다.[185]

헌법재판소는 기본권보호의무를 이행함에 있어서 국민의 생명·신체에 대한 보호의 정도가 헌법이 요구하는 최소한도의 보호수준에 미달해서는 아니된다는 의미에서 이른바 국가의 국민에 대한 '과소보호금지'라는 헌법상의 원칙을 준수하였는지를 기준으로 심사하게 된다.[186] 입법자가 그에 대한 보호의무를 충분하게 이행하고 있는지 여부를 헌법재판소가 심사할 때에는 국민의 생명·신체의 안전이라는 법익의 중대성과 헌법질서에서의 위상, 법익에 대한 위험의 직접성·심각성·불가역성 등을 종합 검토하여 입법자의 보호의무 위반이 명백한지의 여부에 대한 판단에서 나아가, 입법내용에 대한 엄격한 내용통제가 필요하다.[187]

2. 과소보호금지원칙의 내용과 심사기준

(1) 의의

'기본권보호의무'는 헌법상 보호되는 기본권을 제3자인 사인에 의한 위법한 가해나 가해의 위험으로부터 국가가 보호해야 하는 의무를 말하고 있다.[188] 통설적 견해에 의하면, 자연재해로부터의 보호 및 외교적 보호는 제외된다.[189]

170 (215, 229 f.); BVerfGE 79, 174 (202); BVerfGE 85, 191 (212 f.); BVerfGE 92, 26 (46); BVerfGE 125, 39 (78 f.); 정혜영, "과소보호금지원칙에 관한 소고", 「강원법학」 제38권, 강원대학교 비교법학연구소, 2013. 2, 641면 이하.

185) 이부하, "국가의 기본권보호의무와 과소보호금지원칙", 「법학연구」 제17집 제2호, 2014. 6, 57면; 이부하, "비례성원칙과 과소보호금지원칙", 「헌법학연구」 제13권 제2호, 2007. 6, 289면.

186) 헌재 1997. 1. 16. 90헌마110등, 판례집 9-1, 90, 122; 헌재 2008. 7. 31. 2006헌마711, 판례집 20-2상, 345, 359; 헌재 2011. 2. 24. 2009헌마94, 판례집 23-1상, 143, 152.

187) 헌재 2008. 7. 31. 2006헌마711, 판례집 20-2상, 345, 365 (재판관 김희옥, 재판관 김종대, 재판관 민형기, 재판관 목영준의 헌법불합치 의견).

188) J. Isensee, Das Grundrecht als Abwehrrecht und als staatliche Schutzpflicht, in: ders./P. Kirchhof (Hrsg.), HdbStR V, 2000, § 111 Rn. 151.

189) J. Isensee, Das Grundrecht als Abwehrrecht und als staatliche Schutzpflicht, § 111 Rn. 79, 89, 120 ff. (가해의 대상(객체)은 자유권적 기본권의 모든 보호법익이다. 예를 들면, 생명, 재산, 개인의 자유 등이다. 또한 천재지변과 기본권주체의 법적 책임영역밖에 있는 불가피한 사건들은 기본권보호의무와 관계없다); H. H. Klein, DVBl. 1994, S. 489, 490; Hermes, Das Grundrecht auf Schutz von Leben und Gesundheit, S. 74, 231; Merten, in: GS Burmeister, Fn. 15 und 65.

기본권보호의무의 헌법적 근거로는 방어권설, 국가과제로서 '안전'설, 기본권의 객관법적 내용설 등이 있다. 방어권설은 국가의 '부작위'를 목적으로 하는 기본권 불가침의무와 국가의 '작위'를 요구하는 국가의 기본권보호의무 간의 구별을 간과하고 있으며, 국가과제로서의 '안전'설은 '안전'이라는 토픽을 어떻게 헌법적으로 도출할 수 있는지 문제가 남는다. 그러므로 기본권보호의무는 기본권의 객관적 측면에서 도출할 수밖에 없다.

기본권보호의무와 구별할 개념으로 기본권의 제3자적 효력이 있다. 이에 관하여 '기본권의 제3자적 효력'은 국가의 기본권침해 가능성을 전제로, 사법(私法)질서 내로 기본권의 효력을 확장할 수 있느냐의 문제인데 반하여, '기본권보호의무'는 기본권보호자로서 국가와 가해자 및 피해자라는 3각 관계를 중심으로 국가가 피해자의 기본권 가해를 보호하는 문제이다. 다만, 사법(私法)관계에서는 기본권보호의무는 기본권의 제3자적 효력을 전제로 국가의 기본권보호의무가 논의될 수밖에 없다.

헌법상 기본권은 국가가 헌법상 보호되는 법익을 효과적으로 보호할 의무를 부과한다. 즉, 국가의 기본권보호의무는 국민의 기본권보호를 위해 적합하고 효과적이며 수인할 수 있는 것이어야 한다. 특히 입법자는 보호의무의 이행과 관련하여 헌법이 요구하는 최소한의 보장수준의 하한을 준수해야 한다. 이를 '과소보호금지'원칙이라 한다.[190]

과소보호금지는 입법자의 보호의무의 기준으로서 중요하게 활용된다. 헌법은 개개의 기본권에 기초한 기본권규범으로 구성되어 있지, 모든 개별적 상황에서 기본권의 보호수준을 규정하고 있지 않다. 이러한 맥락에서 헌법의 규정을 3가지로 나누어 볼 수 있다. 첫째, 사인인 제3자의 가해에 대한 기본권보호의 요청이다. 둘째, 기본권 영역별로 상이하며 변화가능한 각각의 기본권 보호법익을 지닌다. 셋째, 기본권적 법익보호를 위한 헌법상 최소수준을 요청하고 있다.[191] 이러한 법률상의 최소보호인 과소보호금지원칙은 독자적인 원칙이고, 상대적 기준이며, 기본권의 최소보호원칙이라 할 수 있다.

---

190) '과소보호금지'원칙은 과잉금지원칙과 비교되는 원칙으로 카나리스(Canaris) 교수에 의하여 처음으로 주장되었고(C.-W. Canaris, AcP 184 (1984), 202 ff.), 이슨제(J. Isensee, HdbStR V, 1992, § 111) 교수에 의하여 이 원칙이 정립되었다.

191) 이와 유사한 취지로 C.-W. Canaris, Grundrechte und Privatrecht, Walter de Gruyter, 1999, S. 86.

(2) 법적 성격

1) 독자적인 원칙으로서 과소보호금지

과잉금지원칙(비례성 원칙)과 과소보호금지원칙은 동일한 내용인가 아니면 과소보호금지원칙은 과잉금지원칙과는 다른 독자적인 원칙인가가 논의되고 있다.[192)]

① **동일설(Kongruenzthese)**

필요성있는 수단이란 과잉금지원칙에서는 입법자에게 기본권 제한시 되도록 덜 기본권 제한적인 수단을 사용하라는 것이고, 과소보호금지원칙에서는 기본권보호를 위해 적절하고 효율적인 수단을 사용하라는 것이다.[193)] 필요성 있는 수단 심사에서 입법자의 입법형성의 자유와 관련하여, 과잉금지원칙은 입법형성의 자유의 상한(上限)을 설정하고 과소보호금지원칙은 입법형성의 자유의 하한(下限)을 설정하므로, 과잉금지원칙에 합치되게 되면 과소보호금지원칙도 합치되게 된다는 것이다.[194)] 또한 기본권보호의무가 발동되는 상황인 국가－가해자－피해자의 삼각관계에서 충돌하는 법익 간 형량과정에서 과잉금지원칙에 위반되지 않으면서 과소보호금지원칙에 위반되는 경우가 발생되지 않는다고 한다.[195)]

② **독자성설**

국가 침해의 '부작위'를 목적으로 하는 기본권'보장'과 국가 보호조치의 '작위'를 요구하는 기본권'보호의무' 간에는 구별이 된다. 방어권의 위험원은 '국가'이지만, 기본권보호의무의 위험원은 국가가 아닌 제3자인 '사인'이라는 점에서도 차이가 있다. 또한 방어권은 헌법에 의해 직접 그 효력을 가지지만, 기본

192) 이에 관하여는 이부하, "비례성원칙과 과소보호금지원칙", 헌법학연구 제13권 제2호, 2007. 6, 289면 이하.
193) K.－E. Hain, Der Gesetzgeber in der Klemme zwischen Übermaß－ und Untermaßverbot?, DVBl. 1993, S. 982 (983); ders., ZG 1996, S. 75 (79); K. Hesse, FS－Mahrenholz, S 556 f.
194) K.－E. Hain, DVBl. 1993, S. 982 (983); 정문식, "생명윤리법상 국가의 기본권 보호의무", 공법학연구 제8권 제3호, 2007. 8, 177～178면.
195) K.－E. Hain, DVBl. 1993, S. 982 (983); Chr. Starck, Der verfassungsrechtliche Schutz des ungeborenen menschlichen Lebens, JZ 1993, S. 816 (817); Chr. Starck, Praxis der Verfassungsauslegung, 1994, S. 46 (81 f.); Hans－Uwe Erichsen, Grundrechtliche Schutzpflichten in der Rechtsprechung des Bundesverfassungsgerichts, Jura 1997, S. 85 (88); P. Unruh, Zur Dogmatik der grundrechtlichen Schutzpflichten, 1996, S. 86 f.

권보호의무는 1차적으로 법률을 매개로 하여 실현된다는 점에서 차이가 있다. 기본권보장에 있어서 국가의 기본권 '침해'에 대한 심사기준인 '과잉금지원칙'과 사인의 기본권 가해의 상황에서 사인의 기본권을 '보호'해야 하는 국가의 의무에 대한 심사기준인 '과소보호금지원칙'은 상이한 기능을 담당한다. 이렇게 과소보호금지원칙은 과잉금지원칙과 다른 기능을 수행하기에, 과소보호금지원칙은 과잉금지원칙의 외형으로 볼 수 없다는 것이다.[196] 또한 과소보호금지원칙과 과잉금지원칙은 상이한 초점을 겨냥하고 있다.[197] 즉, 과잉금지원칙은 국가의 '제한'이 필요한 정도를 준수하였는가의 '필요성' 심사에 초점이 있지만, 과소보호금지원칙은 국가의 '보호'조치가 적절하고 효율적인가의 수단의 '적절성'과 '효율성'에 그 중점이 있다.[198]

과잉금지원칙은 국가행위에 의한 기본권 침해시 심사기준으로 기능하지만, 국가의 부작위의 경우에는 심사기준으로 기능할 수 없다.[199] 따라서 과소보호금지원칙은 과잉금지원칙이 심사기준으로 기능하지 못하는 국가의 부작위의 경우에 독자적인 심사기준으로 기능한다.[200] 또한 기본권보호의무는 기본권 보호영역에 대한 '국가'의 침해를 상정하는 것이 아니라, 기본권 주체의 기본권이 '사인'인 제3자의 기본권 가해로부터 효율적인 수단에 의해 보호하도록 국가에게 의무를 부과하는 것이다.

③ 소 결

국가행위에 의한 제한이 비례성을 갖추었는지 여부를 심사하는 '과잉금지원칙'과 일정한 기본권보호의무가 있음에도 불구하고 국가의 적절하고 효율적인 보호조치의 부재(不在) 내지 불충분을 심사하는 '과소보호금지원칙'은 헌법재판에서 과잉금지원칙과는 별도의 심사기준으로 작용한다.[201] 즉, 과소보호금

196) E. Denninger, Vom Elend des Gesetzgebers zwischen Übermaßverbot und Untermaßverbot, FS Mahrenholz, 1994, S 561 (566); D. Merten, Grundrechtliche Schutzpflichten und Untermaßverbot, in: K. Stern/K. Grupp (Hrsg.), Gedächtnisschrift für Joachim Burmeister, 2005, S. 227 ff.

197) J. Dietlein, Das Untermaßverbot, ZG 1995, S. 131 (136 ff.); M. Möstl, Probleme der verfassungsprozessualen Geltendmachung gesetzgeberischer Schutzpflichten, DÖV 1998, S. 1029 (1038).

198) 이부하, "비례성원칙과 과소보호금지원칙", 헌법학연구 제13권 제2호, 2007. 6, 290면.

199) 허완중, "기본권보호의무에서 과소보호금지원칙과 과잉금지원칙의 관계", 공법연구 제37집 제1-2호, 2008. 10, 208면.

200) 허완중, "기본권보호의무에서 과소보호금지원칙과 과잉금지원칙의 관계", 209면.

201) 허완중, "기본권보호의무에서 과소보호금지원칙과 과잉금지원칙의 관계", 209면.

지원칙은 과잉금지원칙과는 다른 헌법상 상이한 기능을 수행하는 독자적인 심사기준이다.

2) 상대적 기준으로서 과소보호금지

과소보호금지원칙은 독자성을 지닌 원칙으로서 과잉금지원칙과 상이한 기준이다. 입법자를 통한 기본권보호의무의 실행의 최소한은 국가－가해자－피해자라는 삼각관계에서 한 사람의 방어권과 다른 사람의 보호권의 충돌(상충)에서 분명하게 나타난다. 기본권의 측면에서 이러한 삼각관계는 전형적인 사법(私法)의 상충상황, 즉 한편으로는 방어권으로서 보호되는 자유와 다른 한편으로는 국가의 기본권보호의무에 의해 보호되는 법익 간의 효력범위에서 명백해진다.[202] 과소보호금지원칙이 균형성 및 협의의 비례성 원칙에 근접하고 있다는 것에 근거하는 것이다. 즉, 기본권보호의무의 실행에 있어서 최소한의 추상적 규정은 국가－가해자－피해자의 삼각관계에서 하나의 기준을 필요로 한다는 것이다.

과소보호금지원칙을 적용하여 실제상 구체적인 결정을 할 때 적용상 어려움은 있다. 그러나 과소보호금지원칙의 초점은 입법자가 기본권보호의무를 얼마나 충실히 수행하였는가를 도출하기 위함에 있는 것이 아니라, 헌법상 부과된 입법자의 기본권보호의무의 한 요소라는 데 두어야 한다. 과소보호금지원칙은 과잉금지원칙과는 독립된 원칙이며, 그 독립성을 위한 구체적 기준을 제공하는데 있다. 따라서 과소보호금지원칙의 상대성이란 제한적이지만, 기본권보호의무에 의거하여 기본권보호의 최소수준을 마련하기 위해 충돌하는 법익들을 고려할 것을 요청한다. 헌법적 의무에 근거하는 법률적 기본권보호의 최소수준은 불가피하게 상대적이다. 그리고 다른 사람의 기본권행사와 관련하여 최소수준의 절대성을 충족할 수는 없다. 즉, 기본권보호의무를 실현해야 하는 입법자가 충돌하는 다른 기본권에 대한 고려를 포기하도록 하는 것이 과소보호금지이기 때문이다.[203] 다른 말로 표현하면 다른 기본권의 침해를 통해서 당해 기본권의 보호가 달성될 수 있다는 것이다.[204]

---

202) Vgl. U. Preis, RdA 1995, S. 333 (341); W. Rüfner, GS－Martens, S. 215 (222).
203) BVerfGE 88, 203 (254).
204) Vgl. BVerfGE 96, 56 (65).

3) 기본권의 최소보호원칙으로서 과소보호금지

과소보호금지원칙에서 가능한 한, '가해자와 피해자'의 기본권보호라는 생각에 집중하여 통제기준에만 중점을 두어서는 안되고, 관련된 기본권의 '최소보호'에 중점을 두어야 한다.[205] 기본권보호의 방법은 '보호한다는 것'을 전체로 생각하여 환영(幻影)으로 만들어서는 안된다.[206] 헌법은 기본권보호의무를 어떻게 수행할지 여부에 대해 입법자에게 형성의 자유를 부여하고 있다. 입법자의 기본권보호조치는 적합하고 효과적이고 충분해야 하지만, 최대한의 보호에 대한 요청을 헌법상 명령하지는 않는다. 왜냐하면 최대한의 보호 요청은 계속적으로 더 많은 보호를 요구하게 되며,[207] 결국 최대한의 보호 요청은 입법자를 헌법재판소의 견해에 종속시킬 것이기 때문이다.[208] 법률은 행정부에게 구체적인 위험에 대해 조치를 취할지 또는 기다릴지 여부에 대한 결정재량을 허용할 수 있다. 그러나 기본권보호의무는 재량권의 행사를 명하고 효과적인 보호가 안 될 경우 기본권적 정당성 여부를 심사하게 한다. 이 경우 '과소보호금지원칙'이 기본권보호의무에 기능하게 된다.[209]

그러나 입법자의 입법형성의 자유는 무제한적이지 않고, 과소보호금지원칙의 다른 면에 위치하는 비례성 원칙(과잉금지의 원칙)에 의해 윤곽이 그어진다. 또한 과소보호금지원칙은 입법자의 입법형성의 자유에 대한 하한을 설정해준다. 통제규범의 영역에서 과소보호금지원칙을 통해 최적화의 모델이 구축될 수 있다고 판단하여, 입법자는 과잉금지원칙과 과소보호금지원칙 사이의 양 간격에 어딘가에서 결정해서는 안된다. 오히려 과소보호금지원칙은 입법자의 기본권 상충의 해결을 보조하는 수단으로서 의미가 있다. 즉, 입법자의 상충 해결의 한계로서 과잉금지원칙이 인정된다면, 과소보호금지원칙은 기본권보호의무의 발견을 위한 수단으로 인식되어야 한다.[210]

---

205) W. Brohm, NJW 2001, S. 1 (9); C.-W. Canaris, Grundrechtswirkungen und Verhätnismäßigkeit in der richterlichen Anwendung und Fortbildung des Privatrechts, JuS 1989, S. 161 (163); F. Kirchhof, Private Rechtsetzung, S. 525.

206) Otto Depenheuer, Der Mieter als Eigentümer?, NJW 1993, S. 2561, 2564.

207) Chr. Starck, Praxis der Verfassungsauslegung, 1994, S. 86 ff.

208) Ernst-Wolfgang Böckenförde, Grundrechte als Grundsatznormen, Der Staat 29, 1990, S. 13, 29.

209) J. Isensee, Das Grundrecht als Abwehrrecht und als staatliche Schutzpflicht, in: ders./P. Kirchhof (Hrsg.), HdbStR V, 2000, § 111 Rn. 90.

210) O. Seewald, VerwArch 88 (1997), S. 199 (205 ff.).

기본권의 최소보호의 수준은 일의적으로 획정할 수 없다. 최소보호의 수준은 개별적 사건, 보호법익의 종류, 보호법익의 중요도, 위험의 정도 등을 고려하여 판단할 수 있다.[211] 그러나 일반적으로 국가가 여태까지 전혀 어떠한 조치를 취하지 않거나 유효한 법적 상황에 의거한 어떤 조치를 취하지 않는 경우 및 제3자의 권리나 공익을 심히 침해함이 없이 이미 존재하는 보호수단보다도 더 개선된 보호수단이 존재하는 경우, 또는 유효한 법률에 의거하여 존재하는 보호법익의 장애 또는 위험에 대하여 사익과 공익을 비교형량할 때 수인할 수 없다면, 과소보호금지원칙을 위반하는 것이다.[212]

최소보호에 초점을 맞춘 견해에 대하여 헌법재판적 통제의 기준으로서 '최소보호'원칙은 가치평가가 필요한 것이라는 이의가 제기될 수 있다. 상대적 기준으로서 과소보호금지는 상충하는 법익간의 비교형량의 한계로서 위치하고 있다. 따라서 가치평가가 이루어지지 않고서는 헌법상의 기본권규정이 내용적으로 채워질 수 없다.[213] 사고의 전환이 필요한 것은 헌법해석의 기본적 전제조건에 대한 것이 아니라, 최적화라는 목표로부터의 해방이고 최소보호원칙을 목표로 해야 한다는 기본적 사고이다.

또한 가해자-국가-피해자라는 삼각관계에서 자연히 잠재적인 가해자의 기본권행사를 보호하는 데 반해, 기본권의 수범자(국가)의 역할이 약화된다는 이의제기가 있을 수 있다.[214] 방어권에 비해 기본권보호의무의 구조적 취약점은 존재한다. 이는 기본권보호의무는 헌법상 그 자체적으로 효력을 발휘하는 것이 아니라, 국가적 행위 특히, 입법행위가 필요하기 때문이다.[215] 따라서 한편으로는 입법자의 입법형성의 자유가 작용하고,[216] 다른 한편으로는 국가적 개입보다 사회적 자기규율이 우선하게 된다.[217]

---

211) C.-W. Canaris, JuS 1989, S. 161 (163).

212) Vgl. Brüning, JuS 2000, S. 955 (957); M. Möstl, DÖV 1998, S. 1029 (1038 f.).

213) Vgl. E.-W. Böckenförde, in: ders., Staat, Verfassung, Demokratie. Studien zur Verfassungstheorie und zum Verfassungsrecht, Frankfurt 1991, S. 115; H. H. Klein, Verfassungsgerichtsbarkeit und Verfassungsstruktur, in: FS für Franz Klein, 1994, S. 511 (514 f.).

214) J. Hager, JZ 1994, S. 373 (376, 381); J. Neuner, Privatrecht und Sozialstaat, S. 165.

215) C.-W. Canaris, Grundrechte und Privatrecht, S. 43; H. D. Jarass, AöR 110 (1985), S. 363 (384).

216) B. Weber-Dürler, VVDStRL 57 (1998), S. 57 (82).

217) C.-W. Canaris, Grundrechte und Privatrecht, S. 47. 그러나 극단적인 경우, 즉 헌법에 의거하여 정해진 보호를 할 수 있는 다른 방법이 없다면, 입법자는 형법이란 수단을 강구해야 할 의무를 질 수 있다(BVerfGE 39, 1 (46 f.)).

4) 입법자의 행위에 대한 사법적(司法的) 통제기준으로서 과소보호금지

기본권보호의무의 법적 구조는 가해자－국가－피해자라는 삼각관계의 구조가 형성되며, 이로써 국가는 새로운 지위, 즉 기본권의 잠재적인 침해자라는 성격과 더불어 기본권의 보호자라는 새로운 지위가 부여된다. 즉, 국가의 기본권보호의무는 삼각관계의 법적 구조에서 국가와 피해자 사이의 공법적 급부관계를 주된 규율대상으로 한다.[218] 그런데 헌법상 국가의 기본권보호의무에서 국가가 바로 사인인 가해자의 기본권 침해로부터 피해자인 사인에 대하여 일정한 보호조치를 취할 국가적 권한이나 의무를 부과할 수 있는 것은 아니다. 구체적인 국가의 보호조치에 관한 권한이나 의무는 형식적 의미의 법률을 통해서 정해지게 된다. 그리고 이러한 국가의 기본권보호의무를 위한 입법에 대하여 사법적 통제가 중요한 헌법적 의미를 가진다.[219]

① 보호조치의 통제

국가에게 국민의 기본권을 보장하기 위한 제반조치를 취할 의무가 부여되어 있더라도 언제나 헌법상의 의무위반이라고 판단할 수 없다. 국가는 기본권보호의무를 이행하기 위한 보호대책을 강구함에 있어서 원칙적으로 사인에 의한 국민의 생명·신체에 대한 침해위험의 정도나 종류, 심각성, 발생의 빈도, 각종 대책의 효과뿐만 아니라 상충하는 보호법익과의 형량, 문화적·사회적·경제적·재정적 여건 등을 종합적으로 감안할 필요가 있기 때문에 기본권보호의무를 어떤 수단을 통하여 어떻게 이행할 것인가는 입법자의 입법을 통하여 비로소 구체화되고, 이 경우 입법자에게 광범위한 입법형성의 자유가 부여되어 있다. 즉, 입법자가 국가의 기본권보호의무를 어떻게 어느 정도로 구체화할 것인가의 입법자의 형성여지이다. 따라서 국가의 기본권보호의무에 관한 입법에 대하여 사법적 통제가 중요한 헌법적 의미를 지니는데, 입법자의 책임에 속하

---

218) 이승우, 「국가의 기본권보호의무」, 현대공법과 개인의 권익보호: 균제 양승두교수 화갑기념논문집 (I), 홍문사, 1994, 1165면; 정태호, 「기본권보호의무」, 인권과 정의 제252호, 1997.8, 83면 이하; 장영철, 「기본권의 제3자적 효력과 기본권보호의무」, 공법연구 제29집 제2호, 2001, 155면; 표명환, 「입법자의 기본권보호의무와 헌법적 통제」, 헌법학연구 제11권 제2호, 2005. 6, 214면.

219) J. Isensee, Das Grundrecht als Abwehrrecht und als staatliche Schutzpflicht, in: ders./P. Kirchhof (Hrsg.), HdbStR V, 2000, § 111 Rn. 151 ff.; 표명환, 「입법자의 기본권보호의무와 헌법적 통제」, 헌법학연구 제11권 제2호, 2005. 6, 212면 이하.

는 보호의무의 내용결정에 대하여 헌법재판소는 보충적이고 제한적으로 보호의무 위반 여부를 심사할 수 있다.

헌법재판소는 권력분립의 원칙에서 기본권보호의무를 이행함에 있어서 국민의 생명·신체에 대한 보호의 정도가 헌법이 요구하는 최소한도의 보호수준에 미달해서는 아니된다는 의미에서 이른바 국가의 국민에 대한 과소보호금지라는 헌법상의 원칙을 준수하였는지를 기준으로 심사하게 된다.[220] 그에 따라 헌법재판소로서는 원칙적으로 국가가 기본권보호의무를 위반한 것이 명백한 경우에만 국가의 해당 작위나 부작위의 위헌성을 확인할 수 있다고 할 것이나, 헌법재판소의 통제 강도는 일률적인 것이 아니고 관련된 기본권적 법익의 중대성, 그 침해의 심각성, 그 침해의 빈도 등에 따라서 달라지게 된다. 그에 따라 기본권적 법익에 관한 보호입법에 대한 심사에 있어서 헌법재판소가 가하는 통제 강도 역시 보호의무 위반이 일견 명백한지의 여부에 대한 통제, 입법자가 문제의 법률을 통하여 제시한 보호구상 자체가 설득력이 있는지의 여부에 대한 통제, 그리고 입법내용에 대한 엄밀한 통제 등으로 분화될 수 있다.[221]

② 행위규범과 통제규범의 구분

행위규범과 통제규범의 구분[222]은 한편으로는 입법자에게 상충하는 기본

---

220) 헌재 1997. 1. 16. 90헌마110등, 판례집 9-1, 130면.

221) 헌재 1997. 1. 16. 90헌마110등, 판례집 9-1, 130-132면. 한수웅, "헌법재판의 한계 및 심사기준", 217면 이하와 233면; 방승주, "독일 연방헌법재판소의 입법자에 대한 통제의 범위와 강도", 308면 이하; 계희열, "헌법재판과 국가기능", 221면 참조.

222) K. Schlaich/S. Korioth, Das Bundesverfassungsgericht, 5. Aufl., 2001, Rn. 503: 행위규범(Handlungsnorm)은 능동적으로 활동하는 국가기관(예를 들면, 국회)에게 적용되는 행위지침이자 행위한계적 규범을 말한다. 반면, 통제규범(Kontrollnorm)은 능동적으로 활동하는 국가기관들의 작위 또는 부작위를 판단하는 기준이 되는 규범을 말한다. 우리나라 헌법재판소 판례에서도 행위규범과 통제규범의 구분을 수용하고 있다. "국가는 생활능력 없는 국민을 보호할 의무가 있다는 헌법의 규정은 모든 국가기관을 기속하지만 그 기속의 의미는 동일하지 아니한데, 입법부나 행정부에 대하여는 국민소득, 국가의 재정능력과 정책 등을 고려하여 가능한 범위 안에서 최대한으로 모든 국민이 물질적인 최저생활을 넘어서 인간의 존엄성에 맞는 건강하고 문화적인 생활을 누릴 수 있도록 하여야 한다는 행위의 지침, 즉 행위규범으로서 작용하지만, 헌법재판에 있어서는 다른 국가기관, 즉 입법부나 행정부가 국민으로 하여금 인간다운 생활을 영위하도록 하기 위하여 객관적으로 필요한 최소한의 조치를 취할 의무를 다하였는지를 기준으로 국가기관의 행위의 합헌성을 심사하여야 한다는 통제규범으로 작용하는 것이다."(헌재 1997. 5. 29. 94헌마33, 553-554면(생활보호사업지침상의 1994년 생계보호기준); 1999. 12. 23. 98헌바33, 758-759면(공무원채용시험 등에 제대군인에 대한 5% 가산점제도); 2001. 4. 26. 2000헌마390, 494면(국민연금법 제6조 사건); 헌재 2004. 10. 28. 2002헌마328 (2002년도 국민기초생활보장최저생계비 고시)).

권 간의 최적이며 적합한 조정을 요구하는 한편, 다른 한편으로는 헌법재판에 의한 통제와의 관계에서 독자적으로 상충의 조정을 위한 입법자의 형성여지를 존중하도록 기여하는데, 이는 실체법적 규정과 헌법재판의 통제강도 양자를 분리하려는 의도로 보여진다.[223] 그러나 국가가 기본권보호의무를 실현하려면 입법자의 형성여지가 존재한다는 것에 대해 의견의 일치가 있으며, 기본권보호의무의 실행에 대한 헌법재판의 통제강도는 입법자의 실체법적 의무의 한도를 넘어설 수 없다는 생각이 확고한 지지기반을 얻고 있다. 이는 행위규범과 통제규범의 구분이 붕괴되고 있다는 것을 시사한다.[224]

행위규범과 통제규범 간 구분에 대한 견해의 차이는 실체적 헌법규정의 미완성성에 그 이유가 있다. 기본권보호의무는 내용적으로 불확정적이고 모호하다. 입법자에 의한 기본권보호의무의 실현 및 내용적 보충은 보장내용의 요소이고 기본권보장의 필수요소이다. 역으로 생각하면, 헌법재판소는 헌법이 무엇을 규정하고 있고, 입법자의 행위를 규정하고 있는 헌법 이외의 실존하는 실체법 규정들이 무엇을 금지하고 있는지만 통제할 수 있다.[225]

(3) 과소보호금지원칙의 내용과 보호수준

1) 과소보호금지원칙의 내용

기본권보호의무를 수행함에 있어서 피해자인 국민의 기본권을 보호하기 위해 국가는 적절하고 효율적인 조치를 취해야 한다. 특히 입법자는 기본권보호의무의 이행과 관련하여 헌법이 요구하는 최소한 보장수준 이상을 준수해야 한다. 국가가 국민의 기본권보호를 위해 적절하고 효율적인 최소한 이상의 보호조치를 취했는가 여부를 헌법재판소가 심사하는데, 이러한 심사기준을 '과소보호금지원칙'[226]이라 한다.[227] 헌법은 개개의 기본권에 기초한 기본권 규범으

223) K. Hesse, Funktionelle Grenzen der Verfassungsgerichtsbarkeit, in: FS für Hans Huber, Bern, 1981, S. 261 (270); G. Robbers, Für ein neues Verhältnis zwischen Bundesverfassungsgericht und Fachgerichtsbarkeit, NJW 1998, S. 935 (939); Brun-Otto Bryde, Verfassungsentwicklung, Baden-Baden 1982, S. 306 ff.; Hans Hugo Klein, Verfassungsgerichtsbarkeit und Verfassungsstruktur, in: FS für Franz Klein, 1994, S. 511 (517 ff.).

224) E.-W. Böckenförde, Grundrechte als Grundsatznormen, Der Staat 29 (1990), S. 1 (27); Werner Heun, Funktionell-rechtliche Schranken der Verfassungsgerichtsbarkeit, 1992, S. 46 ff.; Werner Heun, in: Dreier (Hrsg.), GG, Art. 3 Rn. 40; Hans Hugo Klein, Der demokratische Grundrechtsstaat, in: Bitburger Gespräche, Jahrbuch 1995/I, S. 81 (89 f.); K. Schlaich/S. Korioth, Das Bundesverfassungsgericht, 5. Aufl., 2001, Rn. 506.

225) Chr. Gusy, Parlamentarischer Gesetzgeber und Bundesverfassungsgericht, Berlin, 1985, S. 139.

로 구성되어 있지만, 모든 개별적 상황에서 기본권의 보호수준을 구체적으로 규정하고 있지 않다. 과소보호금지원칙의 심사 초점은 입법자가 기본권보호의무를 얼마나 충실히 수행하였는가를 판단하는데 두어야 할 뿐만 아니라, 헌법이 입법자에게 기본권보호의무를 충실히 수행하도록 촉구하는데도 두어야 한다.

헌법상 기본권보호의무로부터 국가가 바로 가해자의 기본권 가해로부터 피해자인 사인에 대해 일정한 보호조치를 취할 국가의 의무가 발생하는 것은 아니다.[228] 즉, 국가가 국민의 기본권을 보장하기 위한 제반조치를 취할 의무가 부여되어 있다고 하더라도 언제나 헌법상 의무 위반이라고 할 수는 없다. 국가는 기본권보호의무를 이행하기 위한 보호대책을 강구함에 있어서 원칙적으로 사인에 의한 국민의 기본권에 대한 침해위험의 정도나 종류, 심각성, 발생의 빈도, 각종 대책의 효과뿐만 아니라 상충하는 보호법익과의 형량, 문화적·사회적·경제적·재정적 여건 등을 종합적으로 감안하여 기본권보호의무를 어떠한 수단을 통해 어떻게 이행할 것인가를 입법자의 입법을 통하여 비로소 구체화된다. 헌법은 기본권보호의무를 어떻게 수행할 지 여부에 대해 입법자에게 광범위한 형성의 자유를 부여하고 있다.

2) 과소보호금지원칙에서 보호수준

기본권보호의무의 구조, 즉 가해자-국가-피해자라는 삼각관계에서 잠재적인 가해자의 기본권행사를 보장해야 하기 때문에, 국가의 역할이 약화될 가능성이 있다.[229] 기본권보호의무는 헌법에서 바로 효력을 발휘하는 것이 아니라, 입법행위를 필요로 한다.[230] 이는 한편에서는 입법자의 입법형성의 자유가 작용하고,[231] 다른 한편에서는 국가적 개입보다 사회적 자기규율이 우선하게

---

226) '과소보호금지'원칙은 과잉금지원칙과 비교되는 원칙으로 카나리스(Canaris) 교수에 의하여 처음으로 주장되었고(C.-W. Canaris, AcP 184 (1984), 202 ff.), 이슨제(J. Isensee, HdbStR V, 1992, § 111) 교수에 의하여 이 원칙이 정립되었다.

227) 헌법재판소 1997. 1. 16. 90헌마110 결정, 판례집 9-1, 90, 120~123; 헌법재판소 2008. 7. 31. 2004헌바81 결정, 판례집 20-2상, 91, 103~104; 헌법재판소 2011. 2. 24. 2009헌마94 결정, 판례집 23-1상, 143, 152.

228) J. Isensee, Das Grundrecht als Abwehrrecht und als staatliche Schutzpflicht, in: ders./P. Kirchhof (Hrsg.), HdbStR V, 2000, § 111 Rn. 151 ff.; 표명환, "입법자의 기본권보호의무와 헌법적 통제", 「헌법학연구」 제11권 제2호, 한국헌법학회, 2005. 6, 212면 이하.

229) J. Hager, JZ 1994, S. 373 (376, 381); J. Neuner, Privatrecht und Sozialstaat, S. 165.

230) C.-W. Canaris, Grundrechte und Privatrecht, S. 43; H. D. Jarass, AöR 110 (1985), S. 363 (384).

231) B. Weber-Dürler, VVDStRL 57 (1998), S. 57 (82).

된다.[232] 헌법에서 직접 기본권보호조치를 규정하고 있지 않다면, 입법자는 법률상 수단을 강구해야 할 의무를 진다.[233]

과소보호금지원칙은 과잉금지원칙과는 구별되는 '독립된 원칙'[234]이며, 그 독립성을 위한 구체적 기준을 제공하여야 한다. 과소보호금지원칙은 상대성을 지니고 있는데, 여기서 말하는 상대성이란 기본권보호의무에 의거하여 기본권보호의 최소수준 이상을 실현하기 위해서 충돌하는 기본권적 법익들을 고려해야 한다는 의미이다. 헌법상 기본권보호의무에 근거하여 법률상 구체화되는 기본권 보호의 최소수준은 불가피하게 상대적일 수밖에 없다.[235] 특정 사인의 기본권 피해시에 국가의 기본권보호의무와 관련하여, 국가가 '절대적'인 보호를 수행할 수 없다는 의미이다. 즉, 기본권보호의무를 실현해야 하는 입법자는 과소보호금지원칙에 입각하여 충돌하는 사인 상호 간의 기본권에 있어서 국가는 가해자의 기본권을 침해함에 의해 피해자의 기본권을 보호할 수밖에 없다.[236] 가해자의 기본권을 침해함에 의해 당해 기본권 피해자의 기본권을 보호하게 된다.[237]

과소보호금지원칙 심사에서 '가해자와 피해자' 관계에서 기본권보호에 집중하여 사법(司法)적 통제기준에만 중점을 두어서는 안되고, 관련 기본권의 '최소수준 이상'의 보호에 중점을 두어야 한다.[238] 기본권보호의무에서 요구하는 기본권보호조치의 수준은 단순히 최소한의 보호만 취하면 된다는 의미가 아니라, 최소한 과소보호의 기준을 넘는 '효율적'이고 '충분한'[239] 조치를 취하라는 의미이다.[240]

입법자의 기본권보호조치는 적절하고 효율적이고 충분해야 하지만, 헌법은 최대한의 보호를 하라고 명령하지는 않는다. 왜냐하면 기본권보호의 최대

---

232) C.-W. Canaris, Grundrechte und Privatrecht, S. 47.
233) BVerfGE 39, 1 (46 f.); 이부하, "생명에 대한 기본권보호의무와 과소보호금지원칙", 9면.
234) 과소보호금지원칙의 독자성을 뒷받침하는 논문으로는 이부하, "비례성원칙과 과소보호금지원칙", 「헌법학연구」 제13권 제2호, 2007. 6, 289~291면; 정혜영, "과소보호금지원칙에 관한 소고", 「강원법학」 제38권, 강원대학교 비교법학연구소, 2013. 2, 637면 이하.
235) 이부하, "비례성원칙과 과소보호금지원칙", 291면.
236) BVerfGE 88, 203 (254).
237) Vgl. BVerfGE 96, 56 (65).
238) W. Brohm, NJW 2001, S. 1 (9); 이부하, "비례성원칙과 과소보호금지원칙", 292면.
239) BVerfGE 88, 203 (254).
240) 이부하, "생명에 대한 기본권보호의무와 과소보호금지원칙", 10면.

한의 요청은 계속적으로 더 많은 보호를 요구하게 되며,[241] 입법자가 최대한의 보호를 추구하게 되면, 입법자의 입법행위가 헌법재판소의 견해에 종속되는 결과에 이르기 때문이다.[242]

입법자의 입법형성의 자유는 당연히 무제한이 아니고, 과잉금지의 원칙에 의해 그 윤곽이 그어진다. 반면, 과소보호금지원칙은 입법자의 형성의 자유에 대한 하한을 설정해 준다.[243] 입법자의 기본권 상충 해결의 한계로서 과잉금지 원칙이 활용된다면, 과소보호금지원칙은 기본권보호의무의 발견을 위한 수단으로 인식되어야 한다.[244] 과소보호금지원칙은 입법자에게 기본권 상충을 해결하는 보조 수단으로서 의미를 가진다.

기본권보호의무의 최소보호의 수준은 일의적으로 획정할 수 없다. 최소보호의 수준은 개별적 사건, 보호법익의 종류, 보호법익의 중요도, 위험의 정도 등을 고려하여 판단할 수 있다.[245] 그러나 첫째, 일반적으로 국가가 여태까지 전혀 어떠한 조치를 취하지 않거나 유효한 법적 상황에 의거한 어떤 조치를 취하지 않는 경우, 둘째, 제3자의 권리나 공익을 심히 침해함 없이 이미 존재하는 보호수단보다도 더 개선된 보호수단이 존재하는 경우, 셋째, 유효한 법률에 의거하여 존재하는 보호법익의 장애 또는 위험에 대하여 사익과 공익을 비교형량할 때 수인할 수 없는 경우라면, 과소보호금지원칙을 위반하는 것이 된다.[246]

(4) 우리나라 헌법재판소의 과소보호금지원칙 심사기준

우리나라 헌법재판소는 원자력이용시설 방사선환경영향평가서 작성 등에 관한 고시 제5조 제1항 별표1 등 위헌확인 결정에서 "인간의 존엄과 가치의 근간을 이루는 국민의 생명·신체의 안전이 위협받거나 받게 될 우려가 있는 경우, 국가로서는 그 위험의 원인과 정도에 따라 사회·경제적인 여건 및 재정사

241) Chr. Starck, Praxis der Verfassungsauslegung, 1994, S. 86 ff.
242) Ernst-Wolfgang Böckenförde, Grundrechte als Grundsatznormen, Der Staat 29, 1990, S. 13, 29.
243) 이와 관련하여 비례성원칙과 과소보호금지원칙의 차이점은 이부하, "비례성원칙과 과소보호금지원칙", 289면 이하 참조.
244) O. Seewald, VerwArch 88 (1997), S. 199 (205 ff.).
245) C.-W. Canaris, JuS 1989, S. 161 (163).
246) Vgl. Brüning, JuS 2000, S. 955 (957); M. Möstl, DÖV 1998, S. 1029 (1038 f.); 이부하, "비례성원칙과 과소보호금지원칙", 293면.

정 등을 감안하여 국민의 생명·신체의 안전을 보호하기에 필요한 적절하고 효율적인 입법·행정상의 조치를 취하여 그 침해의 위험을 방지하고 이를 유지할 포괄적인 의무를 진다. … 국가로서는 이와 관련하여 국민의 생명·신체의 안전을 보호하는 데 필요한 적절하고 효율적인 조치를 취하여 그 침해의 위험을 방지할 헌법상 의무가 있다."[247]고 판시하였다.

헌법재판소는 민법 제3조 등 위헌소원 결정과 미국산 쇠고기 및 쇠고기 제품 수입위생조건 위헌확인 결정에서 과소보호금지원칙 위반의 기준인 적절하고 효율적인 보호조치를 구체적으로 설명하고 있다. "헌법재판소는 권력분립의 관점에서 이른바 '과소보호금지원칙'을, 즉, 국가가 국민의 기본권 보호를 위하여 적어도 적절하고 효율적인 최소한의 보호조치를 취했는가를 기준으로 심사하게 된다. 따라서 입법부작위나 불완전한 입법에 의한 기본권의 침해는 입법자의 보호의무에 대한 명백한 위반이 있는 경우에만 인정될 수 있다. 다시 말하면 국민의 생명·신체의 안전을 보호하기 위한 조치가 필요한 상황인데도 국가가 국민의 법익을 보호하기 위하여 아무런 보호조치를 취하지 않았든지 아니면 취한 조치가 법익을 보호하기에 명백하게 부적합하거나 불충분한 경우에 한하여 헌법재판소는 국가의 기본권보호의무 위반을 확인할 수 있을 뿐이다."[248]

우리나라 헌법재판소 판례에서 기본권보호의무 위반에 적용되는 기준은 '명백성 통제' 기준이다. 헌법재판소는 국가가 국민의 생명·신체의 안전을 보호하기 위해 적절하고 효율적인 보호조치를 취했는가 여부를 살펴 그 보호조치 위반이 명백한 경우에만 기본권보호의무 위반이 된다는 것이다. 즉, 우리나라 헌법재판소는 '과소보호금지원칙' 위반 여부와 관련하여, '명백성 통제' 기준만을 사용하고 있다.[249]

---

247) 헌재 2016. 10. 27. 2012헌마121, 판례집 28-2상, 654, 665.

248) 헌재 2008. 7. 31. 2004헌바81, 판례집 20-2상, 91, 103-104; 헌재 2008. 12. 26. 2008헌마419 등, 판례집 20-2하, 960, 975.

249) "'입법자의 판단이 현저하게 잘못되었는가'하는 명백성의 통제에 그치는 것이 타당하다고 본다."(헌재 2002. 10. 31. 99헌바76 등, 판례집 14-2, 410, 434; 헌재 1997. 1. 16. 90헌마110 등, 판례집 9-1, 90, 122; 헌재 2008. 7. 31. 2004헌바81, 판례집 20-2상, 91, 103; 헌재 2008. 7. 31. 2006헌마711, 판례집 20-2상, 345, 359; 헌재 2008. 12. 26. 2008헌마419 등, 판례집 20-2하, 960, 975; 헌재 2011. 2. 24. 2009헌마94, 판례집 23-1상, 143, 152; 헌재 2015. 4. 30. 2012헌마38, 판례집 27-1하, 12, 29).

(5) 과소보호금지원칙의 구체적 심사기준과 적용

미국산 쇠고기 및 쇠고기 제품 수입위생조건 위헌확인의 헌법소원(2008헌마419·423·436) 사건[250]에 과소보호금지원칙의 구체적 심사기준을 적용해 본다. 국가의 존립 목적인 국민의 기본권보호는 헌법 스스로 전제하고 헌법적으로 정당화되기 때문에, 목적의 정당성은 명문으로 규정하거나 심사의 기준으로 삼지 않아도 당연히 인정된다. 따라서 과소보호금지원칙에서 목적의 정당성은 별도로 심사할 필요가 없다.[251] 수단의 적절성, 수단의 효율성, 협의의 비례성으로 구분하여 심사한다.

1) (보호의무) 목적의 정당성

헌법 제37조 제2항은 모든 기본권에 일반적으로 적용될 수 있도록 법률유보를 규정하고 있다. 따라서 이를 기본권제한에 관한 '일반적 법률유보'조항이라 한다. 헌법 제37조 제2항은 일반적 법률유보를 위한 목적상 한계로서 국가안전보장, 질서유지, 공공복리를 규정하고 있다. 헌법 제37조 제2항에서 규정하고 있는 3가지 목적은 기본권을 제한하는 목적으로서 목적에 대한 한정적 열거규정이다. 따라서 이러한 목적 이외의 다른 목적으로 기본권을 제한할 수 없다는 것을 천명한 것이다. 일반적으로 비례성 심사 또는 과잉금지원칙심사에 있어서 우리나라 헌법재판소는 목적의 정당성, 수단의 적절성, 피해의 최소성, 법익의 균형성을 들고 있다. 비례성 심사에 있어서 그 법률의 목적을 신중하고 엄격하게 다투어 '목적의 정당성'을 부정하는 것은 적절하지 않다고 판단된다. 왜냐하면, 기본권을 제한하는 목적으로 헌법상 국가안전보장, 질서유지, 공공복리만으로 한정하였음에도 헌법재판소가 입법자의 법률의 목적을 의심하여 목적의 정당성을 위헌으로 판단한다면, 이는 헌법상 규정된 3가지 목적 이외에 다른 목적으로 입법한 경우를 심사하려는 것인지 의문을 갖게 한다. 그리고 실제로 다수의 헌법재판소 결정들에서는 입법목적의 정당성을 논할 때, 국가안전보장, 질서유지, 공공복리라는 목적에 부합한다는 취지보다는 그 법률

250) 헌법재판소 2008. 12. 26. 2008헌마419·423·436 결정(병합).

251) 같은 생각: 장영철, "과소보호금지원칙에 관한 연구", 「헌법학연구」 제14권 제1호, 한국헌법학회, 2008. 3, 120면; 허완중, 앞의 논문, 217면.

자체의 목적이 정당성을 지니는지 여부에 초점을 두고 있다. 그러나 헌법상 기본권제한을 위한 입법목적의 정당성은 입법목적이 헌법상 목적에 정당한지를 판단한다는 의미이지, 법률 자체의 목적의 정당성을 구체적으로 심사하겠다는 의미는 아니다.[252] 법률 자체의 목적의 정당성 판단은 헌법적합적인 입법목적인지를 판단하는 것이 아닌, 법률 자체의 정당성을 추구하는 유권해석이기에 당해 법률의 목적을 설명할 필요성이 적어진다. 당해법률의 목적은 개별 법률의 제1조에 구체적으로 적시되어 있으므로, 만일 헌법재판소가 법률의 목적심사로서 입법목적의 내용적 정당성을 판단하는 것이라면, 이는 헌법재판소 스스로 목적심사에 관한 아무런 기준을 제시하지 못하는 상황에서 헌법상 요청되는 법률의 합헌성 추정 원칙을 위배하는 것이다. 법률의 목적 심사가 가능하려면 법률의 목적이 구체적으로 특정화되어야만 하는데, 실제상 법률의 목적은 대부분 추상적이고 불확정적인 개념들로 규정되어 있기에 목적 심사의 전제조건을 충족하지 못하고 있다.

일반적으로 법률의 합헌성 추정과 합헌적 법률해석의 결과 심사대상인 법률의 목적은 원칙적으로 합헌성이 있다고 보아야 한다. 목적의 정당성 문제에서 헌법상 열거된 목적에 적합한지 여부만을 심사하는 것은 가능하더라도, 그 내용적 심사까지 하는 것은 비례성원칙의 본질을 잘못 이해한 것이다.[253] 왜냐하면 비례성원칙은 목적을 심사하기 위한 것이 아니라, 목적에 적합한 '수단'인지를 심사하기 위한 것이다.[254] 즉, 목적의 정당성은 목적에 대한 수단이 적합성이 있는지를 심사하는 전제이며, 수단의 통제에 중점이 있다고 보아야지 입법의 목적을 다투기 위한 것이 아니다.[255] 따라서 우리나라 헌법재판소처럼 비례성 심사를 할 경우 목적의 정당성, 수단의 적정성, 피해의 최소성, 법익의 균형성으로 판단할 것이 아니라, 원칙적으로 적합성, 필요성, 협의의 비례성(법익

---

252) 이기철, "헌법재판소는 비례의 원칙에 목적의 정당성을 포함시켜도 좋은가?", 『공법연구』 제35집 제1호, 385면.

253) 이와 동일한 견해로는 이준일, 『헌법학강의』, 홍문사, 2005, 350면("관계의 개념을 처음부터 배제하고 있는 목적의 정당성은 비례성원칙의 부분원칙에 포함되지 않는 것으로 보아야 한다. 목적의 설정은 정책수립의 문제로서 입법자의 고유한 권한영역에 속해서 헌법재판소가 통제할 수 없는 영역으로 보아야 하기 때문에 목적의 정당성에 대한 심사는 비례성심사의 대상이 될 수 없다").

254) 황치연, "우리 헌법재판소 판례에 있어서의 과잉금지원칙의 문제점", 『고시연구』 97. 3, 180면.

255) 이와 다른 견해로는 김대환, "우리나라 헌법상 과잉금지원칙", 『공법학연구』 제6권 제3호, 2005. 12, 199-200면.

의 균형성)으로 3분하여 판단하는 것이 합리적이다.

이에 반해 기본권보호의무에 있어서 국가적 조치의 목적은 이미 헌법상 내재해 있고 헌법상 도출되는 보호목적이기에 스스로 목적의 정당성을 부여받고 있다.[256] 헌법은 기본권보호의무의 목적을 스스로 확정하고 헌법적으로 정당화하기 때문에, 목적의 정당성은 당연히 인정된다. 따라서 과소보호금지원칙에서 목적의 정당성은 심사할 필요가 없다.[257]

2) 수단의 적절성

기본권보호의무의 이행을 위한 수단의 '적절성'은 국가의 보호조치가 가해되는 기본권을 보호하는데 적절한가 여부이다. 즉, 피해자의 기본권 보호를 위해 개선시킬 수 있는 적절한 수단인가 여부이다.[258] 수단의 적절성을 판단함에 있어서는 국가의 개별적 행위를 고려할 것이 아니라, 취해진 국가적 조치를 전체적으로 고려하여 판단해야 한다. 수단의 적절성은 상충하는 법익을 고려하여 적절한 보호를 달성할 수 있는 규범적 및 사실적 유형의 충분한 조치가 취해져야 함을 말한다. 이에는 사전적 보호 및 사후적 보호가 상호 결합된 보호관념이다.[259]

수단의 적절성 심사에 있어서, 유효한 법률에 의거하여 존재하는 보호법익의 장애 또는 위험에 대하여 사익과 공익을 비교형량할 때 수인할 수 없는 경우라면, 과소보호금지원칙을 위반하는 것이 된다.[260]

미국산 쇠고기 및 쇠고기 제품 수입위생조건 위헌확인의 헌법소원에서 미국산 쇠고기 수입위생조건(고시)이 국민의 생명·신체의 안전에 대한 위험을 유발함으로써 수인할 수 없는 상황이 되므로 과소보호금지원칙에 있어서 수단의 적절성을 충족하지 못한다고 보아야 한다.

3) 수단의 효율성

과소보호금지원칙에서의 효율성 심사에서는 특정한 조치가 필수불가결하

256) J. Dietlein, Das Untermaßverbot, ZG 10 (1995), 136 f.
257) 장영철, "과소보호금지원칙에 관한 연구", 헌법학연구 제14권 제1호, 2008. 3, 120면; 허완중, "기본권보호의무에서 과소보호금지원칙과 과잉금지원칙의 관계", 공법연구 제37집 제1-2호, 2008. 10, 217면.
258) M. Möstl, DÖV 1998, S. 1029 (1038).
259) BVerfGE 88, 203 (203 f.); 이부하, "생명에 대한 기본권보호의무와 과소보호금지원칙", 13면.
260) Vgl. Brüning, JuS 2000, S. 955 (957); M. Möstl, DÖV 1998, S. 1029 (1038 f.).

고 필요한 조치이었느냐를 심사한다. 즉, 기본권보호조치가 적절하다면, 제3자의 기본권이나 기타 공익에 큰 부담을 주지 않으면서 더욱 효율적으로 침해되는 기본권을 보호할 수 있는 다른 대안이 있는가를 심사한다. 효율성있는 수단은 피해자의 기본권보호를 위해 '효과적'이고 '충분한'[261] 보호를 제공하여야 한다. 따라서 국가가 선택한 수단이 비례의 원칙에 있어서 수단의 필요성을 충족한다 하더라도 과소보호금지원칙의 수단의 효율성을 충족하는 수단이라 할 수는 없다.[262]

수단의 효율성과 관련하여, 제3자의 권리나 공익을 심히 침해함이 없이 이미 존재하는 보호수단보다도 더 개선된 보호수단이 존재하는 경우라면, 과소보호금지원칙을 위반하는 것이 된다.[263]

미국산 쇠고기 및 쇠고기 제품 수입위생조건 위헌확인의 헌법소원에서 국민의 생명·신체의 안전을 위해 제3자의 권리나 공익을 심히 침해함이 없이 이미 존재하는 미국산 쇠고기 수입위생조건(고시) 보다 강화된 조건의 고시를 신설할 수 있으므로, 수단의 효율성을 위반하는 것이다.

4) 협의의 비례성

과소보호금지원칙에서의 협의의 비례성은 가해자의 기본권침해와 피해자의 기본권보호간의 형량을 의미한다. 양자간의 형량을 함에 있어 형량시 판단기준이 중요하다. 국가가 피해자에 대한 기본권보호의무를 이행하기 위한 한계로서 가해자의 기본권을 비례의 원칙에 반하도록 침해해서는 안된다는 한계가 설정된다. 국가가 효율적인 보호조치를 취하지 않으면서 오히려 과도하게 가해자의 기본권을 비례성 원칙에 위배하면서까지 침해해서는 안된다.[264]

미국산 쇠고기 및 쇠고기 제품 수입위생조건 위헌확인의 헌법소원에서 국민의 생명·신체의 안전과 국가의 수입권한간의 비교형량이 필요하다. 국민의 생명·신체의 안전이 국가의 수입권한의 재량 보다 중요하기 때문에 협의의 비례성을 충족하지 못한다.

---

261) BVerfGE 88, 203 (254, 261).
262) 이부하, "생명에 대한 기본권보호의무와 과소보호금지원칙", 14면.
263) Vgl. Brüning, JuS 2000, S. 955 (957); M. Möstl, DÖV 1998, S. 1029 (1038 f.).
264) 이부하, "생명에 대한 기본권보호의무와 과소보호금지원칙", 15면.

5) 소결

기본권보호의무를 극도로 강조하여 모든 기본권에 적용하게 되면 사법국가(내지 헌법재판국가)화의 우려도 있다. 이러한 면을 고려하여 모든 기본권 영역에 기본권보호의무를 인정할 것이 아니라, 인간의 존엄과 밀접한 관련이 있는 기본권에 국한되어야 할 것이다. 예를 들면, 생명권, 신체의 자유 등이다.

헌법재판소는 입법자의 기본권보호의무 이행에 있어서 국민의 기본권적 법익에 대한 보호 정도가 헌법이 요구하는 최소한도의 보호수준에 미달해서는 아니된다는 의미의 '과소보호금지원칙'을 준수하였는지를 기준으로 심사한다. 국가는 그 보호의무를 이행하기 위한 보호대책을 강구함에 있어서 원칙적으로 사인에 의한 국민의 기본권에 대한 가해 위험의 정도나 종류, 심각성, 발생의 빈도, 각종 대책의 효과뿐만 아니라 상충하는 보호법익과의 형량, 문화적·사회적·경제적·재정적 여건 등을 종합적으로 감안할 필요가 있다.

기본권의 최소보호의 수준은 일의적으로 획정할 수 없다. 최소보호의 수준은 개별적 사건, 관련법익의 종류, 위험의 정도 등을 고려하여 판단할 수 있다. 일반적으로 국가가 여태까지 전혀 어떠한 조치를 취하지 않거나 유효한 법적 상황에 의거한 어떤 조치를 취하지 않는 경우 및 제3자의 권리나 공익을 심히 침해함이 없이 이미 존재하는 보호수단보다도 더 개선된 보호수단이 존재하는 경우, 또는 유효한 법률에 의거하여 존재하는 보호법익의 장애 또는 위험에 대하여 사익과 공익을 비교형량할 때 수인할 수 없다면 과소보호금지를 위반하는 것이 된다.

과소보호금지원칙의 세부적 심사기준으로서 수단의 적절성, 수단의 효율성, 협의의 비례성이 활용될 수 있다. 또한 법률에 의해 침해되는 법익의 성격, 사건의 반복으로 인한 법익침해의 반복성, 기본권적 법익에 대한 위험의 불가역성 등을 고려하여, 입법자의 보호의무 이행에 대한 헌법재판소의 통제 밀도를 달리하여 심사할 수 있다.

제 4 장 보장국가에서 국민의 안전권 보호

제1절 사법(私法)에의 기본권(안전권)의 효력

1. 주관적 공권과 방어권

주관적 공권이란 국민이 자신의 이익을 위해 국가의 작위, 부작위, 급부, 수인 등을 요구할 수 있는 '법적인 힘'(Rechtsmacht)이라 할 수 있다.[1] 주관적 공권에는 방어권(Abwehrrechte), 급부권(Leistungsrecht), 참여권(Teilhaberecht) 등이 있다. 국가 공권력이 국민의 기본권을 침해하는 경우, 국민은 그 국가행위에 대해 '방어권'을 행사할 수 있다.[2] 전통적인 공법(公法) 이론에 의하면, 기본권은 국가행위에 대한 국민의 '방어권'으로 이해되었다.[3] 기본권을 방어권으로 이해하는 것은 국가의 부당한 침해로부터 국민의 기본권을 보장하기 위한 취지이다.[4] 그러나 주관적 공권을 방어권으로만 이해하게 되면, 국민의 기본권이 제대로 보장되지 못하게 되었다.[5] 이로 인해 기본권은 국가에 대한 주관적인 방어권의 성격뿐만 아니라, 국가에게 적극적인 행위를 요구하는 급부권과 국가과제를 실현하는 객관적인 법규범의 성격도 지니고 있다고 인식하게 되었

1) Maurer, Staatsrecht Ⅰ, 6. Aufl. 2010, § 9, Rn. 17.
2) J. Schwabe, Probleme der Grundrechtsdogmatik, 2. Aufl. Hamburg, 1997, S. 213.
3) BVerfGE 7, 198 (204 ff.); BVerfGE 20, 150 (154 ff.); BVerfGE 21, 362 (368 ff.); BVerfGE 50, 290 (336 f.); BVerfGE 61, 82 (100); BVerfGE 68, 193 (205); Starck, in: v. Mangold/Klein/Starck, Art. 1 GG, Rn. 110 ff.; Jarass, in: Jarass/Pieroth, Vorb. vor Art. 1 GG, Rn. 2, 3; Dreier, in: Dreier, Vorb. Art. 1 GG, Rn. 84; Klein, NJW 1989, S. 1633.
4) J. Isensee, Das Grundrecht als Abwehrrecht und als staatliche Schutzpflicht, in: Isensee/Kirchhof, HdbStR, Bd. V, § 191, Rn. 2; Dreier, in: Dreier, Vorb. Art. 1 GG, Rn. 84 f.
5) Liv Jaeckel, Schutzpflichten im deutschen und europäischen Recht, 2001, S. 38.

다.[6] 또한 국가와 국민 간의 관계뿐만 아니라, 사인 간의 법관계에도 기본권의 효력이 미친다는 이른바 '기본권의 제3자효'가 통용되었다. 더 나아가 사법(私法) 영역뿐만 아니라, 전체 법영역에서 헌법상 보호되는 사인의 기본권을 제3자에 의한 위법한 가해나 가해의 위험으로부터 국가가 보호해야 하는 의무인 '기본권보호의무'라고 이론 구성하였다. 이 경우 국가는 '기본권보호의무'를 지며, 기본권 피해자에게는 '보호청구권'[7]이 발생한다.

이하에서는 먼저 사적 자치의 보장과 기본권의 사법(私法)에 미치는 효력과 관련한 독일 연방헌법재판소 판례를 고찰해 본다. 다음으로 기본권의 사법(私法)에의 효력에 관한 학설로서 기본권의 제3자효, 기본권보호의무, 사회공동체의 집단적·제도적 차원의 기본권설 등을 설명하고 평가해 본다. 또한 기본권의 제3자효와 기본권보호의무와의 관계를 연구해 본다.

2. 사적 자치(私的 自治)의 보장

개인이 자기결정에 의해 자기책임 하에 자신의 이익을 위해 법률행위를 하는 영역에 대해 국가는 '사적 자치'를 보장해 주어야 한다.[8] 입법자는 사법(私法) 영역을 위해 입법형성을 해야 한다. 사법(私法) 질서를 형성함에 있어서 입법자의 입법형성의 자유[9]는 무제한적이지 않다. "자유로운 사회 공동체질서의 구조적 요소"[10]로서 사적 자치는 "개인이 자신의 의사에 의거하여 법적 관계를 스스로 형성하는 원리"[11]이며, "법생활에서 개인의 자기결정원리"[12]이다. 즉, 사적 자치는 자기의사에 의한 자기결정으로 법률관계의 형성에 대해 자기책임을 지는 "자기책임의 원칙"이 적용된다.[13]

---

6) BVerfGE 7, 198 (205); BVerfGE 39, 1 (41 ff.); BVerfGE 49, 89 (141 f.); BVerfGE 56, 54 (73); BVerfGE 88, 203 (251 ff.). 주관적 공권과 객관적 법규범에 대한 논의에 관해서는 김명재, "자유권적 기본권의 본질내용", 「공법연구」 제30집 제5호, 2002, 109면 이하 참조.

7) '보호청구권'에 관하여는 김명재, "독일헌법상의 보호청구권", 「법률행정논총」 제19집, 1999, 87면 이하; 표명환, "기본권보호청구권의 구조와 체계에 관한 고찰", 「법학연구」 제45집, 2012, 23면 이하.

8) 이부하, "사법(私法)에 대한 기본권의 영향", 「법과 정책연구」 제9집 제1호, 2009, 462면.

9) 입법자의 입법형성의 자유에 관해서는 이부하, "입법자의 입법형성권의 내용과 한계", 「법과 정책연구」 제13집 제1호, 2013, 91면 이하.

10) BVerfGE 81, 242 (254).

11) Flume, Allgemeiner Teil des Bürgerlichen Rechts, Band 2, 4. Aufl. 1992, S. 1.

12) K. Larenz, Allgemeiner Teil des deutschen Bürgerlichen Rechts, 7. Aufl., 1989, §2 II e; BVerfGE 89, 214 (231).

사인 간의 경제적·사회적 생활관계에 국가의 개입없이 사적 자치의 규율이 적용됨을 원칙으로 한다. 사적 자치는 사인이 자신의 법익을 보호하기 위해 효과적인 수단을 자유롭게 선택하도록 하고 있다.[14] 사적 자치에는 '계약의 자유'가 포함된다. 즉, 계약이 자기 자신을 스스로 기속할 자유가 있다.[15] 사적인 계약 당사자는 "당사자들간 상충하는 이익들을 적절히 조절하여 스스로 결정하고, 국가의 강제없이 기본권으로 보호받는 법적 지위를 활용하게 된다."[16] 계약서에 정한 당사자간 합의는 일반적으로 계약에 의해 객관적으로 공정한 이익균형 하에서 체결된 것이다.[17] 즉, "계약은 계약이다."라는 원칙이 적용된다.[18] 사적 자치는 자유로운 자기결정이 가능한 경우에만 유효하다.[19] 사적 자치의 규율 메커니즘이 실패하는 경우에만 국가의 법적 규율이 개입 가능하다.[20] 이렇듯 사적 자치에는 보충성 원칙이 적용된다.[21] 결국 사적 자치의 보장은 국가의 부담을 경감시킬 수 있다.[22]

3. 사법(私法)에 미치는 기본권 효력에 관한 판례

(1) 1958년 뤼트(Lüth) 판결[23]

독일 연방헌법재판소는 1958년 이른바 뤼트(Lüth) 판결에서 불법행위법 관련 사건을 판단하였다. 함부르크 언론협회 회장인 뤼트(Erich Lüth)는 1950년 '영원한 연인'이라는 영화에 대해 영화상영금지의 보이코트(Boykott)를 하였다. 이 영화를 제작한 영화감독 할란(Veit Harlan)은 나치(Nazi) 시대에 'Jud Süß'라는 반(反)유대주의 영화를 상영하였고, 나치의 유태인 학살을 조장한 가장 주요한

13) 이부하, "사법(私法)에 대한 기본권의 영향", 463면.
14) F. Rittner, Über den Vorrang des Privatrechts, FS für Müller-Freienfels, 1986, S. 509 (514).
15) Isensee, Nachwort -Privatautonomie: Freiheit zur Diskriminierung?- Verfassungsrechtliche Vorgaben, in: Isensee (Hrsg.) Vertragsfreiheit und Diskriminierung, 2007, S. 239 (249).
16) BVerfGE 81, 242 (254).
17) BVerfGE 103, 89 (100).
18) BVerfGE 89, 214 (234).
19) BVerfGE 81, 242 (254 f.); 103, 89 (100).
20) 이부하, "사법(私法)에 대한 기본권의 영향", 463면.
21) F. Bydlinski, Das Privatrecht im Rechtssystem einer Privatrechtsgesellschaft, S. 70.
22) F. Rittner, S. 509 (520).
23) BVerfGE 7, 198 ff.

사람 중 하나였다. 영화 제작자와 배급사는 고의적으로 민법상 '선량한 풍속' 위반의 손해를 이유로 보이코트(Boykott) 부작위 소송을 제기하였고, 함부르크 지방법원에서 승소하였다.

뤼트(Lüth)는 함부르크 지방법원이 민법 제826조[24]의 '선량한 풍속' 개념의 해석에 있어서 자유로운 의사표현(독일 기본법 제5조 제1항 1문)이라는 기본권의 내용을 고려하지 않았다고 주장하며 독일 연방헌법재판소에 재판소원을 제기하였다.[25] 독일 연방헌법재판소는 자유 민주주의에서 '의견의 자유'라는 기본권의 특별한 가치내용을 인식하며 민법을 해석해야 한다고 판시하였다. 헌법은 모든 법 영역에서 헌법상 근본결정으로 통용되는 '객관적 가치질서'에 기초하고 있으며, 입법, 행정 및 사법은 객관적 가치질서에 의해 지침(指針)을 받고, 동인(動因)을 받는다고 판시하였다. 또한 객관적 가치질서는 민법에도 영향을 미친다.[26] 모든 민법 규정은 객관적 가치질서에 상치되어서는 안되며, 민법 규정은 객관적 가치질서의 정신에 맞게 해석되어야 한다고 판시하였다.

독일 연방헌법재판소의 뤼트(Lüth) 판결에서는 인격권이나 의견의 자유 내지 대중매체의 자유가 당해 기본권 주체 이외에 다른 사인에게도 미치는지 여부는 판단하지 않았다. 뤼트(Lüth) 판결은 이른바 '기본권의 제3자적 효력'과 관련하여 간접효력설을 독일 연방헌법재판소가 최초로 수용한 시점으로 인식되었다.[27] 기본권의 효력은 사법(私法) 분쟁에서 "개별 법영역에서 직접적인 효력을 가진 법규정을 매개로 하여" 간접적으로 미치는 것으로 인식되었다.[28] 민법에 기본권의 방사효(放射效)를 위한 매개체로서 '신의성실'과 같은 민법상 일반조항(一般條項) 즉, 불확정 법개념이 사용된다.[29] 따라서 일반조항이라는 불확정 법개념은 기본권이 민법에 침투하는 길이라고 불리기도 한다.[30] 독일 연방헌법재판소는 사법(私法)에 기본권의 방사효가 미침을 계속적으로 재확인하

---

24) § 826 BGB: Wer in einer gegen die guten Sitten verstoßenden Weise einem anderen vorsätzlich Schaden zufügt, ist dem anderen zum Ersatz des Schadens verpflichtet.
25) BVerfGE 7, 198 ff.
26) BVerfGE 7, 198 (205 ff.).
27) vgl. Di Fabio, Grundwerte als Werteordnung, JZ 2004, S. 1.
28) BVerfGE 7, 198 (205); BVerfG NJW 2013, S. 3086, 3087.
29) BVerfGE 81, 242 (256).
30) BVerfGE 7, 198 (205); 24, 236 (251); 32, 311 (318); 34, 269 (280); 35, 202 (218 f.); 42, 143 (147 f.); 73, 261 (269); 81, 242 (254 ff.); 96, 375 (399); 112, 332 (358).

였다. 이로 인해 사법(私法)과 헌법의 구분이 무력화되었다.[31]

(2) 1975년 낙태 판결[32]

독일 연방헌법재판소는 기본권으로부터 도출되는 국가의 기본권보호의무를 1975년 '낙태 판결'[33]에서 처음으로 인정하였다. 이 판결은 낙태에 대한 처벌 규정에 관한 개정 형법조항 사건이었다. 독일 연방헌법재판소는 구 독일 형법 제218조의 낙태죄 규정(임신기간이나 낙태사유를 불문하고 낙태를 처벌)의 처벌을 완화하여 수정 후 12주 이내에 의사가 임산부의 동의를 받은 경우 낙태를 가능하도록 하는 개정 형법 제218a조(1974년 제5차 개정형법)에 대한 사건에서 모체 내에서 성장하는 태아의 독자적인 기본권을 인정하면서 위헌 결정을 내렸다. 독일 연방헌법재판소는 태아의 생명을 위한 국가의 기본권보호의무를 인간의 존엄보장(기본법 제1조 제1항)과 관련된 생명권(기본법 제2조 제2항 1문)의 객관법적 내용으로부터 도출해 냈다.[34]

국가의 기본권보호의무와 관련하여, 독일 기본법 제2조 제2항과 기본법 제1조 제1항은 국가에게 형성중인 생명을 보호하고 유지하며, 특히 제3자인 사인에 의한 생명권 침해로부터 방어할 것을 요구하고 있다. 형성 중인 생명도 독일 기본법 제1조 제2항에서 규정하고 있는 인간 존엄의 보호를 받는다. 모든 인간의 생명은 존엄하며, 어느 정도의 범위까지 국가가 헌법상 생명보호의무를 지는가는 기본권의 객관법적 내용으로부터 도출된다. 이러한 국가의 생명보호의무는 어머니에 의한 침해로부터의 보호도 포함한다.[35]

국가의 기본권보호의무는 국가에 의한 침해뿐만 아니라, 다른 사인에 의한 위법적인 가해로부터의 사인의 기본권 보호도 포함한다. 국가는 어머니를 포함한 다른 사인의 위법적인 가해로부터 이미 기본권 주체인 '태아'(Nasciturus)를 보호해야 한다.[36] 임신 중절과 관련하여, 태아의 생명 침해행위인 낙태가 원칙적으로 위법하다는 결과로 이어진다.[37] 그러나 어머니의 관련 기본권과의

---

31) J. Ipsen, Verfassungsprivatrecht?, JZ 2014, S. 157 (161).
32) BVerfGE 39, 1 ff.
33) BVerfGE 39, 1 ff.
34) BVerfGE 39, 1 (41); 46, 160 (164).
35) BVerfGE 39, 1 (42 f.).
36) BVerfGE 39, 1 (41); 88, 203 (251 ff.).

형량에 있어서 어머니의 수인 한계를 고려해야 한다. 이러한 수인 한계는 어머니에게 부담시킬 수 없을 정도로 자신의 삶의 가치에 대한 고귀한 희생을 강요할 경우에 다다른다.[38] 이 경우 어머니에게는 태아의 생명을 구해야 할 법적 의무가 부과되지 않는다. 따라서 독일 연방헌법재판소는 입법자에게 낙태에 대한 처벌에 관한 새로운 형법 개정시에 이러한 관점을 충분히 고려하도록 주의를 환기시켰다.

(3) 1993년 보증계약 판결[39]

입법자가 자신의 과제를 민법의 일반조항을 통해 수행할 때, 그 다음 과제는 법원에게 부여된다.[40] 이와 관련하여 '보증계약' 판결은 주목을 받았다. 은행은 재정 건전성을 위해 실무 관행상, 중소기업 대출시 가족 구성원을 보증인으로 하여 100,000DM 이상의 보증계약을 체결하도록 하였다. 이 사건에서 아버지는 대출받기 위해 은행에 갔다. 그런데 은행(Sparkasse)은 주채무자로서 대출인의 딸(21세)을 보증인으로 하는 보증계약을 요구하였다. 딸은 이 시기에 비숙련 근로자로서 생선 공장에서 일하며 월 1,150DM를 벌었으며, 그 이외의 기간에는 직업 훈련을 받지 않았기 때문에 실직 상태에 있었다.[41] 몇 년 후 선주(船主)로서 아버지는 2,400,000DM의 빚을 졌고, 은행은 보증계약에 의거하여 딸에게 채무를 갚을 것을 청구했다.

보증인의 지불 소송은 독일 연방 민형사법원의 관할이었다.[42] 독일 연방 민형사법원은 보증계약이 과도한 부채로 이어질 것을 보증인이 예측할 수 있기 때문에, 보증계약은 '선량한 풍속'에 반하는 것이 아니라고 판단했다. 은행 측은 보증의무가 있는 성인은 자신의 행위의 효과를 이해하고 자신의 위험을 자기책임하에 평가할 수 있었다고 주장했다.[43]

1993년 독일 연방헌법재판소는 연방 민형사법원의 판결을 번복했다. 독일

37) BVerfGE 39, 1 (44); 88, 203 (255).
38) BVerfGE 88, 203 (256 f.).
39) BVerfGE 89, 214 ff.
40) Vgl. BVerfGE 96, 56 (64); BVerfG NJW 2013, S. 3086, 3087; BAGE 76, 155 (168).
41) Vgl. BGHZ 106, 269; BGH NJW 1989, 1605.
42) Vgl. BGHZ 106, 269.
43) Vgl. BGHZ 106, 269, 271 f.

연방헌법재판소는 연방 민형사법원이 민법의 일반조항을 해석하고 적용함에 있어서 사적 계약이 일방 당사자의 결정에 의해 남용되지 않도록 주의해야 할 의무를 위반했다고 판시했다.[44] 물론 사법(私法)관계에서 양 기본권 주체는 사적 자치와 자기결정권(독일 기본법 제2조 제1항)을 동등하게 지니고 있다. 상충되는 기본권적 지위가 모든 관계자를 위해 가능한 한 효율적으로 보장되도록 한계 설정이 필요하다.[45] 따라서 법원들은 계약 내용이 일방 당사자에게 비정상적으로 부담을 주며, 이익의 균형이 구조적으로 불평등한 힘의 관계로 인해 명백히 부적절한 경우에도 '계약은 계약이다.'라는 것을 확인함에 그쳐서는 안 된다.[46] 그러므로 민사법원은 법이 구조적으로 불평등한 힘의 관계를 반영한 것인지 여부 및 민법의 일반조항을 통해 교정적으로 개입하여야 하는 상황인지 여부를 명백히 표명해야 한다.[47]

독일 연방 민형사법원은 일반조항에 의하지 않고 보증계약의 구성과 내용을 평가하고 계약 당사자 간에 왜곡된 불평등 상태를 고려하지 않음으로써 보증인과 은행 간의 상충되는 기본권들을 조정하지 못했다. 보증인은 자신의 '인격의 자유로운 발현권'(독일 기본법 제2조 제1항)을 보호받지 못했다. 보증인은 평생 '채무의 덫'을 벗어나기 위해 법원의 보호를 요구할 수 있는 헌법상 지위가 있다.

4. 기본권의 사법(私法)에의 효력에 관한 학설

'기본권의 제3자적 효력'은 국가에 의한 사인의 기본권 침해라는 일반적 헌법 상황에서 나온 이론이 아니며, 사인과 사인 간의 법관계에 기본권 침해 판단이 필요한 상황에서 문제된다.[48] 이를 '수평적 효력'(Horizontalwirkung)이라 부르기도 한다.[49] 일부 견해에서는 기본권보호의무를 기본권의 제3자효의 일

44) BVerfGE 89, 214 (234).
45) BVerfG NJW 1994, 2749, 2750.
46) BVerfGE 89, 214 (233).
47) BVerfGE 89, 214 (234); 81, 242 (254 ff.); BVerfG NJW 2013, 3086, 3087.
48) Claus-Wilhelm Canaris, Drittwirkung der gemeinschaftsrechtlichen Grundfreiheiten, in: Bauer/Czybulka/Kahl/Vosskuhle (Hrsg.), Umwelt, Wirtschaft und Recht, 2002, S. 29 (32).
49) de Wall/Wagner, Die sogenannte Drittwirkung der Grundrechte, JA 2011, S. 734.

부로 보기도 한다.[50] 다른 견해에서는 기본권의 제3자효가 기본권보호의무에 포함된다고 보기도 한다.[51] 반면, 기본권의 제3자효와 기본권보호의무는 구별된다는 입장도 있다.[52] 최근에 사회공동체의 집단적·제도적 차원의 기본권을 강화해야 한다는 견해도 있다.[53]

(1) 기본권의 직접적인 제3자효설

모든 사인 간 법관계에 기본권이 직접적으로 효력을 미치지는 않는다. 왜냐하면, 독일 기본법 제1조 제3항[54]에 의하면, 기본권은 원칙적으로 국민과 국가 간의 관계에서만 직접적으로 효력을 미치기 때문이다.[55] 기본권은 원칙적으로 독일 민법 제134조의 의미에서 '금지법'에도, 독일 민법 제823조 제2항에 의거한 '보호법'에도, 독일 민법 제823조 제1항에 규정된 '그 밖에 권리'에도 효력을 미치지 않는다.

헌법상 기본권이 사인 간에도 효력을 미친다고 명백히 규정된 경우에만, 기본권이 사인 간에 직접적인 효력을 미친다. 독일 기본법 제9조 제3항 2문[56]에서는 사인 간에 직접적인 효력이 미친다는 명시적인 규정이 있다. 일반적으로 기본권은 사인 간에 직접 적용되지 않는다.[57] 인간 존엄의 불가침성은 사인 간에 직접 적용되지 않는다.[58] 독일에서 인간 존엄이 비(非)국가세력에 의해

50) Enders, Die Menschenwürde in der Verfassungsordnung, 1997, S. 335; Howald, Das Kommunikations grundrecht der Meinungsfreiheit und seine Kollision mit arbeitsvertraglichen Pflichten, 2003, S. 34.

51) Augsberg/Viellechner, JuS 2008, 406, 412; Canaris, Drittwirkung der gemeinschaftsrechtlichen Grundfreiheiten, S. 29, 32; Gersdorf, AöR 199 (1994), S. 400 (421); Klein, S. 1640; Groß, JZ 1999, S. 326 (331); Gurlit, NZG 2012, S. 249 (251); Hermes, Grundrechtsschutz durch Privatrecht auf neuer Grundlage?, NJW 1990, S. 1764 (1767 f.); Jarass, AöR 120 (1995), S. 345 (352 f.); Pieroth/Schlink, Grundrechte, Staatsrecht Ⅱ, 29. Aufl. 2013, Rn. 198; Szczekalla, Die sogenannten grundrechtlichen Schutzpflichten im deutschen und europäischen Recht, 2002, S. 254 ff.; Unruh, Zur Dogmatik der grundrechtlichen Schutzpflichten, 1996, S. 72 f.

52) R. Poscher, Grundrechte als Abwehrrechte, 2003, S. 267 f.

53) Hensel/Teubner, Matrix Reloaded. Kritik der staatszentrierten Drittwirkung der Grundrechte am Beispiel des Publication Bias, KJ 2014, S. 150 ff.

54) 독일 기본법 제1조 제3항 "이하의 기본권은 직접 효력을 가지는 법으로서, 입법과 집행 및 사법을 구속한다."

55) Vgl. Canaris, Grundrechtswirkungen und Verhältnismäßigkeitsprinzip in der richterlichen Anwen dung und Fortbildung des Privatrechts, JuS 1989, S. 161.

56) 독일 기본법 제9조 제3항 "근로조건과 경제조건의 유지와 개선을 위하여 단체를 결성할 권리는 누구에게나 그리고 모든 직업과 관련하여 보장된다. 이 권리를 제한하거나 방해하고자 하는 협약은 무효이며, 이를 목적으로 하는 조치는 위법하다."

57) Claus-Wilhelm Canaris, Drittwirkung der gemeinschaftsrechtlichen Grundfreiheiten, S. 35.

58) Canaris, Grundrechte und Privatrecht, AcP 184 (1984), S. 201, 203 f.; Ruffert, Vorrang der Verfassung und

위협받았던 경험이 있음에도 불구하고, 독일 기본법 제1조 제1항 2문[59]은 '국가'에게 인간의 존엄을 존중하도록 요구하는 규정임이 명백하다.[60] 또한 입법자는 기본권의 직접적인 제3자효를 부정하면서 독일 민법상의 일반조항[61] 또는 불확정적 법개념을 통해 기본권의 효력이 미친다는 견해를 표명했다. 가치 부여와 의미 부여가 필요한 민법상 '일반조항'[62]은 상당히 유용한 수단이 된다. 오히려 '일반조항'은 사법(私法) 질서에 필수적인 구성요소이며 사법(私法) 관계에 기본권의 적용을 위한 기능을 수행한다.

사회적 권력이 기본권에 기속될 때,[63] 국가의 기본권 기속이 사인 간에도 적용된다는 기본권의 직접적인 제3자효설[64]은 모순이 발생한다.[65] 사회적 권력을 보유한 사적 주체는 기본권 주체이며, 오히려 국가는 이러한 사적 주체의 기본권을 보장해야 한다. 국가와 국민의 관계와 국민 상호간 관계를 구별하는 중요한 차이는 양자 관계가 동등한 지위에 있지 않다는 것이다.[66] 기본권의 수범자는 국가일 뿐이다. 독일 기본법 제3조 제1항에서 규정된 '법 앞에' 평등과 기본권의 법률유보원칙은 입법자에게만 요구한다.[67]

독일 기본법 제1조 제3항에 의하면, 기본권이 사인 간에도 직접적으로 적용된다는 기본권의 직접적인 제3자효설은 타당성이 없다. 민사법원은 민사소송에서 해석·적용시 기본권을 유념해야 한다.[68] 민사법원은 사적인 법적 분쟁에 원칙적으로 민법에 의거하여 판결한다. 민법을 적용할 때, 민사법원의 판사는 양 당사자 간 이익을 형량하지만, 공권력에 의한 기본권 침해 여부를 판단하지는 않는다.[69]

Eigenständigkeit des Privatrechts, 2001, S. 477 f.

59) 독일 기본법 제1조 제1항 "인간의 존엄성은 훼손될 수 없다. 이를 존중하고 보호하는 것은 모든 국가권력의 의무이다."

60) Dreier, GG, 3. Aufl. 2013, Art. 1 Ⅰ, Rn. 24 m. w. N.

61) §§ 138, 242, 275 (3), 307 (1), 626 (1), 826, 1004 (2), 1666 BGB, § 315 (1) BGB

62) BVerfGE 81, 242 (256).

63) Gamillscheg, Die Grundrechte im Arbeitsrecht, AcP 164 (1964), S. 385 (406 f.).

64) Nipperdey, RdA 1950, S. 121 (125).

65) Canaris, Grundrechte und Privatrecht, S. 201 (206).

66) Alexy, Theorie der Grundrechte, 1985, S. 480; Richardi, in: Richardi/Wlotzke/Wißmann/Oetker (Hrsg.), Münchener Handbuch zum Arbeitsrecht, 3. Aufl. 2009, § 12, Rn. 9.

67) Canaris, Grundrechte und Privatrecht, S. 201 (203 ff.); Canaris, Drittwirkung der gemeinschaftsrechtlichen Grundfreiheiten, S. 29 (35).

68) Petz, JA 1987, S. 634 m. w. N.

기본권의 직접적인 제3자효를 인정하게 되면, 사인에 의한 기본권 가해에 대한 국가의 강력한 보호는 가해자의 기본권을 더욱 심각하게 제한하게 된다.[70] 기본권의 직접적인 제3자효설에서는 사인 간의 관계에서 기본권의 효력은 국민과 국가 간의 관계에서의 기본권의 효력과 차이가 있다고 주장한다.[71] 사법(私法) 주체 간에 기본권 적용시에, 각 주체는 기본권 주체이며, 동일하거나 상이한 기본권들 간에 상충하고 있다는 것을 염두에 두어야 한다. 특히 헌법에 규정된 사법(私法)상 형성의 자유와 계약의 자유는 과도하게 제한되어서는 안된다.[72] 기본권의 직접적인 제3자효에 의하면, 기본권이 사인 간에 직접적으로 효력을 발휘함으로써 사적 자치의 근간을 뒤흔들거나 적어도 사적 자치에 대한 심각한 훼손을 초래하게 된다.[73]

(2) 기본권의 간접적인 제3자효설

기본권의 간접적인 제3자효에서는 기본권이 간접적으로 사인 간의 법관계에 적용된다고 한다. 기본권의 간접적인 제3자효에 의하면, 법적 또는 사실적 행위와 관련하여 특별법상 또는 민법상 일반조항을 매개로 하여 사인 상호간 기본권을 존중해야 한다. 입법자도 법원도 민법을 해석·적용하는 경우, 독일 기본법 제1조 제3항에 의거하여 직접적으로 기본권에 기속되지 않는다. 이는 공법의 적용시 뿐만 아니라 민법의 적용시에도 판례상 직접적으로 기본권에 기속되지 않는다. 민법상 일반조항을 통해 기본권이 간접적으로 실현되는 경우, 개별사건에서 사법(私法)에 반영된 기본권들 간에 이익형량을 해야 한다.[74] 법원이 소송 상대방의 법적 지위를 우선시함으로써[75] 소송 당사자의 기본권을 간과하거나 당사자에게 부담이 되도록 자신의 형량여지를 행사하지 않는다면,

---

69) Durner, Fernmeldegeheimnis und informationelle Selbstbestimmung als Schranken urheberrechtlicher Sperrverfügungen im Internet?, ZUM 2010, S. 833 (835).

70) Canaris, Drittwirkung der gemeinschaftsrechtlichen Grundfreiheiten, S. 36; Maunz/Durig/Herdegen, GG, 2014, Art. 1 Abs. 3, Rn. 59; Pieroth/Schlink, Grundrechte, Staatsrecht, Rn. 191.

71) Nipperdey, Grundrechte und Privatrecht, 1961, S. 18; Preedy, Die Bindung Privater an die europaischen Grundfreiheiten, 2005, S. 65 f.

72) BAGE 1, 185, 196.

73) Preedy, Die Bindung Privater an die europaischen Grundfreiheiten, S. 65 f.; Kempff, Grundrechte im Arbeitsverhältnis, 1988, S. 21 f.

74) Manssen, Staatsrecht Ⅱ, 10. Aufl. 2013, Rn. 103.

75) BVerfGE 96, 56 (65 f.).

기본권 의무자로서의 법원은 당사자의 기본권을 직접적으로 침해하게 된다. 이 경우 국민은 직접 독일 기본법 제93조 제1항 4a호에 의한 법원의 재판에 대해 재판소원을 청구할 수 있다.

기본권의 간접적인 제3자효는 사인 간의 사법(私法) 관계(예를 들면, 계약에서, 형성권의 행사에서, 손해행위에서)에서 기본권 관련문제가 발생할 때 기본권이 민법상 일반조항을 매개로 하여 방사효를 미친다. 사법(私法) 관계에 일반조항을 매개로 하여 기본권의 방사효가 미친다는 기본권의 간접적인 제3자효는 사적 자치를 훼손하지 않으면서 사인 간에 기본권의 효력이 미친다는 것이다.

(3) 기본권보호의무론

사인이 다른 사인의 기본권에 가해를 가하는 경우, 국가는 기본권보호의무를 진다는 법해석학적 견해가 이른바 '기본권보호의무론'[76]이다. 이 견해에 의하면, 국가는 제3자인 사인에 의한 위법한 가해로부터 사인인 국민의 기본권을 보호할 의무가 있다.[77] 국가가 국민을 보호해야 한다는 사고(思考)는 근본적으로 '국가의 존재이유 그 자체'이다.[78] 국가의 통치영역에서 안전과 법적 평화를 보장하는 것이 국가의 과제이다.[79]

전통적으로 기본권은 국가 공권력의 침해로부터 국민의 자유 영역을 보장하는 국가에 대한 '방어권'(국가로부터의 자유)으로 이해되었다.[80] 반면, 가해자인 사인이 피해자인 사인의 기본권 가해에 대해 국가에게 기본권보호의무가

---

76) 기본권보호의무에 관해서 정태호, "기본권보호의무", 「인권과 정의」 제252호, 1997, 108면 이하; 표명환, "기본권보호의무의 이론적 기초", 「헌법학연구」 제8권 제1호, 2002, 138면 이하; 표명환, "입법자의 기본권보호의무와 헌법적 통제", 「헌법학연구」 제11권 제2호, 한국헌법학회, 2005, 211면 이하; 이부하, "헌법영역에서 기본권보호의무", 「공법학연구」 제8권 제3호, 2007, 121면 이하; 이부하, "비례성원칙과 과소보호금지원칙", 「헌법학연구」 제13권 제2호, 2007, 275면 이하; 이부하, "위험사회에서 국민의 안전보호의무를 지는 보장국가의 역할", 「서울대학교 법학」제56권 제1호, 2015, 139면 이하; 허완중, "기본적 인권을 확인하고 보장할 국가의 의무", 「저스티스」 통권 제115호, 2010, 79면 이하; 허완중, "기본권보호의무에서 과소보호금지원칙과 과잉금지원칙의 관계", 「공법연구」 제37집 제1-2호, 2008, 211면 이하.

77) Belling, Staatsverantwortung, ZfA 1999, S. 547 (572 ff.).

78) Oldiges, Neue Aspekte der Grundrechtsgeltung im Privatrecht, in: Wendt (Hrsg.), FS für Friauf, 1996, S. 281 (299); Starck, Wie kommen die Grundrechte ins Privatrecht und wie wirken sie dort?, in: Festschrift fur Rolf Sturner, 1. Teilbd., 2013, S. 61 (64).

79) Hager, Grundrechte im Privatrecht, JZ 1994, S. 373 (378); Isensee, Das Grundrecht als Abwehrrecht und als staatliche Schutzpflicht, § 191, Rn. 181 ff.

80) BVerfGE 7, 198, 204; 50, 290, 337; 68, 193, 205; Fabisch, Die unmittelbare Drittwirkung der Grundrechte im Arbeitsrecht, 2010, S. 57; Guckelberger, JuS 2003, 1151, 1152.

있다는 '기본권보호의무론'에서 국가는 침해자가 아닌, 보호자로서 기능한다. 국가의 기본권보호의무는 부분적으로 개별 기본권 규정으로부터 직접적으로 도출할 수 있다.[81] 그러나 기본권보호의무는 기본권의 방어권적 측면을 최적화하는 기본권의 객관법적 내용에서 근거한다.[82] 기본권보호의무는 입법자에게만 부여하는 것이 아니라, 사법부에도 부여한다.[83] 국가가 기본권보호의무를 이행하기 위해서는 헌법을 포함한 법률을 충실하게 해석하고 적용하며 계속적인 조치를 취해야 한다. 또한 기본권보호의무는 우선적으로 입법자에게[84] 기본권을 포함하여 관련된 사람의 모든 이익을 고려하여 책임있는 입법형성을 하도록 요구한다.[85] 입법자는 기본권보호의무를 실행함에 있어서 광범위한 형성의 자유를 지니고 있다.[86]

방어권으로서의 기본권은 국가 공권력의 침해로부터의 자유 보장을 의미한다. 이러한 의미에서 기본권은 국가 형벌권 행사에 있어서 한계 설정 기능을 한다. 그러나 국가의 기본권보호의무는 국민에게 가해지는 법적 침해를 국민 스스로 임의로 방위하거나 처벌하는 것을 금지하는 '국가권력의 독점'에 기반하고 있다.[87] 따라서 국가는 제3자인 사인이 다른 사인의 기본권을 가해하는 경우, 비록 가해자의 기본권에 상당한 침해가 수반되더라도 국가는 피해자의 기본권을 보호할 의무가 있다. 이러한 취지에서 국가의 형법상 제재는 중요한 의미를 가진다. 형법상 제재는 일반예방과 위하(威嚇) 기능을 수행하며, "특정한 행위가 금지된 것 이상으로 사회에 해악이 되고, 인간의 공동생활에 수인

81) Bleckmann, Neue Aspekte der Drittwirkung der Grundrechte, DVBl. 1988, S. 938 (941 f.).
82) Dreier, GG, 3. Aufl. 2013, Vorb., Rn. 104; Isensee/Kirchhof, Handbuch des Staatsrechts, Band Ⅸ, 2011, § 197, Rn. 93; Klein, DVBl. 1994, S. 489 (491); Tian, Objektive Grundrechtsfunktionen im Vergleich, 2012, S. 87; Unruh, Zur Dogmatik der grundrechtlichen Schutzpflichten, 1996, S. 75, 78; Szczekalla, Die sogenannten grundrechtlichen Schutzpflichten im deutschen und europäischen Recht, S. 149 f., 335.
83) BVerfGE 103, 89 (100); BAG NZA 2010, 824, 827 f.
84) BVerfGE 39, 1 (51); 96, 56 (64); 114, 1 (34 f.); 121, 317 (356); Canaris, Grundrechtswirkungen und Verhältnismäßigkeitsprinzip in der richterlichen Anwendung und Fortbildung des Privatrechts, S. 163; Hermes, Grundrechtsschutz durch Privatrecht auf neuer Grundlage?, S. 1765, 1767; Ipsen, Verfassungs- privatrecht?, S. 157 (161).
85) BVerfG NJW 2005, 2376, 2378; Ruffert, Vorrang der Verfassung und Eigenständigkeit des Privatrechts, S. 203 ff.
86) Hager, Grundrechte im Privatrecht, S. 378.
87) Belling, Staatsverantwortung, ZfA 1999, S. 547 (572 ff.); Oldiges, Neue Aspekte der Grundrechtsgeltung im Privatrecht, S. 281 (299).

불가능하며, 그 행위의 저지가 특별히 긴급한 상황일 경우"[88]에 사용된다. 국가가 기본권보호의무를 수행하기 위해 자유권 제한적인 형법을 제정함으로써 기본권을 제약해서는 안된다. 형법의 제정은 입법자와 헌법재판소의 통제에 의해 자제되어야 한다. 형벌은 최후 수단으로 사용되어야 한다.[89] 헌법재판소는 입법자의 객관적인 가치판단이 최선으로 실현되지 않는다고 판단될 경우에, 입법자의 기존 입법을 헌법재판소의 판단으로 대체해서는 안된다. 입법자의 입법을 헌법재판소의 판단으로 대체할 수 있는 경우는 입법자의 입법에서 전혀 고려되지 않았거나 명백히 결함이 있는 경우에만 허용된다.[90] 기본권보호의무는 우선적으로 입법자에게 그 과제를 부여하며, 기본권보호의무를 수행하기 위한 입법자의 입법행위는 헌법재판소에 의해 사후적으로 통제된다.[91]

국가가 기본권보호의무를 수행함으로써 강자의 자유 발현이 제한되고 약자의 자유 보호가 가능해진다. 사인의 기본권이 다른 사인에 의해 제한되는 정도는 다른 사인의 기본권과의 충돌을 피할 수 있는 방법으로 기본권이 실현될 수 있는지 여부로 판단해야 한다. 예를 들어, 근로자는 단결권·단체교섭권 및 단체행동권 행사에 있어서 다른 수단을 사용할 수 있을 때, 사용자의 재산을 파괴하는 쟁의행위를 해서는 안된다.[92]

이슨제(Isensee) 교수가 적절히 언급한 바와 같이, "기본권보호의무에 의거하여 국가는 기본권 주체가 다른 사람의 법익에 대한 침해를 가하지 않도록 보호해야 한다."[93] 그러나 국가는 비례적으로 가해자의 기본권을 심각하게 제약해서는 안되며, 가능한 한 가해자의 기본권도 고려해야 한다. 기본권보호의무의 이행과 관련하여, 개별 사건에서 국가는 과소보호금지원칙을 준수해야 한다.[94] 즉, 국가는 헌법적으로 요청되는 최소수준 이상을 보호해야 한다.[95] 헌법에서 요구하는 최소수준 이상의 보호는 사법(私法)의 자기결정과 용인된 기

88) BVerfGE 96, 245 (249).
89) BVerfGE 96, 245 (249).
90) BVerfGE 39, 1 (68 ff.).
91) Ipsen, Verfassungsprivatrecht?, S. 160 ff.
92) BAG JZ 2014, 902, 904.
93) Isensee, Nachwort - Privatautonomie: Freiheit zur Diskriminierung?, S. 252.
94) Isensee, Das Grundrecht als Abwehrrecht und als staatliche Schutzpflicht, § 191, Rn. 149; Mayer, Untermas, Übermas und Wesensgehaltsgarantie, 2005, S. 43 ff.
95) BVerfGE 88, 203 (254); 103, 89 (101); Voßkuhle/Kaiser, JuS 2011, S. 411 (412); Klein, JuS 2006, S. 960 ff.

본권 제한으로 이해된다. 이러한 기반하에서 법적 주체는 자신의 기본권을 발현할 수 있고, 다른 사람의 기본권 발현을 용인해야 한다. 기본권 주체의 기본권을 보호하기 위한 국가의 개입은 국가의 보호가 필요한 중요한 기본권 침해시 즉, 기본권보호 필요성이 있는 경우에만 예외적으로 가능하다.

(4) 사회공동체적 집단적·제도적 차원의 기본권설

헨젤(Hensel)과 토이브너(Teubner)는 개별사건에서 기본권의 제3자효와 관련하여 사법(私法) 주체 간에 상충하는 기본권 간 비교형량을 반대한다. 기본권은 주관적 권리의 보호뿐만 아니라, 사회공동체의 제도 보호에도 기여하고 있음을 오랜 동안 인정하고 있음에도 불구하고, 사법(私法) 관계에서 기본권의 제3자효는 지금까지 개인의 권리 보호에만 중점을 두었지, 제도 보호에는 소홀해 왔다고 한다.[96] 사회공동체내 '구조적 상충' 때문에 개인적 기본권의 형량을 넘어 집단적·제도적 차원의 기본권을 강화해 나가야 한다는 것이다. 집단적·제도적 차원의 기본권은 사회공동체적 과정을 통해 다른 사회공동체적 과정에 통합되는 경향을 극복함에 의해 자율 보장이 되는 양면 관계를 의미한다.[97] 집단적·제도적 차원의 기본권은 대립하는 사회공동체의 부분적 합리성 간 상충에 있어서 효력을 발휘하는 '상충규범'으로 기능한다.[98] 기본권의 상황적응성은 사법(私法)의 특수성에 한정되어서는 안되며, 사적 자치 영역에 적용되는 특유한 규범에도 적용되어야 한다. 기본권보호의무를 국가에게만 부과하는 것으로 충분하지 않다. 기본권의 제3자효는 사회공동체에 의한 기본권 침해에 미쳐야 하고, 그에 맞서는 사회공동체적 세력을 촉진시켜야 한다.[99]

사회공동체내 '구조적 상충'의 예로서, 제약(製藥)회사가 드물지 않게 임상실험을 조작하는 경우를 들 수 있다.[100] 이러한 임상실험의 조작은 부정적인 연구결과 공표의 제지(制止), 제약업체와 연구자 간 연구계약에서 검열 규정, 재정적으로 의존적인 연구기관에서 연구윤리가 강한 연구자의 해고 등에 의해

---

96) Hensel/Teubner, Matrix Reloaded. Kritik der staatszentrierten Drittwirkung der Grundrechte am Beispiel des Publication Bias, KJ 2014, S. 154.
97) Hensel/Teubner, KJ 2014, S. 156.
98) Hensel/Teubner, KJ 2014, S. 156.
99) Hensel/Teubner, KJ 2014, S. 155 ff.
100) Hensel/Teubner, KJ 2014, S. 152 ff.

발생한다. 제약회사는 연구비 지급과 관련하여 의약품의 허가 및 판매를 위한 영향력 행사를 하려 하는데, 이는 연구기관의 이익(학문의 자유)과 국민건강제도 간에 상충을 일으킨다. 헨젤(Hensel)과 토이브너(Teubner)는 사회공동체의 집단적·제도적 상충에 있어서 상충을 유발하는 기본권의 수평적 효력 문제를 지적한다.[101] 제약회사의 임상실험 조작은 연구자와 환자의 개인적 권리를 침해할 뿐만 아니라, 학문과 국민건강제도의 사회공동체의 자율 영역의 완결성과 기능을 침해한다. 이러한 기본권 침해는 궁극적으로 사회적 과정의 일원으로서 '비인격적인 사회적 과정'을 통해 발생한다고 한다. 학문, 국민건강제도, 경제 간 상충시에 효과적인 기본권 보호를 위해서 '등록의무'(Registrierpflicht)를 부과해야 한다고 한다. 또한 전문학술지는 자발적으로 이 모든 실행된 연구기록을 공표의 전제조건으로서 등록해야 한다는 것이다.[102]

헨젤(Hensel)과 토이브너(Teubner)의 견해는 설득력이 있어 보이지만, 몇 가지 문제점이 있다. 우선, 집단적·제도적 차원의 기본권 개념뿐만 아니라, 집단적·제도적 차원의 기본권과 주관적 기본권/기본권의 객관법적 내용 간의 관계와 체계화 정립이 불분명하다. 또한 '비인격적인 사회적 과정'이 구체적으로 무엇을 의미하는지 알 수 없다. '디지털(digital) 과정'[103]조차도 인간의 행위에 기인한다. 위 사례에서 자연인 또는 법인이 상호간 연구계약을 체결하고, 부정적인 연구결과도 인간에 의해 제지되게 된다.[104]

헨젤(Hensel)과 토이브너(Teubner)가 지적한 바와 같이[105] 독일 연방헌법재판소 판례에서는 개인적·주관적 권리만을 형량하고 있다. 그러나 이는 입법자의 역할과 달리, 사법(私法) 소송에서 민사법원이 민법을 적용한데 기인한 것이다. '보증계약' 판결에서 은행의 공동체적·집단적 제도가 가족 구성원의 사적 자치를 훼손하였다고 주장할 수 있다. 그러나 사법(私法) 관계상 기본권의 제3자효에 있어서도 '제도적 보호'는 결코 경시되지 않고 있다.[106]

---

101) Hensel/Teubner, KJ 2014, S. 157 f.
102) Hensel/Teubner, KJ 2014, S. 157 f.
103) Hensel/Teubner, KJ 2014, S. 156.
104) W. Belling/Herold/Kneis, Die Wirkung der Grundrechte und Grundfreiheiten zwischen Privaten, 2014, S. 95.
105) Hensel/Teubner, KJ 2014, S. 156.
106) W. Belling/Herold/Kneis, 2014, S. 95.

국가가 등록의무를 법규범화하는 경우, '등록의무'는 국가의 기본권보호의무의 한 형태가 될 수 있다. 연구과정 및 연구결과를 조작하는 특수한 상황은 학문의 자유의 일부로서 연구과정 및 연구결과의 공표권을 제대로 보장하기 위해 특별한 보호조치가 필요하다. 인터넷 시대에 집단적 지위를 지니지 않는 '과정'(제도, 기능시스템, 네트워크)으로부터 유발되는 위험은 사회공동체에서 발견되지 않는다. 어떤 사회공동체단체의 구성원들이 다른 사회공동체단체의 구성원들에게 이익추구를 위해 집단적·이기적으로 행동할 때, 위험은 증대된다. 그러나 이러한 위험은 결국 '개인'에 의해 유발된 것이다. 소수의 제약회사가 연구과정 및 연구결과를 조작하기 위해 재력을 사용하는 경우라면, 학문의 자유 침해 위험성은 낮아지게 된다. 왜냐하면, 연구자는 이미 존재하는 평판 좋은 다른 제약회사와 계약을 맺을 수 있기 때문이다. 그러나 다른 제약회사들이 이러한 연구에 관심을 갖지 않는다면 이러한 이론은 타당성이 없게 된다.[107]

기본권 보호를 위한 조치를 미리 사전에 강구해 둔다면, 개인에 의해서도 집단·제도에 의해서도 기본권 침해 가능성은 낮아진다. 제약 허가의 시스템과 절차가 자체적으로 조작의 기회를 제공하기 때문에, 적절한 보호조치를 위해 조직과 절차 규정에 둘 수 있다. 예측할 수 없는 수많은 환자와 의약품 임상실험자에게 임상실험의 부작용으로 건강 침해와 심지어 생명에 대한 침해까지 예견되기 때문에, 이러한 보호조치를 취할 국가 의무가 부과된다. 개별 연구자들은 제약회사에 대해서 거의 무력한 상태에 있다. 연구자의 연구비의 필요와 자금의 부족, 재정적으로 취약한 연구자의 외부 재정지원 종속성은 제약회사에게 우월한 지위를 부여하게 된다.[108]

5. 기본권의 제3자효와 기본권보호의무와의 관계

기본권의 제3자효와 기본권보호의무와의 관계에 대해 긍정하는 입장과 부정하는 입장이 있다.[109] 기본권보호의무는 기본권의 제3자효와 구별된다고 볼

107) W. Belling/Herold/Kneis, 2014, S. 96.

108) W. Belling/Herold/Kneis, 2014, S. 96.

109) 이에 관해서는 장영철, "기본권의 제3자적 효력과 기본권보호의무", 「공법연구」 제29집 제2호, 한국비교공법학회, 2001, 164면 이하; 허완중, "기본권의 대사인적 효력과 기본권보호의무 그리고 기본권충돌의 관

수 있다. 기본권의 제3자효는 사인 간의 사법(私法) 관계에 기본권의 효력이 미치는지의 문제인 대사인적 효력의 문제인 반면, 기본권보호의무는 기본권 가해자와 기본권 피해자 간 법적 문제에서 대국가적 효력의 문제이다.110) 기본권의 제3자효 문제는 법원이 사인 간의 법률관계에 관한 재판에 있어서 기본권을 고려해야 한다는 것이다. 그러나 기본권보호의무는 사인 간의 법률관계와 관련되지만, 민사법 관계에 국한되지 않는다. 즉, 기본권의 제3자효는 법관이 사인 간의 법률관계 해석·적용시 기본권을 고려해야 하는 문제임에 반해, 기본권보호의무는 우선적으로 사인과 사인 간의 기본권 가해시 입법자의 기본권 보호 문제이다.

기본권의 제3자효는 기본권의 '방사효'와 관련하여 기본권의 효력이 국민 대 국가의 관계뿐만 아니라, 국민(사인) 대 국민(사인)의 관계에도 미치게 하려는 것이다. 그러나 기본권의 제3자효의 인정은 사법(私法)의 대원칙인 '사적 자치'와 종종 충돌한다. 이러한 충돌 문제를 해결하기 위해 통설은 기본권의 간접적인 제3자효가 주장되는 것이다. 이에 반해 기본권보호의무는 사적 자치와 무관하며 기본권의 효력을 사인에게 미치려는 것에 중점이 있는 것이 아니라, 기본권 가해를 받는 국민의 '기본권 보호'에 중점이 있다. 따라서 기본권보호의무에서는 적절하고 효율적인 기본권 보호 입법이 중요하다. 또한 기본권의 제3자효의 적용영역은 재산권 분야가 많음에 반해, 기본권보호의무의 적용영역은 생명이나 신체 등의 중요한 기본권적 법익이 많다.

기본권의 제3자효는 사인 간 힘의 불평등 관계에서 법원이 기본권의 효력을 사인 간에도 미치게 할 것인지의 문제인 반면, 기본권보호의무는 사인인 기본권 가해자의 피해자의 기본권에 대한 위법한 가해나 가해의 위험을 국가가 보호해야 하는 의무를 지는 것이다.111) 즉, 기본권보호의무에서 도출되는 보호청구권은 국가가 보호자의 지위에서 국가와 국민 간의 관계에서 기본권이다.112) 기본권의 제3자효는 우선적으로 '법원'에게 사법(私法)상 일반조항의 해

계", 「헌법논총」 제25집, 2014, 5면 이하.

110) Isensee, Das Grundrecht als Abwehrrecht und als staatliche Schutzpflicht, § 191.

111) 이부하, "국가의 기본권보호의무와 과소보호금지원칙", 「법학연구」 제17집 제2호, 2014, 47면.

112) 이승우, "국가의 기본권보호의무", 「현대공법과 개인의 권익보호」, 균재 양승두교수 화갑기념논문집 [I], 홍문사, 1994, 1164~1166면.

석과 적용시 기본권을 고려하라는 명령임에 반해, 기본권보호의무는 우선적으로 '입법자'[113]에게 기본권 가해자에 의한 기본권 피해자의 기본권 가해시 최소수준 이상의 과소보호에 합당한 '적절하고 효율적'인 보호조치를 취하라고 의무지우는 것이다.[114]

6. 결어

원칙적으로 기본권은 국가 공권력에 대한 국민의 방어권이다. 그러나 기본권의 제3자효 논의는 기본권의 효력이 수평적으로 사인 간에도 미치는지 여부의 문제이다. 독일에서는 기본권의 직접적인 제3자효, 기본권의 간접적인 제3자효, 기본권보호의무 등 다양한 이론이 주장되었다. 기본권의 직접적인 제3자효설에 의하면, 기본권은 사인 간에 직접적으로 적용된다. 반면, 기본권의 간접적인 제3자효설은 사법(私法)상의 불확정적 법개념과 일반조항을 통해 기본권이 사인 간에 간접적으로 영향을 미친다. 국가의 기본권보호의무는 국가의 보호과제의 객관법적 기능에서 기본권은 제3자에 의한 국민의 기본권 가해로부터 기본권 피해자를 보호해야 하는 국가 의무가 있다는 것이다.

독일 연방노동법원은 기본권의 직접적인 제3자효설을 주장해왔지만, 독일 연방헌법재판소는 일찍이 기본권의 간접적인 제3자효를 적용해왔다. 독일 연방헌법재판소는 '뤼트(Lüth) 판결' 이래로 기본권의 방어권 이외에 민법을 비롯한 모든 법 분야의 헌법적 근본결정으로서 적용해야 하는 객관적인 가치질서를 인정하였다. 기본권의 간접적인 제3자효설은 어떠한 민법 규정도 기본권의 객관적 가치질서에 위배될 수 없다는 결론을 도출해냈다. 따라서 기본권은 사인 간에 직접적으로 적용되는 것이 아니라, 민법상 일반조항인 불확정 법개념을 통해 방사적으로 사인 간에 효력을 미친다는 것이다. 또한 독일 연방헌법재판소는 '낙태 판결'에서 처음으로 기본권의 객관법적 내용으로부터 국가의 기본권보호의무를 도출해냈다. 기본권보호의무는 사인의 기본권을 다른 사인의 위법적인 가해로부터 보호해야 하는 국가 의무를 말한다. 낙태에 대한 형사처

113) R. Poscher, Grundrechte als Abwehrrechte, S. 267 f.
114) 이부하, "생명에 대한 기본권보호의무와 과소보호금지원칙", 「동아법학」 제62호, 2014, 12면.

벌 가능성을 법규범화할 때 입법자는 산모와 태아 간에 상충하는 기본권 간에 형량을 해야 한다.

기본권의 제3자효와 기본권보호의무와의 관계에 대해 견해가 나누어진다. 적용영역과 관련하여, 기본권의 제3자효는 사법(私法) 영역에서 주로 발생하지만, 기본권보호의무는 자유권적 기본권적 보호법익과 관련하여 모든 법 영역에서 요구된다. 기본권의 종류와 관련하여, 기본권의 제3자효는 사법(私法) 영역에서는 사법(私法)의 일반조항을 통해 사인 간에 기본권의 효력이 미친다는 견해이다. 특히 기본권의 제3자효는 대체적으로 재산권 분야가 많다. 반면, 기본권보호의무는 생명이나 신체 등의 중요한 기본권적 법익을 그 보호법익으로 하며, 사법(私法) 관계뿐만 아니라 공법(公法) 관계(생명 침해의 범죄행위)나 전문법 영역(환경침해)에서도 관련된다. 발효 요건과 관련하여서, 기본권의 제3자효는 일반적으로 사법(私法) 관계에서 힘의 균형이 파괴된 경우, 우선적으로 법원에 의해 사적 자치가 실현될 수 있도록 기본권 고려적 해석·적용을 하도록 요청한다. 이에 반해 기본권보호의무는 기본권 가해자에 의한 기본권 피해자의 기본권에 대한 위법한 가해를 요건으로 하며, 국가는 기본권 피해자의 기본권을 보호할 의무를 진다.

제 2 절 보장국가와 국민의 안전

1. 보장국가의 내용

슈페어트(G. F. Schuppert)는 민영화와 규제화, 민영화에 있어서 국가와 민간의 긴밀한 협조, 공·사의 파트너십 등을 주제어로 삼으면서 최소국가와 복지국가 사이에 보장국가가 위치하고 있다고 설명한다.[115]

'보장국가'[116]는 일차적으로는 안전에 대한 과제를 민간에게 위임하고 맡

115) G. F. Schuppert, Der Gewährleistungsstaat – Ein Leitbild auf dem Prüfstand, 2005, S. 11 ff.
116) 보장국가에 대한 공법 논문으로는 홍석한, "보장국가론의 전개와 헌법적 의의", 「헌법학연구」 제15권 제1

기되, 국가의 의무와 책임이 소멸하지 않고, 국가의 개입과 조정 역할을 수행하는 국가를 말한다. 만약 민간이 그 과제를 실패하는 경우 2차적이고 보충적인 지위에서 국가가 직접 위험에 대한 책임을 진다. 민영화를 전면적으로 추진하는 국가와 달리, 민간이 통제할 수 없는 위험이 발생하였을 때에는 국가가 개입하며 보장책임을 지는 형태이다.

국가는 자신의 모든 공적 과제를 스스로 감당할 수 없고, 스스로 감당하려 해서도 안된다는 것을 인식해야 한다.[117] 보장국가는 자신의 구체적인 공익적 책임을 인식하고 있지만, 원칙적으로 국가가 직접적인 공적 과제 이행을 자제하고, 공적 과제의 직접적인 이행을 민간에게 담당하도록 하고, 국가와 민간이 긴밀한 연관 관계를 유지하고, 국가는 공적 과제에 대해 최종적 책임을 지는 구조이다.[118] 이러한 점에서 보장국가는 변화되는 국가 기능의 역할을 반영하는 "새로운 모델"이다.[119]

보장국가에서는 국가가 민간과 협력적으로 공적 과제를 수행하게 된다. 예를 들면, 민간이 공적 과제를 실현하고, 국가가 이러한 영역에 개입해서는 안되는 상황에서 국가는 민간의 공적 과제 수행을 위해 국가 책임을 최종적으로 담당해야 한다.[120] 공익 실현과 관련하여, 보장국가는 민간이 자신의 책임하에 공적 과제를 훌륭히 달성하도록 조력하는 국가이다.[121]

보장국가는 원칙적으로 사회적 자율성을 존중하고 그 자율성의 틀을 설정하는 역할을 하며, 자율성에 기반을 두고 있는 민간이 공적 과제의 구체적 실현에 있어서 국민의 기본권을 침해하지 않도록 개입과 통제에 의해 보장기능을 담당하여야 한다.[122] 보장국가에서 국가의 제어(통제)의 초점은 민간 행위

호, 2009. 3, 497면 이하; 홍석한, "민영화에 따른 국가의 책임에 관한 독일에서의 논의", 「법학논총」 제17권 제3호, 조선대 법학연구원, 2010, 227면 이하; 조태제, "공사협동 시대에 있어서의 보장국가, 보장행정 및 보장행정법의 전개", 「한양법학」 제23권 제2호, 2012. 5, 273면 이하; 이부하, "위험사회에서 국민의 안전보호의무를 지는 보장국가의 역할", 「서울대학교 법학」 제56권 제1호, 2015. 3, 149면 이하.

117) C. Franzius, Gewährleistungsrecht. Grundfragen eines europäischen Regelungsmodells öffentlicher Dienstleistungen, 2007.

118) Martin Eifert, Grundversorgung mit Telekommunikationsleistungen im Gewährleistungsstaat, 1998, S. 139.

119) Claudio Franzius, Der Gewährleistungsstaat, Der Staat Bd. 42 heft 4 (2003), S. 493 (494).

120) A. Voßkuhle, Gesetzgeberische Regelungsstrategien der Verantwortungsteilung zwischen öffentlichem und privatem Sektor, in: Schuppert (Hrsg.), Jenseits von Privatisierung und schlankem Staat, 1999, S. 47 (81).

121) C. Franzius, Der Gewährleistungsstaat, Der Staat Bd. 42 heft 4 (2003), S. 493 (495).

122) B. Schlink, Die Bewältigung der wissenschaftlichen und technischen Entwicklungen durch das

의 합리성 유지에 있는 것이 아니라, 민간이 독자적으로 공익을 달성하도록 조력하는데 있다. 보장국가는 민간 행위의 자율성이 최대한 발휘되도록 보장해 주고, 이를 위해 사전적으로 구조화해 주는 임무를 맡고 있다.[123)]

보장국가에서 국가는 많은 영역에서 직접적인 이행책임을 부담하는 상황에서 벗어난다. 보장국가는 과거 전통적으로 감당해 오던 영역에 속했던 대다수의 과제를 직접 수행하지 않지만, 민간이 스스로 또는 민간과 협력하여 급부이행을 공익에 부합하도록 조정하고 규제하는 방식의 적절한 조치들을 취함으로써 보장기능을 수행한다.[124)]

보장국가에서는 국가와 민간의 상호 밀접한 관련과 상호 보충의 끈끈한 협력이 이전 보다 더욱 강화된다. 일방이 이러한 공적 과제 수행을 포기하지 않게 함으로서 국가와 민간 간의 협력을 위한 구조를 형성하는 것이 상당히 중요하다.[125)] 보장국가는 치밀한 규제구조하에서 법적 효력을 달성하도록 입법화된 준비된 국가이다.[126)] 국가는 민간이 공익을 지향하도록 하기 위해 적절한 조건하에서 민간 스스로 자율규제가 발휘되고 정착되도록 구조를 보장해 주어야 한다.[127)] 동시에 보장국가는 그 성격이 "급부국가"에서 "규제국가"로 변화되고 있다. 규제국가는 규제를 통해 국가의 보장책임을 우선적으로 부담해야 한다. 즉, 보장국가는 필연적인 탈규제화(Deregulierung)가 아니라, 더 까다로운 규제(Regulierung)를 요구한다. 보장국가는 복잡한 규제구조하에서 국가가 추구해 온 공익 달성을 민간과 협력하여 실현하도록 구조화된 국가이다.[128)]

Verwaltungsrecht, VVDStRL 48 (1990), S. 235 (260).

123) C. Franzius, Der Gewährleistungsstaat, Der Staat Bd. 42 heft 4 (2003), S. 493 (499).

124) Gunnar Folke Schuppert, Der Gewährleistungsstaat - modisches Label oder Leitbild sich wandelnder Staatlichkeit, in: Gunnar Folke Schuppert (Hrsg.), Der Gewaehleistungsstaat - Ein Leitbild auf dem Pruefstand, 2005. S. 19.

125) H.-H. Trute, Verantwortungsteilung als Schlüsselbegriff eines sich verändernden Verhältnisses von öffentlichem und privatem Sektor, in: G. F. Schuppert (Hrsg.), Jenseits von Privatisierung und schlankem Staat, 1999, S. 22 f.

126) C. Franzius, Der Gewährleistungsstaat, Der Staat Bd. 42 heft 4 (2003), S. 493 (514).

127) C. Franzius, Der Gewährleistungsstaat, Der Staat Bd. 42 heft 4 (2003), S. 493 (514).

128) H.-H. Trute, Verantwortungsteilung als Schlüsselbegriff, S. 23.

2. 보장국가에서 이행책임과 보장책임

법학에서 "국가 과제"라는 문제는 논의 대상에서 멀어지고, "국가 책임"이 중요한 논의의 초점이 되었다.[129] 보장책임이란 국가가 더 이상 이행책임을 지지 않으나, 민간 행위에 대한 윤곽책임도 부담하지 않는 영역을 지칭하기 위한 개념이며, 국가의 직접적인 이행책임과 민간행위를 위한 윤곽책임 사이에 존재하는 국가의 "잔존책임"으로 이해된다.[130] 또한 보장책임은 민간이 공적 과제를 훌륭히 이행할 수 있게 법적 구조를 제공하는데 지향점을 둔 국가책임이다.[131] 국가의 보장책임은 민간에 의한 공적 과제 이행시에 국가적 보증책임으로서, 민간이 공적 과제를 이행하는 경우에는 헌법상 한계가 거의 없다. 그러나 역으로 국가가 직접 공적 과제를 이행하는 경우에는 헌법적 정당성 요구가 강화된다.[132]

보장국가의 책임을 크게 '이행책임'과 '보장책임'으로 구분할 수 있다. 양자를 구분하는 기준과 관련하여, 국방, 외교, 치안 등 민간에게 이행책임을 맡겨서는 공익이나 국익을 추구하기 어려운 영역은 국가가 직접 이행책임을 부담하는 것이 타당하다. 그 외의 영역은 민간이 이행책임을 부담하거나 국가와 민간이 협력하여 이행책임을 지고, 국가는 보장책임을 지는 형태를 띠는 것이다.

보장책임의 내용으로, "공급책임", "수용책임", "완충책임"의 3가지 책임유형이 설명되고 있다.[133] "공급책임"(Bereitstellungsverantwortung)이란 국가가 구체적인 결과 관련적 규정에 근거하여 민간 활동에 개입하는 것이 아니라, 윤곽을 설정하고 그 윤곽 안에서 민간이 가능한 한 공익 지향적 방식으로 과제에 대해 스스로 책임지도록 하는 것을 말한다. 공급책임은 사회적 문제 해결을 위한 적합한 윤곽 조건, 행위 형태, 분쟁 해결 방안, 해결 선택수단 등을 마련하

129) G. Hermes, Staatliche Infrastrukturverantwortung, 1998, S. 152 ff.

130) W. Hoffmann-Riem, Innovationen durch Recht und im Recht, in: M. Schulte (Hrsg.), Technische Innovation und Recht, 1996, S. 3 (13 ff.); Schmidt-Aßmann, in: Wolfgang Hoffmann-Riem/Eberhard Schmidt-Aßmann/Gunnar Folke Schuppert (Hrsg.), Reform des Allgemeinen Verwaltungsrechts, 1993, S. 43 f.; C. Franzius, Der Gewährleistungsstaat, Der Staat Bd. 42 heft 4 (2003), S. 493 (505).

131) G. F. Schuppert, Der Gewährleistungsstaat, 2005, S. 20.

132) C. Franzius, Der Gewährleistungsstaat, Der Staat Bd. 42 heft 4 (2003), S. 493 (506).

133) W. Hoffmann-Riem, Der Gewährleistungsstaat, S. 95-98.

여 민간이 활용할 수 있도록 공급하는 책임을 말한다. 공급책임이 이행되기 위해서는 특히 민간의 상호작용이 특정한 작동규범에 기속되게 하는 법적 윤곽(예를 들면 절차법), 유용한 조직체(단체)의 특정한 형태 조성(예를 들면 주식회사, 유한회사, 협동조합), 적법한 행위를 위한 다양한 선택가능성 제공(예를 들면 소유권 취득, 사용대차), 허용된 행위의 한계 설정(예를 들면, 건축법의 안전율 규정, 소음·진동 관리법에서의 소음 규제), 공익 진흥적 구조의 조성과 보장(예를 들면 독과점 규제) 등이 중요하다.[134]

"수용책임"(Auffangverantwortung)이란 국가가 민간이 자율규제를 통해 과제를 실현하지 못할 경우 국가의 '예비기능'(Reservefunktion)으로서 수용하는 책임을 말한다. 민간이 달성하지 못하는 경우에 국가가 대비적으로 책임을 진다는 사실 자체가 민간에게 공익지향적 활동을 하도록 압박을 가하며, 민간이 공익달성에 실패할 경우에도 국가가 활성화된다(aktivierender Staat)는 의미를 수용책임은 갖고 있다. 즉, 수용책임이 의미하는 바는 평상시에는 민간이 공익지향적 활동을 하도록 강제하고, 비상시에는 국가가 대비상황에서 그 상황을 해결하기 위해 직접 투입된다는 것이다.[135] 축구경기에 비유하면, 수용책임은 축구경기가 잘 되는 경우에는 예비선수가 축구경기장 벤치에 앉아 있지만, 경기가 극도로 안 풀리는 경우에는 교체선수가 경기에 투입되는 것이다.[136]

"완충책임"(Abfederungsverantwortung)이란 특히 경제영역에서 민간 책임에 있어서 적절히 작동되지 않는 상황에서 민간이 원하지 않는 결과를 초래할 경우 이를 완충하는 책임을 진다는 것이다.[137] 축구경기로 묘사하면, 축구경기장 밖에서 응급구조사가 대기하고 있다가 선수가 부상을 당해 경기를 더 이상 할 수 없게 되었을 때 치료를 위해 응급구조사가 개입하게 된다. 이 경우 경기의 진행은 방해받지 않고 순조롭게 진행되지만, 응급구조사는 그 부상선수를 치료하게 된다.[138]

---

134) W. Hoffmann–Riem, Der Gewährleistungsstaat, S. 96.

135) W. Hoffmann–Riem, Der Gewährleistungsstaat, S. 97.

136) G. F. Schuppert, "Die öffentliche Verwaltung im Kooperationsspektrum staatlicher und privater Aufgabenerfüllung", Die Verwaltung, 1998, S. 415 (426).

137) W. Hoffmann–Riem, Der Gewährleistungsstaat, S. 97.

138) W. Hoffmann–Riem, Der Gewährleistungsstaat, S. 97.

보장책임의 유형에는 "공급책임",[139] "수용책임",[140] "완충책임"[141]의 3가지가 있다.[142] 보장국가의 책임 유형은 아래의 표와 같이 정리해 볼 수 있다. 보장국가의 책임은 이행책임과 보장책임으로 나뉘며, 보장책임은 공급책임, 수용책임, 완충책임으로 나눌 수 있다.

[표] 보장국가에서 책임의 유형[143]

유형	이행책임	보장책임		
국가 책임	이행책임	공급책임	수용책임	완충책임
민간 책임	이행책임			

139) "공급책임"(Breitstellungsverantwortung)이란 국가가 구체적인 결과 관련적 규정에 근거하여 민간 활동에 개입하는 것이 아니라, 윤곽을 설정하고 그 윤곽 안에서 민간이 가능한 한 공익 지향적 방식으로 과제에 대해 스스로 책임지도록 하는 것을 말한다. 공급책임은 사회적 문제 해결을 위한 적합한 윤곽 조건, 행위형태, 분쟁 해결 방안, 해결 선택수단 등을 마련하여 민간이 활용할 수 있도록 공급하는 책임을 말한다. 공급책임이 이행되기 위해서는 특히 민간의 상호작용이 특정한 작동규범에 기속되게 하는 법적 윤곽(예를 들면, 절차법), 유용한 조직체(단체)의 특정한 형태 조성(예를 들면, 주식회사, 유한회사, 협동조합), 적법한 행위를 위한 다양한 선택가능성 제공(예를 들면, 소유권 취득, 사용대차), 허용된 행위의 한계 설정(예를 들면, 건축법의 안전율 규정, 소음·진동 관리법에서의 소음 규제), 공익 진흥적 구조의 조성과 보장(예를 들면, 독과점 규제) 등이 중요하다(W. Hoffmann−Riem, Das Recht des Gewährleistungsstaates, S. 96).

140) "수용책임"(Auffangverantwortung)이란 국가가 민간이 자율규제를 통해 과제를 실현하지 못할 경우 국가의 '예비기능'(Reservefunktion)으로서 수용하는 책임을 말한다. 민간이 달성하지 못하는 경우에 국가가 대비적으로 책임을 진다는 사실 자체가 민간에게 공익지향적 활동을 하도록 압박을 가하며, 민간이 공익 달성에 실패할 경우에도 국가가 활성화된다(aktivierender Staat)는 의미를 수용책임은 갖고 있다. 즉, 수용책임이 의미하는 바는 평상시에는 민간이 공익지향적 활동을 하도록 강제하고, 비상시에는 국가가 대비상황에서 그 상황을 해결하기 위해 직접 투입된다는 것이다. 축구경기에 비유하면, 수용책임은 축구경기가 잘 되는 경우에는 예비선수가 축구경기장 벤치에 앉아 있지만, 경기가 극도로 안 풀리는 경우에는 교체선수가 경기에 투입되는 것이다(G. F. Schuppert, Die öffentliche Verwaltung im Kooperationsspektrum staatlicher und privater Aufgabenerfüllung, Die Verwaltung 1998, S. 415 (426)).

141) "완충책임"(Abfederungsverantwortung)이란 특히 경제영역에서 민간 책임에 있어서 적절히 작동되지 않는 상황에서 민간이 원하지 않는 결과를 초래할 경우 이를 완충하는 책임을 진다는 것이다(W. Hoffmann−Riem, Das Recht des Gewährleistungsstaates, S. 97).

142) W. Hoffmann−Riem, Das Recht des Gewährleistungsstaates, S. 95−98.

143) 이부하, "위험사회에서 국민의 안전보호의무를 지는 보장국가의 역할", 「서울대학교 법학」 제56권 제1호, 2015. 3, 155면.

3. 위험방지와 사전예방 과제의 민영화 문제

(1) 안전보장의 민영화 문제점

급부국가에서 보장국가로의 성격 변화로 인해, 법학에서 중요하게 부각되는 문제는 "국가 과제의 민영화"[144] 문제이다. 국가는 일방적으로 공적 과제의 이행을 중지하는 것이 아니기 때문에 이행 주체가 변화하고 있다는 것을 인식시키기 위해 국가가 "국가과제 불변의 법칙"[145]을 천명해서는 안된다. 오히려 국가는 주권적이고 독자적인 과제 수행자의 입장에서 벗어나서 민간의 과제 수행을 보장하는 담당자로서 보다 많은 역할을 해야 한다.[146]

보장국가의 성격은 "급부국가"에서 "규제국가"(Regulierungsstaat)로 그 성격이 변화된다. 규제국가는 규제를 통해 자신의 보장의무를 우선적으로 이행해야 한다. 즉, 보장국가에서 민영화는 필연적인 탈규제화(Deregulierung)가 아니라, 더 까다로운 규제(Regulierung)를 요구한다.

특히 안전보장의 민영화 논의는 뜨거운 감자이다. 국가가 국민(사회)의 안전 보호라는 명목으로 독점적 권력을 지니고 이를 기반으로 하여 모든 공권력 작용이 발휘되기 때문에, 안전 문제는 국가권력의 핵심적 영역에 해당하는 문제이다. 안전의 확보는 국가 재정 문제와 직결된다. 국가 재정 문제로 인해 국가만이 안전 보장의 주체로서 기능하던 상황에서 민간이 안전 보호의 중요한 주체로 동업하는 현상이 발생하게 되었다. 즉, 안전 보호의 주체가 다원화된 것이다. 국민의 안전보호의 주체로서 민간이 참여함으로써 안전 영역에 중요한 원칙이 새롭게 등장하게 되었다. 이러한 원칙이 "효율성 원칙"[147]이다. 효율성 원칙에 입각하여 국가에 의한 안전과 민간에 의한 안전을 비교평가하기 위해서는, 비용－편익 분석의 평가기준을 사용해야 한다. 비용－편익 분석에 의할 때, 국가에 의한 안전보장이 민간에 의한 안전보장보다 효율적이라고 평

144) 이에 관한 논문으로는 Georg Hermes, Staatliche Infrastrukturverantwortung, 1998 Tübingen; Martin Burgi, Funktionale Privatisierung und Verwaltungshilfe, 1999 Tübingen; Wolfgang Weiss, Privatisierung und Staatsaufgaben, 2002 Tübingen.

145) J. A. Kämmerer, "Verfassungsstaat auf Diät?", JZ, 1996, S. 1042 ff.

146) C. Franzius, "Der Gewährleistungsstaat", Der Staat, Bd. 42, Heft 4 (2003), S. 493 (499).

147) 효율성원칙에 관한 논문으로는 조태제, "행정법상의 효율성원칙", 공법학연구 제5권 제1호, 2004. 2, 43면 이하; 김판기, "규제행정법상의 경제적 효율성에 대한 고찰", 홍익법학 제14권 제1호, 2013, 581면 이하.

가하기 어렵게 되었다. 국가가 국민의 안전 보호를 위해 투여하는 비용이 민간에 의할 경우보다 훨씬 많이 들기 때문이다.

민간이 안전보호의 주체로 참여함으로써 "안전의 상품화"[148]가 가능해지게 되었다. 국가의 안전유지가 시장경제에 의해 조정되고, 안전의 상품화는 "효율성"이라는 잣대로 국가의 안전 정도를 판단하게 되었다. 또한 안전상품을 구매할 수 있는 부유층과 그렇지 못한 저소득층 간의 안전 보호 수준의 불평등이 발생하였다. 이러한 경향으로 국민 간의 안전 보호의 수준은 불평등하게 되고, 안전 보호에 있어서 차별받는 집단은 안전 보호의 영역에서 배제되게 되었다.[149]

(2) 보장국가에서 안전보장의 책임

우리나라 헌법 전문(前文)에는 "우리들과 우리들의 자손의 안전과 자유와 행복을 영원히 확보할 것을 다짐"한다고 규정하고 있다. 국가는 헌법에 의거해 국민의 안전 확보의 책임을 지고 있다. 또한 우리나라 헌법 제37조 제2항에서는 "국민의 모든 자유와 권리는 국가안전보장·질서유지 또는 공공복리를 위하여 필요한 경우에 한하여 법률로써 제한할 수 있으며, 제한하는 경우에도 자유와 권리의 본질적인 내용을 침해할 수 없다."고 하여 국가가 안전보장을 위해 국민의 기본권을 법률로써 제한할 수 있는 규정을 두고 있다. 이러한 헌법 규정에 의하면, 원칙적으로 국민의 안전보장은 국가의 몫이다. 문제는 국가가 원칙적으로 안전보장의 책임을 지도록 하고 있는데, 안전보장을 위한 모든 활동을 반드시 국가가 직접 수행하여야 하는가에 대해서는 어떠한 헌법상 규정도 없다. 따라서 일정한 영역에서는 국가가 국민의 안전 보호 이행을 민간에 이양할 수도 있다는 개방적 해석도 가능하다.

안전보호 과제를 어떻게 민영화할 것인가가 문제된다. 국가는 국민의 안전을 단독으로 보장할 수 없다. 국가는 국민의 안전보호와 관련하여 민간과 협력하여 안전을 보장하는 역할을 배분해야 한다. 국가는 안전과 관련한 책임을 직접적으로 지고, 민간은 어떠한 책임을 지느냐를 구별해야 한다. 시론적(試論

148) 토비아스 징엘슈타인·피어 슈톨레(윤재왕 역), 안전사회 - 21세기의 사회통제 -, 한국형사정책연구원, 2012, 104면 이하 참조.

149) 토비아스 징엘슈타인·피어 슈톨레(윤재왕 역), 안전사회 - 21세기의 사회통제 -, 한국형사정책연구원, 2012, 105면.

的) 주장으로 안전과 관련한 책임의 이원화(二元化)를 고려해 본다. 즉, 위험(danger)이 원인인 경우에는 국가가 직접 이행책임을 지며, 리스크(risk)가 원인인 경우에는 민간이 이행책임을 부담하거나 국가와 민간이 협력하여 이행책임을 부담하며, 위험과 리스크 모두 국가는 그 이행에 대한 보장책임을 지도록 하는 이원적 책임구조이다. 예를 들면, 위험과 직접적으로 관련된 경찰 업무는 국가가 직접적인 이행책임을 지고, 원자력발전 리스크, 식품 리스크, 전염병 리스크 등의 리스크 분야는 국가와 민간이 협력하여 이행책임을 지거나 민간이 원칙적인 이행책임을 지고 국가는 보장책임을 지는 형태의 이원화를 제안해 본다.

제 5 장 미국의 재난법 제도와 독일의 재난법 제도

제1절 미국의 재난법제 고찰

1. 서

2021년 12월 10일 토네이도 발생으로 미국 내 토네이도 사망자는 최소 90명에 이르렀다. 워싱턴 포스트(WP)에 따르면, 루이지애나, 텍사스, 아칸소 주 등이 피해를 입었다. 미국 국립기상센터(NWS)는 2021년 12월 10일－11일 아칸소에서 5대호 지역까지 무려 59건의 토네이도가 발생했다고 보도했다.[1] 또한 AP통신에 따르면, 2021년 12월 16일 미국 중서부 대평원 그레이트 플레이스 지대에 시속 120㎞ 이상 허리케인급 강풍을 동반한 토네이도 발생으로 미네소타, 캔자스, 아이오와 주 등에서 수많은 인명 피해와 재산 피해를 발생시켰다고 보도했다.[2]

재난 대응과 관련하여, 미국은 국가대응체제(NRF) 하에서 연방이 재난 대응에 책임을 다하도록 재난 대응 설계를 하였다. 1988년 11월 23일 제정된 '로버트 스태포드 재난구호 및 긴급지원법'(스태포드 법: Stafford Act)에 의하면, 재난과 관련하여 연방 지원은 주정부와 지방정부가 재난이나 비상사태를 감당할 수 없는 경우에만 지원이 가능하다. 미국 연방재난관리청(FEMA)이 중심이 되어 재난 지원과 재난 피해 보상을 한다.[3]

1) https://newsis.com/view/?id=NISX20211216_0001691468&cID=10101&pID =10100
2) https://www.chosun.com/international/international_general/2021/12/17/Q6W5NPILCJ DCFFR5PTHNL2IHDI/?utm
3) 이에 대하여는 이상경, "미국의 재난대응체계의 규범적 고찰과 시사점", 서울법학 제23권 제2호, 2015. 11, 23면 이하.

빈번히 발생하고 점점 대규모화되는 자연재난[4]에 대응하는 미국의 재난 대응 제도를 고찰해 보고, 미국 스태포드 법에 따른 중대재난과 비상사태 선포 절차를 살펴본다. 다음으로 미국의 재난 복구 제도로서 연방 재난 복구 지원의 유형, 위험 완화 보조금 프로그램, 재난구호기금(DRF) 등도 고찰해 본다. 미국의 재난 관련 법제도 고찰을 기반으로 사회시스템으로서 재난 대응 법체계와 재난구호기금 등을 살펴보도록 한다.

2. 미국의 재난 지원 법제도

[그림] 스태포드 법 선포 절차

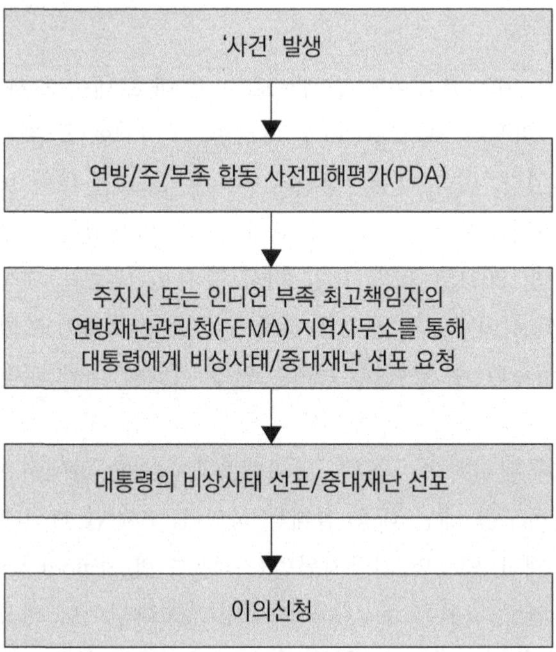

자료: 연방재난관리청(FEMA)의 "The Disaster Declaration Process" 웹페이지를 참조하여 연방의회 조사처(CRS)가 작성함

4) 재난의 정의에 관하여는 주강원, "재난과 재난법에 관한 소고", 홍익법학 제15권 제2호, 2014. 6, 417면.

(1) 비상사태와 중대재난 선포 개괄

1) 합동 사전피해평가(PDA) 절차

'사건'(incident)[5)]이 발생한 경우, 연방정부가 자동적으로 주정부, 지방정부, 지역정부, 인디언 부족정부를 지원하지 않는다. 대부분의 경우, 주지사 또는 인디언 부족 최고책임자는 대통령에게 비상사태 또는 중대재난을 선포하여 다양한 유형의 지원(예를 들어, 공적 지원 및 개인 지원)해 줄 것을 요청할 수 있다.[6)] 연방정부의 지원은 주정부, 지방정부, 지역정부 또는 인디언 부족정부의 대응 및 복구 노력을 보충하기 위한 것이 아니라 대체하기 위한 것이다.[7)] 이러한 지원 요청을 할 경우, 주지사 또는 인디언 부족 최고책임자는 연방의 지원 없이는 '사건'에 효과적으로 대응할 수 없다는 것을 입증해야 한다.[8)]

주지사 또는 인디언 부족 최고책임자가 대통령의 비상사태 선포나 중대재난 선포를 요청하는 경우에는 주정부, 지방정부, 지역정부, 인디언 부족정부가 수행한 조치나 수행할 조치, 자원에 대한 정보, 재해로 인한 피해 규모와 심각성에 대한 추정치를 제공해야 한다.[9)] 재앙적 재난을 제외한 모든 사건이 발생한 경우, 이러한 과정에서 합동 사전피해평가(PDA) 절차 동안 여러 자원으로부터 재난 피해에 관한 정보를 축적하는 일을 한다.[10)]

사건이 주정부와 지방정부의 능력을 넘어선다고 판단되는 경우, 주지사나 지방정부 최고책임자는 합동 사전피해평가(PDA)를 요청한다.[11)] 합동 사전피해평가(PDA) 팀에는 적어도 한 명의 주공무원 또는 부족공무원, 한 명의 연방공무원, 해당 연방재난관리청(FEMA) 지역사무소 대표, 해당 지역에 정통한 현지 공무원이 포함된다.[12)] 경우에 따라서는 연방기관 대표나 자원 구호단체의 대

---

5) 44 C.F.R. §206.32(e)에서 '사건'(incident)을 "대통령이 중대재난 또는 비상사태를 선포할 수 있는 피해 또는 곤경을 야기하는 §206.2에서 규정하고 있는 중대재난 또는 비상사태의 정의를 충족하는 모든 상황"이라 정의하고 있다.

6) 44 C.F.R. §§206.35, 206.36, 206.40(a).

7) 44 C.F.R. §§206.35, 206.36.

8) 44 C.F.R. §§206.35, 206.36.

9) 44 C.F.R. §206.35 and 44 C.F.R. §206.36.

10) FEMA, Request for Presidential Disaster Declaration: Major Disaster or Emergency, OMB Control Number 1660-0009.

11) Stafford Act Section 401, 42 U.S.C. §5170.

12) 44 C.F.R. §206.33(b); FEMA, Damage Assessment Manual, p. 6.

표도 포함될 수 있다.[13)]

합동 사전피해평가(PDA)는 특별한 예외적인 경우를 제외하고 스태포드 법에 의한 재난 선포를 위해 필수적이다. 연방재난관리청(FEMA) 규정에 따르면, "추가적인 연방 지원의 필요성을 판단함에 있어서 현장 손해사정을 필요로 하지 않는 비정상적이고 심각한 사건과 대규모 사건에 대해서는 합동 사전피해평가(PDA)를 면제할 수 있다."[14)] 그러나 사전피해평가(PDA) 절차가 면제되거나 신속 처리되는 경우에도 일반적으로 초기에 연방 지원은 제한되며, 후속 사전피해평가(PDA) 절차에서 필요한 추가적 지원이 무엇인지 판단하게 된다.[15)] 연방재난관리청(FEMA)은 손해사정 운영 매뉴얼과 기타 지침을 사용하여 사건에 대한 정보를 수집하는 절차를 안내하고, 스태포드 법에 따른 재난 선포를 위해 주지사 또는 지방정부 최고책임자의 지원 요청에 대해 평가한다.[16)] 연방재난관리청(FEMA) 규정에 따르면, 사전피해평가(PDA) 절차가 종료될 때 재난관리책임자들은 사실 인정의 차이를 조율해야 한다.[17)]

사전피해평가(PDA)가 완료되면, 주지사 또는 지방정부 최고책임자는 중대재난 선포 요청을 할 수 있다. 이러한 선포 요청은 연방재난관리청(FEMA) 해당 지역 관리자에게 제출되며, 해당 관리자는 선포 요청을 수락하고, 사실개요를 정리하며, 재난 피해 정보를 분석하여 연방재난관리청(FEMA) 본부에 추천서를 제출한다. 연방재난관리청(FEMA)이 중대재난 선포 요청에 따른 공적 지원(PA) 및 개인 지원(IA) 프로그램이 필요한 추가적인 연방 지원의 필요성을 평가할 때 구체적인 요소들을 고려한다.[18)] 연방재난관리청(FEMA)은 대통령에게 권고사항을 제공하며, 중대재난 선포의 결정은 대통령의 재량사항이다.[19)] 가용할 수 있는 재난 지원 유형을 정할 수 있는 권한은 연방재난관리청(FEMA)의 재난지원이사회의 지원관리자에게 있다.[20)] 연방재난관리청(FEMA)은 대통령에게 사전피해평

13) FEMA, Damage Assessment Manual, p. 6.
14) 44 C.F.R. §206.33(d); 44 C.F.R. §206.36(d).
15) Bruce R. Lindsay, Preliminary Damage Assessment Reports, CRS Report R44977
16) FEMA, Damage Assessment Manual, and FEMA, Individual Assistance Declarations Factors Guidance, June 2019.
17) 44 C.F.R. §206.33(c).
18) 44 C.F.R. §206.48.
19) 44 C.F.R. §206.38.
20) 44 C.F.R. §206.40(a).

가(PDA)의 사실조사 결과를 평가하고 권고사항을 제공하지만, 대통령은 스태포드 법에 따라 중대재난 선포를 하거나 연방 지원 요청을 거부할 수 있다.[21)]

2) 스태포드 법에 따른 대통령의 비상사태 선포

연방정부는 예외적인 상황에서 주지사 또는 지방정부 최고책임자의 요청 없이도 연방 지원을 할 수 있다. 스태포드 법 제501(b)절에서는 연방의 일차적 책임과 관련하여 특정한 비상사태에 대해 대통령이 일방적으로 비상사태를 선포할 수 있도록 허용하고 있다.[22)] 최근 코로나19(COVID-19) 상황에서 미국 트럼프 전(前) 대통령은 미국 전체가 중대한 공중보건상 비상사태에 직면해 있다는 판단하에 스태포드 법 제501조(b)절의 대통령의 권한을 이용하여 코로나19(COVID-19)로 인한 전국적인 비상사태를 선포했다. 연방정부는 해외에서 유래된 세계적인 전염병 감염을 막기 위한 조치를 취할 중요한 책임이 있으며, 대통령은 주간(州間) 문제와 해외 무역과 관련된 문제를 규제하고 미국의 대외관계를 책임지고 수행할 권한이 있다.[23)]

코로나19 사례 이외에도, 대통령의 비상사태 선포는 연방헌법이나 연방법에서 대통령이나 연방기관이 독자적·우선적 책임과 권한을 가지고 있기 때문에 스태포드 법에 근거하여 종종 행해진다.[24)]

3) 비상사태나 중대재난 선포 요청 거부

경우에 따라서는 주지사 또는 지방정부 최고책임자의 중대재난 또는 비상사태 선포 요청이 대통령에 의해 거부될 수 있다. 예를 들어, 사건이 스태포드 법 제102(1)절과 제102(2)절에 따른 중대재난이나 비상사태의 정의를 충족하지 못한다고 대통령이 결론 내리거나, 사건이 재난 선포를 할 정도의 심각성과 규모가 아니라고 판단하여 결론적으로 연방정부의 지원 없이도 주(州) 자체 능력으로 대응할 수 있는 상황이라고 대통령이 판단할 수 있다.[25)] 중대재난이나 비상사태 선포 요청이 거부된 경우, 그 결정에 대해 1회에 한하여 이의신청할 수 있다.[26)]

---

21) 44 C.F.R. §206.48.
22) 42 U.S.C. §5191(b).
23) https://www.whitehouse.gov/wp-content/uploads/2020/03/LetterFromThePresi dent.pdf.
24) Stafford Act Section 501(b), 42 U.S.C. §5191(b).
25) Bruce R. Lindsay, Preliminary Damage Assessment Reports, CRS Report R44977
26) 44 C.F.R. §206.46(a).

이의신청은 선포 요청을 거부한 서신일자로부터 30일 이내에 해야 하며, 이의신청은 재고를 위한 정당화 사유와 함께 첫 번째 요청 서신에 포함되지 않았던 추가적인 정보를 포함하고 있어야 한다.[27] 이의신청은 연방재난관리청(FEMA) 해당 지역 관리자를 통해 대통령에게 제출해야 한다.[28]

재난 선포 요청 또는 이의신청이 거부되면 주지사는 미국 중소기업청(SBA) 행정책임자에게 재난 선포 요청을 할 수 있다. 미국 중소기업청(SBA) 행정책임자는 중소기업법에 의거하여 주택소유자, 세입자, 기업 및 비영리조직이 중소기업청(SBA) 재난 대출을 이용할 수 있도록 하는 '중소기업청(SBA) 선포'를 할 수 있는 권한이 있다. 중소기업청(SBA)이 재난 지원을 결정하는 데 사용하는 기준은 일반적으로 중대재난 지원을 결정하는 데 사용되는 기준보다 낮다.[29] 정부기관은 중소기업청(SBA) 재난 대출을 받을 자격이 안 된다. 중소기업청(SBA) 재난 대출은 주로 개인과 기업을 위한 것이다.[30]

4) 그 밖에 연방의 선포

연방정부가 자체적인 고유 권한을 행사하거나 재난 피해를 받은 지역사회에 추가적인 지원을 하기 위해 사용할 수 있는 다양한 유형의 선포와 지정권이 있다.

첫째, 위기에 필요한 연방 당국을 지정하는 국가비상사태법(50 U.S.C. §§ 1601 이하 참조)에 따른 대통령의 '국가비상사태' 선포가 있다.[31]

둘째, 공중보건서비스법(PHSA, 42 U.S.C. §247d) 제319절에 따른 공중보건비상사태(PHE)에 대한 보건복지부(HHS) 장관의 결정이 있다.[32]

셋째, 중소기업청(SBA) 책임자의 다양한 재난 선포가 있다.[33]

넷째, 미국 농무부(USDA)의 다양한 재난 선포와 지정이 있다.[34]

---

27) 44 C.F.R. §206.46(a).
28) 44 C.F.R. §206.46(a).
29) 13 C.F.R. §123.3(a)(3).
30) Bruce R. Lindsay and Elizabeth M. Webster, FEMA and SBA Disaster Assistance for Individuals and Households: Application Processes, Determinations, and Appeals, CRS Report R45238.
31) 국가비상사태법(NEA)에 따른 국가비상사태 선포에 대한 자세한 정보는 L. Elaine Halchin and Elizabeth M. Webster, Presidential Declarations of Emergency for COVID−19: NEA and Stafford Act, 2020. March 19. 참조.
32) U.S. Department of Health and Human Services' (HHS's)
33) 중소기업청(SBA) 책임자는 중소기업법에 따라 주택 소유자, 세입자, 기업 및 비영리조직이 중소기업청(SBA) 재난 대출을 이용할 수 있도록 '기관' 또는 'SBA 선언'을 할 수 있는 권한이 있다(13 C.F.R. §123.3(a)(3)).
34) Megan Stubbs, Agricultural Disaster Assistance, CRS Report RS21212.

[표] 국가비상사태법의 국가비상사태와 스태포드 법의 비상사태

	국가비상사태법의 국가비상사태	스태포드 법의 비상사태
법적 근거	50 U.S.C. §§1601	42 U.S.C. §§5121
비상사태의 개념	국가비상사태 또는 비상사태의 개념 없음	대통령의 결정에 따라 인명을 구조하고 재산과 공중 보건 및 안전을 보호하거나 미국의 어느 지역에서 발생한 재난의 위험을 감소시키거나 방지하기 위해 주와 지방의 노력과 능력을 보완하기 위해 연방 지원이 필요한 경우나 사건
범위	연방 전체	주정부, 지역정부, 인디언 부족정부
절차	국가비상사태를 선포하는 선언문(또는 행정명령)은 즉시 연방의회에 전달되고 연방 관보에 게재되어야 한다.	42 U.S.C. §5191(b)는 대통령의 연방의 일차적 책임과 관련하여 특정 비상사태에 대해 일방적인 비상사태 선포권을 부여하고 있다.
기간/종료	대통령이 선언문을 발표하거나 계속 통지(특정 조건을 충족해야 함)를 발표하지 않으면 국가비상사태를 종료할 수 있다. 연방의회와 대통령은 공동결의안을 입법함으로써 국가비상사태를 종료할 수 있다(50 U.S.C. §1622(a) 및 (d)).	연방재난관리청(FEMA)은 사건의 기간을 결정한다 – '재난 유발 사건이 발생하는 시간적 간격'(44 C.F.R. §206. 32(f)). 사건 기간의 연장, 프로그램의 연장 및 종료일자는 연방재난관리청(FEMA) 웹사이트의 연방재난관리청 보도자료를 통해 발표될 수 있다. 비상사태 선포의 수정사항은 연방관보(44 C.F.R. §206.40)에 게시된다.
추가적 권한	대통령은 행정명령(50 U.S.C. §1621(b))과 같은 최초 선포나 후속적인 대통령 행정명령에 의해 비상 권한을 발동할 수 있다.	42 U.S.C §5192는 연방의 비상사태를 지원할 수 있다는 규정을 두고 있다. 지정된 지원 영역과 지원 형태는 연방관보에 공표된다(44 C.F.R. §206.40).

보고 요구사항	대통령은 대통령 명령, 규칙, 규정을 연방의회에 즉시 전달해야 한다. 대통령이 국가비상사태를 선포한 후, 대통령은 지난 6개월 동안 미국 연방정부가 지출한 총지출에 대한 반기 보고서를 연방의회에 제출해야 한다. 국가비상사태가 종료된 후 90일 이내에 대통령은 모든 지출에 대한 최종 보고서를 전달해야 한다(50 U.S.C. §1641).	대통령은 비상사태 선포를 위한 지원이 500만 달러를 초과할 경우 연방의회에 통지해야 한다(42 U.S.C. §5193).
기금	사용할 수 있는 기금 없음	재난구호기금(DRF)

자료: L. Elaine Halchin and Elizabeth M. Webster, Presidential Declarations of Emergency for COVID−19, NEA and Stafford Act, 2020. March 19.

(2) 구체적인 중대재난·비상사태 선포 절차

스태포드 법 42 U.S.C. §§ 5121−5207 §401에서는 "중대재난이 발생했다는 대통령의 선포 요청은 재난 피해를 받는 주의 주지사가 해야 한다."고 명시하고 있다. 여기서 말하는 주(州)는 콜롬비아 특별구, 푸에르토리코, 버진 아일랜드, 괌, 아메리칸 사모아, 북마리아나 제도 영연방을 포함한다. 마셜 제도 공화국과 미크로네시아 연방도 재난 선포를 요청하고 자유연합협정[35]에 의해 지원을 받을 수 있다.

샌디 복구 개선법(Sandy Recovery Improvement Act) 제정의 결과로, 연방에서 인정하는 인디언 부족 정부는 대통령에게 재난 선포 요청을 할 권한을 갖게 되었다. 연방재난관리청(FEMA)은 인디언 부족 정부의 요청과 관련하여 자세하고 구체적인 지침인 '부족 재난 선포 안내 지침'[36]을 개발했다.

1) 사전피해평가(PDA)

재난 피해를 받은 지역의 복구를 지원하기 위해 대통령의 재난 선포가 필

35) Compacts of Free Association
36) Tribal Declarations Pilot Guidance

요함이 명백한 경우, 주정부 또는 인디언 부족정부는 연방재난관리청(FEMA) 지역사무소에 연락하여 연방, 주, 인디언 부족의 합동 '사전피해평가'(PDA)[37]를 요청해야 한다. 가능하면 지방정부 대표자가 포함되어야 한다. 이렇게 사전피해평가를 위해 구성된 팀(team)은 ① 재난의 정도, ② 개인과 공공시설에 미친 영향, ③ 필요한 연방 지원의 유형을 결정하기 위해 피해를 받은 지역에 대한 철저한 평가를 해야 한다.

주(州)와 재난 피해를 받은 지방정부 또는 인디언 부족 정부는 자신들이 감당할 수 있는 능력을 넘어서는 재난 발생의 심각성과 재난의 규모로 인해 연방 지원이 필요하다는 것을 입증하여 주지사 또는 인디언 부족 최고책임자가 재난 선포 요청을 해야 한다.

2) 비상사태 선포 내지 중대재난 선포

재난 발생으로 인해 주정부, 지방정부, 지역정부 및 인디언 부족정부의 대응능력을 넘어서는 경우, 일반적으로 스태포드 법에 의거하여 연방정부에 지원을 요청할 수 있다. 스태포드 법에서는 대통령이 연방의 보충적인 지원을 승인하기 위해 다음과 같은 유형의 재난 선포를 할 수 있는 권한이 있다.

① '비상사태 선포'(스태포드 법 제501절에 의해 승인)
② '중대재난 선포'(스태포드 법 제401절에 의해 승인)
③ 화재관리지원금(FMAG)(스태포드 법 제420절에 의해 승인)

비상사태 선포에 의해 특정한 형태의 공적 지원(PA)과 개인 지원(IA)을 승인할 수 있지만, 지원 범위는 중대재난 선포에 의해 지급되는 지원보다 더 제한적이다.[38] 비상사태 선포는 주정부, 지역정부, 인디언 부족정부가 인명을 구조하고, 재산을 보호하며, 공중 보건과 안전을 보장하며 장래 피해의 위험을 감소시키고 예방하기 위한 필수적 서비스와 임무 수행에 도움이 될 수 있도록 연방 지원을 승인하는 절차다.[39] 인명 구조와 손해 방지를 위한 활동을 지원하기 위해 재난 발생 전에 비상사태를 선포할 수 있다.[40]

---

37) Preliminary Damage Assessment
38) 재난 선포 절차에 관해서는 https://www.fema.gov/disaster-declaration-process.
39) Stafford Act Section 102(1), 42 U.S.C. §5122.

스태포드 법 제102절 제1항에 의하면, '비상사태'란 대통령의 결정에 따라 인명을 구조하고 재산과 공중 보건 및 안전을 보호하거나 미국 전 지역에서 발생한 재난의 위험을 감소시키거나 방지하기 위해 주와 지방의 노력과 능력을 보완하기 위해 연방 지원이 필요한 경우나 사건을 의미한다.[41)]

스태포드 법 제102절 제2항에 의하면, '중대재난'이란 모든 자연재해(허리케인, 토네이도, 태풍, 밀물, 풍해수, 해일, 쓰나미, 지진, 화산폭발, 산사태, 눈보라, 가뭄을 포함) 또는 재난 원인과 관계없이 미국 전역에서 발생한 화재, 홍수, 폭발 등으로 인해 발생하는 피해, 손실, 고난, 고통을 완화하고, 주정부, 지방정부, 재난구호단체의 활동과 가용자원을 보완하기 위해 대통령의 결정으로 스태포드 법에 따른 중대재난으로 지원하기에 충분한 피해의 심각성과 피해의 규모를 가진 사건을 말한다.[42)]

중대재난은 더 많은 지원이 필요하기 때문에 비상사태와 구별되며, '중대재난'에 대한 정의는 '비상사태'의 정의(定義) 보다 더 세밀하게 규정되어 있다. 중대재난 발생 시, 주정부, 지역정부, 지방정부, 인디언 부족정부, 민간, 비영리단체, 개인, 가정 등 광범위한 지원이 제공될 수 있다. 대통령이 중대재난으로 선포하면, 인명 구조를 하고 재산·공중 보건·안전을 보호하며 재난의 위험을 감소시키거나 예방하기 위해, 주정부와 지방정부뿐만 아니라 민간 비영리단체는 공적 지원(PA)을 통해 '비상 업무'를 수행하고 금전적 지원을 할 수 있다. 또한 재난으로 피해를 입은 공공시설과 민간 비영리 시설(예를 들어, 도로, 건물 등 공공 기반시설)의 수리, 복원, 재건 또는 교체를 위해 실시되는 '상시적 업무'를 지원할 수 있다.[43)] 중대재난 선포에 의거하여 개인 지원(IA) 프로그램은 피해를 입은 개인과 가구에 대한 지원을 제공하는 프로그램이다. 개인 지원(IA)에는 개인 및 가구 지원 프로그램을 통해 주택 지원 및 기타 필요한 지원, 위기상담, 재해 실업 지원, 재해 법률 서비스, 재해 사건 관리 서비스가 있다.[44)] 또

---

40) Richard J. Pasch, Andrew B. Penny, and Robbie Berg, Tropical Cyclone Report: Hurricane Maria, National Hurricane Center, AL 152017, February 14, 2019, p. 2, https://www.nhc.noaa.gov/data/tcr/AL152017_Maria.pdf).

41) Stafford Act Section 102(1), 42 U.S.C. §5122.

42) Stafford Act Section 102(2), 42 U.S.C. §5122.

43) Stafford Act Sections 402, 403, 407, 418, 419, and 502; 42 U.S.C. §§5170a–5170b, 5173, 5185–86, 5192.

44) 스태포드 법 제408절에서는 개인 및 가구 프로그램을 규정하고 있고(42 U.S.C. §5174), 제426절에서는 재난 사건 관리를 규정하고 있다(42 U.S.C. §5189d). 제416절에서는 위기 상담 지원 및 훈련 프로그램을 규

한 중대재난 선포에 따라 '위험 완화 보조금 프로그램'(HMGP)이 작동할 수 있다.[45] 위험 완화 보조금 프로그램(HMGP)은 일반적으로 주 또는 지역 전반에 걸쳐 완화 및 복원 프로젝트에 기금을 지원한다.[46] 주정부, 지역정부, 지방정부, 인디언 부족정부, 특정 민간 비영리단체는 장래의 재난이나 비상사태시 인명이나 재산의 손실을 줄이기 위한 조치를 신청할 수 있다.[47] 중대재난 선포를 통해 지역사회 재난 융자와 같은 복구 프로그램을 가동할 수 있다.[48]

(3) 재난복구개혁법(DRRA)

1) 재난복구개혁법의 제정

미국에서 재난복구개혁법(DRRA, P.L. 115－254 중분류 D)이 2018년 10월 5일 제정되었다. 2006년 카트리나 이후 비상 관리 개혁법(PKEMRA, P.L. 109－295)과 2013년 샌디(Sandy) 복구 개선법(SRIA, Division B of P.L. 113－2) 제정 이후, 연방재난관리청(FEMA)의 재난 지원 프로그램과 관련하여 가장 포괄적인 법이 제정되었다.

재난복구개혁법(DRRA)의 입법목적은 사전 재해 예방과 완화, 대응 및 복구 시스템을 개선하고, 연방재난관리청(FEMA)의 책임을 고양시키는데 있다.[49] 이러한 입법목적을 달성하기 위해 연방의회는 재난복구개혁법(DRRA)의 제정을 통해 스태포드 법(Stafford Act, P.L. 93－288; 42 U.S.C. §§5121)의 많은 부분을 개정했다. 재난복구개혁법(DRRA)은 46개의 절로 구성되어 있다(DRRA Sections 1201－1246). 재난복구개혁법(DRRA)은 연방재난관리청(FEMA)에게 여러 가지 의무 행위를 하도록 책임지운다. 2020년 12월 7일, 연방재난관리청(FEMA)은 재난복구개혁법(DRRA) 56개 절 중 46개 절에 규정된 사항을 이행했다고 보고했다.[50]

정하고 있고(42 U.S.C. §5183), 제415절에서는 재난 법률 서비스를 규정하고 있으며(42 U.S.C. §5182), 제410절에서는 재해 실업 지원을 규정하고 있다(42 U.S.C. §5177).

45) Stafford Act Section 404, 42 U.S.C. §5170c.

46) Stafford Act Section 404, 42 U.S.C. §5170c.

47) FEMA, "Hazard Mitigation Grant Program"

48) Stafford Act Section 417, 42 U.S.C. §5184.

49) U.S. Congress, House Committee on Transportation and Infrastructure, Disaster Recovery Reform Act: Summarizing Division D of H.R. 302, As Amended, 115th Cong, last accessed December 2018.

50) FEMA, "FEMA Bulletin: Week of December 21, 2020," December 23, 2020, https://content.govdelivery.com/accounts/USDHSFEMA/bulletins/2b2c12 9/

연방재난관리청(FEMA)이 이행 중에 있다고 보고한 재난복구개혁법(DRRA) 조항은 다음과 같다.

① 규칙 제정 (DRRA Sections 1211(a), 1235(d), 1239(b))
② 연방의회에 보고 (DRRA Sections 1204(c), 1211, 1239(a), 1240)
③ 정책 업데이트 및 지침 제정 (DRRA Sections 1216(c), 1228)

2) 재난복구개혁법의 이행

연방재난관리청(FEMA)이 재난 위험을 감소시키고 재난 복구 능력을 배양하기 위해 재난복구개혁법(DRRA) 5개의 절은 그 이행을 우선시해야 한다고 규정하고 있다.

① Section 1215 (관리 비용)
② Section 1222 (스태포드 법 제5장의 고용 권한)
③ Section 1232 (중대재난 선포 요소(지역 재난 영향)
④ Section 1234 (국가공공기반시설 사전 재난 위험 완화(PHM))
⑤ Section 1239 (공적 지원 선포 요소(지원 비용의 추정))

스태포드 법 개정과 더불어 연방 지원 및 연방 권한이 크게 변경된 내용을 반영한 재난복구개혁법(DRRA)의 내용은 다음과 같다.

① 연방재난관리청(FEMA)의 사전 재난 완화 보조금 프로그램을 '건물 복원 인프라 및 지역사회'(BRIC) 보조금 프로그램으로 대체하고, '화재 관리 지원 보조금'(FMAG)을 위한 '위험 완화 보조금 프로그램'(HMGP) 기금 지원을 인정하고, '건물 복원 인프라 및 지역사회'(BRIC)와 '위험 완화 보조금 프로그램'(HMGP) 지원 사용을 승인하는 건축법 제정 및 집행을 위한 기금 제공에 의한 재난 완화 노력 지원 강화
② 공적 지원(PA) 대체 절차 프로그램과 관련되고 최신의 위험 방지 설계를 반영한 관련 합의 기반 법령, 규격, 기준의 최신 버전에 따른 적격의 시설을 수리, 재건, 교체할 수 있도록 연방재난관리청(FEMA)이 공적 지원(PA)을 제공할 수 있도록 함으로써 연방재난관리청(FEMA)의 공적 지원(PA) 프로그램 개정

③ 중대재난 선포에 따른 '복구' 용어를 정의하고, 공적 지원(PA) 요청에 대한 평가 절차 개정을 포함한 규칙 제정을 연방재난관리청(FEMA)에 요구

④ 연방재난관리청(FEMA)이 정보를 공개하도록 요구함으로써 연방재난관리청(FEMA)의 책임성 고양

⑤ 스태포드 법의 중복 수혜 조항을 개정하고, 제공 순서에 대한 설명 등 프로그램 지원의 손실, 오해, 남용 방지

⑥ 개인, 가정, 공적 지원(PA) 신청자에게 제공되는 연방 지원의 반환에 대한 법령 제정

이러한 재난복구개혁법(DRRA) 제정 이후 변경된 내용들은 연방의회의 중대 관심사가 되었다.[51)]

3. 재난 지원·복구·보상 제도

(1) 미국 재난 지원 체계

[그림] 미국 재난 지원 체계

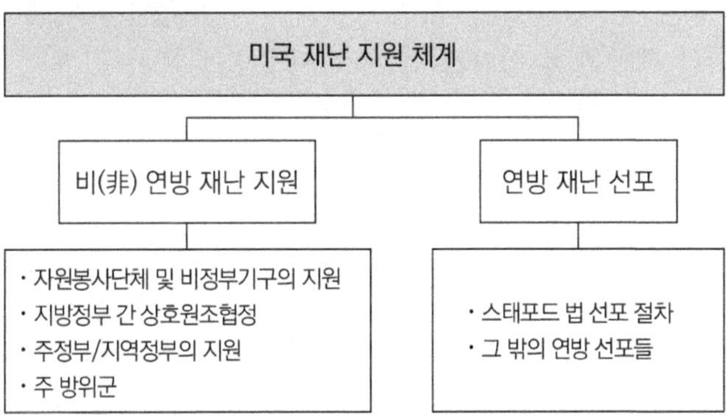

자료: Bruce R. Lindsay/Elizabeth M. Webster, Congressional Primer on Responding to and Recovering from Major Disasters and Emergencies, CRS Report R41981

51) U.S. Congress, House Committee on Transportation and Infrastructure, Subcommittee on Economic Development, Public Buildings, and Emergency Management, Disaster Preparedness: DRRA Implementation and FEMA Readiness, 116th Cong., 1st sess., May 22, 2019, p. vi.

(2) 재난 지원·복구·보상 기관

1) 연방정부(Federal Government)

주정부나 지방정부의 가용자원 한도를 넘어서는 대규모 재해가 발생하는 경우, 연방정부는 국가대응지침(NRF: National Response Framework)에 의해 재난 지원과 복구를 한다. 국가대응지침에 의거하여 담당 부처나 담당 기구가 지역 복구를 지원할 수 있다. 연방정부는 이 같은 대규모 재해 복구 초기 과정에서 중요한 역할을 하는데, 이는 초동 대응 및 구호 단계에서 지역정부, 지방정부의 능력이 부족한 경우가 대부분이기 때문이다. 연방정부 지원의 기간과 정도는 재해의 규모와 피해 정도를 살펴 결정된다.

2) 연방재난관리청(FEMA)

연방재난관리청(FEMA)을 중심으로 재난 지원 및 보상은 스태포드 법(Stafford Act)에 의해 처리된다. 스태포드 법에 의거하여, 재난 생존자를 위한 대규모 구호, 파괴된 시설의 재건, 향후 재해 영향 완화, 잔해 청소, 보험에 의해 해결되지 않는 영역에서 필요한 지원 등은 미국 국토안보부(DHS)가 관리하고, 연방의회가 적립하는 재난구호기금(DRF)을 통해 지원된다. 또한 재난으로 인해 수입이 현저히 감소한 경우와 재난으로 직접 유발된 실업의 경우, 노동부에 의한 지원이 제공된다. 이 과정에 있어 대통령에 의해 지명된 연방 조정담당관(FCO: Federal coordinating officer)이 재난 지원 조정의 효율성 제고를 위해 조율하게 된다.

3) 주정부(State Government)

주정부는 재난 복구 과정 전반을 관리하며, 재정 및 기술 지원 제공뿐만 아니라 복구 활동의 조율 등 중심적인 역할을 한다. 주정부는 지역 및 지방의 재난 복구 활동의 조율을 감독하며, 재난 지원의 우선순위를 설정하고 지원이 필요한 곳에 지원을 한다. 주정부는 연방정부가 제공하는 지원을 지역정부 및 지방정부로 이어주는 연결고리 역할을 한다.

4) 지역 단위

시장이나 최상위 선거직 공무원은 지역 사회의 재난 대응을 지휘한다. 주지사는 주/지역 재난 대응의 책임자이고, 인디언 부족[52]의 경우에는 인디언 부족 대표이며, 연방 차원의 재난 대응의 책임자는 대통령이다. 주 재난 대응자원이 지역 대응에 투입되는 경우, 일반적으로 주 조정담당관(SCO)[53]과 주의 비상관리기관 또는 국내안보기관이 관리한다. 재난 사건이 발생하여 대통령이 비상사태 또는 중대재난을 선포하는 경우, 스태포드 법에 의하면, 대통령은 주지사에게 주 조정담당관(SCO)을 임명하도록 요청한다.[54] 이와 유사하게 인디언 부족 최고책임자는 인디언 부족 조정담당관을 임명하도록 요청받는다.[55] 연방 차원에서 대통령은 연방재난관리청(FEMA) 행정관, 연방 조정담당관(FCO)을 임명한다.[56] 연방 조정담당관(FCO)은 일반적으로 연방기관과 연방 부처가 자신들의 활동을 조정하는 합동현장사무소(JFO)[57]를 운영한다.[58] 주/지역/인디언 부족과 연방 재난 담당공무원들은 합동현장사무소(JFO)에 배치되어 조정업무를 협조한다.

(3) 비(非) 연방의 재난 지원

재난이 발생하여 지방정부의 역량을 넘어서는 경우 추가 지원을 위해 지역사회 내의 자원 봉사단체에 협조를 요청할 수 있다. 대부분의 상황에서 지방정부는 상호 지원협정에 의해 인근의 다른 지방정부에 지원을 요청할 수 있다.[59] 이러한 다른 지방정부의 지원이 재난 대응을 처리하기에 충분하지 않은 경우, 지방정부는 일반적으로 지방정부의 능력을 보충하기 위해 주(州)정부에 의존한다.[60] 주정부가 상호 지원을 포함하여 자신들의 능력을 넘어선다고 판

---

52) '부족'이라는 용어는 인디언 부족정부를 의미한다. 스태포드(Stafford) 법에 의거하여 인디언 부족정부라는 용어는 인디언, 알래스카 원주민 부족, 무리, 민족, 푸에블로, 마을 또는 지역사회의 통치기관으로 1994년 연방이 승인한 인디언 부족 목록법에 따라 내무부장관이 인디언 부족으로 인정하는 기관이다(42 U.S.C. §5122(6)).

53) State Coordinating Officer

54) Stafford Act Section 302(c), 42 U.S.C. §5143(c); and 44 C.F.R. §206.41(c).

55) FEMA, Tribal Declarations Pilot Guidance, January 2017, p. 9.

56) Stafford Act Section 302 (42 U.S.C. §5143).

57) Joint Field Office

58) DHS, NRF, p. 20.

59) 상호 지원협정에 관하여는 FEMA, National Incident Management System Guideline for Mutual Aid, November 2017.

60) DHS, NRF, pp. 30-31.

단하면, 스태포드 법에서는 연방정부가 재난 구호를 요청하는 주(州)와 협약을 체결하도록 하고 있다.[61)]

1) 자원봉사단체 및 비정부기구의 지원

자원봉사단체와 비정부기구(NGO)는 연방정부뿐만 아니라 주정부, 지방정부, 지역정부, 인디언 부족정부와의 협력을 통해 재난 피해 지역사회에 지원을 할 수 있다. 모든 지역사회가 동일한 자발적 지원 조직을 구성하고 있는 것은 아니다. 오히려 각 지역사회는 재난 대응 및 구호와 관련하여 특유한 자발적 지원 조직을 가지고 있다. 어떠한 경우에는 자원봉사단체가 재난 발생 중 및 재난 발생 후 주와 지방에 있어서 최상의 초기 지원단체가 되기도 한다. 자원봉사단체는 재난 지원을 제공할 필수적 의무는 없지만, 국가대응지침(NRF) 체계상 재난 지원을 하도록 연방법과 법령에 의해 재난 지원이 권장되고 있다.[62)] 미국 적십자사와 재난 전국자원봉사단체(National VOAD)[63)]는 국가대응지침(NRF)에 의거하여 일정한 책임을 지는 2개의 국가단체이다. 대통령이 스태포드 법에 따라 비상사태 또는 중대재난을 선포한 경우, 연방재난관리청(FEMA)은 재난 피해를 당한 지역사회를 자발적으로 지원하는 자원 조직의 지원 조율을 하기 위해 자원기관연락관(VAL)[64)]을 둔다.[65)]

2) 지방정부 간 상호원조협정(Mutual Aid Agreements)

대부분의 지방정부[66)]는 응급 서비스 장비(예를 들어, 구급차, 소방차 등)에서 기술 전문가(예를 들어, 교량 검사관, 계약 관리자 등)에 이르기까지 다양한 자원을 공유하기 위해 인접 지역 관할권과 사전 협상계약을 체결하고 있다.[67)] 비상관리지원협약(EMAC)[68)]은 재난 피해를 당한 주가 다른 주에 긴급 원조와 지원을 요청할 수 있는 법적 체결인 주간 협약이다. 50개 주, 컬럼비아 특별구, 푸

---

61) DHS, NRF, p. 34.
62) Stafford Act Section 309, 42 U.S.C. §5152; 44 C.F.R. §206.12.
63) National Voluntary Organizations Active in Disaster
64) Voluntary Agency Liaisons
65) FEMA, "FEMA Voluntary Agency Liaisons and Donations Specialists Map,"
66) 지방정부('local government')란 카운티, 시·읍자치체, 시, 타운, 지방공공기관, 학군, 특별지구, 주(州)간 지구, 지방정부 위원회, 지역정부, 지방정부의 기관이다.
67) DHS, NRF, p. 12; FEMA, National Incident Management System Guideline for Mutual Aid, November 2017, p. 1.
68) The Emergency Management Assistance Compact (EMAC)

에르토리코, 괌, 미국령 버진 아일랜드, 북마리아나 제도를 포함한 모든 비상관리지원협약(EMAC) 주정부들은 비상관리지원협약(EMAC)을 통과시켰다.[69] 상호원조협정은 주정부 및 지방정부의 역량을 넘어서는 재난 발생 시 공동의 협력을 통해 재난을 극복할 수 있는 주효한 지원 체계이다.

3) 주정부 또는 지역정부의 지원

모든 주정부와 지역정부는 비상 관리 및 국토 안보를 담당하는 기관이나 부처가 있다. 주정부 또는 지역정부의 비상관리기관은 자신들의 관할권 안에 있는 지방정부를 지원하고 조정할 책임이 있고, 연방재난관리청(FEMA)은 주정부, 지역정부, 인디언 부족정부에 추가적인 지원을 제공할 책임이 있다. 모든 주정부와 지역정부는 '비상사태'를 선포하는 법적 절차를 가지고 있지만, 비상사태를 선포하는 절차와 이러한 선포에 따라 부여되는 권한 및 지원은 상당히 다양하다.[70]

4) 주 방위군

주지사는 정기적으로 주 방위군을 동원하여 재난 대응 및 복구를 지원한다. 주 방위군은 특정 상황에서 연방 서비스에 투입될 수 있지만, 일반적으로 주지사 및 지역의 장의 통제 하에 있다. 재난에 대한 주 또는 지역 차원의 대응 일환으로 주지사는 주 방위군에게 주법에 따라 상근 업무를 수행하도록 명령할 권한이 있다. 이를 일반적으로 '주 현역복무'라 한다.[71] 주 방위군은 주지사의 통제 하에 운영되고 주법에 따라 급여를 받으며 다양한 업무 영역에서 행정당국의 업무를 지원할 수 있으며 법 집행 기능을 수행하고 있다.[72] 예를 들어, 허리케인에 대응하여 주 방위군은 수색 및 구조 수행, 보급품 운송 및 배포, 비상 대피소 설치, 도로 잔해 제거, 응급의료 제공과 같은 작업을 수행한다.[73]

---

69) EMAC, "EMAC Legislation"

70) the Maryland General Assembly publishes the state of Maryland's statutes, available at http://mgaleg.maryland.gov/mgawebsite/Laws/Statutes.

71) 메릴랜드 주에 대한 공공 안전법 §13-101(e)(1)에서는 '주 현역복무'를 "메릴랜드 주 헌법 제2조 제8항 또는 §13-702에 따라 주지사의 명령에 따라 민병대가 주를 위해 수행하는 군 의무"로 정의하고 있다.

72) 주 방위군은 Posse Comitatus Act 18 U.S.C. §1385의 제한을 받지 않는다.

73) DHS, NRF, p. 32.

4. 연방 재난 지원 프로그램

(1) 사전 재난 위험 완화(PHM)[74)]

1) 소규모 빈곤 지역사회의 정의

'소규모 빈곤 지역사회'란 경제적으로 열악한 개인들이 3,000명 이하인 지역사회를 의미하며, 이러한 지역사회는 대통령에 의해 제정된 기준에 근거하여 그 지역사회가 위치해 있는 주(州)가 결정한다.

2) 프로그램의 수립

대통령은 효율적으로 부상, 인명 손실, 재산 피해와 파괴를 줄이기 위해 고안된 사전 재난 위험 완화(PHM) 조치의 시행을 지원하기 위해 주정부와 지방정부에 기술적 및 재정적 지원을 제공하는 프로그램을 수립할 수 있다.

3) 대통령의 승인

대통령이 주정부 또는 지방정부의 관할 지역에서 자연재해 위험을 식별하고 효과적인 민관 자연재해 위험 완화 파트너십 형성능력이 있다고 판단되는 경우, 국가공공기반시설의 상당 금액을 사용할 수 있는 대통령은 사전 재난 위험 완화(PHM) 기금에서 주정부 또는 지방정부에 기술적 및 재정적 지원을 할 수 있다.

4) 주의 추천사항

가) 일반사항

각 주의 주지사는 기술적 및 재정적 지원을 받을 5개 이상의 지방정부를 대통령에게 추천할 수 있다. 주지사의 추천은 매년 10월 1일 또는 대통령이 정하는 그 연도의 최종일까지 제출해야 한다. 주지사가 추천할 때, 주지사는 지원 지급 기준을 고려해야 한다.

나) 사용

예외적인 경우를 제외하고, 대통령은 지방정부에 지원할 때 주지사가 추

---

74) Stafford Act Section 203, 42 U.S.C. §5133

천하는 지방정부 중에서 선택해야 한다. 예외적인 경우, 지방정부에 기술적 및 재정적 지원을 할 때, 대통령은 특별한 상황이 이러한 지원을 정당화하고 스태포드 법의 입법목적을 증진할 수 있을 것이라고 판단되는 경우, 주지사가 추천하지 않는 지방정부를 선택하여 지원할 수 있다. 추천한 주의 주지사가 스태포드 법에 따른 추천서를 적시에 제출하지 못한 경우, 대통령은 이 법에 명시된 기준에 따라 지원받을 주의 지방정부를 선택할 수 있다.

5) 기술적·재정적 지원의 사용

일반적으로 주정부와 지방정부는 대통령이 승인한 제안서에 기술된 사전 재난 위험 완화(PHM) 조치를 효율적으로 이행하기 위해 다음의 경우에 기술적 및 재정적 지원을 한다.

① 공공과 민간의 자연재해 위험 완화 파트너십을 효율적으로 지원한다.
② 자연재해에 대한 지역사회의 취약성을 평가한다.
③ 지역사회를 위한 위험 완화 우선순위와 적절한 위험 완화 계획을 수립한다.
④ 관련 당사자의 합의에 기반한 법규정 및 기준의 최신 버전을 적용한 활동과 이행을 수립·수행하며, 재난에 대비하여 건물 사용자의 건강, 안전, 공공복리를 보호할 목적으로 스태포드 법에 따라 지원받을 수 있는 주거용 건물과 시설의 설계, 건설 및 유지·관리에 대한 최소 허용기준을 수립한다.

주정부 또는 지방정부는 효율적인 위험 완화 기술에 관한 정보를 전파하기 위한 활동에 기금을 지원하기 위해 회계연도 동안 주정부 또는 지방정부가 받은 재정 지원금의 10% 이하를 사용할 수 있다.

6) 지원금의 배분

대통령은 법에 정해진 기준에 따라 효율적인 위험 완화 활동을 위한 전제에서 재정 지원을 한다. 재정 지원을 할 때, 대통령은 회계연도 동안 주에 제공되는 재정 지원금(주가 지방정부에 제공하는 금액 포함)이 575,000달러 이하 또는 회계연도에 재정 지원을 위해 할당된 총 기금의 1%에 해당하는 금액 이하에 해당하는지를 확인해야 한다. 또한 회계연도에 재난 위험 완화 활동을 수행하기 위해 할당된 총 기금의 15%에 해당하는 금액을 초과해서는 안 된다.

대통령은 금액이 할당된 회계연도 이후 세 번째 회계연도 말까지 지급의무 없는 상태로 남아 있는 주에 제공되는 재정 지원금(주가 지방정부에 제공하는 금액 포함) 지급을 철회할 수 있다. 또한 대통령은 철회된 재정 지원금을 다음 회계연도에 경쟁적 기반 하에서 다른 지원금에 추가할 수 있다.

7) 지원금 지급 기준

주정부 또는 지방정부에 기술적 및 재정적 지원을 제공할지 여부를 결정할 때, 대통령은 지난 7년 동안 중대재난 선포를 받은 주에게만 재정적 지원을 하거나 그러한 주 영역 내에 부분적 또는 전체적으로 위치한 인디언 부족정부에게만 재정적 지원을 해야 한다.

또한 대통령은 다음의 사항들을 고려해야 한다.

① 완화될 위험의 정도와 성격
② 국가나 지방자치단체가 장래의 자연재해로 인한 피해를 줄이기 위한 노력 정도
③ 기술적 및 재정적 지원을 사용하여 수행할 재난 위험 완화 조치에 대한 지속적인 비연방 지원을 위한 주정부 또는 지방정부의 이행 약속 정도
④ 기술적 및 재정적 지원을 사용하여 수행되는 위험 완화 조치가 주가 설정한 완화 목표 및 우선순위에 기여하는 정도
⑤ 기술적 및 재정적 지원이 이 법에 따라 제공된 기타 지원과 일치하는 정도
⑥ 의미있는 결과를 도출하는 우선순위가 높고 효율적인 위험 완화 활동이 명백하게 식별되는 정도
⑦ 주정부 또는 지방정부가 위험 완화 계획을 제출한 경우, 식별된 활동이 위험 완화 계획과 일치하는 정도
⑧ 지역사회에 대한 순 편익을 최대화하는 활동에 기금 제공
⑨ 소규모 빈곤 지역사회의 위험 완화 활동에 기금이 지원되는 정도

⑩ 주정부, 지방정부, 지역정부, 인디언 부족정부가 수정사항을 포함한 최신 위험 방지 설계를 통합하고, 보호 목적으로 이 법에 따라 지원을 받을 수 있는 주거용 건물과 시설의 설계, 건설 및 유지·관리에 대한 기준을 수립하는 절차에서 재난에 대비하여 건물 사용자의 건강, 안전, 공공복리를 보호할 목적으로 관련 당사자의 합의에 기반한 법규정과 기준의 최신 버전의 적용과 이행을 촉진한 정도

⑪ 기술적 및 재정적 지원이 회복력 수준을 높이는 활동에 기금을 지원한 정도

⑫ 기타 주정부 및 지방정부와 협의하여 대통령이 정하는 기준

8) 연방의 역할

스태포드 법에 따라 제공되는 재정 지원은 원칙적으로 대통령이 승인한 재난 위험 완화 활동의 총 비용의 최대 75%까지 제공할 수 있다. 그럼에도 불구하고 대통령은 소규모 빈곤 지역사회에서 수행되는 위험 완화 활동에 총 비용의 90%까지 지원할 수 있다.

9) 연방 공공기반시설 사전 재난 위험 완화 지원

대통령은 재난구호기금(DRF)에서 중대재난과 관련하여 필수적 지원(제403절), 파손된 시설의 수리, 복원, 교체(제406절), 잔해 제거(제407절), 개인 및 가구에 대한 연방 지원(제408절), 실업 지원(제410절), 위기 상담 지원 및 교육(제416절), 공공 지원 프로그램 대안 절차(제428절)에 있어서 기술적·재정적 지원을 제공하기 위해 별도로 마련한 지원 금액은 스태포드 법에 따른 중대재난에 따라 수행하는 활동과 관련된 것으로 간주한다. 스태포드 법에서 필수적 지원(제403절), 파손된 시설의 수리, 복원, 교체(제406절), 잔해 제거(제407절), 개인 및 가구에 대한 연방 지원(제408절), 실업 지원(제410절), 위기 상담 지원 및 교육(제416절), 공공 지원 프로그램 대안 절차(제428절)에 사용할 수 있는 금액을 감액해서는 안 된다.

스태포드 법에 따른 중대재난 선포 후 180일 이내에 목적 보조금의 예상 총액은 대통령이 결정하여야 하며, 예상액의 변동으로 인하여 예상액의 감액·증액·변경은 금지된다.

10) 다중 위험 권고 지도

다중 위험 권고 지도란 위험지역이 중첩되는 곳을 표시할 목적으로 각 유형의 자연재해에 관한 위험 데이터를 식별하는 지도를 의미한다.

주정부, 지방정부 및 해당하는 연방기관이 협의를 바탕으로, 대통령은 일반적으로 반복되는 자연재해(홍수, 허리케인, 강풍, 지진을 포함)가 발생하는 5개 주 이상의 지역에 대한 다중 위험 권고 지도를 개발해야 한다. 다중 위험 권고 지도를 개발함에 있어서, 대통령은 가능한 한 가장 가성비 높고 효율적인 기술을 사용해야 한다.

- 권고 성격: 다중 위험 권고 지도는 권고의 성격을 지니며, 정부 또는 민간기관에게 새로운 정책 개발을 요구하거나 새로운 정책 창출을 부과해서는 안 된다.
- 지도의 가용성: 다중 위험 권고 지도는 다음과 같은 목적으로 해당 주정부와 지방정부에 제공되어야 한다. (i) 5개 주 이상의 지역에서 자연재해의 위험에 대해 일반 대중에게 알려야 함, (ii) 규정된 활동을 지원함, (iii) 기타 공적 용도로 사용함

11) 연방의회의 직접적인 지출 금지

'의회의 직접 지출'이란 기타 지출에 대한 법적·행정적인 재정 절차를 거치지 않고 특정 주, 지방 또는 의회 선거구를 대상으로 한 지출, 계약, 대출, 대출 보증, 보조금을 제공하고, 승인하며, 추천하는 상원의원, 하원의원, 대의원, 상임위원장의 요청이 포함된 법률 조항을 말한다. 연방의회는 책정되거나 제공되는 기금을 직접 지출할 수 없다.

(2) 화재관리지원금(FMAG) 지원

비상사태와 중대재난 선포 이외에도, 중대재난이 될 수 있는 파괴적 위협으로 공유림, 사유림, 초원에 발생한 화재의 완화, 관리, 통제를 위해 준(準)중대재난 선포가 있다.[75] 준중대재난 선포의 경우, 대통령으로부터 권한 위임을

75) Stafford Act Section 420(a), 42 U.S.C. §5187(a).

받은 연방재난관리청(FEMA)은 스태포드 법 제420절에 의거하여 화재관리지원금(FMAG) 지급 사건으로 선포할 수 있다.[76] 일단 공포된 화재관리지원금(FMAG) 지급 선포는 공유림, 사유림, 초원에 발생한 화재의 통제, 관리, 완화를 위해 주정부, 지방정부, 인디언 부족정부에 대한 장비, 인력, 지원금 제공 등과 같은 다양한 형태의 연방 지원이 제공된다.[77] 화재관리지원금(FMAG)은 산불의 영향을 완화시키고 중대재난이 되는 것을 방지하기 위한 기금 지원이다.[78] 또한 중대재난 선포와 관계없이 화재관리지원금(FMAG) 지급이 승인되면, 주정부, 지역정부, 인디언 부족 정부는 위험 완화 보조금 프로그램(HMGP)을 통해 기금을 지원받을 수 있다.[79]

(3) 스태포드 법에 따른 재난 지원 프로그램

스태포드 법에 따라 비상사태 또는 중대재난이 선포되면, 3가지 주요한 형태의 연방 재난 지원(공적 지원, 개인 지원, 위험 완화 지원)이 가능하다.

[표] 스태포드 법 선포시 가능한 지원

	비상사태 선포	중대재난 선포
공적 지원(PA)	비상 업무	비상 업무
	Category A-잔해 제거	Category A-잔해 제거
	Category B-비상 보호 조치	Category B-비상 보호 조치
		평시 업무
		Category C-도로 및 교량
		Category D-물 관리 시설
		Category E-건물 및 장비
		Category F-공공재
		Category G-공원, 휴양, 기타

76) Stafford Act Section 420(a), 42 U.S.C. §5187(a); 44 C.F.R. §204.21.
77) 44 C.F.R. §204.42.
78) CRS Report R43738.
79) Stafford Act Section 420(d), 42 U.S.C. §5187(d).

개인 지원 (IA)	개인 및 가구 프로그램(IHP)	개인 및 가구 프로그램(IHP)
		위기상담 프로그램
		재난 사건 관리
		재난 실업 지원
		재난 법률 서비스
		재난 영양보충 지원 프로그램
위험 완화 지원 (HMA)		위험 완화 보조금 프로그램(HMGP)

자료: 연방재난관리청(FEMA)의 "The Disaster Declaration Process" 웹페이지 참조 https://www.fema.gov/ko/disaster/how-declared

1) 공적 지원(PA)

긴급 보호서비스를 제공하고, 잔해 제거 작업을 수행하며, 파손된 공공 기반시설을 수리 또는 교체하기 위해 주정부, 지역정부, 지방정부, 인디언 부족정부, 민간 비영리단체에 지급하는 보조금 지원이다.[80] 민간 비영리단체는 공적 지원을 받을 자격이 있지만, 영리 기업은 공적 지원을 받을 수 없다.[81]

2) 개인 지원(IA)

피해를 입은 개인과 가구에 직접적인 지원을 하는 개인 지원(IA)은 주택 지원, 기타 필요 지원, 위기 상담, 사건 관리 서비스, 법률 서비스, 재난 실업 지원 등이 있다.[82] 개인이나 가구가 받을 수 있는 재정적 지원액은 제한이 있다. 주택 관련 필요에 대한 지원은 35,500달러(2020년 회계연도, 매년 조정됨)을 초과할 수 없으며,[83] 기타 필요 지원(ONA)은 35,500달러(2020년 회계연도, 매년

80) Erica A. Lee, A Brief Overview of FEMA's Public Assistance Program, CRS In Focus IF11529.
81) Stafford Act Sections 402, 403, 407, 418, 419, 502; 42 U.S.C. §§5170a-5170b, 5173, 5185-86, 5192.
82) Elizabeth M. Webster, FEMA Individual Assistance Programs: An Overview, CRS Report R46014.
83) §1212 of the Disaster Recovery Reform Act of 2018 (DRRA), P.L. 115-254, as it amends §408(h)(1) of the Stafford Act, P.L. 93-288, as amended, 42 U.S.C. §5174(h)(1)

조정됨)을 초과할 수 없다.[84] 다만, 대체 주택 임대를 위한 재정적 지원[85]과 접근성 있는 부동산 및 개인 재산 비용에 대한 재정적 지원에는 상한선이 없다.[86]

3) 위험 완화 지원(HMA)

위험 완화 지원과 복원 프로젝트 및 프로그램에 기금을 지원하고, 요청 시 전체 주(州)에서 사용가능한 기금인 위험 완화 지원(HMA)이 있다.[87] 위험 완화 프로젝트에는 안전실 건설, 상시 침수되는 부동산 매입, 시설 개조 등이 포함된다.[88]

비상사태 또는 중대재난 선포에 의해 승인된 지원은 선포에 따라 지정된 지역에 따라 다를 수 있다. 일부 형태의 공적 지원(PA) 및 개인 지원(IA)은 대통령이 비상사태를 선포했을 때 지원 가능하고, 공적 지원(PA), 개인 지원(IA), 위험 완화 지원(HMA)은 대통령이 중대재난을 선포했을 때 지원 가능하다.[89]

(4) 그 밖에 연방 지원 프로그램

1) 연방 부처의 지원 프로그램

연방 재난 재정 지원의 대부분은 스태포드 법에 근거하여 연방재난관리청(FEMA)에 의해 제공된다. 그러나 스태포드 법에 의거하여 제공되는 재정지원 외에도 미국 국토안보부(DHS) 또는 연방재난관리청(FEMA)에서 관리하지 않는 특별한 상황에서 재난 지원을 제공하는 다른 프로그램들이 있다. 여기에는 중소기업청(SBA), 주택도시개발부(HUD), 교통부(DOT), 농무부(USDA), 미국 육군공병대(USACE)가 제공하는 연방 재난 프로그램이다. 다음은 5가지 중요한 프로그램이다.

---

84) §1212 of DRRA, P.L. 115-254, as it amends §408(h)(2) of the Stafford Act, P.L. 93-288.

85) §1212 of DRRA, P.L. 115-254, as it amends §408(h)(1) of the Stafford Act, P.L. 93-288, as amended, 42 U.S.C. §5174(h)(1).

86) §1212 of DRRA, P.L. 115-254, as it amends §§408(h)(4)(A) and (B) of the Stafford Act, P.L. 93-288, as amended, 42 U.S.C. §§5174(h)(4)(A) and (B).

87) FEMA, "The Hazard Mitigation Grant Program Guide for State/Local Governments".

88) Federal Emergency Management Agency, The Hazard Mitigation Assistance Grant Programs, 2015.

89) 44 C.F.R. §206.40(a).

- 중소기업청(SBA) 재난 대출 프로그램: 중소기업청은 재난 발생 이후 무보험 피해를 입은 주택, 개인 재산 또는 사업장을 수리하거나 교체하기 위해 연방 보조금 형태의 대출을 제공한다. 중소기업청(SBA) 재난 대출 프로그램은 재난의 결과로 경제적 손실을 입은 기업에 연방 보조금 형태의 대출을 제공하는 것이다.
- 주택도시개발부(HUD) 지역사회 개발 블록 보조금 재난 복구(CDBG-DR) 프로그램: 이 기금은 광범위한 재난 발생 시 지원 요청이 있을 때 지급될 수 있지만, 현재 이 프로그램은 재난 구호 비용을 충당하기 위해서는 추가적인 재원 충당이 필요하다.[90)]
- 교통부(DOT) 연방 지원 고속도로(FHWA) 긴급 구호(ER) 프로그램: 이 긴급 구호 프로그램은 (1) 홍수, 허리케인, 해일, 지진, 토네이도, 심각한 폭풍 등 광범위한 지역에 걸친 자연재해나 (2) 외부적 원인에 의해 대(大) 재앙적 결과로 심각한 피해를 입은 연방 고속도로 시스템의 도로 보수 및 재건을 위한 보조금이 주요 재원이다.[91)]
- 농무부(USDA) 농업 및 농촌 지원: 주로 농업 및 농촌 지역사회에 식량, 주택 및 재정 지원을 하는 농무부(USDA)에서 제공하는 여러 가지 프로그램이 있다.[92)]
- 미국 육군 공병대(USACE) 긴급 지원: 미국 육군 공병대(USACE)는 파손된 홍수 통제물(예를 들어, 제방) 건설과 연방정부가 허리케인 또는 해안 보호 프로젝트에 참여하는 기관의 재건 및 검사 프로그램을 지원한다.[93)] 미국 육군 공병대(USACE)는 홍수를 진압하는 비상대응기관(33 U.S.C. §701n)이며, 사람의 생명을 구하고 재산을 보호하기 위한 조치와 기타 비상대응(예를 들어, 비상시 물 공급) 등 재난 지원을 한다.[94)] 미국 육군

---

90) Eugene Boyd, Community Development Block Grant Funds in Disaster Relief and Recovery, CRS Report RL33330.

91) Robert S. Kirk and William J. Mallett, Emergency Relief for Disaster-Damaged Roads and Public Transportation Systems, CRS Report R45298.

92) Megan Stubbs, Agricultural Disaster Assistance, CRS Report RS21212.

93) Nicole T. Carter and Charles V. Stern, Army Corps of Engineers: Water Resource Authorizations, Appropriations, and Activities, CRS Report R41243.

94) Nicole T. Carter and Charles V. Stern, Army Corps Supplemental Appropriations: History, Trends, and Policy Issues, CRS Report R42841.

공병대(USACE)는 가뭄기간 동안 특정 활동 지원에 그 권한이 제한되어 있다.95)

2) 연방 부처와 연방정부 기관의 지원

연방 부처와 연방정부 기관은 다양한 방법으로 주정부, 지방정부, 인디언 부족 정부를 상설적으로 지원하는 권한을 가지고 있다. 예를 들어, 질병통제예방센터(CDC)는 재난 발생 후 공중보건 문제와 관련하여 다양한 기술 지원을 제공한다. 또한 다른 연방정부 기관은 재난 발생 시 대응 및 복구를 지원하기 위해 특정 규정 준수 및 조건 준수를 면제할 수 있다. 예를 들어, 환경보호청(EPA)은 에너지부(DOE)와 협력하여 재난 피해를 입은 지역에 특정 연료 지급 조건을 면제해 줄 수 있다.96)

또한 스태포드 법에 의거한 중대재난 선포에 따라 대통령, 연방재난관리청(FEMA)장, 연방재난관리청(FEMA) 지역관리자는 연방법에 따라 예방적 대피를 포함하여 주와 지방 지원 대응 및 복구 노력을 하기 위하여 부여된 권한과 자원(인력, 장비, 물품, 시설, 관리적·기술적·조언적 서비스)을 이용하도록 모든 연방정부 기관에 지시할 수 있다.97)

다른 연방정부기관이 이러한 권한을 사용하여 재난 중 지원을 요청하는 경우, 일반적으로 다른 연방정부기관은 연방재난관리청(FEMA)으로부터 임무 지시를 받고,98) 재난구호기금을 통해 보상을 지급한다. 또한 연방정부 기관은 재난에 대한 즉각적인 대응을 지원할 수 있는 수많은 활용가능한 연방 자산을 보유하고 있다.99)

연방정부 또는 연방 자산은 공식적인 요청 절차를 통해 요청되지 않았지만 직접적인 인명 손실이나 심각한 재산 피해를 방지하기 위해 즉각적인 지원을 제공할 수 있다.100) 예를 들어, 국방부(DOD)는 민간업무의 국방 지원(DSC

---

95) 33 U.S.C. §549a.

96) Environmental Protection Agency's (EPA's).

97) Stafford Act Section 402(1), 42 U.S.C. §5170a.

98) 연방재난관리청(FEMA)은 44 C.F.R.에 따라 다른 연방기관에 임무 지시를 할 권한을 위임받는다(§206.2(a)(18)). 연방재난관리청(FEMA)의 임무 지시는 연방기관이 재난 대응 및 복구 작업을 지원하도록 지시하는 대통령의 권한에 의거한다(42 U.S.C. §§5170a, 5170b, and 5192).

99) Jared T. Brown, Deployable Federal Assets Supporting Domestic Disaster Response Operations: Summary and Considerations for Congress, CRS Report R43560.

A)[101] 규정 및 지침에 의거하여 연방 공무원과 주 공무원의 공식적인 요청 없이 지역 국방부(DOD) 공무원을 통해 즉각적인 지원을 할 수 있다.[102]

3) 연방의회의 지원 활동

연방 재난 지원에 있어서는 연방정부, 주정부, 지역정부, 지방정부, 인디언 부족 정부 간에 협력이 필요하다. 예를 들어, 재난 정보 배포와 같은 연방의회의 지원은 재난 대응 및 복구에 도움이 될 수 있다. 재난 상황이 전개됨에 따라 연방의회는 사전 재난 선포기간에 다음의 사항을 수행한다.

① 사전 재난 계획안을 제공하는 해당 웹사이트[103]를 통해 개인 및 가구의 재난 지원 계획을 설계한다.

② 주/지역/인디언 부족 비상 관리사무소와 협력 관계를 구축하여, 이러한 비상 관리사무소가 할 수 있는 가장 가치있는 활동을 고려한다.[104]

③ 비상사태의 관리를 위한 주/지역/인디언 부족의 핵심적 기관에 연락하여 이웃 주(州)/주 자치구(district)와 체결한 상호원조협정을 학습한다.

④ 주정부/지역정부/지방정부/인디언 부족정부가 직면한 문제를 설명하며, 주지사/지역정부·지방정부·인디언 부족정부 최고책임자에게 지원 요청에 관한 서신을 보내고, 특별한 경우에 연방의 추가적인 지원을 고려한다.

⑤ 재난과 관련하여 검토해야 할 지역, 지원할 수 있는 사건·기간에 필요한 재정이나 물품에 관하여 주, 지역, 인디언 부족, 지방 공무원을 통해 합동 사전피해평가(PDA) 팀에 정보를 제공한다. 절차, 잠재적 신청, 신청 자격요건, 프로그램 제한사항 등을 거주민에게 설명한다.

---

100) Stafford Act Section 502(a)(8), 42 U.S.C. §5192(a)(8).

101) 민간업무의 국방 지원(DSCA)은 미국 군 자산과 인력이 일반적으로 민간인이 수행하는 임무를 지원하기 위해 사용될 수 있는 것이다. 이러한 임무에는 자연재해 및 사회재난에 대한 대응, 법 집행 지원, 특별 이벤트 및 기타 국내 활동이 포함되어 있다.

102) 이러한 권한을 '즉각적인 지원 권한'이라 한다(32 C.F.R. §185.4(g)).

103) http://www.ready.gov

104) 주(州)의 핵심적 기관에 관하여는 https://www.fema.gov/emergency-management-agencies

대통령이 중대재난을 선포하면, 연방의회 집무실은 다음의 임무를 수행한다.

① 연방재난관리청(FEMA)과 국토안보부(DHS)와 함께 연방의회 담당자는 소통을 통해 재난대책본부와 합동현장사무소(JFO)의 입장에서 재난 현장 정보를 정확하고 시기적절하게 수집한다.

② 해당 웹사이트[105]에서 가용할 수 있는 많은 연방 지원 프로그램을 신청하기 위한 온라인 절차를 홍보한다.

③ 필요한 경우에는 연방재난관리청(FEMA)과 국토안보부(DHS)에 재해복구센터(DRC)의 위치와 모바일 재해복구센터의 사이트(site)에 대한 정보를 제공한다. 재해복구센터(DRC)는 일반적으로 연방재난관리청, 기타 연방기관, 주정부/지역정부/인디언 부족정부/지방정부 기관 및 자원봉사단체로 구성되며, 시민들이 복구 작업 직원과 대면할 수 있는 기회를 제공한다. 재난 생존자를 찾는데 도움이 되는 온라인 또는 전화 방식의 지원도 있다.

④ 연방재난관리청(FEMA)과 국토안보부(DHS)와 협력하여 연방홍수보험프로그램(NFIP)[106]에 참여하고 있는 지역사회와 제재를 받았거나 참여하지 않기로 한 지역사회의 목록을 파악한다.

⑤ '사건'(incident) 발생으로 피해를 받은 지방정부와 비정부기구에 신청자 설명회를 홍보한다. 이 설명회에서 연방재난관리청(FEMA) 직원이 지역 공무원 및 잠재적 신청자에게 공적 지원(PA) 프로그램 규정 및 정책을 설명한다.

⑥ 주 또는 지역의 재난 완화 계획의 우선순위, 실행 일정을 이해시키기 위해 주(州) 위험 완화 공무원(SHMO)을 참여시킨다.[107]

⑦ 스태포드 법의 프로그램에 기금을 지원하는 재난구호기금(DRF)의 재정 상태와 대응 및 복구 임무를 수행하는 다른 부처 및 기관에 부여된 기타 임무를 인지한다. 재난의 심각성과 기존 회계 균형을 고려하여, 연

105) https://www.disasterassistance.gov/

106) 국가홍수보험프로그램(National Flood Insurance Program, NFIP)은 개인·주정부·지역정부가 홍수나 홍수 관련 산사태, 침식 등으로부터 물리적 피해로 인한 손실에 대비하는 보험 가입을 지원한다.

107) 주(州) 위험 완화 공무원(SHMO)에 관하여는 https://www.fema.gov/state-hazard-mitigation-officers

방 행정부는 재난구호기금(DRF)과 기타 재난 지원 프로그램 계정에서 추가적인 지출을 허용하는 법안을 연방의회에 요청할 수 있고, 연방의회는 이에 따라 법을 제정할 수 있다.[108]

연방의회는 스태포드 법에 의한 지원을 위해 추가적인 예산을 편성하는 중요한 역할을 한다. 또한 연방의회는 필요한 비상 관리를 지원하는 법안을 통과시킬 수 있고, 국가기관을 감독하고 추가적인 비상 관리를 지원할 수 있다.[109]

5. 자연재난에 대한 국가의 대응

(1) 스태포드 법의 제정과정

미국에서 허리케인이나 폭풍 등 '자연재난'[110] 발생과 관련하여, 미국 연방헌법과 연방법에서 규정하고 있는 재난 대응 및 지원과 관련한 법제도를 살펴본다. 미국 연방헌법 제1조 제8항 15호[111]는 재난 대응 등 국가의 안전보장에 관한 헌법적 근거가 된다. 즉, 연방정부는 재난 등으로부터 국가를 보호해야 할 헌법상 의무가 있다. 연방정부의 효율적인 지원과 대응을 통해 주정부와 지방정부는 효과적으로 재난에 대응할 수 있도록 법제도적 체계를 갖추어야 한다.

2005년 8월 허리케인 카트리나 발생과 관련하여 미국 국토안보부(DHS)는 자연재난에 제대로 대처하지 못했다. 카트리나 발생 이후 국가대응체제(NRF)에서 재난 시스템을 개선했지만, 여러 가지 문제가 발생했다. 첫째, 그 당시 미국 연방, 주 및 지역 공무원들은 자연재난에 대응할 준비가 되어 있지 않았다.[112] 둘째, 관련 공무원들은 명확한 지휘 체계를 갖추지 못했고, 재난 대응과 관련하여 공무원들 간 의사소통이 제대로 되지 않았다.[113] 셋째, 미국 시민들은 관

---

108) William L. Painter, The Disaster Relief Fund: Overview and Issues, CRS Report R45484.

109) 연방의회는 2018년 재난복구개혁법을 통과시켰다(DRRA, Division D of P.L. 115−254). Elizabeth M. Webster and Bruce R. Lindsay, The Disaster Recovery Reform Act of 2018 (DRRA): A Summary of Selected Statutory Provisions, CRS Report R45819.

110) 미국의 자연재난과 관련하여 스태포드 법 제102절 제2항에서, 중대재난을 정의하면서 '자연재난'은 허리케인, 토네이도, 태풍, 밀물, 풍해수, 해일, 쓰나미, 지진, 화산폭발, 산사태, 눈보라, 가뭄을 포함한다고 규정하고 있다.

111) 미국 연방헌법 제1조 제8항 15호. 연방의회는 "연방법률을 집행하고, 반란을 진압하고, 침략을 격퇴하기 위하여 민병대의 소집에 관한 규칙을 정하는" 권한을 가진다.

112) H.R. Rep. No. 109−377, 151−58 (2006).

련 공무원들을 조력하면서 여러 가지 방법으로 재난 대응에 협조하기 원했지만, 그러한 민간 협조 시스템을 갖추지 못했다.[114]

2003년 미국 국토안보부(DHS)의 비상사태 대비·대응국(EPRD)이 연방재난관리청(FEMA[115]))에 통합되면서 연방 체제에서 연방재난관리청(FEMA)의 지위가 격상되었다.[116] 2003년 2월 28일 조지 부시(George Walker Bush) 대통령은 국토안보부 장관 및 국토안보위원회가 국가대응계획(NRP)을 개발하고 관리하도록 대통령 행정명령(Executive Orders)을 발하였다.[117] 국가대응계획(NRP)에 의해 해결해야 할 첫 번째 큰 재난은 2005년 걸프 해안을 강타한 허리케인 '카트리나'였다.[118] 연방의회는 2006년 카트리나 후 비상사태관리개혁법[119]을 제정하여 연방재난관리청(FEMA)을 국토안보부(DHS)에 흡수하였고, 연방재난관리청(FEMA)이 비상사태 발생시 대통령에게 직접 보고할 수 있도록 하여, 이전보다 더 큰 권한을 지니게 하였다.[120] 허리케인 카트리나에 대응 실패에 대한 엄중한 책임이 국가대응계획(NRP)에 부여되었고, 결과적으로 2008년 새로운 재난 대응 계획인 국가대응체제(NRF)[121]가 만들어졌다.[122] 새로운 계획인 국가대응체제(NRF)는 국가기관의 권한 행사를 더 민첩하게 하고 다양한 재난 대응이 가능하도록 기획되었다.[123] 허리케인 샌디가 2012년 가을 미국 동부 해안을 강타하여 24개 주에 영향을 미치자, 연방의회는 2013년 샌디복구개선법(SRIA)을 제정했다.[124]

---

113) H.R. Rep. No. 109-377, 163-78 (2006).
114) H.R. Rep. No. 109-377, 163-78 (2006).
115) The Federal Emergency Management Agency (FEMA)
116) Thomas Husted & David Nickerson, Political Economy of Presidential Disaster Declarations and Federal Disaster Assistance, 42 Pub. Fin. Rev. 35, 53 n.6 (2014).
117) Nan D. Hunter, The Law of Emergencies, at 241-43 (2009).
118) The Federal Response to Hurricane Katrina: Lessons Learned 15, 2006, http://library.stmarytx.edu/acadlib/edocs/katrinawh.pdf
119) Post Katrina Emergency Management Reform Act of 2006
120) Keith Bea, Federal Stafford Act Disaster Assistance: Presidential Declarations, Eligible Ctivities, and Funding, in Disaster Relief: Organizations, Speed and Efficiency of Response and Roles 113, 116 (Kristin O. Reed ed., 2011).
121) National Response Framework (NRF)
122) Nan D. Hunter, The Law of Emergencies, at 244, 248 (2009).
123) Bruce R. Lindsay & Justin Murray, Disaster Relief Funding and Emergency Supplemental Appropriations, Disaster Relief, 71, at 165 (2011).
124) Sandy Recovery Improvement Act of 2013. Pub. L. No. 113-2, 127 Stat. 4 (2013).

1988년 11월 23일 제정된 로버트 스태포드 재난구호 및 긴급지원법(스태포드 법: Stafford Act[125])은 연방 재난 대응의 비효율성을 개선하고 연방 구호의 범위를 모든 원인에 의한 재난으로 확대했다.[126] 스태포드 법에 의하면, 재난과 관련한 연방 지원은 주정부와 지방정부가 재난이나 비상사태를 감당할 수 없는 경우에만 지원이 가능하다.[127] 미국 스태포드 법에서는 대통령이 중대재난이나 비상사태를 선포하는 경우, 재난 지원 및 구호에 대한 연방정부의 역할을 규정하고 있다.[128] 스태포드 법에 의하면, 특정한 비상사태 선포시 비용과 비상사태의 대비 계획에 의하여 연방 보조금을 주(州)에게 제공한다.[129] 연방재난관리청(FEMA)은 선포된 중대재난과 비상사태 시에 주정부에 제공하는 연방 지원을 조정한다. 미국의 경우, 자연재난 발생시 자원봉사단체와 비정부기구(NGO)가 연방정부뿐만 아니라 주정부, 지방정부, 지역정부, 인디언 부족정부와 협력하여, 피해 지역사회에 재난 대응, 복구, 지원 등을 한다. 각 지역사회는 재난 대응 및 구호와 관련하여 특유한 자발적 조직을 갖추고 있다.[130]

(2) 연방재난관리청(FEMA)

연방재난관리청(FEMA)을 중심으로 재난 지원 및 보상은 스태포드 법(Stafford Act)에 의해 처리된다. 스태포드 법에 의하면, 재난 생존자를 위한 대규모 구호, 파괴된 시설의 재건, 향후 재해 피해 완화, 잔해 청소, 보험에 의해 해결되지 않는 영역에 필요한 지원은 미국 국토안보부(DHS)가 관리하고, 연방의회가 적립하는 재난구호기금(DRF)을 통해 지원된다. 또한 재난으로 인해 수입이 현저히 감소한 경우와 재난을 원인으로 직접 실업이 된 경우, 노동부가 지원한다. 이 과정에서 대통령에 의해 지명된 연방 조정담당관(FCO[131])이 효

---

125) 본래의 법명은 ROBERT T. STAFFORD DISASTER RELIEF AND EMERGENCY ASSISTANCE ACT

126) Kurt Johnson, Disaster Response: Key Legal Issues for US Northern Command, 83 Int'l L. Stud. 277, 278 (2007); R. Steven Daniels, The Rise of Politics and the Decline of Vulnerability as Criteria in Disaster Decisions of the United States, 1953−2009, 37 Disasters 669, at 670 (2013).

127) A Guide to the Disaster Declaration Process and Federal Disaster Assistance, FEMA, https://www.fema.gov/media−library−data/20130726−1536− 20490−8240/dec_proc.pdf

128) Stafford Act, 42 U.S.C. §5121(b) (2021).

129) Stafford Act, 42 U.S.C. §5131(c)−(d).

130) David M. Crane, A NATIONAL Imperative Americans want to serve: The Public Assistance Service Responding to American's Man−Made or Natural Disasters, 65 Syracuse L. Rev. 247, 2015, p. 256.

131) Federal coordinating officer (FCO)

율성 제고를 위해 재난 지원을 조정한다.

6. 중대재난 또는 비상사태의 선포 절차

(1) 스태포드 법의 선포 절차

중대재난이나 비상사태 선포 절차는 미국 스태포드 법 제401절에 규정되어 있다. 재난이나 사건(incident)이 발생하면 지역정부 또는 지방정부가 먼저 이에 대응하고, 자신들의 능력을 넘어서게 되면 연방정부에 지원을 요청하게 된다.[132] 연방정부, 주정부, 지방정부 공무원은 재난 피해를 입은 지역에 대해 사전피해평가(PDA)를 하여 재난 복구 수요를 파악한다. 피해 평가의 결과는 주지사가 연방재난관리청(FEMA) 지역사무소를 통해 연방에 재난 지원을 요청할 때 활용한다. 지원 요청서에는 ① 재난의 심각성과 재난의 규모가 주나 지역의 역량을 넘어선다는 진술서, ② 주 비상사태 계획의 활동 확인, ③ 재난구호활동에 투입되는 주와 지역의 비용 분담에 대한 서약과 정보에 대한 서약, ④ 연방 지원이 필요한 손해의 추정치가 포함된다.[133] 주지사가 재난 선포 요청을 하면, 연방재난관리청(FEMA)은 그러한 요청을 평가하여 대통령에게 재난 선포를 권고할 수 있다.[134] 여러 가지 정보에 기초하여, 대통령은 중대재난이나 비상사태를 선포할 수 있다. 선포에는 재난 선포 요청 전체 또는 일부만을 수용할 수 있다.[135] 재난 선포에는 연방 프로그램, 연방 비용 분담금, 재난 피해의 추정치 및 재난 지원 배분가 명시되어 있다.[136] 재난 지원은 스태포드 법에 따라 연방재난관리청(FEMA)의 재량에 따라 이루어지며, 연방 프로그램을 통한 지원이 완료되고 모든 기금이 소진되면 재난 지원은 종결된다.[137] 재난 선포 요청이 기각된 경우에는 30일 이내에 해당 주지사는 이의신청을 할 수 있다.[138]

---

132) 42 U.S.C. § 5170

133) 42 U.S.C. § 5170; Nan D. Hunter, The Law of Emergencies, at 192.

134) 42 U.S.C. §§ 5170, 5191

135) 44 C.F.R. § 206.38(a) (2018); 44 C.F.R. § 206.40(a)

136) Thomas Husted & David Nickerson, Political Economy of Presidential Disaster Declarations and Federal Disaster Assistance, 42 Pub. Fin. Rev. 35, at 38 n.7 (2014).

137) 42 U.S.C. §§ 5170a(1), 5192(a)(1); 44 C.F.R. § 206.40

스태포드 법에 따르면, 대통령은 여러 종류의 재난 선포를 할 수 있다. 첫째, 중대재난 선포,[139] 둘째, 비상사태 선포,[140] 셋째, 비상사태 지원 선포[141]를 할 수 있다. 이러한 선포 대신, 연방재난관리청(FEMA)은 화재관리지원금(FMAG) 프로그램을 운영할 수 있다.[142]

스태포드 법에서는 중대재난과 비상사태 선포 절차를 규정하고 있다. 스태포드 법에서 '중대재난'이란 모든 자연재난(허리케인, 토네이도, 태풍, 밀물, 풍해수, 해일, 쓰나미, 지진, 화산폭발, 산사태, 눈보라, 가뭄을 포함) 또는 재난 원인과 관계없이 미국 전역에서 발생한 화재, 홍수, 폭발 등으로 인해 발생하는 피해, 손실, 고난, 고통을 완화하고, 주정부, 지방정부, 재난구호단체의 활동과 가용자원을 보완하기 위해 대통령의 결정으로 스태포드 법에 따른 중대재난으로 지원하기에 충분한 피해의 심각성과 피해의 규모를 가진 사건을 말한다.[143] 중대재난 발생시에 더 많은 지원이 필요하기 때문에 비상사태와는 구별하여 규정하고 있다.[144]

스태포드 법에 의하면, '비상사태'란 대통령의 결정에 따라 인명을 구조하고 재산, 공중보건 및 안전을 보호하거나 미국 전 지역에서 발생한 재난의 위험을 감소시키거나 방지하기 위해 주와 지방의 활동과 능력을 보완하기 위해 연방 지원이 필요한 경우나 사건을 의미한다.[145] 중대재난 선포와 달리, 주(州)의 인명 구조 및 유실 방지대책의 필요성이 있는 경우 재난이 발생하기 전에 비상사태를 선포할 수 있다.[146] 시간이 경과하고 지원의 필요성이 감소하는 경우, 대통령은 연방 지원금을 줄이기 위해 중대재난이나 비상사태 선포를 수정할 수 있다.[147] 일단 중대재난이나 비상사태 선포가 되면 재난구호 활동에 대

138) 44 C.F.R. § 206.46 (2018); R. Steven Daniels, The Rise of Politics and the Decline of Vulnerability as Criteria in Disaster Decisions of the United States, 1953−2009, 37 Disasters 669, at 670 (2013).

139) 42 U.S.C. § 5170.

140) 42 U.S.C. § 5191(a).

141) 42 U.S.C. § 5191(b).

142) 42 U.S.C. § 5187(a); 44 C.F.R. § 204.21.

143) Stafford Act Section 102(2), 42 U.S.C. §5122.

144) Bruce R. Lindsay & Francis X. McCarthy, Stafford Act Declarations 1953−2014: Trends, Analyses, and Implications for Congress 2, CRS. R42702, 2015, at 9−10.

145) 42 U.S.C. § 5122.

146) Bruce R. Lindsay & Francis X. McCarthy, Stafford Act Declarations 1953−2014, CRS. R42702, 2015, at 7.

147) Keith Bea, Federal Stafford Act Disaster Assistance: Presidential Declarations, Eligible Ctivities, and Funding,

한 연방 비용 분담은 최소 75%이지만, 필요한 경우 증액할 수 있다.[148]

(2) 소결

미국의 자연재난에 대한 대응 시스템은 연방과 주 이하의 자치단체로 구분할 수 있다. 우리나라에 곧바로 적용할 수는 없지만, 미국 연방은 우리의 중앙정부로, 미국 주(州)는 우리의 지방자치단체로 상정할 수 있다. 미국의 스태포드 법에 따르면, 대통령은 여러 종류의 재난 선포를 할 수 있다. 즉, 미국 대통령은 중대재난 선포, 비상사태 선포, 비상사태 지원 선포 등을 할 수 있다. 우리나라 「재난 및 안전관리 기본법」 제36조에 따르면, 행정안전부장관이 중앙위원회의 심의를 거쳐 재난사태를 선포할 수 있다. 우리나라는 동 법률상 하나의 재난사태 선포만 가능하다. 우리나라의 경우에도 국가기관이 재난사태 선포, 비상사태 선포, 재난 프로그램 운영 등 재난 발생시 다양한 선택 여지를 가질 수 있도록 법률을 개정할 필요가 있다.

7. 미국의 재난 복구 제도

2017년 미국은 허리케인 하비, 마리아, 어마 등 10억 달러 이상의 피해를 입은 16건의 자연재난과 캘리포니아 서부 산불로 엄청난 피해를 입었다.[149] 4건의 자연재난으로 입은 피해 비용만 2,830억 달러가 넘는다.[150] 이러한 자연재난 피해의 여파로 재난법 제도의 개선 필요성이 생겼다.[151] 그리하여 재난복구개혁법(DRRA)이 2018년 10월 5일 제정되었다.[152] 2006년 카트리나 이후 비상관리개혁법(PKEMRA)과 2013년 제정된 샌디복구개선법(SRIA)[153]은 연방재난관리청(FEMA)의 재난 지원 프로그램과 관련하여 가장 중요한 법이다.

---

in Disaster Relief: Organizations, Speed and Efficiency of Response and Roles 113, at 127–129.

148) 42 U.S.C. §§ 5170b(b), 5193(a); 44 C.F.R. § 206.47

149) Adam B. Smith, 2017 U.S. Billion–Dollar Weather and Climate Disasters: A Historic Year in Context, Climate.gov, Jan. 8, 2018.

150) 허리케인 하비 발생으로 1,250억 달러, 허리케인 어마에 500억 달러, 허리케인 마리아에 900억 달러, 캘리포니아 서부 산불에 180억 달러의 비용이 지출되었다.

151) U.S. Gov't Accountability Office, GAO–18–472.

152) Disaster Recovery Reform Act of 2018, Pub. L. No. 115–254, 132 Stat. 3186 (2018).

153) Sandy Recovery Improvement Act(SRIA) of 2013

우리나라는 재난과 관련하여 '위원회' 중심으로 되어 있는데, 미국은 '프로그램'과 '지원' 중심으로 되어 있다. 이하에서는 미국의 위험 완화 보조금 프로그램(HMGP), 재난 복구 지원의 유형, 재난구호기금(DRF)에 대해 살펴본다.

(1) 재난복구개혁법(DRRA)상 위험 완화 조치

'위험 완화 조치'는 자연재난으로부터 사람과 재산에 대한 장기적 위험을 감소시키거나 제거하기 위해 취하는 모든 조치이다. 위험 완화 조치는 장기적인 재난 대응 계획에 있어서 상당히 중요한 역할을 한다. 재난복구개혁법(DRRA)은 위험 완화 활동에 관한 중심적인 내용을 규정하고 있다.[154] 위험 완화 활동은 지역마다 상이하며 자연재난 유형에 따라 그 활동이 다르지만, 예를 들어 저수지, 제방, 방화벽, 폭풍·해일 장벽 등의 설치가 있다.[155] 위험 완화를 위해 연방재난관리청(FEMA)은 위험 완화 보조금 프로그램(HMGP), 사전 재난 완화 프로그램(PDM), 홍수 완화 지원 프로그램(FMA) 등 3가지 위험 완화 프로그램을 활용한다. 연방재난관리청은 중대재난이나 비상사태 선포시 '위험 완화 보조금 프로그램'(HMGP)을 제공한다.[156] 위험 완화 보조금 프로그램(HMGP)은 일반적으로 주 또는 지역 전반에 걸쳐 완화 및 복원 프로젝트에 기금을 지원한다.[157] 주정부, 지역정부, 지방정부, 인디언 부족정부, 특정 민간 비영리단체는 장래의 재난이나 비상사태시 인명이나 재산의 손실을 감소하기 위해 자금 지원을 신청할 수 있다.[158] 개인은 위험 완화 보조금 프로그램(HMGP)에 의한 자금 지원을 직접 신청할 수 없지만, 주정부, 지방정부, 인디언 부족 정부, 특정 민간 비영리단체를 거쳐 자금 지원을 신청할 수 있다.[159] 위험 완화 보조금을 지원받으려면, 해당 재산이 사건이 발생하기 전에 적용되는 모든 주 및 지방의 법규와 기준을 충족해야 한다.[160] 이러한 기준을 충족하는 적격 단체가 위험 완화 보조금 프로그램에 따라 자금을 지원받으려면 민간 비영리단체를 제외한

154) FEMA's DRRA Explanation: https://www.fema.gov/disaster/disaster-recovery-reform-act-2018
155) FEMA, Mitigation Ideas: A Resource for Reducing Risk to Natural Hazards, 2013, 25, 27, 55-56, 72.
156) Stafford Act Section 404, 42 U.S.C. § 5170c.
157) Stafford Act Section 404, 42 U.S.C. § 5170c.
158) FEMA, Hazard Mitigation Grant Program
159) FEMA, Hazard Mitigation Grant Program
160) FEMA, Hazard Mitigation Grant Program

모든 단체는 연방재난관리청에 의해 위험 완화 계획을 승인받아야 한다.[161] 사전 재난 완화 프로그램(PDM)에 따른 자금 지원은 일반적으로 연방재난관리청에 의해 1년 단위로 제공되고 있다.[162]

미국 연방의회는 재난복구개혁법(DRRA)의 9개 조항을 통해 위험 완화 보조금 프로그램(HMGP)과 사전 재난 완화 프로그램(PDM)에 의한 자금 지원을 크게 증액했다.[163] 재난복구개혁법(DRRA)은 위험 완화 자금을 3가지 방법으로 확대하고 있다. 첫째, 중대재난이나 비상사태를 넘어서는 산불·폭풍·지진까지 위험 완화 자금 지원이 가능하도록 했다.[164] 또한 수자원 개발 프로젝트에 위험 완화 자금을 제공함으로써 위험 완화를 확대했다.[165] 둘째, 재난복구개혁법(DRRA)에 따르면, 대통령은 중대재난에 대해 재난구호기금에서 지출될 예상 자금 총액의 6%에 해당하는 금액을 적립할 수 있다.[166] 이 법에서는 총액의 6% 금액의 적립에도 불구하고 다른 구호 기금액의 축소를 금지하고 있다.[167] 그러나 재난복구개혁법(DRRA)에서는 재난구호기금(DRF)과 별도로 6% 금액의 적립을 요구하거나 자동으로 준비되는 것이 아니라 대통령에게 자금 적립의 권한이 있다.[168] 따라서 재난복구개혁법(DRRA)의 활용은 대통령의 신념과 행정부의 정치적 의지에 따라 달라질 수 있다.[169] 이 기금은 중대재난 선포의 경우에만 활용할 수 있으며, 비상사태나 산불 발생의 경우에는 사용할 수 없다.[170] 셋째, 재난복구개혁법(DRRA)에 의하면, 연방재난관리청은 건축법과 범람원 관리 조례의 집행을 위해 주정부와 지방정부를 지원한다. 재난복구개혁법(DRRA)에 의하면, 연방 기금을 신규 고용자에 대한 임금 지급에 사용할 수 있도록 허용하고 있고, 악천후로 인한 건물 파손·붕괴로부터 대비하기 위하여

---

161) FEMA, Hazard Mitigation Grant Program Frequently Asked Questions
162) Sierra Killian & Rebecca L. Kihslinger, Before Disaster Strikes: Pre-Disaster Mitigation Funding, Envtl. L. Inst., Nov. 28, 2018.
163) FEMA, Disaster Recovery Reform Act of 2018.
164) Disaster Recovery Reform Act, Pub. L. No. 115-254, §§ 1204-1205, 1233, 132 Stat. 3186.
165) Disaster Recovery Reform Act § 1210(b).
166) Disaster Recovery Reform Act § 1234(i)(1).
167) Disaster Recovery Reform Act § 1234(i)(3).
168) Disaster Recovery Reform Act § 1234(i)(1).
169) Sierra Killian & Rebecca L. Kihslinger, Before Disaster Strikes: Pre-Disaster Mitigation Funding, Envtl. L. Inst., Nov. 28, 2018.
170) Disaster Recovery Reform Act § 1234(i)(1).

위험 완화 기금을 사용할 수 있다.[171)]

(2) 스태포드 법상 재난 복구 지원 유형

1) 공적 지원(PA)

재난이 발생한 주(州)정부, 지방정부, 인디언 부족정부가 자신들이 감당할 수 있는 능력을 넘어서는 재난의 심각성과 재난 피해의 규모로 인해 연방 지원이 필요하다는 것을 입증하여 주지사 또는 인디언 부족 최고책임자는 대통령에게 재난 선포 요청을 해야 한다. 이 법규정은 특별히 공적 지원(PA; Public Assistance)에 초점이 있다.[172)] 공적 지원(PA)이란 긴급 보호서비스를 제공하고, 잔해 제거 작업을 수행하며, 파손된 공공 기반시설을 수리 또는 교체하기 위해 주정부, 지역정부, 지방정부, 인디언 부족 정부, 민간 비영리단체와 같은 공적 단체에 제공되는 연방 보조금 지원이다.[173)] 즉, 파손된 공공 기반시설을 수리, 복원, 재건 또는 교체하기 위해 연방이 지원하는 보조금 지급이다. 민간 비영리단체는 공적 지원을 받을 수 있지만, 영리기업은 공적 지원을 받을 수 없다.[174)]

재난 지정지역 내의 공적 단체는 재난 선포 후 30일 이내에 연방 지원 신청서를 제출해야 한다. 지원 신청이 승인된 경우, 연방/주/지방 합동 팀(team)이 프로젝트 계획을 수립하고, 각 프로젝트에 대한 워크시트(Worksheet)를 작성해야 한다.[175)] 연방재난관리청(FEMA)은 공적 지원(PA)의 제공 여부를 결정할 때 다음의 요소들을 고려한다. 평가 요소로는 ① 지원 추정 비용, ② 재난이 1인 기준으로 미치는 영향, ③ 지역적 영향, ④ 보험의 적용범위, ⑤ 위험 완화, ⑥ 최근 발생한 다중 재난, ⑦ 기타 연방 지원 프로그램이 있다.[176)] 특히, 재난 지원의 추정 비용을 산출해야 한다.[177)] 연방재난관리청(FEMA)은 주(州) 전체

---

171) Clay Kerchof, DRRA Signed into Law, Authorizes New Resources for Mitigation and Disaster Recovery, Enterprise.

172) FEMA's DRRA Explanation: https://www.fema.gov/disaster/disaster-recovery-reform-act-2018

173) Erica A. Lee, A Brief Overview of FEMA's Public Assistance Program, CRS In Focus IF11529.

174) Stafford Act Sections 402, 403, 407, 418, 419, 502; 42 U.S.C. §§ 5170a-5170b, 5173, 5185-86, 5192.

175) A Guide to the Disaster Declaration Process and Federal Disaster Assistance, FEMA, at 5. (https://www.fema.gov/pdf/rrr/dec_proc.pdf)

176) 44 C.F.R. § 206.48(a).

177) Disaster Recovery Reform Act § 1239(a) (42 U.S.C. § 5170); Keith Bea, Federal Stafford Act Disaster

인구에 대한 연방 및 비연방 공적 지원의 추정 비용을 평가하여 주(州)에서 1인 기준의 피해 영향을 측정한다.[178] 연방재난관리청(FEMA)은 재난이 1인에게 미친 영향을 측정함으로써 재난 피해 현실을 더 적절하게 반영하여 지원 기준을 설정하게 된다.

2) 개인 지원(IA)

개인 지원(IA; Individual Assistance)이란 주택 지원, 기타 필요 지원, 위험 상담, 사건 관리 서비스, 법률 서비스, 세금 감면, 재난 실업 지원 등이 있다.[179] 개인 지원(IA)의 경우, 주택 소유자는 연방재난관리청(FEMA)에 직접 지원을 신청해야 하며, 연방재난관리청(FEMA)이 지원을 제공하기 전에 자신의 신청 자격을 확인해야 한다.[180] 그 밖에 개인 지원은 중소기업청(SBA)의 재난 대출 프로그램을 통해 지원받을 수 있다.[181]

3) 위험 완화 지원(HMA)

재난과 관련하여 미국 전체 주(州)에 지원가능한 기금이 위험 완화 지원(HMA: Hazard Mitigation Assistance)이다.[182] 위험 완화 지원(HMA)이란 자연재난과 그 영향으로부터 사람과 재산에 대한 장기적인 위험을 감소하거나 제거하기 위해 지원하는 조치다.[183] 위험 완화 프로젝트에는 안전시설 건설, 상시 침수되는 부동산 매입, 시설 개조 등이 있다.[184] 일부 형태의 공적 지원(PA)과 개인 지원(IA)이 대통령이 '비상사태'를 선포했을 때 지원 가능하고, 일부 형태의 공적 지원(PA), 개인 지원(IA), 위험 완화 지원(HMA)은 대통령이 '중대재난'을 선포했을 때 지원 가능하다.[185] 다른 형태의 지원과 마찬가지로, 재난 위험 완화 기금은 75%를 연방 비용에서 부담한다.[186] 위험 완화 기금을 지원받는 주

Assistance: Presidential Declarations, Eligible Ctivities, and Funding, in Disaster Relief: Organizations, Speed and Efficiency of Response and Roles 113, at 123－124.

178) 44 C.F.R. § 206.48(a)(1).

179) Elizabeth M. Webster, FEMA Individual Assistance Programs: An Overview, CRS Report R46014.

180) A Guide to the Disaster Declaration Process and Federal Disaster Assistance, FEMA, at 2－3.

181) U.S. Small Bus. Admin., Disaster Loan Assistance.

182) FEMA, "The Hazard Mitigation Grant Program Guide for State/Local Governments".

183) A Guide to the Disaster Declaration Process and Federal Disaster Assistance, FEMA, at 5.

184) Federal Emergency Management Agency, The Hazard Mitigation Assistance Grant Programs, 2015.

185) 44 C.F.R. §206.40(a).

186) A Guide to the Disaster Declaration Process and Federal Disaster Assistance, FEMA, at 5－6.

(州)는 이 기금을 고위험 지역의 재산을 수용하거나 이전하고, 홍수에 취약한 구조물을 높이고, 산불에 대비하여 구조물을 강화하는 데 사용할 수 있다.[187)]

위험 완화 조치는 재난복구개혁법(DRRA)에 의한 사전적인 위험 완화 조치인 반면, 위험 완화 지원(HMA)은 스태포드 법(Stafford Act)에 의한 재난 복구 지원조치로서 비상사태나 중대재난 선포시에 지원된다.

8. 재난구호기금

(1) 재난구호기금과 추가 지출

연방 차원에서 재난구호기금(DRF)[188)]과 추가 지출(Supplemental Appropriations)이라는 2가지 메커니즘을 통해 재난구호자금이 조달된다. 재난구호기금은 연방재난관리청(FEMA)에 의해 관리되며, 기금은 1년 단위로 연방기관들에 의해 자금 지출이 가능하다.[189)] 재난구호기금은 사용 연도 제한이 없는 계정으로 이 기금은 회계연도에 소멸하지 않고, 기금이 소진될 때까지 사용할 수 있다.[190)] 연간 재난구호기금 지출액을 계산하기 위해 연방재난관리청(FEMA)과 관리예산실(OMB[191)])은 가용 지출액, 평균 정상 재난 비용, 재난 발생시 월별 비용 추정치, 예상 복구치를 포함한 여러 요소들을 조사한다.[192)] 연간 재난구호기금 지출액이 계산되면, 연방재난관리청(FEMA)과 관리예산실(OMB)은 대통령에게 요청서를 제출하고, 대통령은 연방의회에 예산안을 제출한다.[193)] 재난구호기금(DRF) 계좌의 자금은 일반적으로 대통령이 재난 선포를 한 후에 지급된다. 다만, 재난구호기금(DRF)은 대통령의 재난 선포 없이도 일부 활동에는 자금을 지

187) A Guide to the Disaster Declaration Process and Federal Disaster Assistance, FEMA, at 6.

188) Disaster Relief Fund (DRF)

189) Bruce R. Lindsay, FEMA's Disaster Relief Fund: Overview and Selected Issues 4, 2014, CRS R43537; Lisa Desjardins, How the U.S. Funds Disaster Recovery and What it Means for Harvey Relief, Hous. Pub. Media, Sept. 1, 2017.

190) Keith Bea, Federal Stafford Act Disaster Assistance: Presidential Declarations, Eligible Ctivities, and Funding, in Disaster Relief: Organizations, Speed and Efficiency of Response and Roles 113, at 131.

191) Office of Management and Budget (OMB)

192) Bruce R. Lindsay et al., An Examination of Federal Disaster Relief Under the Budget Control Act 2–3, 2013, CRS R42352.

193) Bruce R. Lindsay & Justin Murray, at 76.

급할 수 있으며,[194] 일반적인 재난과 비상사태 발생시 자금 지원에 사용되고 있다.[195]

일반적으로 5억 달러 이상의 비용이 필요로 하는 중대재난에는 '추가 지출'이 사용된다.[196] 추가 지출은 연방의회가 특별 비상사태 지출 법안을 통해 지출한다.[197] 매 회계연도 말에는 재난구호기금(DRF) 자금이 고갈될 수 있기 때문에, 대재앙 발생시에 재난구호기금(DRF)에서 자금이 지출되지 않기 때문에, 재난구호를 위한 '추가 지출'이 필요하다.[198]

연방 재난구호의 기능적 개선을 위해 필요한 것은 재난구호기금(DRF)의 확충과 강화다.[199] 재난구호기금(DRF)은 개별 사건 지원을 위해 지원되는 특정 구호 및 복구 기금과는 달리, 연방정부의 일반 재난구호 프로그램(국내 비상사태 및 재난에 따른 대응 및 복구 활동)을 위한 주요 기금원이다. 비상사태나 중대재난 선포를 통해 주정부, 지역정부, 지방정부, 인디언 부족 정부는 다양한 재난 지원 프로그램을 지원받을 수 있으며, 이러한 재난 지원 프로그램 중 다수는 재난구호기금(DRF)에서 자금을 지원받는다.[200]

(2) 재난구호 지출의 문제점

1) 재난구호 지출 기록의 부재

연방 재난구호와 관련하여 주요 문제 중 하나는 재난구호기금(DRF) 지출 내역이 제대로 기록되지 않고 있다는 것이다.[201] 개인, 가계, 중소기업, 공공기관을 지원하는 데 어떤 프로그램에 어느 정도의 지원금이 지출되었는지에 대한 정확한 기록 정보가 없다.[202] 자연재난으로부터 어느 정도의 피해가 발생했

194) Bruce R. Lindsay & Justin Murray, at 72.
195) Bruce R. Lindsay & Justin Murray, at 71.
196) Bruce R. Lindsay & Justin Murray, at 77.
197) Lisa Desjardins, How the U.S. Funds Disaster Recovery and What it Means for Harvey Relief, Hous. Pub. Media, Sept. 1, 2017.
198) FEMA, U.S. Dep't of Homeland Sec., Disaster Relief Fund: FY 2018 Funding Requirements 4, 2017.
199) Bruce R. Lindsay & Justin Murray, Disaster Relief Funding and Emergency Supplemental Appropriations, in Disaster Relief: Organizations, Speed and Efficiency of Response and Roles 71, at 76–77.
200) Bruce R. Lindsay, FEMA's Disaster Declaration Process: A Primer, CRS Report R43784.
201) U.S. Gov't Accountability Office, GAO–16–797, Federal Disaster Assistance: Federal Departments and Agencies Obligated at Least $277.6 Billion During Fiscal Years 2005 Through 2014, 2016, at 12.
202) Brad Plumer, The Government is Spending Way More on Disaster Relief than Anybody Thought, Wash.

는지와 피해 금액을 정확히 파악하지 못한다면 연방의회가 재난구호 및 복구 예산을 책정하기 어렵게 된다.

회계감사원(GAO)은 다양한 연방 부서와 연방기관들의 지출을 감사한다.[203] 70년 이상의 공식적인 연방 재난구호활동이 이루어졌음에도 불구하고, 2016년이 되어서야 처음으로 재난구호 지출에 대한 평가가 실시되었다.[204] 이 평가를 통해 회계감사원(GAO)은 2005년 회계연도부터 2014년 회계연도까지 연방정부가 재난 지원 프로그램 및 활동을 위해 17개 연방 부처와 연방기관들의 최소 2,776억 달러 지출 기록을 의무화했다.[205]

2) 재난 지원 수요 예측 불가 및 재난 기금의 불충분

연방재난관리청(FEMA)과 관리예산실(OMB)이 차년도에 필요한 재난구호 지원액을 추산할 때, 5억 달러 이상의 피해를 입은 이른바 대재앙적 재난에 대한 자금 지출은 추산하지 않는다.[206] 대신 재난구호기금(DRF)에서의 자금 지출은 상대적으로 소규모의 사건이나 재난이 발생했을 때 지원된다. 규모가 큰 사건이나 대규모 재난 발생시나 비상사태 선포시에는 추가 지출이 가능하다.[207]

2017년 8월 허리케인 하비가 텍사스 걸프 해안을 강타했을 때, 재난 비용에 대한 초기 추정치는 실제적인 허리케인 발생에 의한 피해액 보다 과소 평가되었다. 허리케인으로 인한 경제적 피해는 태풍의 직접적인 피해뿐만 아니라 일자리 상실, 주택 손실, 이주, 임시 휴업 등으로 인한 경제적 비용 등이 포함된다. 허리케인이 지나간 후에, 필요한 총 지원금을 추정하는 것은 사실상 불가능한 일이다.[208]

불충분한 재난구호 예산에도 불구하고, 지난 40년 동안 미국의 대통령들

Post, Apr. 29, 2013.

203) U.S. Gov't Accountability Office, GAO−17−333SP, Defense Acquisitions: Assessments of Selected Weapon Programs, 2017.

204) U.S. Gov't Accountability Office, GAO−16−797, Federal Disaster Assistance: Federal Departments and Agencies Obligated at Least $277.6 Billion During Fiscal Years 2005 Through 2014, 2016, at 12.

205) U.S. Gov't Accountability Office, GAO−16−797, Federal Disaster Assistance: Federal Departments and Agencies Obligated at Least $277.6 Billion During Fiscal Years 2005 Through 2014, 2016, at 12−13.

206) Bruce R. Lindsay & Justin Murray, Disaster Relief Funding and Emergency Supplemental Appropriations, in Disaster Relief: Organizations, Speed and Efficiency of Response and Roles, 71, at 76−77.

207) Supplemental Appropriations for Disaster Assistance: Summary Data and Analysis 3−7, CRS R43665, 2014.

208) Alana Semuels, How a Disaster's Economic Impacts Are Calculated, Atlantic, Aug. 29, 2017.

은 그 어느 때보다 더 많은 비상사태와 중대재난 선포를 했다.[209] 미국 연방정부는 재난구호금 지급에 대해 책임이 있고, 재난구호금 총지출이 증가함에도 불구하고, 연방은 비용 분담금의 75% 이상을 지출하지 못하고 있다. 연방정부가 재난구호 활동의 75% 이내에서 부담하게 되는 현재의 연방 재난 기금 시스템이 그대로 유지되게 되면, 재난 기금이 연방 총지출 중 상당한 비중을 차지하기 때문에 재난구호기금 예산 확보가 불가피하다.

(3) 소결

연방재난관리청(FEMA)과 관리예산실(OMB)은 5억 달러 이상의 비용이 드는 재해에 대해 재난 기금 예산을 책정하지 않음으로써, 초대형 폭풍이 발생하여 치명적인 피해가 발생했을 때 연방이 재정적 지원을 하지 못하게 되었다.[210] 매년 미국을 강타하는 허리케인을 막을 수 없지만, 연방정부는 사후 대응보다는 사전 준비와 예방 중심적인 정책을 세워야 한다. 따라서 연방재난관리청(FEMA)과 관리예산실(OMB)은 재난구호기금(DRF)에서 재난구호 예산을 책정할 때 모든 재난의 발생 추이를 고려해야 하며, 이를 통해 연방기관은 추가 지출을 요구하지 않고서도 중대재난에 대처할 수 있어야 한다.[211] 현재 최고 지급 한도액인 5억 달러는 상대적으로 적은 금액이기 때문에, 연방재난관리청(FEMA)은 재난구호기금(DRF)의 자금 지원을 받아야 하는 심각하고 중대한 재난으로 인한 피해를 구호하기 위해 그 지급 한도액을 증액할 필요가 있다.[212]

스태포드 법의 개정과 관련하여, 2018년 재해복구개혁법(DRRA)이 연방의회에서 의결되었다.[213] 현재 연방 재난구호 체제가 가지는 가장 큰 문제점은 재난구호 지출에 대한 정확한 기록이 없다는 것이다. 이러한 정보가 부재하기 때문에 연간 재난 지원 수요를 정확하게 예측하기 불가능하다. 이로 인해 연방 재난 지원과 관련하여 재난 피해를 과소 추정하게 된다.

---

209) Bruce R. Lindsay & Francis X. McCarthy, Stafford Act Declarations 1953−2014, CRS. R42702, 2015, at 7−10.
210) Stephanie Sanok Kostro & Garrett Riba, Ctr. for Strategic & Int'l Studies, Achieving Disaster Resilience in U.S. Communities: Executive Branch, Congressional, and Private−Sector Efforts 27, 2014.
211) Jeremy Symons, New Data Shows Changing Disaster Trends and Why Congress Should Take Note, Envtl. Def. Fund, Sept. 13, 2017.
212) Ed Mayberry, Houston's Mayor: City Needs Funds for Third Reservoir, Hous. Pub. Media, Nov. 29, 2017.
213) Pub. L. No. 115−254, 132 Stat. 3186 (2018).

제2절 독일의 재난법 제도

독일 기본법(Grundgesetz)은 제11조[214]와 제35조[215]에서 재난 및 재난 지원에 관한 규정을 두고 있다. 독일에서의 재난관리는 기본적으로 개별 주(Land)가 맡아서 하도록 하고 있기에, 개별 주들은 재난관리와 관련한 입법권과 집행권을 가지고 있다.

1. 재난 지원 관련 법제도

(1) 서

독일의 비상사태법제는 1968년의 「독일연방공화국 기본법」(이하 '독일 기본법'이라 한다)의 개정 등에 의해 정비되어 왔다.[216] 기본법에 따르면 연방이 전시의 비상사태(군사·민간방위)를 소관하고 있으며, 주정부는 평시의 비상사태(자연재해, 중대한 사고)를 소관하고 있으며, 비상사태의 종류에 따라 연방정부와 주정부의 소관이 분리되어 있다. 재해 시에는 각 주정부가 주정부의 방재법에 따라 대응하지만, 주정부의 능력을 초월한 대응이 필요한 경우에는 연방도 협력할 책임을 진다는 내용이 기본법으로 정해져 있다.

연방의 민간인 보호에 관한 법령은 1957년 이후 제정되었다.[217] 민간인 보

---

214) 독일 기본법 제11조 제2항 "이 권리는, 충분한 생활기반이 존재하지 않고 이로 말미암아 일반인에게 특별한 부담이 발생하는 경우에 한하여, 혹은 연방이나 주의 존립이나 그 자유민주적 기본질서에 대한 급박한 위험을 방지하기 위하여, 전염병이나 자연재해 또는 특히 중대한 사고에 대처하기 위하여, 청소년을 방치되지 않도록 보호하기 위하여 또는 범죄행위를 방지하기 위하여 필요한 경우에 한하여 법률에 의하여 또는 법률에 근거하여만 제한할 수 있다."

215) 독일 기본법 제35조 제2항 "공공의 안전과 질서를 유지하거나 회복하기 위하여 주는 특히 중요한 사안에서, 경찰이 연방국경수비대의 지원 없이는 과제를 수행할 수 없거나 수행에 현저한 어려움을 겪는 경우, 경찰에 대한 연방국경수비대의 인력과 시설의 지원을 요청할 수 있다. 자연재해 또는 특히 중대한 사고가 발생한 경우 구호를 위하여 주는 다른 주의 경찰력 · 기타 행정기관 및 연방국경수비대의 인력 및 시설, 군의 병력을 요청할 수 있다."
독일 기본법 제35조 제3항 "자연재해나 사고로 한 개 주 이상의 지역이 위험에 처할 때, 연방정부는, 효과적인 대처에 필요한 경우, 주정부에 대하여 경찰력을 다른 주에 제공하도록 지시할 수 있고, 또한 경찰력을 지원하기 위하여 연방국경수비대 및 군부대를 투입할 수 있다. 제1문에 따른 연방정부의 조치는 연방참사원의 요구가 있을 때는 언제든지, 그외 위험이 제거된 후에는 지체 없이 취소되어야 한다."

216) Siebzehntes Gesetz zur Ergänzung des Grundgesetzes vom 24. Juni 1968 (BGBl. I S.709).

호 제도는 냉전과 그 종결이라는 역사를 배경으로 흔들리고 있으며, 1990년대 후반에는 이 분야의 예산이 크게 삭감되었다. 그러나 2001년 9월 11일에 발생한 미국의 동시다발 테러 사건, 2002년에 발생한 엘베강 대홍수가 계기가 되면서 민간인 보호 분야는 다시 강화되었다.[218] 민간인 보호를 관할하는 연방의 관청은 연방 내무부 및 그 아래에 2004년에 설치된 연방시민보호·재난관리청(BBK)[219]이다. 현재는 연방시민보호·재난관리청 하에서 민간인 보호, 테러, 사이버 공격, 자연재해 등의 원인을 불문하고 대재해에 대응할 수 있는 제도의 정비를 목표로 하고 있다. 기본법의 연방(전시)와 주정부(평시)의 사무 분담은 유지되고 있다.[220] 그러나 주정부가 방재를 위해 갖추고 있는 부대나 시설을 전시 민간인 보호를 위해서도 투입하는 대신 연방이 민간인 보호를 위해 주정부의 장비를 보완하고, 민간인 보호를 위한 보완적 훈련을 하는 협조체제가 취해지고 있다.

이 분야에서 주요 연방법은 1997년에 제정된 민간인보호에 관한 법률이며, 이 법률은 2009년에 「연방시민보호 및 연방의 재난관리에 관한 법률」(이하 '연방시민보호·재난관리법'이라 한다)[221]로 개정되었다.[222] 동법은 시민 보호와 재난 분야에 있어서의 연방정부와 주정부의 협력을 규정하고 있다. 한편, 비상시 또는 재해 시에 출동하는 인적자원은 시의 소방단, 연방기술지원단(THW)[223], 독일적십자사 등이 담당하고 있다. 이들 구성원에 있어서는 자원봉사가 주력이 되고 있다.

독일 재난관리법은 국가구조에 맞춰 연방정부와 주정부의 권한을 적절하게 배분하고, 연방정부와 각 주정부가 상호협력을 할 수 있도록 한다. 기본적으로 법이 연방에 입법권을 부여하지 않는 한, 각 주정부가 입법권을 갖으며, 연방정부와 주정부 간의 권한을 어떻게 설정할 것인지는 배타적·경합적 입법

217) Erstes Gesetz über Maßnahmen zum Schutz der Zivilbevölkerung vom 9. Oktober 1957 (BGBl. I S.1696).
218) Gesetz zur Änderung steuerrechtlicher Vorschriften und zur Errichtung eines Fonds 'Aufbauhilfe' (Flutopfersolidaritätsgesetz vom 19. September 2002 (BGBl. I S.3651)
219) Bundesamt für Bevölkerungsschutz und Katastrophenhilfe
220) Wolfram Geier, Strukturen, Akteure and Zuständigkeiten des Deutschen Bevölkerungsschutzes, APuZ 10-11/2021, S. 18.
221) Gesetz über den Zivilschutz und die Katastrophenhilfe des Bundes: Zivilschutz und Katastrophenhilfegesetz
222) Deutscher Bundestag, Drucksache , 13/4980, 6101, 6669, 16/11338.
223) Bundesanstalt Technisches Hilfswerk

권한에 관한 기본권 규정에 따라 이루어진다(독일 기본법 제70조 제1항, 제2항). 따라서 독일의 재난관리 및 대응체계는 시민보호를 담당하는 연방정부와 재난방지를 책임지는 각 주정부 사이의 협력체계로 구성된다.

독일의 재난 예방 법체계는 주정부 차원의 법체계와 연방차원의 법체계로 구분할 수 있다. 1차적인 재난관리의 책임은 주정부에 있다. 이하에서는 연방정부 차원의 법체계와 주정부 차원의 법체계로 나누어 검토한다.

(2) 연방정부 차원의 위기 관리 제도

1) 개요

독일 기본법 제73조 제1항 제1호에 따르면 독일 연방정부는 전쟁 관련 위험으로부터 국민을 보호하는 것을 포함해 국방에 책임이 있다. 전반적인 방위는 군사방위와 민방위로 나뉘며, 민방위에는 정부의 계속성, 시민 보호, 군에 대한 공급과 시민 지원이 포함된다.

독일 기본법은 비상사태나 전시상태에 대해 「비상사태법」을 적용하는 것을 인정하고 있다. 식량 공급과 수송의 제공을 보장하는 법률 등 긴장과 방위상황에서뿐만 아니라 위기상황에서 적용할 수 있는 법률이다. 대규모 자연재해 시에 발생할 수 있는 공급부족에 대해 효과적인 조치를 취하기 위해 비상사태나 방위상태뿐만 아니라 연방공화국의 주요 부분에 영향을 미치는 위기의 경우에도 적용할 수 있는 「식품 안전 및 예방에 관한 법률」(ESVG)[224]이 제정되었다(동법 제1조).

2) 연방 차원의 위기 관리 체계

구체적인 위협이나 비상사태에 따라서는 해당 대상 지역을 일차적으로 담당하는 부처가 연방 차원의 위기관리 노력을 감독한다. 위기 대책반 시스템은 위기 발생 시 주정부(Länder), 지역사무관구(Kreise, Städte, Gemeinden) 간의 효율적인 협력을 보장한다. 국가 차원의 부처간 조율을 위해 부처간 위기대책본부를 구성하거나 관련 부처 연락관을 위기관리대책본부로 파견한다. 위협이나 긴급사태 관리를 지원할 수 있는 부처는 재해시에 특정 위기대책팀을 소집할

224) Ernährungssicherstellungs und vorsorgegesetz

수 있도록 조직적·기술적 준비, 임무·대기 스케줄 책정, 연락처 지정 등을 하고 있다. 주무부처인 위기대책반은 연방 차원의 조정과 위협 및 긴급사태의 영향을 받은 주정부와의 조정을 담당한다. 이와 함께 다른 부처는 연락관의 요청에 따라 즉시 주무부처인 위기대책본부에 파견할 수 있도록 했다. 상황에 따라서는 연방 내무부나 다른 연방부처, 주정부 산하기관의 특별고문이나 연락관이 위기대책본부에 추가된다. 위기대책반은 연락관을 교환하거나 기술매체(전화 화상회의)를 통해 위협과 긴급사태에 대응하기 위해 각 단계에 설치됐다.

모든 연방부처는 정규 근무시간 외에도 적절한 연락처를 확보하고 연방재무부와 내무부 상황센터에 이들 연락처에 대한 자세한 정보를 제공한다. 연방내무부는 독일 국내에서 발생하는 위기관리에 특별한 역할을 하고 있다. 내부 안전보장에 심각한 위협이 발생했을 경우, 연방내무부 위기대책팀에 상황관리를 요청할 수 있다. 이 태스크포스는 구체적인 위협이나 비상사태에 따라서는 해당 대상 지역을 주정부 부처가 연방 차원의 위기관리 노력을 감독하는 역할을 맡고 있다.

복수의 주정부와 복수의 연방부처에 영향을 미치고 관련된 상황에 대한 전국적인 일관된 대응을 확보하기 위해 연방내무부(BMI),[225] 환경자연보호부(BMUB),[226] 원자력안전부, 연방보건부(BMG)[227]가 공동조직을 설치하기로 합의했다. 합동위기관리본부는 연방내무부 위기 태스크포스를 모델로 하고 있다. 연방내무부(BMI)/환경자연보호부(BMUB) 합동위기관리본부는 방사성 물질의 불법 사용과 관련한 심각한 위협이나 긴급사태에 대응하기 위한 것이고, 연방내무부(BMI)/환경자연보호부(BMUB) 합동위기관리본부는 전염병과 생물테러에 대처하기 위한 것이다.

부처간 위기대책반을 구성해 부처별 이해관계를 한자리에 모으고 위기관리에 대한 부처간 일관된 접근방식을 확보하여 기존의 모든 행동옵션을 일치되게 사용할 수 있도록 한다. 이용 가능한 모든 정보를 검토·평가한 후, 연방내무부(BMI)/환경자연보호부(BMUB) 합동위기관리본부는 관계 주정부에 권고하고, 필요에 따라 활동을 조정한다.

---

225) Bundesministerium des Inneren
226) Bundesministerium für Umwelt, Naturschutz und Reaktorsicherheit
227) Bundesministerium für Gesundheit

연방정부는 또한 추가지원을 위해 배치할 수 있는 다양한 분야의 전문가로 구성된 중앙지원단을 준비한다. 또한 합동위기관리본부는 타국 및 국제기관과 협력하고 다른 나라에 대한 지원요청 여부를 결정한다. 인플루엔자의 팬데믹과 바이오 테러로 인한 내부 안전보장 및 공중위생에 미치는 영향에 대처하기 위해 연방내무부(BMI)/환경자연보호부(BMUB) 합동위기관리본부를 설치할 수 있다. 연방내무부와 보건부의 중앙위기 대응수단이며, 공중위생을 지키기 위한 전국적인 협조활동을 확보하기 위해 주정부의 위기대책팀과 협력하도록 설계되어 있다.

모든 부처가 사내 기획과 부처 간 조율을 담당하고 국가 위기관리에 관한 부처 간 협의회 구성원인 '위기관리 대테러 연락원'[228]을 지정했다. 연방내무부는 위기관리에 관한 전략적, 조직적, 절차적 사항에 관한 부처 간 조정 포럼을 제공하는 국가 위기관리 관련 부처 간 패널 주정부관 부처다. 이 패널은 부처 간 상호작용, 전문활동 분야의 현재 계획에 관한 정보 및 자문, 정책문서의 공동초안(예를 들어 연방부처의 위기관리 개요, 위기관리 능력 조사), 사건 관련 조정을 감독한다.

위기관리조정그룹(IntMinKoGr)[229]은 주정부와 연방정부 사이에서 조정한다. 이는 기존의 연방정부와 주정부의 위기관리 시스템과 함께 중요한 역할을 하며, 보다 장기간에 걸쳐 둘 이상의 주정부에 영향을 미치는 제한된 수의 위협이나 비상사태(예를 들어 독일 및 해외 원자력 발전소에서 일어나는 사고, 유행 및 대자연 재해)에 대처한다. 이러한 경우 위기관리조정그룹은 복잡한 상황에 대처하기 위해 필요한 조정과 협의에 초점을 맞춘다. 위기관리조정그룹은 연방부처가 조정된 권고안을 작성하기 위해 관련 전문지식 활용에 목적이 있다. 또한 관련 주정부에 조언하고 지원하는 것도 상정되어 있다.

이 목적을 달성하기 위해 위기관리조정그룹은 공동 상황 평가, 리스크 분석과 예측을 준비하고 상황별 제안을 작성하여 연방정부 차원과 주정부 차원의 소통을 위한 조정된 전략을 개발할 책임이 있다. 이를 통해 연방부처와 위기관리조정그룹에 참여하는 주정부 사이의 추가적인 협의와 조정이 다음과 같

228) contact persons for crisis management and counter-terrorism
229) Interministerielle Koordinierungsgruppe des Bundes und der Länder

은 상황에서 용이해진다. 첫째, 위급상황 발생 전, 둘째, 위기대책본부 체제와 더불어 긴급 시 대응상황, 셋째, 후속단계(예를 들어 원자력 사고 후에 무엇을 해야 하는지에 대한 권고)가 그 예이다.

최근 연방 차원에서 구축된 위기관리 시스템은 주요 연방부처의 위기 태스크포스가 연방부처 간의 사건 관련 조정과 관련 주정부와의 조정을 하기 위한 구조로 되어 있다. 또한 연방정부와 주정부 위기관리요원 간의 효율적인 상호작용을 실천하기 위해 2004년 이후 위기관리조정그룹은 일련의 부처간 주정부간 위기관리연습(LÜKEX)[230]과 계획 회의를 개최하고 있다. 연방정부와 주정부는 2년마다 이러한 훈련을 계속하기로 합의했다. 직접적인 위기관리 책임을 지는 연방 부처는 항상 이용 가능한 위기관리 구조로 훈련을 실시한다.

[표] 독일의 재해대책 관련 법률 체계

분류	개별법		법의 주요 내용		비고
	재해예방법	재해구호법	재해예방법	재해구호법	
연방법	연방시민보호·재난관리법 (ZSKG)		– 재난의 개념을 직접적으로 규정하지 아니하나, 시민보호의 임무"에 대해 규정 – 연방정부와 주정부의 적절한 권한 배분에 관한 규정 – 연방정부와 각 주정부가 상호협력에 관한 규정		
주정부법	Bayerisches Katastrophenschutzgesetz	Bayerisches Rettungsdienstgesetz	자연재해의 정의, 예방적 조치, 재해발생 시의 조치, 재해관리기관 및 협력기관, 정보의 조사와 전송, 재해구호, 재해극복, 보상	긴급구호, 의학적으로 동행하는 환자의 이송; 환자의 이송으로 구성	Bayerisches Katastrophenschutzgesetz (BayKSG)

230) 부처, 하부 기관, 구호단체, 협회, 민간 기업이 참가하는 전략적 차원의 연방·주정부 합동 위기관리 연습

	Baden－Württemberg Landeskatastrophenschutzgesetz: LKatSG	Baden－Württemberg Gesetz über den Rettungsdienst	상동	상동	

자료: 독일의 재해대책 관련 법률 중심으로 자체 작성

(3) 연방시민보호·재난관리법

기존 민간인보호법은 2009년 개정으로 연방시민보호·재난관리법으로 개정되었다. 또한 제12조(방재지원 원칙)에서 “주정부는 연방의 시민보호를 위한 제도 및 시설을 방재활동을 위하여 사용할 수 있다.”는 내용이 다시 규정되었다.231)

민간인보호나 방재라는 개념은 조직이 아니라 위험 방지의 두 측면을 나타내는 데 불과하다. 따라서 각각에 대해 별개의 조직이나 시설을 준비하는 것은 낭비라는 반성에서 연방정부의 제도와 주정부의 제도를 합리적으로 일체화하여 운용하기 위한 체제가 검토되었다. 이 흐름은 재난관리법에서 이미 시작되었지만, 2001년의 미국에서의 9·11테러 및 2002년의 홍수로 인한 피해로 인해 내무장관회의의 ‘신전략’(2002년)을 통해 2004년 연방시민보호·재난관리청의 설치를 통해 한층 강화되었다. 연방시민보호·재난관리법의 핵심은 주정부의 방재를 위한 부대나 시설을 연방시민보호를 위해서도 이용하고 연방시민보호를 위한 제도나 시설을 주정부의 방재를 위해서도 이용한다는 상호 협력관계의 원칙이다. 또한 연방정부는 주정부가 방재를 위해 보유하는 장비나 훈련에 대해 시민보호 부분을 보완한다.232)

231) 주정부민보호에 관한 현행 주요 법률로서 그 밖에 연방시민보호·재난관리청 설치법과 연방기술지원단법(THW법)이 있다.

232) 연방시민보호·재난관리법은 제1장 총칙, 제2장 자기방호, 제3장 주정부민에 대한 경보, 제4장 방호건축물, 제5장 체류규제, 제6장 시민보호 및 방재조직의 관여 및 연방에 의한 방재지원, 제7장 건강보호를 위한 조치, 제8장 문화재보호 조치, 제9장 조직 및 지원원, 제10장 시민보호의 비용, 제11장 과태료의 규정, 제12장 보칙의 각 장(전체 32조)으로 이루어진다. 이 중 제2장부터 제8장까지가 시민보호를 위한 조치이다.

1) 제1장 총칙 (제1조~제4조)

시민 보호란 비군사적 조치에 의해 주정부 주민, · · · 생활 또는 군사상 중요한 기관, 기업, 시설 및 설비, 문화재를 전쟁으로부터 보호하고 전쟁의 영향을 제거 또는 경감하는 것이라고 정의되어 있다. 또한 관청의 조치는 주정부 주민의 자조(自助)를 보완한다는 원칙을 정하고 있다. 시민보호에는 구체적으로 자기방호, 주정부 주민에 대한 경보, 방호건축물, 방재, 건강 보호를 위한 조치, 문화재 보호를 위한 조치가 있다(제1조). 이 법률의 소관은 연방시민보호·재난관리청이다.

연방시민보호·재난관리청의 임무는 통일적인 민방위계획에서 연방의 각 부문 최고관청에 대한 지원, 민방위 교육 및 시민보호 훈련, 주정부민 경보 시의 협력, 시민보호에 관한 주정부민에 대한 정보 제공, 민방위 분야의 연구, 시민보호를 위한 장치 및 기구의 검사 등이다(제4조).

2) 제2장 자기 방호 (제5조)

방위사태에서 위협이 되는 특별한 위험에 대비한 주정부 주민의 자기 방호의 조직화, 촉진, 총괄 및 관청이나 기업의 자기 방호 촉진은 자치단체의 임무이다.

3) 제3장 주정부민에 대한 경보 (제6조)

연방정부는 주정부에게 방어사태에서 위협이 되는 특별한 위험을 탐지한다. 주정부는 이러한 위험 경보를 실시하지만, 주정부가 방재를 위해 보유하는 경보장치가 시민보호의 목적으로 부족한 경우에는 연방정부가 보완한다.

4) 제4장 방호건축물 (제7조~제9조)

기존의 방호건축물을 유지하기 위한 규정만이 있다. 연방정부가 과거에 건설한 공공 방호시설은 자치단체가 관리 및 유지하도록 되어 있다(제7조).

5) 제5장 체재 규제 (제10조)

주정부의 최고관청은 방위사태에서 주정부민에게 위협이 되는 특별한 위험으로부터 보호하기 위해 체재장소 및 피난에 대해 명령을 내릴 수 있다. 주정부, 지방자치단체, 지방자치단체 연합은 대피를 실시하고 연방정부는 필요한 지원을 한다.

6) 제6장 시민보호에 있어서 방재 조직의 관여 및 연방에 의한 방재 지원 (제11조~제20조)

주법의 규정에 따른 방재조직은 방위사태에서 시민보호를 위한 임무를 수행한다. 이 조직들은 시민보호를 위해 보완적인 장비 및 훈련을 받는다(제11조). 주정부는 연방의 시민보호를 위한 제도 및 시설을 방재활동을 위하여 사용할 수 있다. 여기서 '시민보호를 위한 조직'으로는 구체적으로 연방시민보호·재난관리청 및 연방기술지원단이다. '시민보호를 위한 제도'는 위성경보시스템(SatWaS), 합동정보상황센터(GMLZ),[233] 긴급상황 정보 데이터 베이스(deNIS),[234] 이재민·가족지원(NOAH) 등이다(제12조).

연방정부는 소방, ABC 대책, 위생 및 간호의 분야에 있어서의 방재의 장비를 보완한다. 주정부는 연방에 의해 보완된 장비를 방재 활동을 위해 사용할 수 있다. 방재 부대 및 시설의 지원은 소방, ABC 대책, 위생 및 간호 분야의 임무 수행을 위하여 보완적으로 시민보호 훈련을 받는다(제13조).

연방정부는 주정부가 방재의 분야에서 실시하는 훈련을 보강 및 보완하는 훈련을 실시한다. 구체적으로는 연방정부와 주정부가 공동으로 실시하는 공동 위기관리 연습(LÜKEX), 위기관리·비상시 계획·시민보호 아카데미가 있다(제14조).

연방시민보호·재난관리청의 조직 및 제도는 독일 기본법 제35조 제1항의 규정에 따른 직무공조로서, 주정부의 지원을 위해 이를 사용할 수 있다. 특히, 현황 파악 및 평가와 관련된 것으로 합동정보상황센터(GMLZ), 긴급상황 정보 데이터 베이스(deNIS)이 있다. 피해를 입은 주정부에서 요청이 있는 경우에는 연방정부는 지원조치를 조정한다(제16조).

연방정부는 시민보호를 위한 리스크 분석을 실시하는데, 이때 주정부가 방재를 위해 실시하는 리스크 분석을 도입할 수 있다. 연방 내무부는 2010년 이후 매년 리스크 분석 결과를 연방의회에 보고한다. 또한 중요 사회기반 보호 대책에 있어서도 연방정부와 주정부가 협력한다(제18조). 연방 내무부에 시민

233) Gemeinsames Meld- und Lage-Zentrum von Bund und Ländern
234) deutsches Notfalvorsorge Informationssystem

보호를 위한 위원회를 설치한다(보호위원회). 보호위원회의 위원은 명예직으로 시민보호 및 방재지원에 관한 학술적 및 기술적인 문제를 협의하고 위원회는 연방에 조언한다(제19조).

연방정부는 시민보호 및 방재의 기초가 되는 자원봉사를 지원한다. 이 규정은 시민보호 및 방재에 있어서 자원봉사자의 중요성을 고려하여 국가의 비상시 대책에서 자원봉사자의 공헌을 존중하는 연방 조치의 근거가 된다(제20조).

7) 제7장 건강 보호를 위한 조치 (제21조~제24조)

주정부는 방위사태의 주정부 주민 건강관리에 대해 보완적인 조치를 계획한다(제21조). 연방정부는 방위사태 시 주정부 주민의 건강관리를 위해 주정부에 보완적으로 위생물자를 공급한다. 주정부는 이들 위생물자를 방재 활동에 힘쓰기 위해 사용할 수 있다. 연방정부는 방위사태의 추가적인 수요에 따른 공급을 확보하기 위해 충분한 위생물자를 제조업자, 도매업자 및 공립과 병원 내 약국에 비축할 것을 연방참의원의 동의를 필요로 하는 법규명령에 따라 명할 수 있다(제23조).

8) 제9장 조직 및 지원자 (제26조~제28조)

시민보호에 협력하는 공적 활동과 민간조직의 활동 및 그 지원원의 권리와 의무는 방재에 관한 주정부법의 규정에 따른다(제26조, 제27조).

9) 제10장 시민보호 비용 (제29조)

연방정부는 이 법률에 근거한 행정규칙 및 관할청의 지시에 따라 주정부, 지방자치단체, 지방자치단체 연합에 발생하는 비용을 부담하지만, 인건비 및 현물은 부담하지 않는다.

(4) 주정부 차원의 위기 관리 제도

1) 개요

주정부 차원에서는 입법권 분할에 관한 독일 기본법 제70조 이하와 관련된 독일 기본법 제30조에 따르면 독일 기본법 제73조 제1항 제1호에 정의되어 있는 방위를 수반하지 않는 한, 주정부는 경찰이나 기타 정부기관에 의해 취해진 위협방지조치에 대한 책임이 있다. 「소방법」[235]에는 기본 규정이 있어 지방자치단체에 화재와 폭발 위험을 제거하고 화재를 진압할 의무를 할당하며 다른 사고나 비상사태에 대비한 충분한 기술지원을 하도록 한다.

소방, 구조, 재난관리는 바이에른 주정부와 같이 별도의 법률 바이에른 재해관리법, 바이에른 소방법, 바이에른 긴급구호법 또는 헤센 주정부의 소방에 관한 법률, 일반 원조 및 구호, 재해 관리에 관한 지원에 관한 법률 및 브레멘의 비상구호법처럼 하나의 법률에 따라 전부 또는 일부를 적용할 수 있다. 독일의 위기관리시스템 외에 경찰에 의한 위험 방지에 관한 사항은 경찰에 관한 주정부법에 규정되어 있다.[236]

2) 주 차원의 위기 관리

주정부가 경찰 주도의 위협 방지, 구조 서비스, 화재 보호 및 소방 서비스, 재난 통제와 관리에 관한 법률을 제정할 권한을 주정부는 기본법상의 근거에 따라, 주정부들은 관할지역에 적용되는 주정부법을 제정했다.

2001년 9월 11일 테러 공격과 2002년 8월 엘베 강의 범람은 새로운 수준의 위협과 재난을 드러냈고 기존의 시민 보호와 재난 관리 시스템을 정비할 긴급한 필요성을 절감하는 계기였다. 2001년 11월 8일 내무장관 및 상원 상임회의(IMK)[237]는 독일의 비상 대응 시스템의 능력에 대한 비판적인 검토를 실시하기로 결정했다. 이를 위해 연방-주정부 합동 태스크포스는 시민 보호를 위한 새로운 전략의 기본 개요를 개발하는 임무를 맡았다.

내무장관 및 상원 상임회의(IMK)는 2002년 12월 6일 회의에서 전략 실행을 위한 제안을 인정했다. 시민보호를 위한 이 새로운 전략의 틀 안에서 연방정부와 주정부는 다음을 개선하기 위해 함께 임무를 수행했다. 비상 및 재해관리 시스템 구축에 대한 새로운 전략 구성요소는 위험·위협 분석에 기초한 보호 우선순위의 정의, 연방시민보호·재난관리청(BBK) 설립 및 모든 수준에서 균일한 명령 및 통제 시스템 구축이었다.

각 주정부들은 위기관리의 다양한 수준에서 명령과 통제 구조를 표준화하

---

235) Brandschutz- und Feuerwehrgesetze

236) Polizei und Ordnungsbehördengesetz in Rheinland-Pfalz, Polizeiaufgabengesetz in Bayern, Allgemeines Gesetz zum Schutz der öffentlichen Sicherheit und Ordnung in Berlin

237) Standing Conference of Interior Ministers and Senators

기 위한 일련의 기본 권고안에 합의했다. 예컨대, 소방규정 제100조는 모든 조직에 대한 운영 실무적 수준(현장 운영 명령)에서 적용되고, 행정 조직 태스크포스 설치 지침은 행정 조직 업무에 적용된다.

(5) 독일의 주요 재난 관리 기구

[그림] 독일 재난 지원 체계

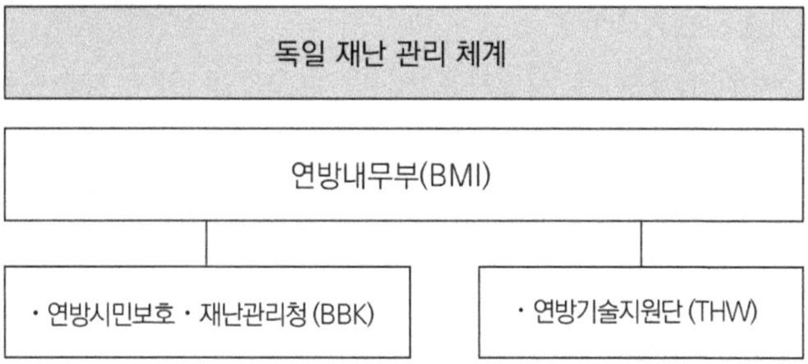

자료: 독일 연방내무부 홈페이지 참조 https://www.bmi.bund.de/EN/home/home_node.html

독일에서 재난관리를 담당하는 최상급기관은 연방내무부(BMI)[238]이다. 연방내무부 산하에는 재난관리를 전문적으로 담당하는 연방시민보호·재난관리청(BBK)[239]과 연방기술지원단(THW)[240]이 있다.[241] 연방시민보호·재난관리청은 연방 차원에서 재난업무를 수행하고, 각 주정부의 재난대응을 조율하고 통합하는 기능을 수행하며, 연방기술지원단은 재난을 방지하는 데 필요한 기술을 지원하는 기관으로서, 독일 「연방시민보호 및 재난관리청 설치에 관한 법률」(BBKG)[242]과 「연방재난관리법」에 근거하고 있다.[243]

238) Bundesministerium des Innern
239) Bundesamt für Bevölkerungsschutz und Katastrophenhilfe
240) Bundesanstalt Technische Hilfswerk
241) Wolfram Geier, APuZ 10-11/2021, S. 21.
242) Gesetz über die Errichtung des Bundesamtes für Bevölkerungsschutz und Katastrophenhilfe
243) Deutscher Bundestag, a.a.O., 2020, S. 5ff.

1) 연방시민보호·재난관리청(BBK)

연방시민보호·재난관리청은 시민을 보호하고 시민의 재산을 보호하는 임무를 하며, 재난관리와 관련하여 연방 차원에서 업무를 조정한다. 시민보호와 재난보호를 위한 전문정보시스템(FIS), 연방 지역의 재난경보, 공동상황실센터(GMLZ), 긴급 비상정보시스템(deNIS), 독일인 희생자와 유족 조정, 시민보호를 위한 재교육 등을 한다.[244)]

2) 연방기술지원단(THW)

연방기술지원단(THW)은 시민보호 및 방재 구호를 위한 기술지원을 하는 조직으로 1953년 연방 내무부의 통지에 따라 연방 내무부 산하에 설치되었다. 연방기술지원단은 1990년의 연방기술지원단법(THW법)에 의해, 간신히 그 활동의 법률상 근거를 얻었다. 연방기술지원단의 임무는 연방시민보호·재난관리법에 따른 지원, 연방의 지시에 따른 국외 지원, 위험 방지를 소관하는 기관의 요청을 받은 재해, 공적 비상사태 및 대규모 사고 구조 지원이다(연방기술지원단 법 제1조).

연방기술지원단에서는 800명의 직원과 8만명의 자원봉사자에 의한 지원원(18세~60세)이 활동에 종사하고 있다. 본부는 본(Bonn)에 있고 전국에 668개의 지부가 있다. 2010년에는 독일 국내외에서 합계 85만 시간의 지원 활동이 있었다. 이는 2009년에 비해 40% 많은데, 그 주된 요인은 2010년 1월의 아이티 지진, 1월부터 3월까지 독일 국내의 폭설 등 자연재해에 의한 것이었다. 지원인이 활동이나 훈련에 참가하는 경우에는 지원인 및 그 고용주에게 금전적인 불이익은 발생하지 않는다(연방기술지원단 법 제3조). 지원인으로서 4년 이상 시민보호 또는 방재활동에 종사한 자는 병역 또는 비군사업무를 면제받는다(징병법 제13a조 및 비군사업무법 제14조).

연방기술지원단은 연방내무부 산하 기관이다. 이 기관의 역할은 국내외에서 일어난 재해재난에 인력투입 및 기술지원을 하는 것이며, 연방의 지원 아래 인도적인 도움을 주정부는 업무를 당당하고 있다. 예를 들면, 국내외에서 발생한 재해나 재난(홍수, 지진, 화산 등)에 대하여 기술적인 지원을 하고 있다.

---

244) 한광문, "효과적인 재난 및 비상대비 통합훈련 실시 방안 연구", 2015. 10, 214면; 임종헌, "독일의 재난관리 시스템", 한독사회과학논총 제26권 세1호, 2016, 154면.

연방기술지원단의 법률적 업무는 국내에서는 기술적 지원업무를 수행하고 있고 국외적으로는 인도주위적 차원에서 지원활동을 펼치고 있다. 연방기술지원단 조직 구성은 99%의 자원봉사대원과 1%의 연방 본부 공무원으로 구성되어 있는데, 본부 인력은 연방기술지원단을 지휘·통제·통신·조정하는 역할과 국제 지원업무를 하고, 지방 연방기술지원단은 구조활동을 실행하는 집행조직이다.

[표] 독일의 주요 재난 관리 기구

연방시민보호·재난관리청 (BBK)	– 시민보호와 재난보호를 위한 전문정보시스템(FIS) – 연방 지역의 재난경보 – 공동상황실센터(GMLZ) – 긴급 비상정보시스템(deNIS) – 독일인 희생자와 유족 조정 – 시민보호를 위한 재교육
연방기술지원단 (THW)	– 연방시민보호·재난관리법에 따른 지원 – 연방의 지시에 따른 국외 지원 – 위험 방지를 소관하는 기관의 요청을 받은 재해, 공적 비상사태 및 대규모 사고 구조 지원
연방식량농업부 (Bundesministerium für Ernährung und Landwirtschaft)	– 식품 안전에 대한 위기 대책 위원회 – 동물병 방제를 위한 중앙위기대책위원회(담당 연방/주 정부 장관으로 구성)
연방국방부 (Bundesministerium der Verteidigung)	– 부서 전략 및 운영 조정은 장관급 – 위기대책본부는 하부기관에서 설치
연방보건부 (Bundesministerium für Gesundheit)	– 연방보건부 위기 대책 본부
연방운송디지털인프라부 (Bundesministerium für Verkehr und digitale Infrastruktur)	– 연방교통부 디지털 인프라 위기 대책 본부

연방환경자연보호건축 원자력안전부 (Bundesministerium für Umwelt, Naturschutz, Bau und Reaktorsicherheit)	– 원자력 안전 및 방사선 방호 대책 본부

자료: Bundesministerium des Innern, System des Krisenmanagements in Deutschland, 2015, p. 17.

2. 재난 구호와 지원 체계

독일의 경우 홍수 등 자연재해와 관련된 손해는 독일의 의무보험 제도가 적용되지 않는다. 따라서 독일에는 자연재해 피해자들의 금전적 보상을 독점적으로 다루는 유일한 수단이 없다. 이것은 기본적으로 잠재적 피해자들, 예를 들어 홍수 피해자들은 독일의 민간 보험에 의존할 필요가 있다는 것을 의미한다. 독일 정부나 특정 주정부는 재해로 인한 피해가 매우 클 경우 예외적으로 재해 피해자에게 금전적 보상을 제공하는 임시 입법을 통해 개입한다. 독일의 특정 법령에 근거한 임시 보상은 다소 불안정하고, 때로는 지나치게 관대하다는 평가를 받는다.[245)]

독일에서 재해보험이 의무화되지 않은 한 가지 결과는 보험 적용이 전반적으로 낮다는 것이다. 2002년 엘베 강의 세기의 홍수가 발생하면서, 홍수보험에 대한 추정치가 제공되었고, 추가 홍수보험이 있는 정책의 수는 9%를 넘지 않을 것으로 추산되었다.

독일의 임시적이며 상대적으로 후한 보상 제도는 크게 비판받았는데, 소위 '자선단체'라는 비판을 받았다. 독일 정부의 보상 제도는 정부가 후한 사후보상을 함에 따라 잠재적 피해자가 예방조치를 취하고 민간보험에 가입할 유인이 줄어들게 할 수 있다.[246)]

245) Veronique Bruggeman, Michael Faure, compensation for victims of disasters in Belgium, Frande, Germany and the Nethrlands, The Netherlands Scientific Council for Government Policy, WRR, 2018, p. 47.

246) 스위스의 의무적인 공공독점보험과 오스트리아와 독일에서 발견된 위험 이전 시스템을 비교한 실증연구에서도 자연재해에 따른 보험 수요 부족 측면에서 독일의 시장 실패가 상당했던 것으로 나타났다.

극단적인 기상 조건, 테러 공격, 대형사고 및 산업 재해, 대규모 및 장기간의 정전, 전염병 및 군사 충돌은 모든 국가에서 발생할 수 있고, 이러한 위험으로부터 시민을 보호할 필요가 있다. 즉 시민 보호는 공공 안전과 보안의 일부이다. 이와 관련하여 국제적으로 시민 보호에 대해 연방제 국가에서는 주정부와 연방정부의 협력, 비(非)연방제 국가에서는 각 재난대응에 필요한 각 부처간 협력을 통해 문제를 해결하는 시스템이다. 독일의 경우 통합식이고 확장 가능한 지원 시스템을 특징으로 한다. 즉 독일의 경우 자연재난의 구호에 있어 일차적인 책임은 주정부에 있으며, 주정부 차원에서 대응이 어려운 경우 연방과 협력하여 대응하는 구조이다. 이러한 복잡성에도 불구하고 독일의 경우 국제적 비교에도 효과적인 재난대응체계를 구축하고 있는 것으로 알려져 있다.

(1) 재난 구호 연방 체계

독일 시민보호의 구조는 독일 기본법 제30조와 제70조에서 정하는 바에 따라 연방정부와 주정부 간의 업무 분담이 핵심이다. 시민의 안전에 관한 상당 부분은 주정부의 입법 권한에 속한다. 연방이 단독으로 민간인의 보호를 포함한 외부 보안과 방어를 책임지는 반면, 주정부는 거의 모든 다른 위험 예방 업무를 책임진다. 독일 시민 보호 시스템의 설계는 연방을 기반으로 한다(기본법 제73조 제1항).

독일의 시민보호 구조는 통합 지원 시스템의 세 가지 행정 단계를 나타내는 피라미드로 가장 잘 표현될 수 있다. 가장 기본은 화재 방호와 일반지원, 구조서비스, 재난진압 등을 운영적으로 책임지는 지역사무관구(Gemeinden), 자치시(kreisfreinen Städte), 주정부(Landkreise)가 구성한다. 이러한 업무를 위한 통합 관제 센터는 일반적으로 지역 수준에서 일일 운영을 조정한다. 이 임무의 수행을 위해 시(市) 차원에서는 대부분 자발적인 소방대와 민간 구호단체인 아르베이터-사마리터-분트,[247] 도이치 레벤스레퉁스-게젤샤프트,[248] 독일인 로테스 크라우츠,[249] 요한지터 언팔-힐페,[250] 말테세르 힐프디엔스트[251] 그보다

247) Arbeiter-Samariter-Bund
248) Deutsche Lebensrettungs-Gesellschaft
249) Deutsches Rotes Kreuz
250) Johanniter Unfall-Hilfe

작은 민간단체들을 활용한다. 연방기술지원단(THW)은 연방의 시민보호단체로 공식 및 재난구호의 틀 안에서 주정부와 지방자치단체를 지원한다. 이러한 운영 자원은 주정부로 자원봉사를 하는 현역 인력 약 170만 명으로 구성되어 있다. 이것은 독일 시민 보호의 중심적 특성으로서 시민 사회에 정착하는 것을 보여주는데, 이는 본질적으로 자발적인 헌신에 의해 유지되고 연방에 속한 주정부들에서 공통적으로 나타나는 보충성의 원칙에 기초한다. 의용소방대는 대도시의 전문 소방대와 구조대로 구성되어 있으며, 현재는 주정부 상근직으로 조직되어 있다.

피라미드의 구조의 중앙에는 주정부가 위치하며, 주정부들은 화재 방지, 재난 통제, 구호 서비스에 대한 법적 책임을 지고 있다. 따라서 16개 주정부 모두 이러한 업무를 위한 전문법을 제정하였다. 주 내무부는 전문적인 감독을 한다. 일부 주에서는 보건부에 구호 임무를 할당하고 있으며, 특별 위원회를 통해 내무부와의 협력을 보장한다. 주정부 차원에서 물적·기술적 자원을 통해 시 차원의 지원을 하고, 특히 대규모 재난상황에서 정치적, 행정적 차원에서 위기대응팀과 조율할 수 있다.

시민보호를 책임지는 연방정부가 체계 피라미드의 최상위에 위치한다. 「연방시민보호·재난관리법」(ZSKG)은 연방의 업무와 재난 발생시 주정부에 대한 지원을 위한 전문적 법적 체계를 설정한다. 시민보호를 목적으로 하는 특수자원으로 주정부의 시민보호를 보완하면, 재난 상황에서 일상적인 위험 예방을 위해 이러한 자원을 활용할 수 있다.

(2) 연방의 임무

「연방시민보호·재난관리법」(ZSKG)에 따르면, 시민보호 임무는 시민, 그 가정, 직장, 필수적이거나 국방에 중요한 민간 사무실, 기업, 시설, 문화재를 전쟁의 영향으로부터 보호하고 비군사적 조치를 통해 그 결과를 제거하거나 완화하는 것이다. 연방정부는 독일 기본법 제85조에 따라 소위 연방 위임행정이라는 틀 안에서 시민보호 임무를 수행한다. 즉, 주정부는 업무 이행을 위해 연방 예산에서 자금과 기술 자원을 할당받고 필요에 따라 시(市) 차원에서 자금

251) Malteser Hilfsdiens

을 지급한다. 「연방시민보호·재난관리법」(ZSKG)에 따르면, 시민 보호에는 특히 다음과 같은 임무가 포함되어 있다.

1) 자기 구호

오래 지속되는 사건의 경우 한 사회공동체의 회복력에 큰 영향을 미치기 때문에 시민의 자기 구호와 자활 능력이 특히 중요하다. 연방정부는 자치단체의 화재 예방 교육 및 자기 구호 개발뿐만 아니라 응급처치에 대한 훈련 조치를 지원함으로써 이 임무를 촉진한다. 어린이와 청소년을 위한 단편 영화, 인터넷 제공 또는 교육 개념과 같은 비상 상황에서의 올바른 행동, 대상 그룹별 정보 및 교육 제공에 대한 조언이 이러한 임무를 보완한다.

2) 적시 경보

재난 발생시 즉각적인 위험에 대한 시민에 대한 적시에 적절한 경고가 필수적이다. 연방정부는 예를 들어 미사일 공격과 같은 방어사태에서 국민을 위협하는 특정 위험을 기록할 책임이 있다. 인구에 대한 즉각적인 경고는 연방을 대표하여 주정부가 재난이나 기타 사고가 발생했을 때 대중에게 경고하기 위해 준비한 구조를 사용하여 수행한다. 여기에는 사이렌,[252] 라디오 안내, 확성기 안내, 앱과 같은 인터넷 기반 미디어를 통한 경고 등이 포함된다.

3) 구호시설 건설

구호시설 제공과 시민 보호와 관련하여 연방정부와 주정부는 2007년에 독일 인구의 약 3%에게만 공간을 제공했던 기존의 피난처를 활용하지 않기로 합의했다. 그러나 현재 연방 개발 프로젝트는 보다 재정적 측면에서 오늘날의 위험과 위험을 고려하여 보호시설을 건설하는 것을 목표로 하고 있다. 이 결과는 특별 인구정보에 반영되며 공공기관과 기반시설기업은 물론 시민이 스스로 실천할 수 있는 구호시설 제공에 따른 시민보호에 대한 지표와 권고사항을 제공한다.

특히 군사충돌의 경우 거주지 규정과 대피계획의 체계 안에서 해당 거주지를 허가만 받고 떠나거나 특정 지역에 들어가지 않도록 하거나, 특히 위험에

252) 2021년 7월 홍수 당시 사이렌을 이용한 홍수에 대한 경보가 시민들에게 원활하게 전달되지 못했던 점이 문제로 지적되고 있다(https://www.t-online.de/nachrichten/panorama/katastrophen/id_90485130/flutkatastrophe-kreis-in-nrw-loeste-sirenen-bewusst-nicht-aus-angst-vor-panik-html).

처한 지역에서 일시적으로 대피하도록 지도할 수 있다. 주정부와 지방정부는 필요한 준비와 조치를 할 의무가 있으며 연방정부는 이를 지원한다.[253]

4) 재해 구호의 보완

연방 시민 보호와 주 시민 보호 사이의 중심적인 연결고리는 시민보호 목적을 위한 시민 보호와 특별한 자원을 보충하는 것이다. 여기에는 화재 보호 및 의료 서비스, 화학, 생물학적, 방사능 및 핵 위험으로부터 보호하기 위한 탐지 및 측정 기술, 구조대를 위한 교육, 훈련 및 추가 훈련을 위한 차량이 포함된다. 이중 사용의 체계 안에서, 이러한 자원들은 재난 통제, 화재 보호, 대량 인명 사고(MANV)의 목적으로 사용될 수 있다. 연방시민보호·재난관리청(BBK)는 대량 인명 사고(MANV), 정찰차, 소방차, 기동대를 편성하여 위험 상황을 처리하고 있다. 총 5,000대 이상의 연방 긴급차량이 주에 배치되어 있다. 이 밖에도 독일 크리스토프 시스템 항공구조소 12곳에 18대의 연방시민보호·재난관리청(BBK)의 헬기가 배치되어 주정부의 항공구조 서비스를 지원하고 있다.

2009년 「연방시민보호·재난관리법」(ZSKG) 개정 이후 연방정부는 재난 발생시 주정부가 요청할 경우, 구호 조치의 조정을 담당할 수 있는 기회가 처음으로 주어졌다. 이러한 목적을 위해 연방정부는 연방정부와 주정부의 부처간 조정그룹 또는 연방정부와 주정부의 공동보고 및 상황센터와 같은 조정기구를 연방시민보호·재난관리청(BBK)에 둔다. 지금까지 한 차례(2011년) 밖에 소집되지 않은 연방정부와 주정부 부처간 조정단은 국가 상황상 조기에 기술 차원의 협력을 시작하고 처음부터 조직적으로 정치전략 위기팀과 협력할 수 있는 기회를 제공한다.

사전 예방 계획의 체계 안에서 연방정부는 위험 분석을 준비하고 연방의회에 매년 보고할 법적 의무가 있다. 조직적 책임이 있는 연방시민보호·재난관리청(BBK)은 이러한 목적을 위해 과학적으로 기반을 둔 방법을 개발했다. 예를 들어, 2012년에는 로버트 코흐 연구소(Robert-Koch-Institut)와 함께 전염병에 대한 위험 분석을 준비했는데, 이 연구소는 2020년에 발생할 상황을 현실적으로 기술하고 준비의 부족을 지적했다.[254]

---

253) 2011년 후쿠시마의 3중 재해는 또한 독일, 특히 핵 시설 주변의 대피 계획의 검토와 적응으로 이어졌다.

연방의 또 다른 업무는 공공의 이익이나 공공의 안전과 질서에 심각한 결과를 초래할 수 있는 중요 기반시설(KRITIS)[255]의 보호에 대해 조언하는 것이다. 이를 통해 연방정부는 기반시설 보호에 관한 표준 등을 주정부와 함께 개발할 수 있다.

5) 보건 분야의 시민 보호

현행 법적 요건은 특히 기존 의료시설의 사용 및 확장 가능성뿐만 아니라 방어 사례에 대한 인력 및 물적 요건을 결정하고 연방 의료서비스와 긴밀히 협력하기 위한 것이다. 연방정부는 선별된 병원 위치에 적절한 의료품을 공급하고 병원 경보 계획을 위한 지원을 통해 비축개념으로 주정부에 지원한다. 보건분야의 예방 및 보안법이 없고 점점 더 경제화되고 병원의 수용력이 감소하기 때문에 「연방시민보호·재난관리법」(ZSKG)에 규정된 계획된 조치들은 최소한의 서비스가 될 수밖에 없다. 코로나19 대유행의 결과로 연방정부는 이 문제를 해결하고자 한다.

6) 문화재 보호

독일에서도 문화재 보호는 국제인도법상 시민보호 업무 중 하나다. 연방시민보호·재난관리청(BBK)은 무엇보다도 문화재의 국제적 보호 마크를 부착하고 특히 독일 역사, 건축, 연구, 정치, 음악, 문학 등의 귀중한 문서들을 마이크로필름화 함으로써 이 업무를 주정부와 함께 수행하고 있다. 연방공화국 중앙의 구조 현장인 브라이스가우에 있는 바르바라스톨렌에는 현재 연방정부와 주정부 문서보관소와 협력하여 선별된 10억 개 이상의 문서들이 밀폐된 강철 용기에 보관되어 있다. 이러한 국가적 대응은 2009년 쾰른 시립문서보관소 붕괴나 2004년 바이마르 헤르조긴 안나 아말리아 도서관 화재가 보여주듯 지역에서 발생한 사고의 경우에도 유용한 것으로 확인되었다.

(3) 주정부의 재해 방지 및 구호 임무

시민 보호는 주정부의 임무이며 주법에 의해 규제되고 주정부 차원에서

---

254) Bundestags－Drucksache 17/12051, 3.1.2013.

255) Kritischer Infrastrukturen

운영된다. 각 주정부의 재해구호법에는 재해에 대한 개념이 규정되어 있다. 각 주정부의 재해구조법상 재해의 개념이 유사하게 규정되어 있다. 독일 바이에른주 재해구호법(BayKSG)[256] 제1조 제2항에서 '재해'의 정의에 관하여 "많은 사람들의 생명이나 건강, 자연적 생활기반들, 또는 중요한 물자들이 예외적인 규모로 위험에 처하거나 파괴되고, 그러한 위험이 재해대책 관청들의 지도하에 재해대책에 참여하는 관청, 부서, 조직, 현장인력들이 함께 활동할 때만 방어할 수 있거나 제거할 수 있는 예기치 않은 사건"이라고 규정하고 있다. 또한 바뎀뷔르템베르크 주의 재해구호법(LKatSG)[257] 제1조 제2항에서 "재해란 다수의 사람이나 동물의 생명, 건강, 환경, 상당한 물적 자산 또는 주민의 중요한 공급원을 비정상적으로 위험에 처하거나 손해를 끼치는 현상으로, 이를 회피하거나 대처하기 위해 필요한 당국, 기관, 조직의 협력을 재해대책 당국의 통일적인 관리 하에 둘 필요가 있다고 생각되는 사건"으로 규정하고 있다.

이와 같이 독일은 각 주정부 별로 재해구호법의 제정을 통해 자연재해의 정의, 예방적 조치, 재해발생시의 조치, 재해관리기관 및 협력기관, 정보의 조사와 전송, 재해구호, 재해극복, 보상 등에 관한 규정을 두고 있다. 각 주정부 별로 제정된 법률의 내용은 대체로 유사한데 이는 독일의 경우 재난통합 지원 시스템의 체계 안에서 재난 통제는 지방자치단체의 일상적인 위험 예방 자원을 기반으로 하는 점에 기인한다. 최고 재난 통제 기관은 내무부이며 하위 재난 통제 기관은 전문 사무소가 있는 주정부와 자치시이다. 재난 선포는 행정행위로 통상적으로 피해 사건이 커 배치된 모든 병력을 통일된 지휘하에 배치해야 할 때 발생한다. 시민보호당국은 재난 발생 시 대비 조치를 취할 의무가 있다. 이하에서는 주정부의 재해구호법상의 주요 내용을 살펴본다.

1) 재난관리기구 설치

주정부는 재난관리요원 등 관리기구를 설치하고 적정 인력과 교육을 실시하며 재난관리계획을 수립·갱신하여야 한다. 재난이 파악되어 재난관리단이 소집되면 시장이 행정실장으로서 기능하는 팀장이 되며 지방자치관구 또는 자

256) Bayerisches Katastrophenschutzgesetz
257) Landeskatastrophenschutzgesetz

치시의 재난 대응 총괄책임을 진다.

주정부는 재난이 발생했을 때 전문화된 운영 업무를 수행하고 시 차원의 지원을 하는 전문 시민보호단을 설치할 수 있다. 예를 들어 헤센에서는 지휘통제, 정보통신, 화재방호, 화생방호, 의료 서비스, 의료, 물공급, 복구 등의 특수 구호활동이 제공된다. 이들 보호단은 주로 민간 구호단체와 소방대 또는 지방정부 부대로 구성되어 있다. 특별 주정부 단위와 시민보호를 위한 연방의 보충 외에도 지역사무관구와 자치시는 재난 상황에 대비하여 자체적인 단위를 설치하고 유지할 수 있다. 원칙적으로 모든 관련 연방법과 주법은 시민의 구호의무를 규정하고 있다.[258] 특히 심각한 재난상황이나 방위의 경우 만 18~65세 남녀를 관할 당국이 임명해 일정기간 지원을 할 수 있다.[259]

2) 방재와 일반적인 구호자원

소방대는 화재 방지와 지방자치단체의 일반적인 지원을 제공하는 주법에 따라 시민 보호에서 가장 큰 단일 활동 주체이다. 구호활동업무를 위해 지자체는 요구사항 계획에 따라 효율적이고 기술적으로 잘 갖춰진 소방단을 설치할 의무가 있다. 효율적인 조직 여부의 판단에 있어 중요한 요소는 응답시간, 즉 긴급 전화를 받은 후 현장에 소방대가 도착하기까지의 시간이다. 독일소방단협회에 따르면, 시나 지자체는 22,155명의 자원봉사자 소방단을 유지하고 있으며 대부분이 100만 명의 자원봉사 소방관으로 구성된다. 또한 주요 도시에는 104개의 직업적 소방단이 있으며 33,000명 이상의 전임 소방관이 있다.[260]

3) 구호활동

공공의 위험예방 서비스의 제공으로서 구호활동은 자격을 갖춘 환자 이송뿐만 아니라 응급의료 구조도 포함한다. 주정부는 이 임무를 주정부 「구호활동법」[261]에 규정하여 주정부와 자치시처럼 이러한 임무에 대한 책임이 있거나 이러한 목적을 위해 특수 목적의 구조 협회를 설립한 경우가 아니면 지역사무

---

258) Baden-Württemberg Landeskatastrophenschutzgesetz: LKatSG 제1조~제4조; Bayerisches Katastrophenschutz gesetz: BayKSG 제1조~제2조 참조.

259) Baden-Württemberg Landeskatastrophenschutzgesetz: LKatSG 제11조, 제25조 참조; Nordrhein-Westfalen: Gesetz zur Neuregelung des Brandschutzes, der Hilfeleistung und des Katastrophenschutzes 제43조 참조.

260) Deutscher Feuerwehrverband (Hrsg.), Feuerwehr-Jahrbuch 2020, Berlin 2020, S. 326-329.

261) Landesrettungsdienstgesetzen

관구(Landkreis)나 자치시로 이관한다.[262] 구조활동 제공자는 책임 영역에 대한 수요 계획을 작성하는데, 이 계획은 작업량과 지정된 응답 시간에 따라 얼마나 많은 구급차량과 구급차 보관소를 활용할 수 있도록 유지해야 하는지를 결정한다.[263] 반면에 구조 헬기를 통한 공중 구조는 주정부의 임무이다.[264] 수요계획은 전체적으로 구조활동 법정 건강보험기금 지급자와 조율해야 한다.[265]

대규모 부상사태(MANV)[266]가 발생할 경우 구조활동은 소위 신속 대응 그룹(SEG)[267]에 의해 지원된다.[268] 재난이 발생하면 의료 서비스 부서도 경보를 받고 출동하는데,[269] 이를 통해 연방 자원의 지원을 받을 수도 있다. 나아가 주법에서는 특별한 수역이나 산에서 추가 구호활동을 제공할 것을 요구하고 있다. 산악구조와 수상구조는 각각 산과 수상구조대가 자율적으로 진행한다.[270] 구조활동의 또 다른 요소로는 매몰자와 실종자 수색을 위한 구조단체와 소방대의 수많은 자원봉사 구조견 팀이 있다.[271]

통합지원체계의 중요한 파트너는 역시 경찰이다. 경찰은 재난이나 사고가 발생했을 때, 한편으로는 보안과 질서를 보장하고, 다른 한편으로는 장벽, 교통법규, 피해 사건의 처벌 가능한 사유가 있을 경우 기소 등의 조치를 취한다.[272] 또한 공무원과 재난지원 과정에서 재난발생 시에도 투입할 수 있는 기술자원을 경찰이 보유하고 있다.

---

262) Baden-Württemberg Gesetz über den Rettungsdienst(Rettungsdienstgesetz: RDG) 제2조 제4항 참조.

263) Baden-Württemberg Gesetz über den Rettungsdienst(Rettungsdienstgesetz: RDG) 제3조 제3항 참조; Bayerisches Rettungsdienstgesetz(BayRDG) 제5조 제4항 참조.

264) Baden-Württemberg Gesetz über den Rettungsdienst(Rettungsdienstgesetz: RDG) 제29조; Bayerisches Rettungsdienstgesetz(BayRDG) 제16조 참조.

265) Baden-Württemberg Landeskatastrophenschutzgesetz: LKatSG 제9조~제17조; Bayerisches Katastrophenschutzgesetz: BayKSG 제7조 참조.

266) Massenanfall von Verletzten

267) Schnell-Einsatzgruppen

268) Baden-Württemberg Landeskatastrophenschutzgesetz: LKatSG 제35조~제36조 참조.

269) Baden-Württemberg Landeskatastrophenschutzgesetz: LKatSG 제26조 제1항 참조.

270) Baden-Württemberg Gesetz über den Rettungsdienst(Rettungsdienstgesetz: RDG) 제30조 참조; Bayerisches Rettungsdienstgesetz(BayRDG) 제17~제18조 참조.

271) Baden-Württemberg Gesetz über den Rettungsdienst(Rettungsdienstgesetz: RDG) 제30조 참조; Bayerisches Rettungsdienstgesetz(BayRDG) 제17~제18조 참조.

272) Baden-Württemberg Landeskatastrophenschutzgesetz: LKatSG 제24조 참조.

4) 재해구호기금

재해구호기금에 대해서는 각 주정부별 재해구호법에 명시적으로 규정하고 있지 아니하나, 바이에른주 「재해구호법」(BayKSG)[273] 제12조에 재해대책추진기금[274]에 관한 내용이 규정되어 있다.

바이에른주 내무성은 재해대책 추진을 위한 기금을 관리한다. 이 기금은 독자적인 법인격을 갖지 않는 국가 내무성이 관리하는 주정부의 특별기금으로 주정부, 지역사무관구, 자치시로부터의 적절한 출연금으로 마련되는 것으로 한다(동법 제12조 제1항).

기금은 재해대책당국 및 재해구조를 실시할 의무가 있는 자의 재해 예방의 준비를 위한 대책과 관련된 비용의 조성을 위해 사용할 수 있다(동법 제12조 제2항 제1호). 다음으로 기금은 다른 급부를 이용하는 것이 불가능한 경우, 지출자의 불합리한 부담을 줄이기 위하여 재해 피해를 줄이기 위한 조치로서 시민보호 지원을 제공할 의무가 있는 자에게 지급할 수 있다(동법 제12조 제2항 제2호).

기금의 사용 목적에 따른 연간 지출금 총액은 내무부가 재무부 및 내무부와 합의하여 결정하고 공표한다. 관계된 자치단체의 산하조직에게는 사전에 청문의 기회를 주어야 한다(동법 제12조 제3항). 주정부는 갹출금 총액의 3분의 2를 부담하고 1월 1일과 7월 1일에 2회로 나누어 지급하는 것으로 한다(동법 제12조 제4항).

지역자치관구와 자치시는 총 출연금 총액의 3분의 1을 부담한다(동법 제12조 제5항 제1문). 이들 각각의 부담부분은 지구 할당을 위한 각각의 할당 기준에 비례해 계산 한다(동법 제12조 제5항 제2문). 출연금은 매년 주정부의 통계국이 계산해 전액의 유로(EURO)로 절상하고, 각 출연년도 3월 31일까지 지역자치관구 및 자치시에 대한 출연금 통지에 의해 결정된다(동법 제12조 제5항 제3문). 출연금은 4분기 자금 배분 지급과 동시에 지급하기로 하고 주정부가 보유하여 기금으로 이관한다(동법 제12조 제5항 제4문).

2021년 7월 독일에서 발생한 홍수로 인해 큰 피해를 입은 두 개의 주정부

---

273) Bayerisches Katastrophenschutzgesetz
274) Fonds zur Förderung des Katastrophenschutzes

에서 발령한 지침을 통해 신속한 재해구호에 관한 근거와 절차적 및 재난지원금에 대한 내용을 살펴본다.

가) 노르트라인-베스트팔렌 주

독일의 경우 자연재해에 대한 일차적인 구호는 주정부의 역할이다. 노르트라인－베스트팔렌 주정부의 경우 2021년 7월 14, 15일에 발생한 폭우 피해로 인한 손해를 경감하기 위한 재난지원금에 관한 지침을 발령하였다. 지침은 제1절 목적, 제2장 노르트라인－베스트팔렌 주의 경우 지난 7월 14, 15일에 발생한 폭우피해로 인한 손해를 경감하기 위한 재난지원금, 제3절은 발효일과 실효일에 대하여 규정하고 있다.[275]

① 지침 발령의 목적

2021년 7월 14, 15일 발생한 폭우로 인해 사유재산에 극심한 피해가 발생했다. 이 긴급지원의 목적은 피해로 인해 발생한 재정적 부담을 경감해 주기 위한 것이다. 또한 시간이 경과하면서 발생한 손해도 재해와 관련된 경우에는 피해에 포함한다.

② 폭우로 인한 재해로 인한 손해의 경감을 위한 재난지원금

이 지침은 목적과 법적 근거(2.1), 재난지원금의 대상(2.2), 재난지원금의 수혜자(2.3), 재난지원금 수혜의 요건(2.4), 재난지원금의 범위와 금액(2.5), 절차(2.6)에 관하여 규정하고 있다. 절차 규정의 하위규정으로 신청절차(2.6.1), 승인절차(2.6.2), 지급절차(2.6.3), 사용증명(2.6.4)에 관한 규정이 있다.

지침 제2.1조의 목적과 법적 근거에 관하여 규정하고 세부적으로 2.1.1조에서 목적에 관하여 규정하고 있다. 동조에 따르면 긴급지원은 심각한 위기상황(재산과 재물의 파손)에 금융 원조를 위한 자금지원으로서 인정된다. 피해 세대는 필요한 생활용품 구매 또는 기타 조치를 통해 숙박이나 생활습관 측면에서 일시적으로 급박한 긴급상황에 재정적으로 대처할 수 있어야 한다. 긴급지원은 재해발생 초기에 긴급사태에 대비하는데 기여한다. 제2.1.2조는 법적 근거에 관한 규정으로 긴급지원에 대한 자격은 없으며 당국은 가용 예산 범위 내에서 적절한 재량으로 지원 여부를 결정해야 한다고 규정하고 있다.

275) 발효일은 2021년 7월 22일이다. 한편 실효일은 2021년 12월 31일이다.

③ 재난 구호의 대상(제2.2조)

동 규정에 따르면, 긴급지원은 2021년 7월 14일, 15일에 발생한 폭우재해로 인한 경제적 부담을 최초로 경감하기 위해 재산, 가재도구, 기타 물적 손해를 보상하는 것이다. 본 지침에서 말하는 피해란 2021년 7월 14, 15일에 발생한 극심한 재해가 직접적인 원인이 되었거나 인과관계가 있는 폭우에 의한 피해 외에 야생유수, 홍수, 지하수 상승, 빗물 범람, 합류식 하수도에 의한 피해, 산사태로 인한 손해를 포함한다.

④ 재난 구호의 수급자(제2.3조)

이에 따르면 재난구호의 수급자는 2021년 7월 14, 15일 발생한 극심한 기상재해로 피해를 입은 자연인이며, 아른스베르크, 뒤셀도르프, 쾰른 등 행정구 중 한 곳에 본거지를 두고 있어야 한다.

⑤ 재난 구호의 요건(제2.4조)

동 규정에 따르면 재난 구호는 다음 조건에서만 지급될 수 있다. 신청서에는 2021년 7월 14, 15일 폭우재해로 피해를 입은 지역 중 한 곳의 본거지에 대한 신뢰할 만한 증빙 자료가 필요하며, 피해자 본인 평가에 따르면 손해가 보험에서 보상되지 않는 최소 5,000유로에 달하는 피해가 자신의 가정에서 발생했다는 피해자의 설명이 있어야 한다.

⑥ 구호의 범위 및 금액(제2.5조)

가구당(1인 가구) 1,500유로의 일회성 긴급지원금이 지급된다. 추가 인원 1인당 500유로를 지급하며, 1인 가구당 최대 3,500유로까지를 한도로 한다.

⑦ 신청절차(제2.6조)

이는 절차적인 규정으로 규정의 세부적인 내용은 이하와 같다. 즉 제2.6.1조에서 규정하는 신청절차에 따르면 긴급지원 신청서는 즉시 효력을 발휘하여 부속서에 따른 서식에 따라 2010년 8월 31일까지 교부기관에 제출할 수 있다. 결정에 필요한 정보는 신청서에 기재되어야 하며, 그에 상응하는 서면 신고서를 제출해야 한다.

제2.6.2조는 재난지원금 지급 승인절차에 대하여 규정하고 있다. 승인절차의 부여 권한은 피해를 입은 자가 주소를 가진 지방자치단체에 있다. 이러한 승인기관은 신청서에 기재된 정보의 타당성을 점검한다. 제2.6.3조는 지급절차에 대하여 규정하고 있다. 긴급지원금의 지급은 신청서류를 검토한 후 승인기관 당국이 승인 여부를 결정한다. 제2.6.4조는 사용증명에 관한 규정으로 긴급지원금은 지출할 때 목적대로 사용한 것으로 본다. 별도의 사용 증명서를 필요로 하지 아니한다.

나) 라인란드-팔츠 주정부의 재난긴급지원 지침

라인란트－팔츠 주의 내무체육부[276]에서 2021년 7월 20일에 발령한 긴급지원지침에 2021(Soforthilfe RLP 2021) 따르면 지난 7월 14일부터 15일까지 아르바일레르 구, 비트부르크프룸 구, 마옌코블렌츠 구, 트리에르사르부르크 구렌츠, 트리에르사르부르크, 불카네이펠, 베른카스텔비틀리히, 트리에르시에서 발생한 자연재해로 인한 세대의 비상상황에 대한 비상시 주정부의 긴급지원금 지급에 대하여 규정하고 있다. 이 지침은 제1조부터 제7조[277]까지 총 7개조로 구성된다.

① 제정 목적(제1조)

긴급지원 지침은 2021년 7월에 비트부르크프룸, 마옌주정부 아흐르바일레르에서 코블렌츠, 트리에르자르부르크, 불카네이펠, 베른카스텔비틀리히, 트리에르시에서 발생한 자연재해로 인한 가정의 비상사태를 완화하기 위해 라인란트－팔츠 주정부 「예산법」 제53조 및 해당 지침에서 정하는 바에 따라 재난지원금으로서 재해를 입은 세대를 지원하는 것을 목적으로 하고 있다.

긴급지원은 재난 가정의 극심한 주거 또는 생계형 비상사태를 극복하기 위해 부여된다. 긴급지원에 대한 법적으로 인정되는 자격은 없으며 긴급지원을 부여하는 당국은 이용 가능한 자금의 범위 내에서 최선의 판단에 따라 결정한다. 원칙적으로 해당 원조는 상환할 필요가 없다.

② 지원금 수령자(제2조)

이에 따르면 라인란트－팔츠 주에 거주하고, 자연재해로 인해 비상사태에 처해 긴급지원을 필요로 하는 자연인과 개인 세대를 수혜자로 규정하고 있다.

---

276) Rheinland－Pfalz Mainz, den 20. Juli 2021 Ministerium des Innern und für Sport
277) 이 규정은 효력발생일에 대한 규정이다.

③ 긴급지원금 신청 요건(제3조)

동조 제a항에 따르면 자연재해로 인한 피해는 자연재해의 발생으로 인한 의식주에 대한 피해가 자연재해에 의해 발생했거나 발생된 것이어야 한다. 이 경우 원칙적으로 손해액이 보험에서 담보되지 않는 5,000유로를 초과하는 경우 긴급지원금의 지급을 고려한다. 또한 예외적인 경우 긴급지원은 3,000유로 또는 그 이상의 손실에 대해서도 가능하다. 제b항에 따르면 위에서 열거한 피해는 반드시 세대의 비상상황에서 발생해야 한다. 제c호에 의하면 손해에 대한 과도한 보상이 없어야 할 것을 긴급지원 수혜 요건으로 규정하고 있다.

④ 긴급지원 금액(제4조)

동 규정에 따르면 각 세대당 1,500유로, 추가 거주자 1인당 500유로를 한도로 최대 금액을 가구당 최대 3,500유로로 제한하고 있다.

⑤ 자금 제공/승인 절차(제5조)

주정부는 긴급지원 신청 처리를 위한 예산을 지자체의 피해 지구에 제공하고, 자치도시는 조성기관으로서 이 지침에 따라 피해를 입은 민간인에게 자금을 전달한다. 필요한 경우 지자체 당국은 승인 과정에 다른 지자체를 참여시킬 수 있다. 신청 마감일, 양식 등은 긴급구조에 대한 자연재해 결정과 같은 방식으로 결정된다.

⑥ 신청 및 지원 증명 절차(제6조)

동조 제a항은 긴급원조 신청서에 결정에 필요한 정보를 기입하고 그에 대응하는 서면으로 신청을 하도록 규정하고 있다. 이와 관련된 정보는 특히 그 세대에 속한 본적지가 있는 사람의 수, 피해액, 원조의 필요성, 예상되는 보험금 또는 이미 받고 있는 보험금, 세대의 곤란을 극복하기 위해서 필요한 물품 등을 의미한다.

제b항에 따르면, 긴급지원 신청은 허가기관에 서면으로 제출해야 한다. 허가 당국은 신청 자료의 타당성을 확인해야 한다. 제c항은 개별 사례를 고려하여 결정 시 추가 요구사항이나 조건을 요구할 수 있다. 제d항은 최대 3,500유로의 긴급지원이 인정된 경우 원칙적으로 긴급지원 승인 당시 관할 당국이 인정한 정보를 지원증명서로 간주한다.

(4) 재난 구호시 연방정부와 주정부의 협력

독일 기본법에는 '안전 예방조치'에 대한 독립적인 개념을 정의하고 있지 아니하며, 이와 관련하여 각 부처를 넘는 권한을 공식화하지 않았다. 직무의 분할과 관련된 국가기관의 다양성은 집중적인 의사소통과 합의된 조정을 요구하며, 연방정부와 주정부는 제도화된 형태와 정치적으로 합의된 기술단위에 기초하여 민간, 비경찰 위험 예방을 포함한 안전보장에 긴밀히 협력한다.[278]

독일의 최고 시민 보호 기관인 연방내무부는 국내 안보의 전반적인 업무뿐만 아니라 민방위라는 횡단적인 업무에서 부서 간 협력을 조정하는 역할을 담당한다. 기술 및 서비스 감독자로서 연방내무부(BMI)는 시민보호에 대한 전략적 정책 목표를 설정하고 하위 당국인 연방시민보호·재난관리청(BBK) 및 연방기술지원단(THW)에 정기적인 부서 간 위기 관리연습(LÜKEX)에 적합한 프로그램 개발을 의뢰한다.

재난상황이 발생하면 연방내무부 내에 위기팀을 구성하여 연방기술지원단(THW)은 물론 필요한 경우 다른 당국으로부터 전문가 자문을 받는다. 코로나19 대유행의 과정에서 연방보건부의 경우와 마찬가지로 일부 연방 부처와 공동위기팀을 구성하기로 합의했다. 국가적 규모의 재난이 발생하거나 주정부의 요청이 있을 경우 연방내무부(BMI)가 이끄는 연방 및 주요 부처간 조정그룹도 연방시민보호·재난관리청(BBK)의 행정 지원을 받아 소집될 수 있다.

독일 시민보호의 중앙전문기관이자 시민보호 및 재난 관리에서 수많은 기관들의 연합에서 최고지휘기관은 연방시민보호·재난관리청(BBK)이다. 연방시민보호·재난관리청(BBK)은 연방기술지원단(THW)과 함께 특히 시민 보호와 재난 구호 분야에서 시민구호 업무를 수행한다. 연방시민보호·재난관리청(BBK)은 시민 보호에 관련된 조직과 기관뿐만 아니라 모든 행정기관 중 연방의 전문기구이다.

연방시민보호·재난관리청(BBK)의 주요 활동 분야는 4개의 전문분야로 구분된다. CBRN(화생방·핵무기) 위험에 대한 보호를 포함한 중요 기반시설 보호를 포함한 위기관리, 재난 구호를 포함한 민방위 연구 및 기술 개발, 기관 자체

278) BBK (Hrsg.), Neue Strategie zum Schutz der Bevölkerung in Deutschland, Bonn 2010.

위기관리 아카데미에서 민방위대에 대한 교육, 훈련 및 지속 교육 등의 업무를 담당한다.

3. 홍수보험제도

(1) 독일 홍수보험 상황

2021년 7월 중순 독일 서부를 강타한 기록적인 폭우로 인해 100명 이상이 사망했으며, 약 70억 유로에 달하는 보험 손실의 발생이 예상된다. 독일보험협회(GDV)에 따르면, 총 70억 유로의 보험 손실 중 65억 유로는 주거용 건물, 가재도구, 사업체 등의 재물 손실액으로, 4억 5천만 유로는 자동차 손실로 인한 것으로 나타났다. 독일 연방정부는 향후 300억 유로의 재건기금을 조성할 예정이다. 해당 기금은 풍수해 위험을 담보하는 보험에 가입하지 않은 가계 및 기업에 대한 재건비용으로 쓰일 예정이라고 한다.[279] 현재 독일에서는 풍수해보험의 가입률이 낮고, 지역마다 극심한 보험 가입률의 차이가 존재한다.

독일 소비자연합의 조사 결과에 의하면, 건물 소유자의 46%만이 풍수해보험에 가입한 것으로 조사되었다.[280] 또한 서독의 바덴－뷔르템베르크 주의 풍수해보험 가입률은 94%에 달하지만, 북독일 연방 주들의 가입률은 30%를 밑돌아, 지역마다 극심한 보험의 가입률 차이를 보인다.[281] 이에 따라 독일 정계 및 보험업계 등은 풍수해보험 의무화에 대한 다양한 의견을 개진하고 있다.[282] 독일 내에서 풍수해보험 의무화에 대한 논의는 2003년, 2015년 두 차례에 걸쳐 무산된 바 있지만, 독일 연방정부는 해당 사안의 중대성을 인식하고, 이에 대해 다시 논의할 수 있다.[283]

독일은 원래 일반주택보험계약에서 홍수·설재·지진 등의 피해는 임의가입의 특약을 통해 보장된다. 홍수보험의 보험료는 4단계 구분으로 산출되며,

279) Tagesschau(2021. 8. 18), “Kabinett beschließt Hochwasser－Fonds”

280) Versicherungsbote(2021. 8. 10), “Elementarversicherung: Verbraucherzentrale fordert Reformen für beza hlbaren Schutz”

281) GDV(2020), “Serviceteil zum Naturgefahrenreport 2020”

282) Tagesschau(2021. 8. 1), Scholz offen für Pflichtversicherung

283) Deutscher Bundestag(2021. 7. 25), “Elementarschadenversicherung: Zur Frage der Einführung einer Versicher ungspflicht”

가장 비싼 하천 연안에서는 비싼 보험료를 이유로 가입할 수 없는 경우도 존재한다. 독일에서는 2002년과 2013년에 막대한 홍수피해가 발생했지만, 홍수보험 가입률은 2002년에 19%, 2012년에 32%에 그쳤다. 독일보험협회(GDV)의 2012년 조사에서는 약 절반의 국민이 자연재해로 피해를 입은 경우에는 연방, 주, 지방자치단체로부터 구제 지원을 받을 수 있다고 생각하는 응답이 있어 가입의 필요성 자체가 충분히 의식되어 있지 않은 상황이라고 한다. 이러한 상황과 관련하여 독일보험협회는 국민 누구나가 자신의 자연재해 리스크를 가깝게 느끼고, 방재 의식과 함께, 보험 가입의 필요성을 이해할 수 있도록 하는 것을 목적으로, 포털 사이트를 개설했다.

홍수 특약의 가입률은 높아지는 경향에 있지만, 정부가 재정 부담의 문제 등으로 강제 가입을 지향하는 경향에 대해 독일보험협회에서는 단순히 포괄 담보로 하는 것은 보험료 지불이 증가해 보험료 상승을 초래한다고 하여 국민의 리스크 인식·방재 의식 향상을 높이면서 임의 가입율을 상승시키는 방안을 고려 중이다.

(2) 독일 홍수보험 및 기타 위험 이전 대책

홍수보험은 민간시장이 표준정책의 보완 보장으로 제공하는 임의보험이다. 홍수보험 안내 캠페인과 국가 보상 변경으로 가입률은 현재 41%에 달하고 있다. 홍수보험은 1991년부터 독일 전역에서 건축물 보험과 재물 보험의 추가담보계약으로 이용할 수 있으며 화재, 누수, 상해, 바람과 우박으로 인한 손실만 보상한다. 이 추가담보계약은 지진, 지반 침하, 눈사태를 포함한 다른 자연재해 리스크와 함께 홍수 리스크를 담보한다. 홍수보험의 추가담보적인 성격은 주택 소유자가 위험에 노출되어 있지 않다고 가정하는 지역에서는 수요가 부족하다. 이는 폭우 때문에 하천 유역 밖에 홍수가 발생하는 경우 특히 문제가 되었다.

독일에서의 홍수보험 의무가입에 관한 논의는 유럽연합의 독점 방지 규제 때문에 이를 포기할 수밖에 없었다. 현재, 바덴-뷔르템베르크 주의 부동산 소유자의 94% 이상이 홍수보험에 가입하고 있다.[284] 한편 구동독 지역 주민의

284) GDV. 2018. Naturgefahrenreport 2018-Die Schaden-Chronik der deutschen Versicherer. https://www.gdv.de/

최대 47%가 여전히 홍수보험 계약을 맺고 있거나 추가 보험에 가입하고 있다.[285] 이 같은 차이는 2002년과 2013년 홍수 이후에 나타났으나 바이에른주의 가입률은 옛 동독지역(작센주: 48%, 2013년 64%, 작센주: 2002년 57%, 2013년 60%)에 비해 현저히 낮은 것으로 나타났다. 2002년 홍수 후 영향을 받은 모든 지역의 가입률[286]은 뮌헨 재보험에 의하면 독일에서는 경제적 손실과 보험 손실 사이에 큰 격차가 있다.

독일에서 홍수보험 논의는 2003년과 2013년 대형 홍수 이후 재점화되었다. 홍수보험 의무가입 도입으로 독일 기본법 개정이 되어야 할 사항으로 법률 제정이 부결되었다. 그럼에도 불구하고 홍수보험 의무가입은 정당성이 있다. 과거에는 특히 홍수 위험에 노출도가 높은 지역에서 적절한 보험이 부족했다. 홍수 위험 노출도가 낮은 지역에서는 위험 인지도가 낮아져 보험 가입에 의한 해결책에 대한 수요도 줄어들었는데, 이는 정부가 민간인과 기업이 입은 손실의 대부분을 떠맡았기 때문이다. 담보 범위를 의무화하기 위한 두 번의 노력이 실패로 돌아간 후, 보험가입률 높이기 위한 몇 가지 다른 조치들이 시행되었으며, 현재는 전국적으로 41%에 머물고 있다.[287]

---

resource/blob/36254/23ad47bd6746bc456849b5cd41f61516/naturgefahrenreport-2018-schaden-chronik-data.pdf

285) GDV. 2018. Versiegelungsstudie: Munchen ist die am starksten versiegelte Großstadt. https://www.gdv.de/de/medien/aktuell/muenchen-ist-die-am-staerksten versiegelte-grossstadt-36418

286) DKKV. 2015. Das Hochwasser im Juni 2013: Bewahrungsprobe für das Hochwasserrisikomanagement in Deutschland. DKKV-Schriftenreihe Nr. 53. https://www.dkkv.org/fileadmin/user_upload/Veroeffentlichungen/Publikationen/DKKV_53_Hochwasser_Juni_2013.pdf

287) GDV. 2018. Naturgefahrenreport 2018- Die Schaden-Chronik der deutschen Versicherer. https://www.gdv.de/resource/blob/36254/23ad47bd6746bc456849b5cd41f61516/naturgefahrenreport-2018-schaden-chronik-data.pdf

제 6 장 외국 법제도로부터 시사점과 우리나라 재난법제

제1절 서

우리나라의 경우 2022년 3월 12일 산림청에 따르면, 울진·삼척 산불은 2022년 3월 4일 오전 11시 17분 울진군 북면 두천리에서 시작하여 당일 삼척으로 번졌고 3월 5일 오전부터 남쪽인 울진 죽변면과 울진읍 방향으로도 퍼졌다. 울진·삼척 산불에 따른 산림 피해는 3월 12일 기준으로 2만 647ha이다.[1] 또한 2022년 9월 5일부터 6일까지 제11호 태풍 '힌남노'가 경남 부근을 관통했다. 태풍으로 인해 폭우와 강풍이 불어왔다. 태풍의 피해로서 실종과 사망 등 인명피해, 침수와 산사태 등이 발생했고, 경북 포항시와 경주시를 특별재난지역으로 선포되었다.[2]

우리나라 재난 대응의 법제도와 관련하여, 국가기관으로서 책임을 지는 주무부서는 행정안전부다. 법 체계 측면에서 기본법으로서 「재난 및 안전관리 기본법」이 존재하고, 자연재난과 관련한 개별법으로 「자연재해대책법」, 「지진·화산재해대책법」, 「재해구호법」, 「급경사지 재해예방에 관한 법률」 등이 있다. 우리나라의 재난 관련 법제도의 문제점은 첫째, 자연재난과 사회재난 간의 구분 실익이나 구분기준의 명확성이 적다. 둘째, 재난에 대한 컨트롤타워로서 행정안전부가 제대로 기능을 수행하지 못한다. 셋째, 재난 복구에 필요한 기금이 부족하다.

1) https://www.yna.co.kr/view/AKR20220312029000053?input=1195m
2) https://www.yna.co.kr/view/AKR20220907178751001?input=1195m

제2절 외국 재난법제로부터 시사점

1. 헌법상 재난 예방과 그 위험으로부터 국민의 안전 보호의무

헌법 제34조 제6항에서는 "국가는 재해를 예방하고 그 위험으로부터 국민을 보호하기 위하여 노력하여야 한다."고 규정하고 있다. 자연재난뿐만 아니라 사회재난 발생으로 인한 위험에 대해 국가는 헌법 제34조 제6항에 근거하여 국민의 안전을 보호해야 할 의무가 있다.[3)]

헌법 제10조 제2문[4)]에 규정하고 있는 입법자의 기본적 인권 확인·보장 의무는 소극적으로 기본권 침해 금지를 부과하는 의무이다. 이 경우 헌법 제37조 제2항에 의거하여 기본권 제한의 법률 제정시 입법자는 신중한 주의를 기울여야 한다.[5)] 반면, 재난의 예방과 재난의 위험으로부터 국민을 보호하기 위한 법률 제정과 같은 기본권 형성적 입법에 있어서도 헌법 제37조 제2항을 준수해야 한다. 입법자가 기본권보장을 위해 필요한 법률 제정을 전혀 하지 않은 경우, 법률 제정에 있어서 준수해야 할 비례성 원칙을 위반한 경우, 법률 제정에 있어서 헌법이 요구하는 정도·수준에 미치지 못한 경우, 이러한 법률은 위헌성이 높게 된다.[6)]

자연재난 발생시 국가의 기본권보호의무는 국가의 침해에 대한 소극적인 금지 청구가 아니라 적극적인 작위를 필요로 하기 때문에, 국가의 침해로부터 국민의 기본권을 보장하는 '방어권' 체계와는 구조상 차이가 있다. 이러한 점에서 국가에 청구하는 안전보호청구권은 국가에 대해 적극적인 보호조치를 요구하는 기본권이라는 특징이 있다.[7)]

---

3) 신현석, "자연재난에 대한 국가의 공법상 보호의무", 헌법논총 제29집, 2018, 493면 이하; 이부하, "위험사회에서 국민의 안전보호의무를 지는 보장국가의 역할", 서울대학교 법학 제56권 제1호, 2015. 3, 147면 이하.

4) 헌법 제10조 제2문 "국가는 개인이 가지는 불가침의 기본적 인권을 확인하고 이를 보장할 의무를 진다."

5) 표명환, "입법자의 기본권보장의무와 의무이행의 심사기준", 토지공법연구 제62권, 2013. 8, 403면.

6) 표명환, 토지공법연구 제62권, 2013. 8, 403면.

7) 신현석, 헌법논총 제29집, 2018, 519면.

2. 재난의 새로운 유형화

미국의 '자연재난'과 관련하여 스태포드 법 제102절 제2항에서, '자연재난'은 허리케인, 토네이도, 태풍, 밀물, 풍해수, 해일, 쓰나미, 지진, 화산폭발, 산사태, 눈보라, 가뭄을 포함한다고 규정하고 있다.

「재난 및 안전관리 기본법」 제1조에는 "각종 재난으로부터 국토를 보존하고 국민의 생명·신체 및 재산을 보호하기 위하여 국가와 지방자치단체의 재난 및 안전관리체제를 확립하고, 재난의 예방·대비·대응·복구와 안전 문화 활동, 그 밖에 재난 및 안전관리에 필요한 사항을 규정"한다고 하고 있다. 동법 제3조 제1호에서 '재난'이란 "국민의 생명·신체·재산과 국가에 피해를 주거나 줄 수 있는 것으로서 다음 각 목의 것(자연재난과 사회재난)을 말한다."고 규정하고 있다. 동법에서는 재난의 유형을 이분화하고 있다. 즉, 재난을 자연재난과 사회재난으로 양분하고 있다.

「재난 및 안전관리 기본법」에 의하면, 자연재난이란 "태풍, 홍수, 호우, 강풍, 풍랑, 해일, 대설, 한파, 낙뢰, 가뭄, 폭염, 지진, 황사, 조류 대발생, 조수, 화산활동, 소행성·유성체 등 자연우주물체의 추락·충돌, 그 밖에 이에 준하는 자연현상으로 인하여 발생하는 재해"로 정의하고, 사회재난이란 "화재·붕괴·폭발·교통사고(항공사고 및 해상사고를 포함한다)·화생방사고·환경오염사고 등으로 인하여 발생하는 대통령령으로 정하는 규모 이상의 피해와 국가핵심기반의 마비, 「감염병의 예방 및 관리에 관한 법률」에 따른 감염병 또는 「가축전염병예방법」에 따른 가축전염병의 확산, 「미세먼지 저감 및 관리에 관한 특별법」에 따른 미세먼지 등으로 인한 피해"라고 정의하고 있다. 그런데 자연재난과 사회재난 양자 간의 구분이 명확한 것은 아니다. 예를 들어, 낙뢰에 의한 산불의 경우는 '자연재난'에 해당하고, 일반 건물에서의 화재는 '사회재난'에 해당한다. 만약 산불에 의한 민간 주거지 건물에 화재가 발생하게 되면 이는 양자 모두에 해당하게 된다. 자연재난과 사회재난 간의 구분은 재난지원금을 되도록 적게 지출하기 위한 하나의 방안일 수도 있다. 자연재난과 사회재난 간의 구분 실익이나 구분기준의 명확성이 매우 적다.

3. 재난에 대한 컨트롤타워

미국에서 재난이 발생한 경우, 자원봉사단체와 비정부기구(NGO)는 연방정부, 주정부, 지방정부, 지역정부, 인디언 부족정부와 협력하여 재난 피해를 입은 지역사회에 재난 지원을 한다. 연방기관이 즉각적인 지원이 아닌 재난 피해를 입은 지역사회가 재난 대응 및 구호와 관련하여 독자적·자발적인 민간 지원조직을 갖추고 있다.[8)]

우리나라 「재난 및 안전관리 기본법」에 의하면, 대규모 재난에 대응하고 복구하는 등 대규모 재난에 관한 사항을 총괄·조정하기 위해 행정안전부에 '중앙재난안전대책본부'를 두고 있다.[9)] 행정안전부는 디지털플랫폼정부, 정부체계 구축, 지방자치분권·지방균형발전, 재난·안전관리, 경찰 관리, 지방규제혁신, 지방공공기관 혁신 등 다양한 업무를 하고 있다. 우리나라 법제도에서는 재난의 대응, 복구, 수습 등에 중앙 국가기관(행정안전부)이 컨트롤타워 역할을 하고 있다. 특히 재난에 대해서는 행정안전부 내에 '중앙재난안전대책본부'가 총책임을 지고 있다. 그런데 중앙대책본부의 본부장은 '행정안전부장관'이다. 중앙대책본부는 재난 발생시에만 운영한다는 의미다. 평상시에는 별다른 조치를 하지 않다가 재난이 발생하면 중앙대책본부가 업무를 총괄하고 필요시에 중앙재난안전대책본부 회의를 소집한다는 것이다. 결국 재난 발생시에 임기응변적 대처다. 현재와 같은 재난 컨트롤타워를 가지고서는 미리 재난을 예방하고 재난 발생시에 효율적이고 적시에 대응과 복구를 할 수 있는 만반의 준비를 갖추지 못하게 된다. 따라서 미국의 연방재난관리청(FEMA)처럼 독자적이고 책임이 부과되는 독립된 '청'을 신설할 필요가 있다. 행정안전부가 다양한 업무 중 하나로 재난 발생시에만 재난 안전관리에 대처하는 임시적인 업무로 생각해서는 안된다. 중앙행정기관으로서 '재난안전처'를 신설하는 것이 재난과 관련하여 체계적이고 책임 있는 재난 지원·복구를 가능하게 할 수 있다.

해당 관할구역에서 발생한 재난을 수습하는 일을 총괄하고 조정하여 필요한 조치를 취하기 위해 지역재난안전대책본부[10)]를 설치·운영하고 있다. 「재난

8) 이상명, "재난안전관리체계의 개선에 관한 법적 고찰", 한양법학 제25권 제4집, 2014. 11, 411면.
9) 「재난 및 안전관리 기본법」 제14조

및 안전관리 기본법」 제12조의2 제3항에서는 지역민관협력위원회의 구성과 운영에 필요한 사항을 해당 지방자치단체의 조례로 정하도록 규정하고 있다. 지역민관협력위원회의 구성과 운영의 조례로 정한다고 하더라도 실제 재난 발생시 재난의 지원, 대응, 복구 등에 민간이 직접 투입이 가능한 것이 아니다.[11] 재난의 지원, 대응, 복구 등과 관련하여 지역민관협력위원회의 구성과 역할에 대한 전반적인 재검토가 필요하다.

우리나라는 재난 발생시 지방자치단체는 인접 지방자치단체와 협력하여 피해 지역사회에 재난 지원을 하는 방안을 모색해야 한다.[12] 2019. 1. 7. 행정안전부예규 제57호로 재난관리자원의 공동활용 기준을 마련하였다. 그러나 행정안전부장관 중심으로 '재난관리자원'의 비축과 관리하도록 규정하고 있다. 실제로 지방자치단체와 인접 지방자치단체 간에 재난원조협정 체결이 원활하게 되어 있지 않아 재난 대응 및 원조 등이 어렵다. 지방자치단체와 인접 지방자치단체 간에 재난원조협정 체결을 유도하여 재난 지원 협력체계를 갖출 필요가 있다.

4. 재난구호기금의 마련

미국에서 재난 발생시 위험 완화를 위해 연방재난관리청(FEMA)은 위험 완화 보조금 프로그램(HMGP), 사전 재난 완화 프로그램(PDM), 홍수 완화 지원 프로그램(FMA) 등 3가지 위험 완화 프로그램을 시행한다. 연방재난관리청(FEMA)은 중대재난이나 비상사태 선포 시에 '위험 완화 보조금 프로그램'(HMGP)을 제공한다. 위험 완화 보조금 프로그램(HMGP)은 일반적으로 주 또는 지역 전반에 걸쳐 완화 및 복원 프로젝트에 기금을 지원한다. 또한 연방재난관리청(FEMA)은 재난구호기금(DRF)을 관리하며, 재난 발생시 재난구호기금에서 연방기관들에게 자금 지출을 한다.

10) 「재난 및 안전관리 기본법」 제16조
11) 이부하, "위험사회에서 국민의 안전보호의무를 지는 보장국가의 역할 – 현행 안전법제의 고찰을 겸하여 –", 서울대학교 법학 제56권 제1호, 2015. 3, 159면.
12) 박효근, "「재난 및 안전관리 기본법」상 재난관리체계에 관한 법정책적 개선방안", 법과 정책연구 제15집 제4호, 2015. 12, 1483면.

우리나라 「재난 및 안전관리 기본법」에서 규정하고 있는 재난지원금은 자연재난에 국한되어, 사망하거나 실종된 사람, 부상을 당한 사람, 주택이나 주생계수단인 농업·어업·임업·소금생산업에 재해를 입은 사람에게만 재난복구 및 이재민 구호를 위해 지원하기 위해 국가나 지방자치단체가 지원하는 금액이다. 피해 보상금이 실질화되어 있지 않으며, 사회재난 중 특별재난지역으로 선포되지 않으면, 국고에서 보조하여 지원되지 않는다. 현행 「재난 및 안전관리 기본법」 제67조 제1항에서 '재난관리기금의 적립'이라는 제목 하에 "지방자치단체는 재난관리에 드는 비용에 충당하기 위하여 매년 재난관리기금을 적립하여야 한다."고 규정하고 있다. 그러나 지방자치단체의 재난관리기금의 적립은 지방자치단체의 재난관리 비용으로 지출되기 때문에 그 금액도 부족하고 피해 보상금 지급을 위해 지출되지도 않는다.

재난관리기금으로 재난관리와 재난 피해 지급에 필요한 비용 충당이 용이한 것이 아니다. 따라서 실질적으로 재난구호금을 재난 피해 주민에게 지급하기 위해서 재난구호기금을 설치하여 운용하는 방안을 적극적으로 고려해야 한다. 재난의 예방, 재난의 대비, 재난의 대응, 재난의 복구 등에 필요한 재원을 조성하여 효율적인 재난의 지원과 보상을 하기 위해 이른바 '재난구호기금법'을 제정할 필요가 있다. 재난의 예방·대비·대응·복구를 위해 당해 회계연도 예산(예비비 또는 추가경정예산)을 활용하고 있는 국가 예산의 현행 문제점을 극복하고 재난 대응 및 복구에 소요되는 재원을 장기적으로 확보하기 위하여 매년 지속적으로 재원을 적립하고 운용할 수 있는 (가칭) 「재난구호기금법」 제정이 필요하다. 즉, 재난의 예방·대비·대응·복구 등을 지원하기 위하여 재난구호기금을 설치하고 재난구호기금의 운용과 관리에 필요한 사항을 규정하기 위하여 「재난구호기금법」을 제정하는 방안을 고려해야 한다. 기금의 재원(財源)은 정부출연금, 정부 외의 자의 출연금, 장기차입금, 「공공자금관리기금법」에 따른 공공자금관리기금으로부터의 예수금, 기금의 운용수익금, 그 밖에 대통령령으로 정하는 수입금으로 할 수 있다.

제 3 절 우리나라 재난 및 안전법제

1. 우리나라의 재난 및 안전법제

(1) 재난 관련 법제

우리나라 재난법제는 기본법으로서 「재난 및 안전관리 기본법」이 있고, 재난의 유형에 따라 자연재난, 사회재난, 해외재난과 관련하여 개별법들이 존재한다. 이러한 개별법들은 체계적이거나 사전의 협의에 의하지도 않고 각 소관 부처별로 그 상황에 따라 입법화된 것이다. 따라서 재난관리법의 체계성도 없고, 통일성도 없다. 개별법 간에 중첩되거나 적용범위가 모호하여 실제에 있어 혼선이 발생할 수 있다.[13)]

「재난 및 안전관리 기본법」에서 규율하고 있는 대상은 '재난'이다. 이는 국민의 생명·신체·재산과 국가에 피해를 주거나 줄 수 있는 것으로서 '자연재난'과 '사회재난'으로 구분된다(제3조 제1호). 그리고 대한민국의 영역 밖에서 대한민국 국민의 생명·신체 및 재산에 피해를 주거나 줄 수 있는 재난으로서 정부차원에서 대처할 필요가 있는 재난인 '해외재난'이 있다(제3조 제2호).

기본법	재난 및 안전관리 기본법	
개별법	자연재난	자연재해대책법, 지진·화산재해대책법, 농어업재해대책법, 재해구조법, 급경사지 재해예방에 관한 법률 등
	사회재난	민방위기본법, 소방기본법, 소방시설 설치·유지 및 안전관리에 관한 법률, 다중이용업소의 안전관리에 관한 특별법 등
	해외재난	해외긴급구호에 관한 법률

13) 전학선, "재난안전관리법제의 문제점 및 개선방안", 외법논집 제38권 제4호, 2014. 11, 84-85면.

「재난 및 안전관리 기본법」 제3조에서 정의하고 있는 '자연재난'이란 "태풍, 홍수, 호우(豪雨), 강풍, 풍랑, 해일(海溢), 대설, 한파, 낙뢰, 가뭄, 폭염, 지진, 황사(黃砂), 조류(藻類) 대발생, 조수(潮水), 화산활동, 「우주개발 진흥법」에 따른 자연우주물체의 추락·충돌, 그 밖에 이에 준하는 자연현상으로 인하여 발생하는 재해"를 말한다. 또한 '사회재난'이란 "화재·붕괴·폭발·교통사고(항공사고 및 해상사고를 포함한다)·화생방사고·환경오염사고·다중운집인파사고 등으로 인하여 발생하는 대통령령으로 정하는 규모 이상의 피해와 국가핵심기반의 마비, 「감염병의 예방 및 관리에 관한 법률」에 따른 감염병 또는 「가축전염병예방법」에 따른 가축전염병의 확산, 「미세먼지 저감 및 관리에 관한 특별법」에 따른 미세먼지, 「우주개발 진흥법」에 따른 인공우주물체의 추락·충돌 등으로 인한 피해"를 말한다.

1) 자연재난 관련 법률

자연재난 관련 법률로는 「자연재해대책법」, 「지진·화산재해대책법」, 「농어업재해대책법」, 「재해구조법」, 「급경사지 재해예방에 관한 법률」, 「우주개발 진흥법」 등이 있다.

2) 사회재난 관련 법률

사회재난 관리를 위한 법률로는 「민방위기본법」, 「해외긴급구호에 관한 법률」, 「수상에서의 수색구조 등에 관한 법률」, 「초고층 및 지하연계 복합건축물 재난관리에 관한 특별법」, 「화학물질관리법」, 「생활화학제품 및 살생물제의 안전관리에 관한 법률」, 「원자력시설 등의 방호 및 방사능 방재대책법」, 「감염병의 예방 및 관리에 관한 법률」, 「가축전염병예방법」, 「미세먼지 저감 및 관리에 관한 특별법」 등 재난의 유형만큼이나 다양한 영역에서 개별 법률들이 존재한다.

(2) 「재난 및 안전관리 기본법」상 재난 관리

재난의 예방·대비·대응 및 복구를 위하여 하는 모든 활동이 '재난관리'이며(제3조 제3호), 재난이나 그 밖의 각종 사고로부터 사람의 생명·신체 및 재산의 안전을 확보하기 위하여 하는 모든 활동이 '안전관리'이다(제3조 제4호). 즉, 재난

안전법상 재난관리는 재난이라는 위험요소를 관리하는 데 중점을 두고 있는 반면, 안전관리는 재난으로 발생할 수 있는 위험요소로부터 사람의 생명과 재산을 보호하는 데 중점을 두고 있는 것으로 구별할 수 있다. 안전관리는 재난관리를 통한 피해의 최소화, 즉 위험(리스크)을 저감시키는 일련의 활동으로 파악할 수 있으므로, 안전관리는 재난관리보다 더 포괄적인 작용이라 할 수 있다.[14)]

「재난 및 안전관리 기본법」상 재난관리 과정은 재난의 예방, 대비, 대응, 복구의 단계로 구분된다.

1) 재난의 예방

재난의 예방(prevention)은 미래에 발생할 가능성이 있는 재난을 사전에 예방하고, 재해 발생의 기회를 줄이며, 피할 수 없는 재해의 피해를 완화하는 활동이다(기본법 제4장). 위험의 예방(prevention)은 위험이 발생하기 전에 위험이 발생할 가능성을 줄이는 활동을 의미하고, 위험의 완화(mitigation)는 위험이 발행했을 때 잠재적 영향력을 감소시키는 활동이다.[15)]

2) 재난의 대비

재난의 대비(preparedness)는 재난에 대한 예방단계의 제반 활동에도 불구하고 재난 발행의 확률이 높아진 경우, 재난발생시 효과적으로 대응할 수 있도록 사전에 대비체제를 갖추는 것이다(기본법 제5장). 이 단계에서는 재난관리를 위하여 필요한 물품, 재산 및 인력 등의 물적·인적자원("재난관리자원")을 비축하거나 지정하는 등 체계적이고 효율적으로 관리하고, 인명을 구조하고 재난피해를 줄이기 위한 대응계획을 수립하며, 응급구조대원 등 최초 대응자에 대한 교육을 진행한다.[16)]

3) 재난의 대응

재난의 대응(response)은 재난이 발생한 경우 신속한 대응활동을 통하여 인명과 재산의 피해를 최소화하고, 재난의 확산을 방지하며, 복구가 원활히 이

---

14) 안동인, "재난 및 안전관리에 대한 법적、행정적 대응체계에 관한 연구", 행정법연구 제71호, 2023. 8, 467면.
15) 안동인, 행정법연구 제71호, 2023. 8, 468면.
16) 안동인, 행정법연구 제71호, 2023. 8, 469면.

루어질 수 있도록 활동하는 단계이다(기본법 제6장). 이 단계에서는 재난사태를 선포하고, 긴급 구호 및 지원을 제공하며, 2차 피해 가능성을 줄이고, 복구 작업에 대한 문제를 최소화하기 위한 조치를 시행한다.[17)]

4) 재난의 복구

재난의 복구(recovery)는 시급한 재난상황이 어느 정도 마무리된 후에 재난 이전의 상태로 회복시키는 활동의 단계이다(기본법 제7장). 이 단계에서는 필수적인 생활지원체계를 최소 운용 수준으로 회복하기 위하여 초기 복구기간 동안 즉각적인 지원을 제공하고, 지역사회가 정상화될 때까지 지속적인 지원을 제공하게 된다.[18)] 특히 '특별재난지역의 선포'가 있다.

(3) 재난안전관리위원회의 업무

1) 중앙의 재난안전관리

재난 및 안전관리에 관하여 국가 차원의 위원회로서 국무총리 소속의 '중앙안전관리위원회'가 있다. 국무총리가 위원장이 되는 중앙안전관리위원회는 ① 재난 및 안전관리에 관한 중요 정책에 관한 사항, ② 국가안전관리기본계획에 관한 사항, ③ 재난 및 안전관리 사업 관련 중기사업계획서, 투자우선순위 의견 및 예산요구서에 관한 사항, ④ 중앙행정기관의 장이 수립·시행하는 계획, 점검·검사, 교육·훈련, 평가 등 재난 및 안전관리업무의 조정에 관한 사항, ⑤ 안전기준관리에 관한 사항, ⑥ 재난사태의 선포에 관한 사항, ⑦ 특별재난지역의 선포에 관한 사항, ⑧ 재난이나 그 밖의 각종 사고가 발생하거나 발생할 우려가 있는 경우 이를 수습하기 위한 관계 기관 간 협력에 관한 중요 사항, ⑨ 중앙행정기관의 장이 시행하는 대통령령으로 정하는 재난 및 사고의 예방사업 추진에 관한 사항, ⑩ 그 밖에 위원장이 회의에 부치는 사항 등을 심의한다(동법 제9조).

중앙위원회에 상정될 안건을 사전에 검토하고 사무를 수행하기 위하여 중앙위원회에 '안전정책조정위원회'(이하 '조정위원회'라 한다)를 두고 있다. 행정안전부장관이 위원장이 되는 안전정책조정위원회는 ① 사전 조정, ② 집행계획

17) 안동인, 행정법연구 제71호, 2023. 8, 469면.
18) 안동인, 행정법연구 제71호, 2023. 8, 469면.

의 심의, ③ 국가기반시설의 지정에 관한 사항의 심의, ④ 재난 및 안전관리기술 종합계획의 심의, ⑤ 그 밖에 중앙위원회가 위임한 사항 등의 사무를 수행한다(동법 제10조).

재난에 관한 예보·경보·통지나 응급조치 및 재난관리를 위한 재난방송이 원활히 수행될 수 있도록 중앙위원회에 '중앙재난방송협의회'를 둘 수 있다. 또한 지역 차원에서 재난에 대한 예보·경보·통지나 응급조치 및 재난방송이 원활히 수행될 수 있도록 지역위원회에 시·도 또는 시·군·구 재난방송협의회(이하 이 조에서 '지역재난방송협의회'라 한다)를 둘 수 있다(동법 제12조).

조정위원회의 위원장은 재난 및 안전관리에 관한 민관 협력관계를 원활히 하기 위하여 중앙안전관리민관협력위원회(이하 '중앙민관협력위원회'라 한다)를 구성·운영할 수 있다(동법 제12조의2). 중앙민관협력위원회의 기능으로는 ① 재난 및 안전관리 민관협력활동에 관한 협의, ② 재난 및 안전관리 민관협력활동 사업의 효율적 운영방안의 협의, ③ 평상시 재난 및 안전관리 위험요소 및 취약시설의 모니터링·제보, ④ 재난 발생 시 인적·물적 자원 동원, 인명구조·피해복구 활동 참여, 피해주민 지원서비스 제공 등에 관한 협의 등이다(동법 제12조의3).

2) 지방의 재난안전관리

지역위원회로서 지역별 재난 및 안전관리에 관한 사항을 심의·조정하기 위하여 특별시장·광역시장·특별자치시장·도지사·특별자치도지사(이하 '시·도지사'라 한다) 소속으로 시·도 안전관리위원회(이하 '시·도위원회'라 한다)를 두고, 시장(「제주특별자치도 설치 및 국제자유도시 조성을 위한 특별법」 제11조제1항에 따른 행정시장을 포함한다)·군수·구청장(자치구의 구청장을 말한다) 소속으로 시·군·구 안전관리위원회(이하 '시·군·구위원회'라 한다)를 둔다. 지역위원회는 ① 해당 지역에 대한 재난 및 안전관리정책에 관한 사항, ② 안전관리계획에 관한 사항, ③ 해당 지역을 관할하는 재난관리책임기관(중앙행정기관과 상급 지방자치단체는 제외한다)이 수행하는 재난 및 안전관리업무의 추진에 관한 사항, ④ 재난이나 그 밖의 각종 사고가 발생하거나 발생할 우려가 있는 경우 이를 수습하기 위한 관계 기관 간 협력에 관한 사항을 심의·조정한다(동법 제11조).

(4) 재난안전대책본부의 업무

재난에 대비하거나 재난이 발생한 경우 이에 대한 구체적인 집행을 위하여 중앙과 지방에 재난안전대책본부를 두도록 하고 있다.

1) 중앙재난안전대책본부

대통령령으로 정하는 대규모 재난(이하 '대규모재난'이라 한다)의 대응·복구(이하 '수습'이라 한다) 등에 관한 사항을 총괄·조정하고 필요한 조치를 하기 위하여 행정안전부에 중앙재난안전대책본부(이하 '중앙대책본부'라 한다)를 둔다(동법 제14조 제1항). 중앙대책본부의 본부장(이하 '중앙대책본부장'이라 한다)은 행정안전부장관이 되며, 중앙대책본부장은 중앙대책본부의 업무를 총괄하고 필요하다고 인정하면 중앙재난안전대책본부회의를 소집할 수 있다(동법 제14조 제3항).

2) 중앙사고수습본부

재난관리주관기관의 장은 재난이 발생하거나 발생할 우려가 있는 경우에는 재난상황을 효율적으로 관리하고 재난을 수습하기 위한 '중앙사고수습본부'(이하 '수습본부'라 한다)를 신속하게 설치·운영하여야 한다(동법 제15조의2 제1항). 수습본부의 장(이하 '수습본부장'이라 한다)은 해당 재난관리주관기관의 장이 된다(동법 제15조의2 제2항). 수습본부장은 재난정보의 수집·전파, 상황관리, 재난발생 시 초동조치 및 지휘 등을 위한 수습본부상황실을 설치·운영하여야 한다. 이 경우 재난안전상황실과 인력, 장비, 시설 등을 통합·운영할 수 있다(동법 제15조의2 제3항). 수습본부장은 재난을 수습하기 위하여 필요하면 관계 재난관리책임기관의 장에게 행정상 및 재정상의 조치, 소속 직원의 파견, 그 밖에 필요한 지원을 요청할 수 있다. 이 경우 요청을 받은 관계 재난관리책임기관의 장은 특별한 사유가 없으면 요청에 따라야 한다(동법 제15조의2 제4항).

3) 지역재난안전대책본부

해당 관할 구역에서 재난의 수습 등에 관한 사항을 총괄·조정하고 필요한 조치를 하기 위하여 시·도지사는 시·도재난안전대책본부(이하 '시·도대책본부'라 한다)를 두고, 시장·군수·구청장은 시·군·구재난안전대책본부(이하 '시·군·구대책본부'라 한다)를 둔다(동법 제16조 제1항). 시·도대책본부 또는 시·군·구대책본부(이하 '지역대책본부'라 한다)의 본부장(이하 '지역대책본부장'이라 한다)은 시·도지사 또는 시장·군수·구청장이 되며, 지역대책본부장은 지역대책본부의 업무를 총괄하고 필요하다고 인정하면 대통령령으로 정하는 바에 따라 지역재난안전대책본부 회의를 소집할 수 있다(동법 제16조 제2항). 시·군·구대책본부의 장은 재난현장의 총괄·조정 및 지원을 위하여 재난현장 통합지원본부(이하 '통합지원본부'라 한다)를 설치·운영할 수 있다. 이 경우 통합지원본부의 장은 긴급구조에 대해서는 제52조에 따른 시·군·구 긴급구조통제단장의 현장지휘에 협력하여야 한다(동법 제16조 제3항).

(5) 재난관리체계

국가재난안전관리 분야에서 현장대응업무는 크게 직접대응업무, 대응지원업무, 현장지휘자 보좌업무로 나뉜다. 그런데 자연재해 등 재난대응 현장지휘체계에 있어서 '재난대응현장대응체계'와 '긴급구조관련 현장대응체계' 간 차이로 혼란스럽다.[19] 「재난 및 안전관리 기본법」 제51조에 의해 지역통제단장은 재난이 발생하면 소속 긴급구조요원을 재난현장에 신속히 출동시켜 필요한 긴급구조활동을 하게 한다. 즉, 현장지휘는 '긴급구조활동'에 국한된다.

「긴급구조대응활동 및 현장지휘에 관한 규칙」 제9조 제2항에서 "'행정안전부령으로 정하는 표준현장지휘체계'란 긴급구조기관 및 긴급구조지원기관이 체계적인 현장대응과 상호협조체제를 유지하기 위하여 공통으로 사용하는 표준지휘조직구조, 표준용어 및 재난현장 표준작전절차를 말한다."고 규정하고 있다. 긴급구조통제와 관련하여, 소방청·소방본부 및 소방서는 긴급구조기관이지만, 긴급구조대응활동은 재난발생시 긴급구조활동 이외의 모든 대응업무까지 포함하는 것을 의미한다. 긴급구조대응활동의 모든 업무(구제역으로 인한 살처분, 응급복구, 급수, 배수 등)를 소방기관이 현장지휘를 해야 하는 것은 아니다. 표준현장지휘체계에서는 긴급구조통제단장이 현장지휘관이 되도록 규정하고 있어 긴급구조활동을 수행할 필요가 없는 다른 대응업무(긴급구조대응활동)를 수행하는 재난현장에서는 적용할 수 없는 현장지휘체계이다.[20]

---

19) 안영훈, "범정부적 국가재난안전관리체계 개선방안", 『국가통합재난관리시스템 구축 및 운영방안』, 국회입법조사처 정책토론회, 2013. 6, 29면.

2. 우리나라 재난 구호와 지원 법제도

(1) 재난 관련 법령 개요

헌법 제34조 제6항에서는 "국가는 재해를 예방하고 그 위험으로부터 국민을 보호하기 위하여 노력하여야 한다."고 규정하고 있다. 이 헌법조항은 재해예방과 재난 위험 방지 의무를 국가에게 부여하고 있다. 이 헌법조항에 근거하여 2004년 3월 11일 「재난 및 안전관리 기본법」이 제정되고 2004년 6월 1일 시행되게 되었다(법률 제7188호).

[그림] 재해 및 재난 관련 법령 체계

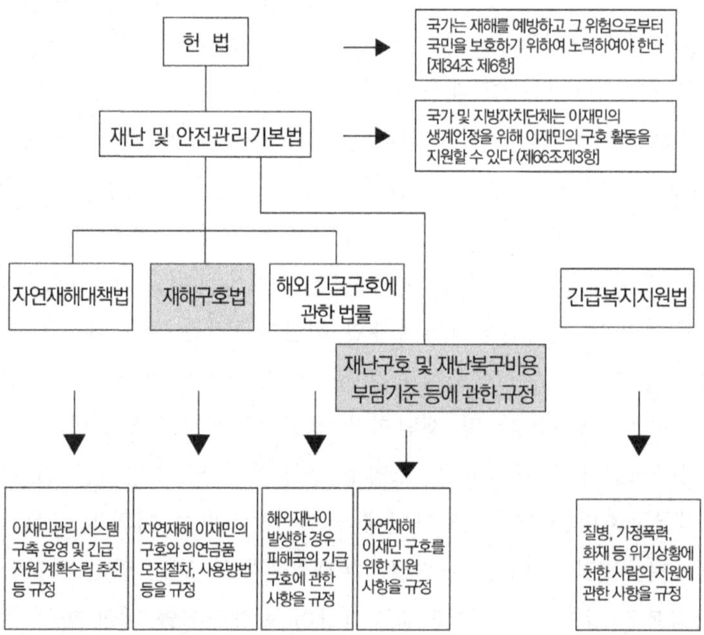

「재난 및 안전관리 기본법」 제66조에 의거하여 자연재난의 복구에 필요한 비용의 전부 또는 일부를 국고에서 부담하거나 보조하기 위해 필요한 사항을

20) 전학선, "재난안전관리법제의 문제점 및 개선방안", 외법논집 제38권 제4호, 2014. 11, 89면.

「자연재난 구호 및 복구 비용 부담기준 등에 관한 규정」에 규율하도록 위임하고 있다. 또한 화재·붕괴·폭발·교통사고(항공사고 및 해상사고를 포함한다)·화생방사고·환경오염사고 등으로 인하여 발생하는 대통령령으로 정하는 규모 이상의 피해와 국가핵심기반의 마비, 「감염병의 예방 및 관리에 관한 법률」에 따른 감염병 또는 「가축전염병예방법」에 따른 가축전염병의 확산, 「미세먼지 저감 및 관리에 관한 특별법」에 따른 미세먼지 등으로 인한 피해 등 '사회재난'에 대해서는 「사회재난 구호 및 복구 비용 부담기준 등에 관한 규정」이 제정되어 있다.

우리나라 재난 지원 및 구호 제도는 자연재해 중심으로 설계되어 있다. 「재난 및 안전관리 기본법」에서 국가와 지방자치단체의 이재민 구호 활동을 포괄적으로 규정하고 있다. 구체적으로 복구와 구호 활동을 규정하고 있는 「자연재해대책법」, 「재해구호법」, 「재난구호 및 재난복구비용 부담기준 등에 관한 규정」은 대부분 자연재해에만 적용된다.

「자연재해대책법」은 태풍, 홍수 등 자연현상으로 인한 재난으로부터 국토를 보존하고 국민의 생명·신체 및 재산과 주요 기간시설(基幹施設)을 보호하기 위하여 자연재해의 예방·복구 및 그 밖의 대책에 관하여 필요한 사항을 규정함을 목적으로 하고 있다.[21] 또한 「재해구호법」은 이재민(罹災民)의 구호와 의연금품(義捐金品)의 모집절차 및 사용방법 등에 관하여 필요한 사항을 규정함으로써 이재민 보호와 그 생활안정에 이바지함을 목적으로 하고 있다.[22] 「해외긴급구호에 관한 법률」은 해외재난이 발생한 경우 피해국에 대한 긴급구호대의 파견, 긴급구호물품의 지원, 임시 재해복구의 지원 등 해외긴급구호에 필요한 사항을 규정함으로써 해외재난 지역에서의 신속한 인명구조와 재난구호에 기여하는 것을 목적으로 하고 있다.[23]

「긴급복지지원법」은 화재 또는 자연재해 등으로 인하여 거주하는 주택 또는 건물에서 생활하기 곤란하게 된 경우 도움이 필요한 사람을 신속하게 지원함으로써 이들이 위기상황에서 벗어나 건강하고 인간다운 생활을 하게 함을 목적으로 하고 있다.[24]

21) 「자연재해대책법」 제1조
22) 「재해구호법」 제1조
23) 「해외긴급구호에 관한 법률」 제1조
24) 「긴급복지지원법」 제1조

「재난 및 안전관리 기본법」 제66조에 의거하여 제정된 「자연재난 구호 및 복구 비용 부담기준 등에 관한 규정」은 재난복구사업의 재원 등에 대한 국가 및 지방자치단체의 부담금과 재난지원금의 부담기준에 관하여 필요한 사항을 규정함을 목적으로 하고 있다. 또한 「재난 및 안전관리 기본법」 제66조 제1항부터 제4항까지에 따라 사회재난으로 피해를 입은 지역의 구호 및 복구 사업에 드는 비용에 대하여 국가가 부담하거나 보조하는 기준 등을 규정함을 목적으로 하여 「사회재난 구호 및 복구 비용 부담기준 등에 관한 규정」이 제정되어 있다. 「자연재난 구호 및 복구 비용 부담기준 등에 관한 규정」은 「재난 및 안전관리 기본법」 제66조에 따라 재난복구사업의 재원 등에 대한 국가 및 지방자치단체의 부담금과 재난지원금의 부담기준에 관하여 필요한 사항을 규정함을 목적으로 하고 있다.[25)]

부산광역시의 경우, 조례 제정을 통해 「재난복구 비용등에 대한 부담기준」을 두고 있다. 이에는 ① 이재민의 구호를 위한 지원(구호금, 응급구호, 장기구호, 생계지원, 고등학생 학자금(수업료) 면제), ② 재난복구사업을 위한 지원(주택복구, 농경지(염전을 포함) 복구, 농림시설·농작물 및 산림작물 복구, 축산물 증식시설의 복구와 가축 등의 입식, 어선과 어망·어구의 복구, 수산물 증식·양식시설의 복구와 수산생물의 입식, 공공시설의 복구), ③ 그 밖의 재난대책을 위하여 필요한 지원(가뭄대책, 손실보상금(법 제64조 제1항), 특별재난지역의 응급복구(법 제61조), 쓰레기 등의 처리비용을 규정하고 있다.

(2) 재난에 대한 피해 보상 및 복구

「자연재해대책법」은 태풍, 홍수 등 자연현상으로 인한 재난이 발생한 경우, 자연재해의 예방·복구 및 그 밖의 대책에 관한 사항을 규정하고 있다. 「재해구호법」은 이재민(罹災民)의 구호와 의연금품(義捐金品)의 모집절차 및 사용방법 등에 관한 사항을 규정하고 있다. 「자연재난 구호 및 복구 비용 부담기준 등에 관한 규정」은 자연재난 복구사업의 재원 등에 대한 국가 및 지방자치단체의 부담금과 재난지원금의 부담기준에 관하여 필요한 사항을 규정하고 있다. 「긴급복지지원법」은 화재 또는 자연재해 등으로 인하여 거주하는 주택 또

25) 「자연재난 구호 및 복구 비용 부담기준 등에 관한 규정」 제1조

는 건물에서 생활하기 곤란하게 된 경우, 도움이 필요한 사람을 신속하게 지원하기 위한 사항을 규정하고 있다. 이처럼 대부분의 재난 관련 법령은 자연재난의 대책, 구호, 지원 등과 관련하여 규정하고 있다.

사회재난에 대한 구호 및 복구 비용 부담기준과 관련하여 대통령령으로서 「사회재난 구호 및 복구 비용 부담기준 등에 관한 규정」이 있을 뿐이다. '사회재난'은 화재·붕괴·폭발·교통사고(항공사고 및 해상사고를 포함한다)·화생방사고·환경오염사고 등으로 인하여 발생하는 대통령령으로 정하는 규모 이상의 피해와 국가핵심기반의 마비, 「감염병의 예방 및 관리에 관한 법률」에 따른 감염병 또는 「가축전염병예방법」에 따른 가축전염병의 확산, 「미세먼지 저감 및 관리에 관한 특별법」에 따른 미세먼지 등으로 인한 피해를 말한다.[26] 사회재난의 경우에는 자연재난과 달리 재난의 원인제공자가 존재하기 때문에 재난으로 피해를 유발한 원인자가 피해를 배상 혹은 보상하는 것이 원칙이다. 사회재난을 유발하는 사람에게 과태료를 부과하기도 한다.[27] 사회재난으로 손실을 입은 자에게 보상금을 지급하기도 한다.[28]

사회재난 중 「재난 및 안전관리 기본법」 제60조 제2항에 따라 특별재난지역으로 선포된 지역의 재난에 대해서는 대통령령으로 정하는 바에 따라 그 비용(제65조 제1항에 따른 보상금을 포함한다)의 전부 또는 일부를 국고에서 부담하거나 지방자치단체, 그 밖의 재난관리책임자에게 보조할 수 있다.[29] 다만, 사회재난으로서 「재난 및 안전관리 기본법」 제60조 제2항에 따라 특별재난지역으로 선포되지 아니한 지역의 재난에 대해서는 해당 지방자치단체의 조례로 정하고 있다.[30]

26) 「재난 및 안전관리 기본법」 제3조 1호 나목.
27) 「미세먼지 저감 및 관리에 관한 특별법」 제31조
28) 「가축전염병 예방법」 제48조 제1항
29) 「재난 및 안전관리 기본법」 제66조 제1항 2호.
30) 「재난 및 안전관리 기본법」 제66조 제4항.

[표] 사회재난 피해에 대한 생활안정지원

지원 항목	지원 대상	조건
구호금 지원	사망자 및 실종자의 유족과 일상생활에 지장을 줄 정도의 부상을 당한 사람에 대한 구호	
생계비 지원	해당 가구 구성원에 대한 생계비 지원	가구구성원 중 소득이 가장 많은 사람이 사망·실종 또는 부상을 당하여 소득을 상실한 경우
	농업·어업·임업 및 소금생산업에 피해를 입은 경우	
주거비 지원	주거비 지원	1) 주택이 파손되거나 유실된 사람 2) 사회재난으로 피해가 예상되어 주거하던 곳에서 주거가 불가능하게 된 사람 3) 재난 수습을 위하여 주된 거주지에서 이주하게 된 사람
주거비 지원	주택이 파손되거나 유실된 사람 또는 주된 거주지에서 생활할 수 없게 된 사람에 대한 구호	
수업료 면제	고등학생의 수업료 면제	
시설 피해 지원	농업·어업·임업 및 소금생산업에 사용되는 사유시설에 피해를 입은 사람에 대한 지원	1) 농경지 및 염전 복구 2) 농림시설·농작물 및 산림작물의 복구 3) 축산물 증식시설의 복구와 가축 등의 입식(시설에 새로운 가축 등을 들여놓는 것을 말한다. 이하 같다) 4) 어선과 어망·어구의 복구 5) 수산물의 증식 및 양식 시설의 복구와 수산생물의 입식

주: 「사회재난 구호 및 복구 비용 부담기준 등에 관한 규정」 제3조를 기초로 작성함

(3) 재난 피해 지원

재난 피해 지원 방식을 살펴보면, 자연재난과 사회재난에 따라 상이한 지원제도가 마련되어 있다. 먼저 자연재난의 경우, 직접지원에는 재난지원금, 이재민 구호, 의연금품 등이 있으며, 간접지원에는 연금보험료 납부유예, 복구자금 융자 및 공과금 감면 등이 있다. 재난보험에는 풍수해보험, 농작물·가축재해보험, 양식수산물재해보험과 어선원·어선보험이 있다. 사회재난의 경우, 직접지원에는 생활안정지원, 이재민 구호, 기부금 등이 있으며, 간접지원에는 연금보험료 납부유예, 복구자금 융자 및 공과금 감면 등이 있다. 재난보험에는 재난배상책임보험이 있다.

[표] 재난 피해 지원 방식

구 분	자연재난	사회재난	재원
직접지원	재난지원금	생활안정지원	국비·지방비
	이재민 구호	이재민 구호	
	의연금품	기부금	민간(국민성금)
간접지원	국세·지방세, 건강보험료·연금보험료, 통신요금, 전기요금 등의 경감 또는 납부유예		
재난보험	풍수해보험 등	재난배상책임보험	국비·지방비 보조

注: 「자연재난 구호 및 복구 비용 부담기준 등에 관한 규정」과 「사회재난 구호 및 복구 비용 부담기준 등에 관한 규정」을 기초로 작성함

1) 직접지원

직접지원은 국가 또는 지방자치단체, 관련 민간단체가 이재민과 사유시설 피해를 입은 자에게 관련 법률, 시행령, 시행규칙 등에 의거하여 일정 금액, 물품 등을 지급하는 것을 말한다. 자연재난이 발생한 경우, 재난지원금, 이재민 구호, 의연금 지급은 재난 피해에 대한 직접지원에 해당한다.

재난지원금은 「재난 및 안전관리 기본법」 제66조 및 「자연재난 구호 및 복구 비용 부담기준 등에 관한 규정」에 근거하여 이재민 구호와 사유시설 피

해 복구를 위하여 국가나 지방자치단체가 부담하거나 보조해 주는 금액을 말한다. 우리나라의 재난지원금은 실제 피해에 대한 보상에 중점이 있는 것이 아니라, 재난 발생에 따른 기본적 생활을 유지하는데 필요한 최소한의 금액을 지원하는 것이다.

이재민 구호를 위한 지원으로는 ① 사망자 및 실종자의 유족과 일상생활에 지장을 줄 정도의 부상을 당한 사람에 대한 구호, ② 주택이 소파(小破, 지진피해에 의한 파손에 한정한다)·반파(半破)·전파(全破)되어 사용이 불가능하거나 침수·유실된 사람의 생계안정을 위한 구호비 지원과 주택이 반파·전파·유실된 피해를 입은 세대(세입자를 포함한다)에 속한 고등학생의 학자금 면제, ③ 주생계 수단인 농업·어업·임업·소금생산업에 재해를 입은 사람의 생계안정을 위한 생계 지원과 고등학생의 학자금 면제, 자금의 융자, 보증, 상환기한의 연기, 그 이자의 감면 등 관계 법령에서 정하는 금융지원, ④ 관계 법령 등에서 정하는 바에 따라 국세·지방세, 건강보험료·연금보험료, 통신요금, 전기요금 및 도시가스요금 등의 경감 또는 납부유예 등의 간접지원이 있다.

의연금품은 이재민이나 일시대피자 등을 지원하기 위하여 국민들이 내는 기부금품이다. 의연금품은 「기부금품의 모집 및 사용에 관한 법률」 제2조 제1호에 따른 기부금품 중 「재난 및 안전관리 기본법」 제3조 제1호 가목에 따른 자연재난으로 인한 피해의 구호를 위하여 반대급부 없이 취득하는 금전 또는 물품을 말한다. 자연재난으로 생명, 신체, 주거 또는 생계 등에 피해를 입은 사람 및 그 유족·세대를 위로하기 위하여 의연금에서 지급되는 금전을 '구호금'이라 한다.

모집자는 의연금품의 모집을 마친 후 7일 이내에 모집된 의연금품의 목록을 행정안전부장관에게 제출하여야 한다. 모집자는 모집비용을 제외한 의연금을 배분위원회가 의연금 배분을 위하여 개설한 계좌에 즉시 납입하여야 한다. 의연금품의 배분 및 사용 등에 관하여는 의연금은 배분위원회의 심의·의결을 거쳐 배분하여야 하며, 의연물품은 모집자가 모집목적에 따라 해당 지역구호센터에 전달하여 배분하여야 한다.[31] 의연금은 대통령령으로 정하는 바에 따

31) 「재해구호법」 제26조 제1항, 제2항, 제3항

라 전국재해구호협회의 운영 비용으로 사용할 수 있다.[32] 납입된 의연금은 ① 구호금의 지급, ② 생계 및 생활안정에 필요한 장비·용품의 지원, ③ 임시 주거시설의 지원, ④ 그 밖에 행정안전부장관이 필요하다고 인정하는 사업에 사용할 수 있다.[33]

사회재난의 경우에는 「사회재난 구호 및 복구 비용 부담기준 등에 관한 규정」에 의거하여 국가가 생활안정지원[34]으로 다음의 구호 및 복구 사업에 드는 비용의 전부 또는 일부를 국고에서 부담하거나 지방자치단체 등에 보조한다. ① 사망자 및 실종자의 유족과 일상생활에 지장을 줄 정도의 부상을 당한 사람에 대한 구호, ② 다음의 어느 하나에 해당하는 경우 해당 가구 구성원에 대한 생계비 지원(ⓐ 가구구성원 중 소득이 가장 많은 사람이 사망·실종 또는 부상을 당하여 소득을 상실한 경우, ⓑ 농업·어업·임업 및 소금생산업에 피해를 입은 경우), ③ 다음의 어느 하나에 해당하는 사람에 대한 주거비 지원(ⓐ 주택이 파손되거나 유실된 사람, ⓑ 사회재난으로 피해가 예상되어 주거하던 곳에서 주거가 불가능하게 된 사람, ⓒ 재난 수습을 위하여 주된 거주지에서 이주하게 된 사람), ④ 주택이 파손되거나 유실된 사람 또는 주된 거주지에서 생활할 수 없게 된 사람에 대한 구호, ⑤ 고등학생의 수업료 면제[35]

국가 또는 구호(「재난 및 안전관리 기본법」 제3조 제1호 나목에 따른 사회재난으로 인한 피해의 구호에 한정한다)에 필요한 비용을 부담한 구호기관은 해당 구호의 원인이 되는 사회재난에 대하여 그 원인을 제공한 자가 따로 있는 경우에는 대통령령으로 정하는 바에 따라 그 원인제공자에게 구호기관이 부담한 비용의 전부 또는 일부를 청구할 수 있다.[36]

2) 간접지원

간접지원이란 재난으로 피해를 입은 사람들의 생활안정을 위하여 국세·지방세, 건강보험료·연금보험료, 통신요금, 전기요금 등의 경감 또는 납부유예 등의 지원을 말한다.[37] 자연재난의 경우, 「자연재난 구호 및 복구 비용 부담기

32) 「재해구호법」 제26조 제5항
33) 「재해구호법」 제26조 제4항
34) 사회재난으로 피해를 입은 자의 생활안정을 위한 구호 및 지원
35) 「사회재난 구호 및 복구 비용 부담기준 등에 관한 규정」 제3조 제1항 1호
36) 「재해구호법」 제13조 제3항

준 등에 관한 규정」 제4조 제1항 제1호 마목에 따른 간접지원에는 "관계 법령 등에서 정하는 바에 따라 국세·지방세, 건강보험료·연금보험료, 통신요금, 전기요금 및 도시가스요금 등의 경감 또는 납부유예 등"이 있다.[38)]

시장·군수·구청장은 피해 신고를 받은 경우에는 피해사실을 확인한 후 피해사실이 인정되면 그 정보를 ① 중앙행정기관, ②「중소기업진흥에 관한 법률」에 따른 중소벤처기업진흥공단, ③「기술보증기금법」에 따른 기술보증기금, ④「신용보증기금법」에 따른 신용보증기금, ⑤「지역신용보증재단법」에 따른 신용보증재단, ⑥「농업협동조합법」에 따른 농업협동조합·축산업협동조합, 「수산업협동조합법」에 따른 수산업협동조합, 「산림조합법」에 따른 산림조합, ⑦「국민건강보험법」에 따른 국민건강보험공단, ⑧「국민연금법」에 따른 국민연금공단, ⑨「전기통신사업법」에 따른 전기통신사업자, ⑩「한국전력공사법」에 따른 한국전력공사, ⑪「도시가스사업법」에 따른 가스도매사업자·일반도시가스사업자, ⑫ 그 밖에 간접 지원을 위하여 필요하다고 인정되는 기관 등 간접 지원 실시기관에 제공할 수 있다.[39)]

사회재난 시에는「사회재난 구호 및 복구 비용 부담기준 등에 관한 규정」 제3조 제1항 2호에 따라, 재난피해자에게 ① 농업인·어업인·임업인 및 소금생산업인에 대한 자금 융자, ② 농업·어업·임업 및 소금생산업 자금의 상환기한 연기 및 그 이자의 감면, ③ 중소기업 및 소상공인에 대한 자금 융자, ④ 주택복구자금의 융자, ⑤ 국세·지방세, 건강보험료·연금보험료, 통신요금 또는 전기요금 등의 경감 또는 납부유예 등 간접지원을 한다.[40)]

3) 재난보험

재난지원금은 자연재난에 의해 피해를 입은 주민의 생계안정을 위한 구호금이다. 피해 주민들은 기대한 것보다 적은 재난지원금에 불만이 있고, 재난지원금 지급액은 계속적으로 증가하여 국가재정에 큰 부담이 되고 있다. 정부는 자연재난에 대한 위험 대비를 위해 보험시장 활성화를 위해 재난보험을 도입

37)「재난 및 안전관리 기본법」 제66조 제3항 6호
38)「자연재난 구호 및 복구 비용 부담기준 등에 관한 규정」 제4조 제1항 제1호 마목
39)「자연재난 구호 및 복구 비용 부담기준 등에 관한 규정」 제6조 제2항
40)「사회재난 구호 및 복구 비용 부담기준 등에 관한 규정」 제3조 제1항 2호

하였다. 2021년 현재 재난보험에는 풍수해보험, 농작물·가축재해보험, 양식수산물재해보험과 어선원·어선보험이 있다.

「재난 및 안전관리 기본법」 제76조 제1항[41]에 따라 음식점 등 시설의 화재, 폭발, 붕괴 등 재난이나 각종 사고에 대비할 수 있도록 재난안전 관련 보험에 의무가입하도록 하고 있다. 「재난 및 안전관리 기본법」 제76조의5 제2항에서는 「시설물의 안전 및 유지관리에 관한 특별법」 제2조에 따른 시설물과 그 밖에 재난이 발생할 경우 타인에게 중대한 피해를 입힐 우려가 있는 시설 중 대통령령으로 정하는 시설을 소유·관리 또는 점유하는 자는 해당 시설에서 발생하는 화재, 붕괴, 폭발 등으로 인한 타인의 생명·신체나 재산상의 손해를 보상하기 위하여 보험 또는 공제에 가입하여야 한다고 규정하고 있다.

재난배상책임보험은 보험가입자의 과실이 없는 경우에도 피해자가 입은 손해를 보상한다. 또한 재난배상책임보험의 무과실 책임주의에 따라 피해자에 대한 신속하고 실질적인 구제가 용이하다. 보상한도와 관련하여 인명피해에 대해서는 1인당 최대 1억 5천만원, 재산피해에 대해서는 사고당 최대 10억원의 한도 내에서 보상한다.

[표] 재난안전의무보험의 보상 한도

담보	보상 한도	
대인	사망의 경우	1명당 1억 5천만원 이상
	부상의 경우	1명당 3천만원 이상
	후유장애 *	1명당 1억 5천만원 이상

주: * 부상에 대한 치료를 마친 후 더 이상의 치료효과를 기대할 수 없고 그 증상이 고정된 상태에서 그 부상이 원인이 되는 신체적 장해가 생긴 경우

「풍수해보험법」은 「자연재해대책법」 제2조 제2호에 따른 자연재해 중 태풍·홍수·호우(豪雨)·강풍·풍랑·해일(海溢)·대설·지진(지진해일을 포함한다)으

41) 「재난 및 안전관리 기본법」 제76조 제1항 "국가는 국민과 지방자치단체가 자기의 책임과 노력으로 재난이나 그 밖의 각종 사고에 대비할 수 있도록 재난안전 관련 보험 또는 공제를 개발·보급하기 위하여 노력하여야 한다."

로 발생하는 재해로 발생하는 재산 피해에 따른 손해를 보상하기 위한 보험을 말한다.[42] 풍수해보험이 담보할 수 있는 보험의 목적물("보험목적물")은 ①「건축법」 제2조 제1항 제2호에 따른 건축물, ②「소상공인기본법」 제2조에 따른 소상공인이 운영하는 사업장의 건축물과 시설물, ③ 그 밖에 피해의 가능성과 보험의 효용성 등을 종합적으로 고려하여 대통령령으로 정하는 시설물 및 그에 부수 또는 포함되는 동산으로 한다.[43] 풍수해보험사업의 보험기간은 1년을 기본 단위로 한다. 다만, 보험목적물의 설치 목적·구조 등을 고려하여 대통령령으로 정하는 바에 따라 보험목적물별로 다르게 정할 수 있다.[44]

「농어업재해보험법」은 농작물·임산물·가축 및 농업용 시설물에 발생하는 자연재해·병충해·조수해(鳥獸害)·질병 또는 화재("농업재해")와 양식수산물 및 어업용 시설물에 발생하는 자연재해·질병 또는 화재로 발생하는 재산 피해에 따른 손해를 보상하기 위한 보험을 말한다.[45] 농어업재해보험의 종류는 농작물재해보험, 임산물재해보험, 가축재해보험 및 양식수산물재해보험이 있다. 이 중 농작물재해보험, 임산물재해보험 및 가축재해보험과 관련된 사항은 농림축산식품부장관이, 양식수산물재해보험과 관련된 사항은 해양수산부장관이 각각 관장한다.[46]

보험목적물은 농작물재해보험의 경우 농작물 및 농업용 시설물, 임산물재해보험의 경우 임산물 및 임업용 시설물, 가축재해보험의 경우 가축 및 축산시설물, 양식수산물재해보험의 경우 양식수산물 및 양식시설물이며, 그 구체적인 범위는 보험의 효용성 및 보험 실시 가능성 등을 종합적으로 고려하여 농업재해보험심의회 또는 어업재해보험심의회를 거쳐 농림축산식품부장관 또는 해양수산부장관이 고시한다.[47]

(4) 소결

자연재난의 경우 지급되는 재난지원금은 자연재난으로 인해 사망하거나

42)「풍수해보험법」 제2조 제1호 및 제2호
43)「풍수해보험법」 제4조
44)「풍수해보험법」 제9조
45)「농어업재해보험법」 제2조 제1호 및 제2호
46)「농어업재해보험법」 제4조
47)「농어업재해보험법」 제5조

실종된 사람, 부상을 당한 사람, 주택이나 주생계수단인 농업·어업·임업·소금 생산업에 재해를 입은 사람에 국한하여 재난복구와 이재민 구호를 위해 국가 또는 지방자치단체가 지원하는 금액으로 지급대상이 한정적이다. 실제 재난 피해를 입은 사람과 지역에 실효적인 구호나 복구를 하기에 상당히 부족한 자금 지원이다.

현재 우리나라 법제도는 재난 피해에 대한 사후적인 국고 보조에 치중하고 있다. 재난에 대한 전반적인 피해 보상과 지원 체계에 대한 고찰이 부족한 상황이다. 행정안전부장관이 대통령령으로 정하는 재난이 발생하거나 발생할 우려가 있는 경우 사람의 생명·신체 및 재산에 미치는 중대한 영향이나 피해를 줄이기 위하여 긴급한 조치가 필요하다고 인정하면 중앙위원회의 심의를 거쳐 재난사태를 선포할 수 있도록 규정하고 있다.[48] 이에 따르면, 중앙위원회의 심의를 거치지만 행정안전부장관의 자체 판단에 따라 재난사태 선포 여부를 결정할 수 있다. 미국과 같이 재난 선포에 대한 연방·주·부족 합동 사전피해평가(PDA)를 한 후, 주지사 또는 인디언 부족 최고책임자가 연방재난관리청(FEMA) 지역사무소를 통해 대통령에게 비상사태·중대재난 선포를 요청한다.

현행 우리나라 제도와 같은 탑다운(Top-down) 방식보다는 미국처럼 바텀업(Bottom-up) 방식으로 재난 선포 방식을 전환할 필요가 있다. 재난피해 보상과 재난 지원 체계의 개선방안을 도출하기 위해 주요 해외 사례를 연구할 필요가 있다.

3. 재난지원금 지원

(1) 재난지원금의 필요성

재난지원금은 자연재난 발생시 재해 피해를 입은 사람에게 최소한의 국가나 지방자치단체가 지원하는 금액이다. 이러한 재난지원금은 재난 위기에 대응하여 재해 피해자와 이재민 구호를 위한 지원금이다. 구체적으로 자연재난으로 인하여 사망하거나 실종된 사람, 부상을 당한 사람, 주택이나 주생계수단

48) 「재난 및 안전관리 기본법」 제36조 제1항

인 농업·어업·임업·소금생산업에 재해를 입은 자에 대하여 재난복구 및 이재민 구호를 위해 지원하는 금액이다.

태풍과 호우 등 자연재난이 빈번히 발생함과 더불어 화재·붕괴·폭발·교통사고·화생방사고·환경오염사고, 감염병의 확산, 가축전염병의 확산, 미세먼지 피해 등 사회재난의 범위가 확대되고 있다.

그러나 재난지원금으로서 사망자 및 실종자의 유족 구호금은 1인당 1,000만원을 지급한다. 실제적으로 재해 피해자에게 실효적인 지원금으로는 부족하다. 그러나 국가가 재난에 대한 국가의무로서 재난지원금 지급은 필요하다. 재난지원금이 충분하지 못하기 때문에 재난배상책임보험, 풍수해보험, 농어업재해보험 등을 가입하도록 하는 것이다.

(2) 재난지원금의 정의 및 재난지원금 지원 대상

1) 재난지원금의 정의

'재난지원금'이란 국가 또는 지방자치단체가 「재난 및 안전관리 기본법」 제3조 제1호 가목에 따른 자연재난으로 인하여 사망하거나 실종된 사람, 부상을 당한 사람, 주택이나 주생계수단인 농업·어업·임업·소금생산업에 재해를 입은 사람에 대하여 재난복구 및 이재민 구호를 위하여 지원하는 금액을 말한다.[49] 이처럼 「재난 및 안전관리 기본법」에서 말하는 재난지원금은 자연재난에 국한되어 있고, 사망하거나 실종된 사람, 부상을 당한 사람, 주택이나 주생계수단인 농업·어업·임업·소금생산업에 재해를 입은 사람에게만 지급되며, 재난복구와 이재민 구호를 위해 국가 또는 지방자치단체가 지원하는 금액이다.

재난 피해 지원 방식으로는, 자연재난과 사회재난으로 구분하고, 이에 따라 상이한 지원 제도가 마련되어 있다. 자연재난에는 태풍, 홍수, 해일, 한파, 낙뢰, 가뭄, 폭염, 지진, 황사 등이 해당된다. 자연재난에 대해서는 「자연재난 구호 및 복구 비용 부담기준 등에 관한 규정」이 제정되어 있다. 자연재난과 관련하여 구체적으로 「지진·지진해일·화산의 관측 및 경보에 관한 법률」, 「지진·화산재해대책법」 등이 있다.

사회재난으로는 화재·붕괴·폭발·교통사고(항공사고 및 해상사고를 포함한

49) 「자연재난 구호 및 복구 비용 부담기준 등에 관한 규정」 제3조 2호

다)·화생방사고·환경오염사고 등으로 인하여 발생하는 대통령령으로 정하는 규모 이상의 피해와 국가핵심기반의 마비, 「감염병의 예방 및 관리에 관한 법률」에 따른 감염병 또는 「가축전염병예방법」에 따른 가축전염병의 확산, 「미세먼지 저감 및 관리에 관한 특별법」에 따른 미세먼지 등으로 인한 피해 등이 있다. 사회재난에 대해서는 「사회재난 구호 및 복구 비용 부담기준 등에 관한 규정」이 제정되어 있다.

2) 재난지원금 지원 대상

재난구호 및 재난복구 비용 등에 대하여 국고나 지방비 등을 지원하는 대상은 다음 각 호와 같다.[50]

1. 이재민 구호를 위한 다음 각 목의 지원

가. 사망자 및 실종자의 유족과 일상생활에 지장을 줄 정도의 부상을 당한 사람에 대한 구호

나. 주택이 소파(小破, 지진피해에 의한 파손에 한정한다. 이하 같다)·반파(半破)·전파(全破)되어 사용이 불가능하거나 침수·유실된 사람의 생계안정을 위한 구호비 지원과 주택이 반파·전파·유실된 피해를 입은 세대(세입자를 포함한다)에 속한 고등학생의 학자금 면제

다. 주생계 수단인 농업·어업·임업·소금생산업에 재해를 입은 사람의 생계안정을 위한 생계 지원과 고등학생의 학자금 면제

라. 자금의 융자, 보증, 상환기한의 연기, 그 이자의 감면 등 관계 법령에서 정하는 금융지원

마. 관계 법령 등에서 정하는 바에 따라 국세·지방세, 건강보험료·연금보험료, 통신요금, 전기요금 및 도시가스요금 등의 경감 또는 납부유예 등의 간접지원

2. 재난복구사업을 위한 다음 각 목의 지원

가. 주택 복구

나. 농경지 및 염전 복구

50) 「자연재난 구호 및 복구 비용 부담기준 등에 관한 규정」 제4조 제1항

다. 농림시설·농작물 및 산림작물의 복구

라. 축산물 증식시설의 복구와 가축 등의 입식(시설에 새로운 가축 등을 들여놓는 것을 말한다)

마. 어선과 어망·어구의 복구

바. 수산물의 증식 및 양식 시설의 복구와 수산생물의 입식

사. 공공시설의 복구

아. 가목부터 사목까지에서 규정한 사항 외에 법 제14조 제2항에 따른 중앙재난안전대책본부의 본부장(이하 "중앙대책본부장"이라 한다)이 필요하다고 인정하는 피해의 복구

3. **그 밖에 재난대책을 위하여 필요한 다음 각 목의 비용 지원**

가. 가뭄지역의 각종 용수(用水) 공급 등 가뭄대책 비용

나. 법 제64조 제1항에 따른 손실보상금

다. 중앙대책본부장이 재난의 예방 및 복구 등을 위하여 필요하다고 인정하는 쓰레기 등의 처리 비용

라. 제설비용

마. 그 밖에 법 제14조 제3항에 따른 중앙재난안전대책본부회의(이하 "본부회의"라 한다)에서 결정된 지원 사항

(3) 재난지원금의 신청 및 지원금액

1) 재난지원금의 신청

재난지원금을 받으려는 자는 재난이 종료된 날부터 10일 이내에 '자연재난 피해신고서'를 작성하여 특별자치시장·특별자치도지사·시장·군수·구청장(구청장은 자치구의 구청장을 말한다)에게 신고해야 한다.[51] 양식업(해조류양식업은 제외한다)의 피해에 대하여 재난지원금을 받으려는 자는 재난이 종료된 날부터 10일 이내에 '자연재난 피해신고서'와 어류 등(패류·수산종자)의 입식 및 출하·판매 신고서에 매매전표, 수산종자 구입·생산 관련 서류를 첨부하여 시장·군수·구청장에게 신고해야 한다.[52]

51) 「자연재난 구호 및 복구 비용 부담기준 등에 관한 규정」 제9조 제2항

2) 지원금액

재난지원금은「자연재난 구호 및 복구 비용 부담기준 등에 관한 규정」제4조 제1항 제1호 가목부터 다목까지 또는 동조 제1항 제2호 가목부터 바목까지에 해당하는 재난구호 및 재난복구에 대하여 지급하며, 지원금액은 다음과 같다.

① 사망자 및 실종자의 유족과 일상생활에 지장을 줄 정도의 부상을 당한 사람에 대한 구호: 행정안전부장관이 정하여 고시하는 금액

② 주택이 소파(小破, 지진피해에 의한 파손에 한정한다)·반파(半破)·전파(全破)되어 사용이 불가능하거나 침수·유실된 사람의 생계안정을 위한 구호비 지원, 주택이 반파·전파·유실된 피해를 입은 세대(세입자를 포함한다)에 속한 고등학생의 학자금 면제, 주생계 수단인 농업·어업·임업·소금생산업에 재해를 입은 사람의 생계안정을 위한 생계지원과 고등학생의 학자금 면제, ⓐ 주택 복구, ⓑ 농경지 및 염전 복구, ⓒ 농림시설·농작물 및 산림작물의 복구, ⓓ 축산물 증식시설의 복구와 가축 등의 입식(시설에 새로운 가축 등을 들여놓는 것을 말한다.), ⓔ 어선과 어망·어구의 복구, ⓕ 수산물의 증식 및 양식 시설의 복구와 수산생물의 입식:「자연재난 구호 및 복구 비용 부담기준 등에 관한 규정」별표 3에 따른 금액

(4) 국고의 지원

국고의 지원은 동일한 재난기간에 발생한 특별자치시·특별자치도·시·군·구(구는 자치구를 말하며, 이하 이 조에서 "시·군·구"라 한다)의 피해금액[농작물·동산(動産) 및 공장의 피해금액은 제외한다]이 다음의 구분에 따른 금액 이상인 경우에만 한다.[53]

1. 최근 3년간의 평균 재정력지수가 0.1 미만인 시·군·구 : 18억원
2. 최근 3년간의 평균 재정력지수가 0.1 이상 0.2 미만인 시·군·구 : 24억원
3. 최근 3년간의 평균 재정력지수가 0.2 이상 0.4 미만인 시·군·구 : 30억원

---

52)「자연재난 구호 및 복구 비용 부담기준 등에 관한 규정」제9조 제3항
53)「자연재난 구호 및 복구 비용 부담기준 등에 관한 규정」제5조 제1항

4. 최근 3년간의 평균 재정력지수가 0.4 이상 0.6 미만인 시·군·구 : 36억원
5. 최근 3년간의 평균 재정력지수가 0.6 이상인 시·군·구 : 42억원

특별재난지역으로 선포된 지역에 대해서는 「자연재난 구호 및 복구 비용 부담기준 등에 관한 규정」 별표 1과 별표 3의 부담률에 따라 산출한 지방비 총 부담액이 다음 각 호의 구분에 따른 금액을 초과하는 경우에는 「자연재난 구호 및 복구 비용 부담기준 등에 관한 규정」 별표 2의 기준에 따른 금액을 추가하여 국고에서 지원할 수 있다.[54)]

1. 「재난 및 안전관리 기본법 시행령」 제69조 제1항 제1호에 따라 특별재난지역으로 선포된 경우: 제5조 제1항 각 호에 해당하는 금액의 2.5배
2. 「재난 및 안전관리 기본법 시행령」 제69조 제1항 제1호의2에 따라 특별재난지역으로 선포된 경우: 제5조 제1항 각 호에 해당하는 금액의 4분의 1

우리나라의 경우 국고는 동일한 재난기간에 발생한 특별자치시·특별자치도·시·군·구의 피해금액이 최근 3년간의 평균 재정력지수를 기준으로 일정한 금액 이상인 경우에만 지원한다.

4. 재난 관련 법제의 문제점 및 개선방안

(1) 법체계의 혼란

「재난 및 안전관리 기본법」을 기본법으로 하여 「자연재해대책법」, 「지진·화산재해대책법」, 「농어업재해대책법」, 「재해구조법」, 「급경사지 재해예방에 관한 법률」, 「민방위기본법」, 「소방기본법」, 「소방시설 설치·유지 및 안전관리에 관한 법률」, 「다중이용업소의 안전관리에 관한 특별법」 등 다양한 법률들이 있다. 이러한 법률들 간의 내용이 서로 중첩적이거나 재난관리에 있어서 적용될 법률의 불분명성 및 적용범위의 혼선으로 문제가 발생할 수 있다. 법률 적용의 우선순위 및 그 적용의 범위 등의 모호성은 재난 발생시 초동 대처에 혼선을 초래할 수 있다.[55)]

---

54) 「자연재난 구호 및 복구 비용 부담기준 등에 관한 규정」 제7조
55) 박진우, "국가위기관리법제 정비에 관한 헌법적 고찰", 세계헌법연구 제18권 제1호, 2012. 4, 17면.

재난 관련 개별법들은 전체 체계를 잡고 하나씩 제정되었다기보다는 특정한 사건이 발생되어 이에 대처하기 위해 임기응변적으로 제정되어 재난 관리 내지 예방에 있어서 법률 상호간 체계성을 갖추지 못했다.[56] 예를 들어, 재난 발생시 「재난 및 안전관리 기본법」과 개별법들에 의거하여 각종 위원회가 운영되면서, 체계적인 법집행을 어렵게 할 수 있다.[57]

(2) 해외재난 개별법의 부재

「재난 및 안전관리 기본법」에서 '재난'의 종류를 자연재난, 사회재난, 해외재난으로 구분하고 있다. 그런데 「재난 및 안전관리 기본법」에 상응하는 '해외재난'에 관한 개별법은 존재하지 않는다. 대한민국의 영역 밖에서 대한민국 국민의 생명·신체 및 재산에 피해를 주거나 줄 수 있는 재난인 해외재난이 발생하는 경우, 정부 차원에서 어떻게 대처하겠다는 구체적인 법적 근거가 없다. 일종의 프로그램적 규정이라 할 수 있다.

예를 들어, 외국에서 우리나라 국민이 납치나 인질로 억류된 경우 해외긴급구호협의회 위원장으로서 외교부장관이 책임질 것인지 아니면 국무총리가 중앙안전관리위원회 위원장으로서 임무를 수행할 것인지, 안전정책조정위원회 위원장으로서 행정안전부장관이 책임질 것인지가 불분명하다.

(3) 지방자치단체의 역할 강화

재난안전관리와 관련하여, 지방자치단체의 역할은 매우 중요하다. 「재난 및 안전관리 기본법」 제11조(지역위원회) 제1항에서는 "지역별 재난 및 안전관리에 관한 다음 각 호의 사항을 심의·조정하기 위하여 특별시장·광역시장·특별자치시장·도지사·특별자치도지사(이하 '시·도지사'라 한다) 소속으로 시·도 안전관리위원회(이하 '시·도위원회'라 한다)를 두고, 시장(「제주특별자치도 설치 및 국제자유도시 조성을 위한 특별법」 제11조 제1항에 따른 행정시장을 포함한다)·군수·구청장(자치구의 구청장을 말한다) 소속으로 시·군·구 안전관리위원회(이하 '시·군·구위원

56) 정극원, "재난대응의 체계화와 효율화의 법적 방안", 『안전국가를 구축하기 위한 안전·재난관련법제의 정비』, 유럽헌법학회 2014 하계 학술대회, 2014. 6. 14. 25면.
57) 이채언, "한국의 국가위기관리 조직체계에 관한 연구", 한국위기관리논집 제8권 제4호, 2012, 7면.

회'라 한다)를 둔다."고 규정하고 있다. 1. 해당 지역에 대한 재난 및 안전관리정책에 관한 사항, 2. 제24조 또는 제25조에 따른 안전관리계획에 관한 사항, 3. 해당 지역을 관할하는 재난관리책임기관(중앙행정기관과 상급 지방자치단체는 제외한다)이 수행하는 재난 및 안전관리업무의 추진에 관한 사항, 4. 재난이나 그 밖의 각종 사고가 발생하거나 발생할 우려가 있는 경우 이를 수습하기 위한 관계 기관 간 협력에 관한 사항, 5. 다른 법령이나 조례에 따라 해당 위원회의 권한에 속하는 사항, 6. 그 밖에 해당 위원회의 위원장이 회의에 부치는 사항이다.

지방자치단체는 재난과 관련하여 재난의 예방·대비·대응·복구에 필요한 사항을 규율하는 조례를 제정할 수 있다. 따라서 이러한 조례 제정시 지방의회의 협력이 중요하다.[58] 또한 해당 지방자치단체에 재난 발생시 중앙행정기관의 지원이 필요한 경우가 많지만, 다른 지방자치단체의 지원과 협력을 필요로 하는 경우도 있다.[59] 지방자치단체 상호간 지원과 협력은 주민의 생명·신체 및 재산을 보호하는데 효율적이고, 신속한 재난의 예방·대비·대응·복구를 가능하게 한다.

제4절 관견(管見)

1. 자연재난 발생시 재난에 대응하는 미국의 재난 대응 및 복구에 관한 법제도와 법체계를 살펴보았다. 재난 발생시 미국 주정부, 지방정부, 지역정부 및 인디언 부족정부는 자신들의 재난 대응 능력을 넘어서는 경우에 스태포드 법에 의거하여 미국 연방정부에 지원을 요청할 수 있다. 주지사 또는 인디언 부족 최고책임자가 미국 대통령의 비상사태 선포나 중대재난 선포를 요청하는 경우에는 주정부, 지방정부, 지역정부, 인디언 부족정부가 수행한 조치나 수행

58) 김봉철, "재난관리행정주체로서의 지방자치단체의 법적 지위", 지방자치법연구 제14권 제4호, 2014. 12, 145면.
59) 김봉철, "재난관리행정주체로서의 지방자치단체의 법적 지위", 지방자치법연구 제14권 제4호, 2014. 12, 149면.

할 조치, 자원에 대한 정보, 재해로 인한 피해 규모와 심각성에 대한 추정치를 제시해야 한다. 스태포드 법에 의거하여 미국 대통령은 첫째, 비상사태 선포(스태포드 법 제501절), 둘째, 중대재난 선포(스태포드 법 제401절), 셋째, 화재관리지원금(FMAG) 지원(스태포드 법 제420절)을 할 수 있다.

2. 재난 피해를 받은 지역의 복구를 지원하기 위해 미국 대통령이 재난 선포를 하기 위해서 주정부 또는 인디언 부족정부는 연방재난관리청(FEMA) 지역사무소에 연락하여 연방, 주, 인디언 부족의 합동 '사전피해평가'(PDA)를 요청해야 한다. 사전피해평가를 위해 구성된 합동 팀(team)은 ① 재난의 정도, ② 재난이 개인과 공공시설에 미친 영향, ③ 필요한 연방 재난 지원의 유형을 결정하기 위해 피해를 받은 지역에 대해 철저한 평가를 한다.

3. 재난 발생시 국가의 기본권보호의무는 국가의 침해에 대한 소극적인 금지 청구가 아니라 적극적인 작위를 필요로 하기 때문에, 국가의 침해로부터 국민의 기본권을 보장하는 '방어권' 체계와는 구조상 차이가 있다. 이러한 점에서 국가에 청구하는 안전보호청구권은 국가에게 적극적인 보호조치를 요구하는 기본권이라는 특징이 있다.

4. 지방자치단체와 인접 지방자치단체 간에 재난원조협정 체결을 유도하여 재난 지원 협력체계를 갖출 필요가 있다. 행정안전부는 다양한 업무 중 하나로 재난 발생시에만 재난 안전관리에 대처하고 있다. 독립적인 중앙행정기관으로 (가칭) '재난안전처'를 신설하여 재난과 관련하여 체계적이고 책임성 있는 재난 대응·지원·복구를 가능하게 해야 한다.

5. 우리나라는 재난 관리기구로서 중앙집권적인 총괄·조정 기구가 지휘하는 체계로서, 재난 대응과 관련하여 하향식(Top-down) 방식을 취하고 있다. 미국은 주정부, 지방정부, 지역정부, 인디언 부족정부가 자신의 재난 대응능력을 넘어서는 경우에 연방정부에 재난 지원을 요청하는 상향식(Bottom-up) 방식을 취하고 있다. 미국의 각 지역사회는 재난 대응 및 구호와 관련하여 특유한 자발적 조직을 갖추고 있다. 우리나라의 재난 대응 법체계도 사전피해평가제도 도입과 더불어 중앙행정기관과 지방자치단체가 합동으로 재난의 규모와 피해를 평가하여 재난 대응 및 지원을 중앙정부에 요청하는 상향식(Bottom-up) 방식으로 전환할 것을 고려해 볼 필요가 있다.

6.「재난 및 안전관리 기본법」 제12조의2 제3항에서는 지역민관협력위원회의 구성과 운영에 필요한 사항을 해당 지방자치단체의 조례로 정하도록 규정하고 있다. 지역민관협력위원회의 구성과 운영에 관해 조례에 정한다고 하더라도 실제 재난 발생시 재난의 지원, 대응, 복구 등이 가능한 것이 아니다. 실제로 재난의 대응, 복구, 수습 등에 지방자치단체가 협력해야 효율성 있게 재난 지원 체계가 갖추어져야 한다. 각 지방자치단체가 재난 대응, 복구, 수습과 관련한 특유한 자발적 조직을 형성하도록 재정적 지원과 시스템을 갖추어야 한다. 이는 지방자치단체가 기본적으로 재난의 대응, 복구, 수습 능력을 갖추어야만 재난 발생시 초동 투입을 통해 바로 재난에 대응, 복구, 수습할 수 있기 때문이다.

7.「재난 및 안전관리 기본법」 제25조의2는 재난관리책임기관의 장에게 재난예방조치를 하도록 의무화하고 있다. 이 조항은 재난관리책임기관의 장에 대해 재난 예방조치를 하도록 하고 있으나, 각 호에서 규정하고 있는 사항의 경우 지방자치단체가 수행하기 보다는 기초지방자치단체가 아닌 광역단위 또는 중앙행정기관이 이를 수행할 수 있게 규정하였다. 재난 예방에 대해 지방자치단체의 업무에 대해 구체적인 사항을 명시하는 것이 지방자치 본연의 주민복리에 부합할 수 있다. 지방자치는 주민의 복리라는 범위에서 재난 예방에 대한 실질적인 권한과 의무를 수행할 수 있도록 지방자치단체 중심으로 재난안전법에 이를 규정할 필요가 있다.[60)]

8. 우리나라는 효과적이고 실질적인 피해 보상이 되는 재난지원금을 지급하지 못하고 있다. 재난 피해 주민에게 실질적인 지원금을 지급하기 위해 ‘재난구호기금’을 설치하여 운용하는 방안을 적극적으로 고려해야 한다. 재난의 예방, 재난의 대비, 재난의 대응, 재난의 복구 등에 필요한 재원을 미리 조성하여 실질적으로 재난의 지원과 보상을 하기 위해 이른바 ‘재난구호기금법’을 제정할 필요가 있다.

현행「재난 및 안전관리 기본법」 등에서는 재난의 원활한 복구를 위한 지원 기준을 대통령령으로 정하도록 하고 있고, 지원 항목별 세부 지원액은 관계

---

60) 김원중, “재난에 대한 효율적 관리를 위한 지방자치단체의 역할 검토”, 지방자치법연구 제23권 제4호, 2023. 12, 171면.

중앙행정기관의 장이 정하여 고시하도록 하고 있다. 재난 지원단가가 시중 물가에 비해 턱없이 부족하여 제대로 된 재난 복구가 어렵다. 따라서 국가 및 지방자치단체는 피해규모, 실제 비용, 물가상승률 등을 고려하여 지원 기준을 정하도록 법률에 규정할 필요가 있다.

9. 「재난 및 안전관리 기본법」에는 재난과 안전이 혼합되어 있다. 이로 인해 재난에 대한 국가기관과 안전을 담당해야 하는 행정안전부 간의 권한과 의무의 배분이 명확하지 않다. 하나의 기본법 체제에서 국민의 안전권을 확보할 수 있도록 재난 관련 법과 안전 관련 법을 구분하는 것이 필요하다. 즉, 현행 「재난 및 안전관리 기본법」을 재난관리를 목적으로 하는 「재난관리법」과 일상적 안전관리를 목적으로 하는 「국민안전기본법」으로 분리하는 것이다. 가칭 「국민안전기본법」은 안전관리에 관한 기본적인 요소로 구성하고, 「재난관리법」은 재난 대응과 복구에 관한 개별 집행법으로 제정하는 것이다.[61)]

61) 김용훈, "안전 관련 법률의 제정 의의 및 실효적 입법 전략 – 안전기본법 제정안을 중심으로 –", 홍익법학 제20권 제2호, 2019. 6, 157면; 김정훈, "「이태원 참사」 후 재난관리 법제의 재검토", 국가법연구 제19집 제1호, 2023. 2, 225면.

참고문헌

[국내 문헌]

김대환, “우리나라 헌법상 과잉금지원칙”, 「공법학연구」 제6권 제3호, 2005. 12.

김명재, “자유권적 기본권의 본질내용”, 「공법연구」 제30집 제5호, 2002.

______, “독일헌법상의 보호청구권”, 「법률행정논총」 제19집, 1999.

김봉철, “재난관리행정주체로서의 지방자치단체의 법적 지위”, 「지방자치법연구」 제14권 제4호, 2014. 12.

김원중, “재난에 대한 효율적 관리를 위한 지방자치단체의 역할 검토”, 「지방자치법연구」 제23권 제4호, 2023. 12.

김용훈, “안전 관련 법률의 제정 의의 및 실효적 입법 전략 – 안전기본법 제정안을 중심으로 –”, 홍익법학 제20권 제2호, 2019. 6.

김현철, “기본권보호의무론에 관한 몇 가지 쟁점”, 「세계헌법연구」 제26권 제1호, 2020. 4.

김해원, “급부권적 기본권의 심사구조 - 국회입법부작위를 중심으로 –”, 「공법학연구」 제13권 제2호, 2012. 5.

김해원, “수권법률에 대한 수권방식통제로서 포괄위임금지원칙 – 기본권심사를 중심으로 –”, 「헌법학연구」 제21권 제2호, 2015.

명재진, “국가목표규정에 관한 비교법적 연구”, 「세계헌법연구」 제17권 제2호, 2011.

명재진, “독자적 헌법조문으로서의 국가목표규정”, 「유럽헌법연구」 제2호, 2007. 12.

문병효, “독일의 원자력에너지 리스크관리법제”, 「행정법연구」 제30호, 2011. 8.

박진우, “국가위기관리법제 정비에 관한 헌법적 고찰”, 「세계헌법연구」 제18권 제1호, 2012. 4.

박효근, “「재난 및 안전관리 기본법」상 재난관리체계에 관한 법정책적 개선방안”, 「법과정책연구」 제15집 제4호, 2015. 12.

서경석, “국가의 기본권보호의무 비판”, 「헌법학연구」 제9권 제3호, 2003.

송석윤, “기본권으로서의 안전권에 관한 시론적 연구”, 이화여대 「법학논집」 제8권 제1호, 2004.

신현석, “자연재난에 대한 국가의 공법상 보호의무”, 「헌법논총」 제29집, 2018.

안동인, “재난 및 안전관리에 대한 법적 · 행정적 대응체계에 관한 연구”, 「행정법연구」 제71호, 2023. 8.

이부하, “헌법영역에서 기본권보호의무”, 「공법학연구」 제8권 제3호, 2007. 8.

______, “비례성원칙과 과소보호금지원칙”, 「헌법학연구」 제13권 제2호, 2007. 6,

______, “생명에 대한 기본권보호의무와 과소보호금지원칙”, 「동아법학」 제62호, 2014. 2.

______, “국가의 기본권보호의무와 과소보호금지원칙”, 「법학연구」 제17집 제2호, 2014. 6.

______, “기본권보호의무의 헌법적 쟁점”, 「법조」 제68권 제2호, 2019. 4.

______, “법적 안정성의 의미에서 명확성의 원칙”, 「세계헌법연구」 제20권 제1호, 2014. 4.

______, “입법자의 입법형성권의 내용과 한계”, 「법과 정책연구」 제13집 제1호, 2013. 3.

______, “사법(私法)에 대한 기본권의 영향”, 「법과 정책연구」 제9집 제1호, 2009.

______, “헌법상 가치로서의 안전과 안전보장”, 「홍익법학」 제14권 제2호, 2013. 6.

______, “기본권의 사법(私法)에의 효력”, 「법학논총」 제38권 제1호, 2018. 2.

______, “위험사회에서 국민의 안전보호의무를 지는 보장국가의 역할”, 「서울대학교 법학」 제56권 제1호, 2015. 3.

______, “보장국가에서 국민의 안전보호와 관련한 헌법이론”, 「헌법학연구」 제22권 제1호, 2016. 3.

______, “방사선환경영향평가서 작성 고시에 관한 헌법재판소 결정에 대한 평가”, 「헌법학연구」 제23권 제1호, 2017. 3.

이상경, “미국의 재난대응체계의 규범적 고찰과 시사점”, 「서울법학」 제23권 제2호, 2015. 11.

이상명, “재난안전관리체계의 개선에 관한 법적 고찰”, 「한양법학」 제25권 제4호, 2014. 11.

이상해, “자유와 안전간의 조화와 긴장관계”, 「토지공법연구」 제42집, 2008. 11.

이승우, “국가의 기본권보호의무”, 「현대공법과 개인의 권익보호」, 균재 양승두교수 화갑기념논문집 [I], 홍문사, 1994.

이한태 · 전우석, “한국 헌법상 기본권으로서의 안전권에 관한 연구”, 「홍익법학」 제16권 제4호, 2015. 12.

임종헌, “독일의 재난관리시스템”, 「한독사회과학논총」 제26권 제1호, 2016.

장영철, “기본권의 제3자적 효력과 기본권보호의무”, 「공법연구」 제29집 제2호, 2001. 2.

______, “과소보호금지원칙에 관한 연구”, 「헌법학연구」 제14권 제1호, 2008. 3.

전광석, “국민의 안전권과 국가의 보호의무”, 「법과인권교육연구」 제8권 제3호, 2015. 12.

전학선, “재난안전관리법제의 문제점 및 개선방안”, 「외법논집」 제38권 제4호, 2014. 11.

정극원, “국가목적규정에 관한 일고찰”, 「공법학연구」 제4권 제2호, 2003. 4.

정문식, “생명윤리법상 국가의 기본권 보호의무”, 「공법학연구」 제8권 제3호, 2007. 8.

정태일, “칸트 영구평화론의 국제정치적 함의”, 「국제정치연구」 제10집 제1호, 2007.
정태호, “기본권보호의무”, 「인권과 정의」 제252호, 1997.
정태호, “원리모델에 의한 사회적 기본권 침해여부의 판단기준 및 심사구조”, 「헌법학연구」 제13권 제3호, 2007. 9.
정혜영, “방어권과 기본권보호의무”, 「아주법학」 제7권 제4호, 2014. 2.
______, “과소보호금지원칙에 관한 소고”, 「강원법학」 제38권, 2013. 2.
조홍석, “국가의 기본권 보호의무와 개인의 보호청구권”, 「법과 정책연구」 제11집 제3호, 2011. 9.
주강원, “재난과 재난법에 관한 소고”, 「홍익법학」 제15권 제2호, 2014. 6.
표명환, “기본권보호의무의 이론적 기초”, 「헌법학연구」 제8권 제1호, 2002. 3.
______, “입법자의 기본권보호의무와 헌법적 통제”, 「헌법학연구」 제11권 제2호, 2005. 6.
______, “입법자의 기본권보장의무와 의무이행의 심사기준”, 「토지공법연구」 제62권, 2013. 8.
______, “기본권보호청구권의 구조와 체계에 관한 고찰”, 「법학연구」 제45집, 2012. 2.
______, “국가의 기본권보호의무와 행정법상의 개인적 공권이론”, 「헌법학연구」 제10권 제1호, 2004. 3.
한수웅, “헌법재판의 한계 및 심사기준 – 헌법재판소와 입법자의 관계를 중심으로 –”, 「헌법논총」 제8집, 1997.
허완중, “기본권의 대사인적 효력과 기본권보호의무 그리고 기본권충돌의 관계”, 「헌법논총」 제25집, 2014. 11.
______, “기본적 인권을 확인하고 보장할 국가의 의무”, 「저스티스」 통권 제115호, 2010. 2.
______, “기본권보호의무에서 과소보호금지원칙과 과잉금지원칙의 관계”, 「공법연구」 제37집 제1–2호, 2008. 10.
______, “국가의 목적이면서 과제이고 의무인 안전보장”, 「강원법학」 제45권, 2015. 6.
허종렬·엄주희·박진완, “헌법상 기본권 개정안 논의 동향과 성과 검토 – 2018 한국헌법학회 헌법개정연구위원회 기본권분과위원회의 활동을 중심으로 –”, 「법학논고」 제63집, 2018. 10.
황동혁, “위험에 대비하는 사전적 국가작용”, 부산대학교 「법학연구」 제65권 제1호, 2024. 2.
황치연, “과잉금지원칙의 내용”, 「공법연구」 제24집 제3호, 1996. 7.
홍석한, “보장국가론의 전개와 헌법적 의의”, 「헌법학연구」 제15권 제1호, 2009. 3.
______, “민영화에 따른 국가의 책임에 관한 독일에서의 논의”, 「법학논총」 제17권 제3호, 2010.

[독일 문헌]

A. Anter, in: M. H. W. Möllers/R. C. v. Ooyen (Hrsg.), Jahrbuch Öffentliche Sicherheit 2008/2009, S. 15 ff.

Detlev W. Belling/Antje Herold/Marek Kneis, Die Wirkung der Grundrechte und Grundfreiheiten zwischen Privaten, in: Bado Attila/Detlev W. Belling (Hrsg.), Rechtsentwicklungen aus europaischer Perspektive im 21. Jahrhundert 2014, S. 53 ff.

E. Benda, Der soziale Rechtsstaat, in: E. Benda/W. Maihofer/H.-J. Vogel (Hrsg.), Handbuch des Verfassungsrechts der Bundesrepublik Deutschland, 1983, S. 481 ff.

E.-W. Böckenförde, Grundrechte als Grundsatznormen, in: Staat, Verfassung, Demokratie, 1991, S. 159 (187 ff.).

E.-W. Böckenförde, Die Bedeutung der Untersuchung von Staat und Gesellschaft im demokratischen Sozialstaat der Gegenwart, in: Recht, Staat, Freiheit, 1991.

Christian Calliess, Die grundrechtliche Schutzpflicht im mehrpoligen Verfassungsrechtsverhältnis, JZ 2006, S. 321 ff.

Claus-Wilhelm Canaris, Drittwirkung der gemeinschaftsrechtlichen Grundfreiheiten, in: Bauer/ Czybulka/Kahl/Vosskuhle (Hrsg.), Umwelt, Wirtschaft und Recht, 2002, S. 29 ff.

Claus-Wilhelm Canaris, Grundrechtswirkungen und Verhältnismäßigkeits- prinzip in der richterlichen Anwendung und Fortbildung des Privatrechts, JuS 1989, S. 161 ff.

Erhard Denninger, in: S. Huster/K. Rudolph (Hrsg.), Vom Rechtsstaat zum Präventionsstaat, 2008.

Erhard Denninger, Freiheit durch Sicherheit? Wie viel Schutz der inneren Sicherheit verlangt und verträgt das deutsche Grundgesetz?, Kritische Justiz 2002, S. 467 ff.

de Wall/Wagner, Die sogenannte Drittwirkung der Grundrechte, JA 2011, S. 734 ff.

Wolfgang Durner, Fernmeldegeheimnis und informationelle Selbst- bestimmung als Schranken urheberrechtlicher Sperrverfügungen im Internet?, ZUM 2010, S. 833 ff.

U. Di Fabio, Risikoentscheidungen im Rechtsstaat, 1994, S. 35 ff.

V. Götz, in: J. Isensee/P. Kirchhof (Hrsg.), HdbStR IV, 3. Aufl. 2006, § 85.

Winfried Hassermer, Zum Spannungsverhältnis von Freiheit und Sicherheit: Drei Thesen, Vorgänge 2002.

Isabell Hensel/Gunther Teubner, Matrix Reloaded. Kritik der staatszentrierten Drittwirkung der Grundrechte am Beispiel des Publication Bias, KJ 2014, S. 150 ff.

H. Hoffmann, Die Aufgaben des modernen Staates und der Umweltschutz, in: M. Kloepfer (Hrsg.), Umweltstaat, 1989.

Jörn Ipsen, Verfassungsprivatrecht?, JZ 2014, S. 157 ff.

Josef Isensee, Nachwort - Privatautonomie: Freiheit zur Diskriminierung? - Verfassungsrechtliche Vorgaben, in: Isensee (Hrsg.) Vertragsfreiheit und Diskriminierung, 2007, S. 239 ff.

Josef Isensee, Das Grundrecht als Abwehrrecht und als staatliche Schutzpflicht, in: ders./P. Kirchhof (Hrsg.), HdbStR V, 2000, § 111

Josef Isensee, Das Grundrecht auf Sicherheit, 1983.

Liv Jaeckel, Schutzpflichten im deutschen und europäischen Recht, 2001.

W. Köck, Rationale Risikosteuerung als Aufgabe des Rechts, in: E. Gawel (Hrsg.), Effizienz im Umweltrecht, 2001, S. 271 ff.

Lars Krause, Das Risiko und Restrisiko im Gefahrstoffrecht, NVwZ 2009, S. 497 ff.

Martin Kutscha, Innere Sicherheit und Verfassung, in: F. Roggan/M. Kutscha (Hrsg.), Handbuch zum Recht der Inneren Sicherheit, 2006, S. 24 ff.

Oliver Lepsius, Risikosteuerung durch Verwaltungsrecht: Ermöglichung oder Begrenzung von Innovationen?, VVDStRL 63, 2004, S. 267 ff.

Oliver Lepsius, Sicherheit und Freiheit – ein zunehmend asymmetrisches Verhältnis, in: Gunnar Folke Schuppert/Wolfgang Merkel/Georg Nolte/Michael Zirn (Hrsg.), Der Rechtsstaat unter Bewährungs– druck, 2010, S. 23

C. Link, Staatszwecke im Verfassungsstaat, VVDStRL 48, 1990, S. 10 (27 ff.).

Niklas Luhmann, Grenzwerte der ökologischen Politik. Eine Form von Risikomanagement, in: Petra Hiller/Georg Kricken (Hrsg.), Risiko und Regulierung: Soziologische Beiträge zur Technikkontrolle und präventiven Umweltpolitik, 1997, S. 195 ff.

Markus Möstl, Die staatliche Garantie für die öffentliche Sicherheit und Ordnung, Tübingen 2002.

Dietrich Murswiek, Die staatliche Verantwortung für die Risiken der Technik, 1985.

B. Pieroth/B. Schlink/M. Kniesel, Polizei– und Ordnungsrecht mit Versammlungsrecht, 6. Aufl. 2010, § 2

A. Pietrzak, Die Schutzpflicht im verfassungsrechtlichen Kontext - Überblick und neue Aspekte, JuS 1994, S. 748 ff.

Ralf Poscher, Grundrechte als Abwehrrechte, 2003.

Gerhard Robbers, Sicherheit als Menschenrecht, 1987.

Gunnar Folke Schuppert, Der Gewährleistungsstaat - modisches Label oder Leitbild sich wandelnder Staatlichkeit, in: Gunnar Folke Schuppert (Hrsg.), Der Gewaehleistungsstaat - Ein Leitbild auf dem Pruefstand, 2005. S. 19 ff.

Jürgen Schwabe, Probleme der Grundrechtsdogmatik, 2. Aufl. Hamburg, 1997.

Christian Starck, Wie kommen die Grundrechte ins Privatrecht und wie wirken sie dort?, in: Festschrift fur Rolf Sturner, 1. Teilbd., 2013, S. 61 ff.

Peter Szczekalla, Die sog. grundrechtlichen Schutzpflichten im deutschen und europaischen Recht, 2002.

H.－H. Trute, Staatliches Risikomanagement im Anlagenrecht, in: E. Riedel (Hrsg.), in: Risikomanagement im öffentlichen Recht, Baden－Baden 1997, S. 55 ff.

Peter Unruh, Zur Dogmatik der grundrechtlichen Schutzpflichten, Berlin 1996.

Rainer Wahl, Risikobewertung und Risikobewältigung im Lebens－ mittelrecht, ZLR 1998, S. 275 ff.

[미국 문헌]

Eugene Boyd, Community Development Block Grant Funds in Disaster Relief and Recovery, CRS Report RL33330.

Jared T. Brown, Deployable Federal Assets Supporting Domestic Disaster Response Operations: Summary and Considerations for Congress, CRS Report R43560.

David M. Crane, A NATIONAL Imperative Americans want to serve: The Public Assistance Service Responding to American's Man－Made or Natural Disasters, 65 Syracuse L. Rev. 247, 2015, p. 256.

FEMA, Damage Assessment Manual, and FEMA, Individual Assistance Declarations Factors Guidance, June 2019.

Thomas Husted & David Nickerson, Political Economy of Presidential Disaster Declarations and Federal Disaster Assistance, 42 Pub. Fin. Rev. 35, at 38 n.7, 2014.

Robert S. Kirk and William J. Mallett, Emergency Relief for Disaster－Damaged Roads and Public Transportation Systems, CRS Report R45298.

Erica A. Lee, A Brief Overview of FEMA's Public Assistance Program, CRS In Focus IF11529.

Bruce R. Lindsay, Preliminary Damage Assessment Reports, CRS Report R44977.

Bruce R. Lindsay & Francis X. McCarthy, Stafford Act Declarations 1953－2014: Trends, Analyses, and Implications for Congress 2, CRS. R42702, 2015, at 9－10.

Bruce R. Lindsay and Elizabeth M. Webster, FEMA and SBA Disaster Assistance for Individuals and Households: Application Processes, Determinations, and Appeals, CRS Report R45238.

William L. Painter, The Disaster Relief Fund: Overview and Issues, CRS Report R45484.

Elizabeth M. Webster, FEMA Individual Assistance Programs: An Overview, CRS Report R46014.

Elizabeth M. Webster and Bruce R. Lindsay, The Disaster Recovery Reform Act of 2018 (DRRA): A Summary of Selected Statutory Provisions, CRS Report R45819.

찾아보기

[저자 약력]

이 부 하(李 富 夏)

[약 력]

· 독일 쾰른대학교 법학박사 (Dr. iur)
· 변호사시험 출제위원, 입법고시 출제위원
· 한국공법학회/한국비교공법학회/한국법정책학회 부회장
· 한국헌법학회 상임이사
· 영남대학교 법학전문대학원 교수 (헌법학)

[주요 저서]

· 인권보장을 위한 비교헌법론, 「법영사」, 2014
· 한국의 경제질서와 재산권, 「영남대학교 출판부」, 2015
· 민주적 선거를 위한 선거제도 개편, 「피앤씨미디어」, 2015
· 헌법재판에서 헌법원칙의 구체화, 「피앤씨미디어」, 2023

[주요 논문]

· 비례성원칙과 과소보호금지원칙, 「헌법학연구」, 2007
· 법적 안정성의 의미에서 명확성의 원칙, 「세계헌법연구」, 2014
· 위험사회에서 국민의 안전보호의무를 지는 보장국가의 역할, 「서울대학교 법학」, 2015
· 빅 데이터(Big Data) 시대 개정 개인정보 보호법에 관한 법적 고찰, 「IT와 법연구」, 2020
· 인류세 도래와 법학의 대응, 「저스티스」, 2023
· 디지털 시대 정보중개자에 대한 법적 규제, 「경제규제와 법」, 2024 등 180여 편

재난과 위험으로부터 국민의 안전 보호

초판발행 2024년 9월 30일

지은이 이부하
펴낸이 박노일

총괄기획 최준규
편 집 이상민

펴낸곳 피앤씨미디어

경기도 고양시 일산동구 강송로 153 310-1501
등록 제396-2012-000203호

전 화 070)7550-3758 팩 스 02)6280-3758
홈페이지 www.pncmedia.co.kr 이메일 pnc@pncmedia.co.kr
ISBN 979-11-5730-953-5 93360

※ 무단복사 및 전재를 금합니다. 파본 및 낙장본은 교환하여 드립니다.

정 가 25,000원